Mona Riegger

Handbuch der Combin- und Composit-Deutung

Seelische Partnerverbindungen im Horoskop

Ebertin

Freiburg im Breisgau

Die Deutsche Bibliothek – CIP-Einheitsaufnahme

Riegger, Mona:
Handbuch der Combin- und Composit-Deutung :
seelische Partnerverbindung im Horoskop /
Mona Riegger –
1. Aufl. – Freiburg im Breisgau : Ebertin, 1997
ISBN 3-87186-087-5

Mit 22 Zeichnungen von Martin Garms

1. Auflage 1997
ISBN 3-87186-087-5

Einband: Ulrike Bürger, München
Foto Titelseite: Isolde Ohlbaum
Satz: Typomedia Satztechnik GmbH, Ostfildern
Druck und Bindung: Clausen & Bosse GmbH, Leck
Printed in Germany

Für meine geliebten Kinder
Miriam, Joshua und Jovana Lisa

Wie soll ich meine Seele halten, daß
sie nicht an deine rührt? Wie soll ich sie
hinheben über dich zu anderen Dingen?
Ach gerne möcht ich sie bei irgendwas
Verlorenem im Dunkel unterbringen
an einer fremden Stelle, die
nicht weiterschwingt, wenn deine Tiefen schwingen.
Doch alles, was uns anrührt, dich und mich,
nimmt uns zusammen wie ein Bogenstrich,
der aus zwei Saiten e i n e Stimme zieht.
Auf welches Instrument sind wir gespannt?
Und welcher Geiger hat uns in der Hand?
O süßes Lied.

Rainer Maria Rilke

Inhalt

IV. Kapitel

V. Kapitel

VI. Kapitel

Danksagung

Von ganzem Herzen danke ich allen, die mich in den letzten Jahren immer wieder ermunterten, dieses Buch zu schreiben. Ich danke ihnen für ihre Hartnäckigkeit, für ihr Vertrauen, für ihr stetig steigendes Interesse und für ihre Liebe.

Ich danke allen meinen Studenten und Klienten, daß ich so unschätzbar viel von ihnen lernen durfte. Dank aber vor allem an Markus, Uller und Fritz, ohne deren Freundschaft und Beistand das Buch sicher nicht zu Ende geschrieben worden wäre. Das Combin, das mich mit Raimund verbindet, gab mir tiefe Einblicke in die verborgenen Wünsche meiner Seele. Dafür, daß er vor vielen Jahren in mein Leben trat und ich mich in unserer Beziehung weiterentwickeln durfte, danke ich ihm und dem Himmel von ganzem Herzen.

Einleitung

Composit oder Combin?

Damit diese Frage immer weniger oder gar nicht mehr gestellt werden muß, habe ich dieses Buch geschrieben. Seit 1980 erforsche ich die Brauchbarkeit dieser beiden Verfahren, Partnerschafts-Horoskope zu erstellen, und bin zu dem Schluß gekommen, daß es ein Entweder-Oder gar nicht gibt. Sowohl das Composit als auch das Combin eröffnen Möglichkeiten, das Wesen einer Partnerschaft zu ergründen. Sie schließen sich nicht aus, vielmehr ergänzen sie sich.

Auf der Suche nach den jeweiligen *Geburtsdaten* beider Methoden stieß ich auf ein gemeinsames *Geburtsjahr:* 1972. Robert Hand, bis heute mit seinem 1975 in Amerika erschienen Buch *Planets in Composite* (deutscher Titel: *Planeten im Composit*) der Pionier der Composit-Forschung, kennt diese Technik seit 1972. Das Combin wurde erstmals in Österreich vorgestellt. Als *Geburtshelfer* wird Heinrich Schiffmann genannt, der die Methode am 18. September 1972 entdeckt hat.

In Anbetracht der Jahrtausende, die unserem heutigen astrologischen Wissen an Forscherjahren vorausgehen, sind Combin und Composit durchaus als jung zu bezeichnen. Dennoch sind es Techniken, die auf altem Wissen aufbauen. Zudem kann heute kein Mensch mehr nachvollziehen, ob sie nicht auch schon im antiken Babylon oder Ägypten Anwendung fanden. Planeten werden, obwohl sie schon seit Urzeiten am Himmel stehen, erst dann entdeckt, wenn das kollektive Bewußtsein reif für ihre Botschaft und Symbolik ist. Möglicherweise hat unsere heutige, sehr fortschrittliche Einstellung zu Partnerschaft und Familie erst ermöglicht, daß diese Methoden in unser Bewußtsein dringen konnten und brauchbare Ergebnisse nachweisbar wurden.

Schlägt man in älteren astrologischen Lehrbüchern nach, was über die Bedeutung des achten Hauses geschrieben steht, so findet man so gut wie nichts zum Thema Partnerschaft. Von Erbschaften, Todesarten, Machtgelüsten und Selbstzerstörungstendenzen ist die Rede. Dagegen findet sich 1989 bei Stephen Arroyo als Überschrift zum achten Haus: *»Das Bedürfnis, emotionale und seelische Sicherheit zu finden«*. Es bedarf sicherlich eines ausgeprägten psychologischen Spürsinns, um eine Brücke zwischen beiden Acht-Haus-Deutungen schlagen zu können. Auch wenn Themen wie »Erbschaften« und »Ressourcen anderer« noch heute dem achten Haus zugeordnet werden, konzentrieren sich die Deutungen, besonders im Bereich der psychologischen Astrologie, mehr und mehr auf den partnerschaftlichen Bereich. Daß Sexualität und andere Tabu-Themen erst jetzt, ganz offen, dem achten Haus zugeordnet werden, ist der Veränderung bisher gängiger Moralvorstellungen zu verdanken.

Heutzutage wird Astrologie-Schülern beigebracht, daß das siebte Haus jene Bereiche des Daseins symbolisiert, die uns am ehesten geneigt machen, eigene, ungelebte Anteile, auf andere zu projizieren. Die betreffenden Energien werden zuerst beim anderen gesucht und gefunden, bevor sie Eingang in die eigene Psyche finden. Das siebte Haus beantwortet also – nach wie vor – Fragen zum Thema »Partnerschaft«. Im Zuge einer mehr und mehr differenzierten Betrachtung unserer Beziehungen zu anderen scheint jedoch die alleinige Betrachtung des siebten Hauses nicht mehr auszureichen, um die Wünsche, Sehnsüchte und Problemstellungen der Betreffenden nachhaltig zu erfassen.

Mehr und mehr setzt sich die These durch, daß sich anhand des siebten Hauses zwar ein *Partner-Suchbild* beschreiben läßt, ob das Finden eines derartigen *Ideals* allerdings in eine verbindliche Beziehung mündet, bleibt offen.

Aus heutiger Sicht sind Verbindlichkeit und das Sich-Einlassen und -Hingeben in seelische Bedingtheiten nicht dem siebten, sondern dem achten Haus eines Geburtshoroskopes zuzuschreiben. Seit die Ehe nicht mehr Angelegenheit der Eltern heiratsfähiger Paare ist und ihr Erhalt nicht mehr überwiegend von wirtschaftlichen Abhängigkeiten geprägt ist, kommt dem seelischen Wunsch nach entsprechender Ergänzung mehr Bedeutung bei. Vereinfacht ausgedrückt gilt für heutige Partner-Verhältnisse mehr und mehr das Motto: Das *Finden* ist das Eine, das *Halten* aber etwas ganz anderes!

Composit und Combin? Meine Forschungen und Erfahrungen ließen mich zu dem Schluß kommen, daß das Composit-Horoskop den Themen des siebten Hauses entspricht, während das Combin-Horoskop Acht-

Haus-Themen widerspiegelt. Das Composit beschreibt demnach die Phase des Findens, das Combin die Phase des Haltens. Sowohl das siebte Haus als auch das Composit beschäftigen sich mit der Art der ersten *Tuchfühlung* zweier Menschen, mit ihrem Werbeverhalten, das sie alles, was sie als Individuum ausmacht, in die Waagschale werfen läßt.

Das Composit-Horoskop beschreibt die Themen einer Verbindung noch stark in Anlehnung an die jeweiligen Radix-Horoskope. Dies läßt sich auch technisch nachvollziehen. Findet sich in beiden Geburtshoroskopen eine Sonne im vierten Haus, wird diese auch im Composit im vierten Haus stehen. Sollten beide einen Aspekt zwischen Mond und Uranus in ihren Radix-Horoskopen aufweisen, wird sich auch im Composit der Partner eine Mond-Uranus-Verbindung finden.

Anders verhält es sich beim Combin. Zwar ähneln sich Composit und Combin in vielen Fällen, dennoch kann das Combin, bei genauerer Betrachtung, durchaus ein unverwechselbares *Eigenleben* vorweisen. Mit den Radix-Horoskopen der Beteiligten hat es oftmals nur wenig gemein. Eine enge, dauerhafte Bindung zweier Menschen kreiert ein gemeinsames *Drittes.* Dieses neu entstandene Wesen einer Partnerschaft nährt sich aus eigenständigen Energien und setzt im Leben der Partner entsprechend andere Akzente. Im Combin-Horoskop spiegeln sich genau die Themen wider, die zwei Menschen gemeinsam erfahren und in ihr persönliches Leben integrieren möchten.

Die Tatsache, daß das Combin-Horoskop lange Jahre ein Schattendasein führte, ist nicht nur darauf zurückzuführen, daß es kaum jemand zu deuten verstand. Verwendet man es wirklich nur zur Deutung von Partnerschaften, die auf seelischer Verbindlichkeit basieren, wird es im Beziehungsleben eines Menschen nicht allzuoft Verwendung finden. Doch was heißt nun *seelische Verbindlichkeit?* Ist eine heftige Verliebtheit, die nach einer Woche verflogen ist, nicht auch eine seelische Bindung? Meiner Meinung nach nicht. Verliebtheit ist eine Angelegenheit des fünften und siebten Hauses und birgt allenfalls den Keim eines Bindungswunsches in sich. Eltern-Kind-Beziehungen, Ehen, langjährige Liebesbeziehungen und langanhaltende Freudschaften sind Partnerschaften, die sich mit dem Combin am besten deuten lassen. Hinzu kommen aber auch enge Beziehungen zu Arbeitskollegen und Verbindungen mit Menschen, in denen gegenseitige Abhängigkeiten vorliegen.

I. Kapitel

Die verschiedenen Formen von Beziehungen

Menschliche Begegnungen, aus denen die unterschiedlichsten Beziehungsformen entstehen, faszinieren mich, seit ich erkannte, daß es außer Mama und Papa noch etwas anderes gibt. Die Welt wurde dadurch größer, verheißungsvoller, aber auch bedrohlicher.

Für ein neugeborenes Kind ist es schwer, sich mit den irritierenden Facetten der Persönlichkeiten seiner Eltern oder anderer Bezugspersonen auseinanderzusetzen. Ein im Krankenhaus geborenes Kind kann nicht entscheiden, doch lieber mit der es tagelang liebevoll umsorgenden Kinderkrankenschwester nach Hause zu gehen und bei ihr aufzuwachsen. Seine vielleicht überängstliche Mutter und sein desinteressierter, streßgeplagter Vater werden es unweigerlich mit nach Hause nehmen. Dort muß es lernen, mit seinen Eltern zu leben. Und es muß lernen, zu warten, bis die Zeit für neue Begegnungen und neue Erfahrungen reif ist.

Wenn jemand am Arbeitsplatz in eine andere Abteilung versetzt wird und – Schreibtisch an Schreibtisch – mit einem Menschen zusammenarbeitet, den er nicht ausstehen kann, wird er sicherlich eine Zeitlang versuchen, sich mit dieser neuen Situation zu arrangieren. Sollte sich die Beziehung zum Kollegen nicht ändern, wird er um eine weitere Versetzung bitten, kündigen oder resignieren.

Ähnliches geschieht ständig in Liebesbeziehungen. Menschen verlieben und trennen sich; sie heiraten und lassen sich wieder scheiden. Manche Paare bleiben zusammen, bis daß der Tod sie scheidet. Eine Variante, die von den meisten Eheschließenden angestrebt wird, aber immer seltener Erfüllung findet. Gründe dafür gibt es mannigfaltig.

Meiner Meinung nach ist es ein Trugschluß zu glauben, daß sich die Ursachen für ein Gelingen oder Scheitern von Beziehungen in den jeweiligen Geburtshoroskopen der Beteiligten oder in einem sogenannten Vergleich der Partner-Horoskope finden läßt. Ich würde mit meiner Annahme sogar soweit gehen, daß es nirgendwo geschrieben steht, wann Paare sich finden und wann sie sich wieder trennen. Viel faszinierender und spannender empfinde ich die Frage nach dem *Warum* einer Begegnung.

Im Laufe meiner langjährigen Tätigkeit als beratende Astrologin, bei der Partnerschaftsthemen die häufigsten Beweggründe meiner Klienten darstellten, machte ich die Erfahrung, daß sich mir – nach und nach – Türen öffneten, hinter denen sich Antworten auf jenes *Warum* einer Beziehung finden ließen. Türen, die ich zugegebenermaßen recht widerwillig durchschritt, insbesondere die konstruierten Partner-Horoskope Composit und Combin betreffend. Dort, wo ich die meisten Widerstände hatte, nämlich beim Combin, erfuhr ich die eindruckvollsten Aha-Erlebnisse. Hier fand ich unzählige Antworten auf die Frage: *Warum?* Und wenn das *Warum* einer Beziehung im Horoskop enthalten ist, dann findet sich gleichfalls das *Wie.* Eine Lektion, die mir die Beschäftigung mit der Stundenastrologie erteilte.

Richtet man den Fokus einer Beziehung auf die Frage, warum sich zwei Menschen begegnen, ist die Form der Beziehung nicht mehr das Entscheidende. Bestimmte Themen lassen sich leichter in Form einer kollegialen Zusammenarbeit behandeln als innerhalb einer Liebesbeziehung. Andere Themen bedürfen des magischen Bandes der Sexualität. Körperliche Anziehung erzeugt den Wunsch nach Nähe und Fixierung. Diese wiederum verhindert, daß sich die Beteiligten einer Lösung ihrer gemeinsamen Problematik leichtfertig entziehen. Kinder wirken wie *Dauerkleber,* der ihre Eltern normalerweise für lange Zeit aneinander bindet. So bleibt genügend Zeit, die Dinge reifen zu lassen.

Die Beziehung zu einem Arbeitskollegen kann sich in eine Liebesbeziehung wandeln, eine kurze Ehe in eine jahrzehntelange Freundschaft. Eine Mutter hat mit ihrem Kind andere Entwicklungsaufgaben zu bewältigen als der Vater des Kindes. Ein anfängliches Lehrer-Schüler-Verhältnis kann dazu führen, daß beide eines Tages gleichberechtigt an einem gemeinsamen Projekt arbeiten. Mir erscheint es deshalb ziemlich unsinnig, bei der Deutung eines Partnerschaftshoroskops zu dem Schluß kommen zu wollen: Dies ist eine Arbeitsbeziehung, dies kann nichts anderes werden als eine Liebesbeziehung, oder die beiden werden ewig Freunde bleiben. Schublade auf, Beziehung rein – so funktioniert die Geschichte nicht! Wer wegen eines Partnerschaftsproblems einen Astrologen konsultiert, sollte wissen, welcher Art seine Beziehung zu jenem Menschen ist. Der Astrologe sollte sich darüber im Klaren sein, abgesehen vom nötigen Einfühlungsvermögen in die Problematik des Klienten, welche astrologischen Hilfsmittel er zu Rate ziehen will und kann, um Transparenz in die Dinge zu bringen.

Beziehungshoroskope
Hilfsmittel in Partnerschaftsfragen?

Jeder, der sich schon länger mit Astrologie beschäftigt und eventuell Menschen astrologisch berät, kennt Situationen wie diese: Eine Freundin kommt zu ihnen, in Tränen aufgelöst, wütend oder ganz offensichtlich tief verzweifelt. Ihre Liebesbeziehung drohe in die Brüche zu gehen, der Partner betrüge sie schon seit längerem usw. Dann kommt die Frage: *»Kannst du nicht mal ins Horoskop schauen? Du mußt doch sehen, was los ist!«*

Wer ein solches Ansinnen nicht weit von sich weist und statt dessen einen Beruhigungstee kocht, wird bald erkennen, daß er seiner aufgewühlten Freundin keinen Dienst erweist. Sie in dieser Befindlichkeit mit *kosmischen Zustandsbeschreibungen* zu bombardieren ist sicherlich keine gute Idee. Abgesehen davon eignet sich Astrologie meiner Ansicht nach sowieso nicht als Hilfsmittel zur akuten Krisenintervention.

Um mit Hilfe einer astrologischen Vorgehensweise etwas Licht in den manchmal dunklen Tunnel *Beziehung* zu bringen, bedarf es der Objektivität und des *Know-how* seitens des Astrologen und eines Klienten, der mental und emotional in der Lage ist, sich zuerst einmal mit den grundsätzlichen Themen seines Beziehungsgeflechts auseinanderzusetzen. Natürlich kann anhand von Transiten, Solaren und Progressionen erkannt werden, wann Umbrüche oder gar *harte Zeiten* anstehen. Diese fungieren letztendlich aber nur als *Geburtshelfer* der Themen, die in einer Partnerschaft zur Erfüllung drängen.

Ein Großteil derer, die sich für Partnerschaftsastrologie interessieren, wird überhaupt keine Ambitionen haben, Menschen astrologisch zu beraten.

Dennoch werden die beschriebenen Deutungsansätze nützliche Informationen bieten, um eigene Beziehungen oder die von Freunden aus einem anderem Blickwinkel heraus zu betrachten. Meine Deutungen sind selbstverständlich als Anregung für eigene Forschungen zu verstehen und nicht als ultimative Beurteilungsgrundlage.

Ich bitte an dieser Stelle ganz besonders die Leserinnen und Beziehungspartnerinnen um Nachsicht, daß im Deutungsteil ausschließlich vom *älteren und jüngeren Partner* die Rede ist. Gemeint sind damit selbstverständlich weibliche und männliche Beziehungspartner! Der Dominanz des Männlichen im deutschen Sprachgebrauch mit Hilfe des bekannten Schrägstrichs oder des großen I's (der/die Partner/Partnerin, er/sie, PartnerIn) zu entkommen hieße jedoch: Verzicht auf einfache Lesbarkeit. Gerade diese sollte aber, auch nach Meinung der von mir zu Rate gezogenen Frauen, in einem Kapitel, in dem das Verständnis für astrologische Deutungsinhalte im Vordergrund steht, gegeben sein.

Synastrie – Composit – Combin? Wann wird welches Beziehungshoroskop zu Rate gezogen?

Es herrscht immer noch viel Verwirrung über die Frage, ob denn nun das Composit oder das Combin aussagekräftiger sei. Einig scheint man sich lediglich darüber, daß eine Betrachtung der einzelnen Geburtshoroskope im Hinblick auf die *inneren Partner-Suchbilder* unerläßlich ist. Auch die Notwendigkeit eines Aspektvergleichs zwischen beiden Radix-Horoskopen, *Synastrie* genannt, wird kaum angezweifelt. Diskussionen über astrologisch immer wieder strittige Fragen, wie z. B. die Benutzung verschiedener Häusersysteme, die Zuordnung von Mutter und Vater zur Häuserachse vier/zehn, über unterschiedliche Direktionsmethoden oder gar die Brauchbarkeit der Stundenastrologie, habe ich mich stets entzogen. Statt dessen nutzte ich die Zeit, um vieles auszuprobieren und auf seine Stimmigkeit hin zu untersuchen. Es ging mir nicht darum, bestimmte Thesen als unsinnig zu verwerfen. Ich wollte lediglich die Methode herausfinden, mit der ich zu nachprüfbaren, richtigen Einschätzungen einer Situation gelangen konnte. In den letzten zehn Jahren gab ich vielen Astrologie-Schülern meine gesammelten Erkenntnisse zu weiteren Studienzwecken mit auf den Weg. Dadurch konnte ich die Erfahrung machen, daß auch sie mit den Schritten meiner Vorgehensweisen gute Ergebnisse erzielten. Diese sind im einzelnen:

Radix-Betrachtung:
Ob sich zwei Menschen aufgrund ihrer *inneren Suchbilder* attraktiv finden oder nicht, ersehe ich aus den Radix-Horoskopen. Anziehung entsteht durch Gleichheit und Gegensatz. Ein Mann, in dessen Geburtshoroskop ein Mond-Uranus-Thema vorherrscht, wird sich zu einer Frau hingezogen fühlen, die starke Wassermann-Anteile hat und auch lebt. Mit einer Widder-Venus *sucht* sein Inneres nach einer Frau, die sehr aktiv und selbständig ist. Ein Krebs-Mars im weiblichen Horoskop läßt darauf schließen, daß ein gefühlvoller, häuslicher Mann dem inneren Suchbild der Frau entspricht.

Synastrie:
Wie Menschen in bestimmten Bereichen aufeinander reagieren, wie sich der Energiefluß zwischen den Planeten des einen zu den Planeten des anderen gestaltet, erkennt man am leichtesten mit der Methode der Synastrie. Steht der Saturn des einen Partners im Quadrat zu Merkur des anderen, ist anzunehmen, daß die Kommunikation zwischen beiden nicht immer reibungslos funktioniert. Auch eine Quadratur zwischen den Sonnen zweier Menschen dürfte viel Energie erzeugen, die in Bereichen des jeweiligen Selbstausdrucks kreativen, aber zuweilen auch destruktiven Einsatz finden wird. Empfängt der Mond des einen Partners ein Trigon vom Jupiter des anderen Partners, wird sich ersterer in dieser Beziehung sehr wohlwollend und großzügig unterstützt fühlen.

Ohne die Einbeziehung von Composit- und Combin-Horoskopen bieten jene Radix-Häuser, die von Planeten des Partners *besetzt* werden, die wichtigsten Hinweise auf Schwerpunktthemen innerhalb der Beziehung. Wenn z. B. viele individuelle Planeten des einen Partners in die Häuser sechs und zwölf des anderen Partners *fallen*, kann man davon ausgehen, daß die Bewältigung des Alltags und sich immer wieder auflösende Strukturen innerhalb der Beziehung eine große Rolle spielen.

Einfacher und wesentlich schneller lassen sich Schwerpunktthemen durch eine Betrachtung der Composit- und Combin-Horoskope erfassen.

II. Kapitel

Das Composit

Das Composit-Horoskop zweier Menschen entsteht durch Mittelung (Bildung der Halbsummen) ihrer jeweiligen Radix-Stände. Das Composit-MC liegt demzufolge genau in der Mitte zwischen dem MC des ersten Partners und dem MC des zweiten Partners. Eine Radix-Sonne auf 2° Stier von Partner A und eine Radix-Sonne auf 2° Krebs von Partner B ergibt eine gemeinsame Composit-Sonne auf 2° Zwillinge. Durch die Bildung der Halbsummen zwischen sämtlichen Horoskop-Faktoren entsteht ein neues Horoskop, das man durchaus als Brennpunkt-Horoskop bezeichnen kann (siehe »Die Berechnung des Composit-Horoskops«, S. 331)).

Die Betrachtung eines solchen Horoskops mutet mitunter etwas seltsam an. Viele Composit-Horoskope durchzieht ein künstliches Flair, das sie statisch, gar anorganisch wirken läßt. Dennoch bündeln sich in ihnen Energien, die die Essenz zweier Radix-Horoskope mit wenigen Blicken erfaßbar werden läßt.

Im Moment, in dem sich zwei Menschen zum ersten Mal begegnen, ist alles enthalten, was eines Tages zwischen ihnen Wirklichkeit werden kann. Die Themen sind in ihrem Composit-Horoskop beschrieben und treten relativ schnell ins Bewußtsein.

Ein Composit-Horoskop kann in allen Bereichen menschlichen Miteinanders Aufschluß über die wichtigsten Themen einer Partnerschaft geben. Nur in solchen Begegnungen, die eine sehr tiefe Verbindlichkeit nach sich ziehen, würde ich das Combin dem Composit vorziehen.

Die einzelnen Schritte bei der Deutung eines Composit-Horoskops

1. Der Composit-Aszendent
2. Planeten am Aszendenten oder im ersten Haus
3. Planeten am Deszendenten oder im siebten Haus
4. Die Sonne in Zeichen und Haus
5. Der Mond in Zeichen und Haus
6. Spannungsaspekte zu Sonne und Mond
7. Spannungsaspekte der Langsamläufer zu Merkur, Venus und Mars
8. Planeten an der MC/IC-Achse
9. Aspektvergleich zwischen Composit und Radix

Der Composit-Aszendent

Das Zeichen des Aszendenten symbolisiert, auf welche Art und Weise sich die Partner gemeinsam in der Öffentlichkeit darstellen. Es umreißt auch, welchen Eindruck sie bei anderen hinterlassen (siehe Kurzcharakteristik der Zeichen im Anhang).

Ein Paar mit einem Skorpion-Aszendenten wird bei einem gemeinsamen Party-Besuch entschieden anders auftreten als ein Paar mit einem Löwe-Aszendenten. Im Grunde genommen beschreibt das Zeichen des Composit-Aszendenten nichts anderes als der Aszendent im Geburtshoroskop einer Einzelperson. Der einzige Unterschied besteht darin, daß die Deutung diesmal auf das Auftreten eines Paares übertragen wird.

Es drängt sich an dieser Stelle natürlich die etwas problematische Frage auf, was mit den Aszendenten der Einzelpersonen geschieht? Spielen diese keine Rolle mehr, sobald man zu zweit ein Restaurant betritt? Wenn ja, dann muß sich jemand mit einem Widder-Aszendenten im Radix recht befremdlich fühlen, wenn er irgendwo mit einem Partner erscheint, mit dem er im Composit einen Steinbock-Aszendenten hat. Und ein anderer mit einem Waage-Aszendenten könnte sich mit einer Partnerin, mit der er einen Composit-Aszendenten im Zeichen Wassermann hat, jeglichen Charmes beraubt fühlen, sobald er mit ihr seine Wohnung verläßt ...

In der Tat zeigt die Erfahrung, daß ein gemeinsames Sich-Zeigen und Auftreten dem Zeichen des Composit-Aszendenten entspricht. Auf einer Party werden sich beide Partner sicherlich auch getrennt voneinander mit

Freunden unterhalten oder auf andere Menschen zugehen. Hierbei wird ohne Zweifel *wieder* ihr Radix-Aszendent deutlich in den Vordergrund treten.

Planeten in Konjunktion zum Aszendenten oder im ersten Composit-Haus

Sollten sich Planeten am Aszendenten oder im ersten Haus des Composit-Horoskopes befinden, so werden sie die Thematik des Aszendenten-Zeichens entsprechend ihrer Symbolik mitprägen. Ein Jupiter im ersten Composit-Haus wird die Partner einerseits in die angenehme Lage versetzen, eine optimistische Grundstimmung zu verbreiten, andererseits aber das Thema ihres Aszendenten übertrieben zum Ausdruck bringen. Ein Schütze-Aszendent im Composit wird die Partner nur dann sehr dynamisch, gar vereinnahmend auftreten lassen, wenn nicht Saturn im ersten Composit-Haus steht. Saturn läßt beide wesentlich zurückhaltender erscheinen und zwingt sie zu einer Haltung, die Respekt und Distanziertheit fordert. Eine Composit-Sonne im ersten Haus symbolisiert z. B., daß dem gemeinsamen Auftreten der Partner eine starke physische Präsenz innewohnt.

Planeten im ersten Haus eines Composits werden von den Partnern meist sehr unreflektiert gelebt. Diese Planeten sind so stark mit der Interaktion der Beteiligten verwoben, daß ihnen schlichtweg der Blick dafür fehlt, wie sie sich ausdrücken. Andere nehmen die Planetenenergien des ersten Hauses daher oftmals viel schneller wahr als die Partner selbst. Anders ausgedrückt könnte ein Composit-Mond am Aszendenten oder im ersten Haus die Partner immer wieder veranlassen, nach *ihrem Mond* Ausschau zu halten, obwohl er ihnen wie ein großes Aushängeschild um den Hals hängt.

Planeten in Konjunktion zum Aszendenten oder im siebten Composit-Haus

Planeten in Konjunktion zum Deszendenten oder im siebten Composit-Haus symbolisieren die Energien in der Umwelt des Paares und jene Themen, die ihnen ihre Mitmenschen nahebringen. Im Gegensatz zu den Planeten im ersten Haus sind Planeten im siebten Composit-Haus für die Beteiligten sehr schnell sichtbar. Der Mond im siebten Composit-Haus z. B. läßt die Partner immer wieder auf Menschen treffen, die in erster Linie emotional genährt werden möchten. Erst die Sensibiltät,

Launenhaftigkeit oder seelische Berührbarkeit anderer bringt die Composit-Partner mit ihren Gefühlen in Kontakt.

Uranus im siebten Composit-Haus läßt die Außenwelt in helle Aufregung verfallen, sobald sich die Betreffenden als Paar *outen.* Irgend etwas an ihrer Verbindung scheint die Konventionen zu verletzen und unberechenbare Reaktionen der Umwelt auszulösen.

Planeten im siebten Haus dienen den Partnern als Spiegel. Sobald sie hineinblicken, sehen sie nicht sich selbst in ihrer Ganzheit, sondern die personifizierten Planetenenergien ihres siebten Hauses. Diese möchten ihnen etwas über ihre Partnerschaft verraten. Einmal angenommen, der Spiegel und seine Figuren könnten, wie in manchen Märchen, sprechen, dann würde sie im Falle von Uranus vielleicht ein lachender Narr verhöhnen: »Was, ihr wollt ein Paar sein? Daß ich nicht lache! Das ist der größte Witz, der mir seit langem begegnet ist.« Die Sonne im siebten Haus würde sich dagegen königlich und würdevoll geben und die Verbindung mit ihrer höchsten Wertschätzung segnen.

Nur so ist nachzuvollziehen, warum Partnerschaften mit einer Composit-Sonne im siebten Haus in anderen Schriften oft als die einzig wahren Beziehungen bewertet werden. Ohne großes Zutun der Beteiligten sollen diese Begegnungen fast zwangsläufig in eine Ehe münden. Die Sonne stellt immer einen zentralen Kern in Partnerhoroskopen dar. Aus ihr schöpfen die Partner all jene Energien, die dem Erhalt und der Weiterentwicklung ihrer Verbindung dienen. Ein Paar mit einer Sonne im siebten Composit-Haus hat die Neigung, seine Kraft und Stärke auf andere zu übertragen. Die anderen sind dann die Souveränen, die Selbstsicheren, die strahlenden Könige. Das macht einiges leichter, besonders wenn es darum geht, Entscheidungen zu treffen. Für diesen Fall haben die Partner immer einen erstklassigen Berater, und zwar den *König* selbst.

Die Composit-Sonne in Zeichen und Haus

Die Composit-Sonne verkörpert den zentralen Kernpunkt einer Verbindung. In ihr bündeln sich wesentliche Kräfte. Die Stellung der Sonne in Tierkreiszeichen und Haus verspricht die wichtigsten Informationen über Ausrichtung und Interessenlage der Partner. Nicht anders als im Geburtshoroskop einer Einzelperson, setzt die Sonne die eigentlichen Akzente bezüglich des Wesens einer Persönlichkeit. Übertragen auf ein Partnerschaftshoroskop, beschreibt die Sonne das Wesen einer Beziehung. Während Robert Hand in seinem Buch *Planeten im Composit* die Deutung der Planeten ausschließlich aus ihrer Hausstellung bezog, haben meine Forschungen das bestätigt, was er vor zwanzig Jahren zwar mutmaßte, aber noch nicht belegen wollte. Nicht nur die Haus- sondern auch die Zeichenstellung der einzelnen Composit-Planeten können in die Deutung mit einbezogen werden.

Das Wesen einer Verbindung mit einer Composit-Sonne im vierten Haus und im Zeichen Steinbock unterscheidet sich deutlich von dem einer Viert-Haus-Sonne im Zeichen Widder. Zwar werden beide Partnerschaften ihren Schwerpunkt in häuslichen und familiären Bereichen haben, doch das Temperament, mit dem sie ihre Interessen verfolgen, ist grundsätzlich verschieden. Die Zeichenstellung der Sonne beschreibt in erster Linie das Temperament und die Lebenskräfte, mit denen dieses Wesen »Partnerschaft« ausgestattet ist. Eine Combin- oder Composit-Sonne im Tierkreiszeichen Fische läßt dieses Wesen konturlos, unaufdringlich und mitfühlend erscheinen. Anderen mag ein Paar mit einer Composit-Sonne in Fische undefiniert und rätselhaft erscheinen. Selbstverständlich gibt es für jede Zeichenstellung der Sonne Bereiche, in denen sie sich ihrem Temperament gemäß entfalten kann. Immer dann, wenn ein Paar mit einer Fische-Sonne beruflich gemeinsam auftritt, sei es auf einer Schauspiel-Bühne, in einem Krankenhaus oder in der Vorstandsabteilung eines großen Konzerns, kann es von Vorteil sein, wenn ihre private Ebene undurchschaubar und somit geschützt bleibt. Umgekehrt bietet ihre Durchlässigkeit jedoch auch die Möglichkeit, daß andere alles in sie hineinprojizieren, was diese gerne sehen möchten.

Die Hausstellung der Sonne beschreibt die Lebensbühne als eigentliche Basis der Partnerschaft. In jenem Lebensbereich, der durch das Haus symbolisiert wird, liegen die größten Entfaltungsmöglichkeiten. Ungeachtet der Thematik des jeweiligen Hauses, lassen auch die Einteilungen in kardinale, fixe und bewegliche Häuser deutungsrelevante Rückschlüsse zu.

Vor vielen Jahren untersuchte ich die Hausstellung der Sonne anhand von ca. 250 Composit-Horoskopen. Die sich daraus ergebende Statistik ist natürlich keinesfalls repräsentativ. Dennoch möchte ich das Ergebnis an dieser Stelle erwähnen und dazu anregen, eigene Forschungen in diese Richtung zu betreiben. Während ich damals noch mit handschriftlichen Strichlisten operierte, sind statistische Erhebungen heute mittels Computer schneller und einfacher anzufertigen. Bei den von mir untersuchten Horoskopen handelte es sich in erster Linie um Liebespaare. Später nahm ich noch gleich- sowie gegengeschlechtliche Freundschaften hinzu, bei denen Sexualität keine Rolle spielte. Bei den Composit-Horoskopen der Liebespaare interessierte mich vor allem, ob tatsächlich festzustellen ist, daß die Häuser fünf und sieben überdurchschnittlich oft von der Sonne besetzt sind, wie in der einschlägigen Literatur postuliert wird (siehe Bibliographie, S. 349).

Meine Auswertungen brachten letztendlich ein ganz anderes Ergebnis zutage. Die Sonnen verteilten sich in relativer Gleichmäßigkeit über die Häuser. Markante Unterschiede ergaben sich aber, was die einzelnen Beziehungsformen betraf. Die Composit-Sonnen von Ehepaaren standen überdurchschnittlich oft in den kardinalen Häusern eins, vier, sieben und zehn. Die Sonnen langjähriger Beziehungen ohne Trauschein häuften sich in den fixen Häusern zwei, fünf, acht und elf, während kurze Affären und Freundschaften eine überdurchschnittlich häufige Besetzung der beweglichen Häuser drei, sechs, neun und zwölf aufwiesen.

Eine Zeitlang war ich von meinem Ergebnis höchst fasziniert. Ich glaubte, einen Schlüssel gefunden zu haben, mit dessen Hilfe man die Wahrscheinlichkeit, daß die erste Verliebtheit zweier Menschen in eine Ehe mündet, eine langjährige Beziehung wird oder eine kurze Affäre bleibt, zumindest ansatzweise erfassen konnte. Die Mühsamkeit meiner statistischen Erhebung brachte es jedoch mit sich, daß ich meiner These nicht weiter nachging. Überdies war ich mehr an der inhaltlichen Deutung der jeweiligen Composit-Horoskope interessiert als am *prognostischen* Ansatz.

Folgt man den Erkenntnissen meiner Erhebung, haben ihre Ergebnisse durchaus Schlüssiges zu bieten. Das Kardinale einer Ehe bzw. die Tatsache, daß sich die Beteiligten für diese Beziehungsform entscheiden, liegt sicher an den kardinalen Themenbereichen dieser Häuser (Durchsetzung, Familie, Partnerschaft, Beruf). Langjährige Beziehungen benötigen in unserer schnellebigen Zeit dagegen ein Gutteil an fixen Energien, um dauerhaft sein zu können. Das Wesen kurzer Affären, aber auch das von Freundschaften, ist sinnigerweise zu flexibel, als daß die Beteiligten Tisch, Bett und Alltag auf Dauer miteinander teilen könnten.

Selbstverständlich ist eine Partnerschaft mit einer Composit-Sonne im zwölften Haus durch andere Themenschwerpunkte belegt als eine Beziehung mit einer Sonne im dritten Haus. Die Sonne als Wesenskern einer Verbindung will sich ihrem Temperament gemäß (Zeichen) auf der Ebene ihres jeweiligen Composit-Hauses verwirklichen. Eine Jungfrau-Sonne im zehnten Haus läßt darauf schließen, daß die Partner auf gründliche, strategisch ausgeklügelte Weise an einer gemeinsamen Zielsetzung arbeiten werden. Eine Steinbock-Sonne im sechsten Haus dagegen richtet den Fokus der Partner auf Alltags- und Arbeitsprozesse und wird hierbei zwar hindernisorientiert, aber ausdauernd und konzentriert vorgehen.

Wie leicht oder wie schwer und auf welche Weise sich das Wesen einer Partnerschaft entfalten und weiterentwickeln wird, kann den Aspekten zur Combin- oder Composit-Sonne entnommen werden.

Der Composit-Mond in Zeichen und Haus

Die Mond-Stellung in Zeichen und Haus gibt Aufschluß darüber, was die Beziehungs-Partner auf gefühlsmäßiger und seelischer Ebene nährt. Damit ist nicht ihre emotionale Verträglichkeit gemeint! Diese läßt sich astrologisch am einfachsten anhand eines Aspektvergleichs (Synastrie) ermitteln. Dazu ein Beispiel:

Steht der Mond des einen Partners in Zwillinge und der Mond des anderen in Fische, wird bei der Synastrie von einer Unverträglichkeit der Mond-Energien ausgegangen. Besonders bemerkbar macht sich die unterschiedliche Ausrichtung der emotionalen Bedürfnislage in Partnerschaften, in denen die Partner zusammenleben oder gemeinsam ihren Arbeitstag in einem viel zu kleinen Büro verbringen. Um sich wohl zu fühlen, benötigen die Beteiligten gänzlich verschiedene *atmosphärische* Bedingungen.

Es ist leicht nachvollziehbar, daß der Partner mit Zwillinge-Mond einen eintönigen Büroalltag nur übersteht, wenn er pausenlos am Telefon hängt, im Hintergrund das Radio mit viertelstündlichen Nachrichten hämmert und alle halbe Stunde ein anderer Kollege zur Tür hereinkommt, um ihm das Neueste vom Neuesten zu erzählen. Der Fische-Mond-Kollege, wird die hysterische Hektik seines Gegenübers irgendwann nur noch mit einem Walkman auf den Ohren ertragen können. Sphärischen Klänge von Kitaro oder Klaviersonaten von Chopin werden ihn beruhigen, sofern er dabei die Augen schließt.

Von Schaffenskraft und Produktivität kann unter derartigen Bedingungen wirklich keine Rede mehr sein. Jedem Betriebsleiter sei daher geraten, einen Astrologen zu konsultieren, bevor er zwei Menschen auf engstem Raum zusammensetzt.

Ein Composit zwischen den beiden Beispielpartnern zu erstellen, wäre nur dann sinnvoll, wenn die Kollegen nicht nur in einem Raum miteinander säßen, sondern tatsächlich eine gemeinsame Arbeit zu bewerkstelligen hätten. Ihr Composit-Mond würde entweder in Widder oder Stier stehen (Mittelpunkt zwischen Zwillinge und Fische). Abgesehen von der Unverträglichkeit der Radix-Monde, ließe sich anhand des Composit-Mondes feststellen, welche Atmosphäre die beiden bezüglich ihrer gemeinsamen Zielsetzung benötigen. Den Composit-Mond in Stier nährt ein behagliches, mit allen Materialien ausgestattetes Arbeitsumfeld. Kuchen und andere Leckereien auf dem Schreibtisch sind ein absolutes Muß! Selbst wenn Hektik und Streß aufkommen, werden sich die beiden nicht aus der Ruhe bringen lassen. Ganz anders sähe dies bei einem Composit-Mond in Widder aus. Hier wird ein gewisser Streßpegel benötigt, um *auf Touren* zu kommen. Ein Arbeitsplatz in ruhiger, abgeschiedener Atmosphäre würde ihren Arbeitseifer eher dämpfen als entfachen. Die hektische, gereizte Stimmung in einem Live-Studio, fünf Minuten vor Sendebeginn, entspricht dagegen um so mehr ihrem emotionalen Bedürfnis.

Der Composit-Mond beschreibt nicht nur, was die Partner benötigen, um sich emotional wohl zu fühlen, sondern auch die Stimmung, die sie gemeinsam bei anderen erzeugen. Partner mit einem Skorpion-Mond im Composit sind in der Lage, eine äußerst gefühlsintensive Situation in ihrer direkten Umgebung heraufzubeschwören. Für ein Therapeuten-Team ist dies eine erfolgversprechende Fähigkeit, in anderen Bereichen könnte die *Stimmungsmache* allerdings weniger gefragt sein.

In privaten Partnerschaften, bei denen die Partner zusammenleben, läßt sich anhand des Composit-Mondes auch feststellen, welcher Art ihre häuslichen Bedürfnisse sind. Welche Umgebung, welche Stimmung gibt beiden die Möglichkeit, sich wohl und geborgen zu fühlen? Wie gehen sie in emotionaler Hinsicht miteinander um? Ein Paar mit einem Krebs-Mond im Composit will sich liebevoll umsorgen. Ihre Wohnung mag als gemeinsamer Rückzugsort dienen, Besucher könnten sich zuweilen wie Eindringlinge fühlen. Ein Paar mit einem Schütze-Mond dürfte dagegen eher selten zu Hause anzutreffen sein. Sie zieht es hinaus in die weite Welt oder zumindest häufig in die freie Natur.

Die Hausstellung des Composit-Mondes zeigt, aus welchem Lebensbereich die Partner ihre emotionale Nahrung beziehen. Dort werden sie besonders verletzlich sein und überwiegend instinktbetont reagieren. Mit dem Mond im neunten Haus werden sich die Beteiligten von Ritualen oder religiösen Themen berührt fühlen. Einem gemeinsamen Lebenssinn können sie in abstrakter Form nichts abgewinnen. Ihre Gefühlswelt spielt hierbei eine große Rolle, weshalb unter Umständen auch gemeinsame Kinder (Mond) den eigentlichen Sinn ihres Lebens verkörpern könnten.

Spannungsaspekte zu Composit-Sonne und Composit-Mond

Wer eine Partnerschaft nach allen Regeln der astrologischen Kunst untersucht, wird bei der Deutung der Radix-Horoskope und der Synastrie genügend Zeit damit verbringen, aus den unzähligen Winkelverbindungen seine Aussagen zu treffen. Da sich sowohl das Composit als auch das Combin vortrefflich eignen, mit wenigen Blicken wichtige Themen einer Verbindung zu erfassen, ist eine Beschränkung auf Spannungsaspekte zu Sonne, Mond, Merkur, Venus und Mars durchaus sinnvoll. Harmonische Winkel betrachte ich dann, wenn sie ein Quadrat oder eine Opposition zu einem dieser Planeten *entspannen.*

Quadrate und Oppositionen zur Composit-Sonne sowie bestimmte Konjunktionen weisen darauf hin, daß sich das Potential einer Partnerschaft meist nur unter erschwerten Bedingungen entfalten läßt. In diesem Zusammenhang von einem Gelingen oder Nicht-Gelingen der Partnerschaft auszugehen, wäre kein konstruktiver Ansatz. Manche Paare benötigen ein gewisses Maß an Widerständen. Ob diese von außen auf sie zukommen oder zwischen beiden entstehen, ist in diesem Falle nebensächlich. Ein Zuviel an Harmonie kann unter Umständen genauso nervtötend sein wie der ständige Streit um Kleinigkeiten. Welche *Dosis* an Widerständen die Partner gerade noch ertragen oder gar anregend finden, kann nicht allein aus dem Horoskop entnommen werden.

Die Deutung der Spannungsaspekte zu Sonne und Mond im Composit basiert im wesentlichen auf der gleichen Grundlage, wie wir sie für das Geburtshoroskop eines einzelnen verwenden. Zu beachten ist lediglich, daß es sich bei Composit-Planeten um Energien handelt, die sich auf das

Wesen einer Partnerschaft und nicht einer Einzelperson beziehen. Im Composit oder Combin weist ein Mond-Saturn-Quadrat in gleichem Maße auf emotionale Blockaden hin wie im Radix. Den Partnern mag es schwerfallen, ihren Gefühlen freien Lauf zu lassen und spontan das auszudrücken, was sie empfinden. Vielleicht leben sie aber auch an getrennten Wohnorten und haben aus diesem Grund selten die Möglichkeit, Intimität und seelische Nähe zwischen sich aufkommen zu lassen. Die Tatsache, daß sich Mond und Saturn durch einen Spannungsaspekt verbinden, deutet allerdings darauf hin, daß die Partner eher unter dieser Trennung leiden, als daß sie sie guthießen – vielleicht ganz im Gegensatz zu einem Paar mit einer Sonne-Uranus-Opposition im Composit. Ein Zuviel an Nähe wird in dieser Partnerschaft auf Dauer nicht gut vertragen. Das Wesen dieser Beziehung benötigt ein großes Maß an Freiheit und Unkonventionalität. Wird dies nicht von beiden Partnern gesehen und anerkannt, kann es durchaus vorkommen, daß sich das eigenständige Wesen *Beziehung* mit einem großen Knall für immer verabschiedet.

Die Symbolik der Planeten, die die Composit-Sonne und den Composit-Mond aspektieren, ist von entscheidender Bedeutung. Ob es sich dabei um ein Quadrat, eine Opposition oder Konjunktion handelt, ist dagegen weniger von Belang, zumindest was die Aspekte der Langsamläufer betrifft. Es muß an dieser Stelle wohl nicht erwähnt werden, daß eine Konjunktion von Jupiter mit Sonne oder Mond angenehmere Züge trägt als eine Konjunktion mit Pluto.

Die Vielzahl menschlicher Beziehungsformen erweitert das Spektrum möglicher Auswirkungen eines Aspekts um ein Weiteres. Die Sonne spielt bei allen Partnerschaftsformen eine zentrale Rolle. Ihre Aspekte liefern wichtige Hinweise, auf welche Art sich ein gemeinsames Potential entwickeln läßt. Dagegen kann der Composit-Mond in manchen Partnerschaften eine durchaus untergeordnete Rolle spielen, z. B. im Composit zweier Kollegen, die nicht auf engstem Raum zusammenarbeiten und sich nur wenige Male am Tag zu einer Besprechung treffen. In diesem Falle hat die Stellung des Merkur im Composit sicherlich Vorrang vor der des Mondes.

Spannungsaspekte der Langsamläufer zu Merkur, Venus und Mars

Die Beurteilung der Relevanz einzelner Spannungsaspekte hängt, wie erwähnt, von der Art der Partnerschaft ab. In Liebesbeziehungen kommt einer Venus-Saturn-Konjunktion eine andere Bedeutung zu als im Composit-Horoskop eines Fahrlehrers und seines Schülers. Die Fragestellung an ein Partnerschafts-Horoskop wird in erster Linie durch den Beziehungshintergrund geprägt.

Spannungsaspekte von Saturn, Uranus, Neptun und Pluto auf die Composit-Planeten Merkur, Venus und Mars weisen darauf hin, daß eine einfache Entfaltung dieser Energien nicht möglich sein wird. Saturn hat die Neigung, seinen Aspekt-Partner zu blockieren, Uranus überreizt und schockiert ihn, Neptun löst ihn auf oder schafft zumindest Verwirrung, und Pluto eröffnet ihm die Erfahrung extremster Wirkungskraft.

Steht Mars zur einen Seite hin im Quadrat zu Saturn und zur anderen Seite im Quadrat zu Uranus, spricht man von einem T-Quadrat. Saturn und Uranus bilden demzufolge eine Opposition. Die Wirkung dieses T-Quadrats wird ganz sicher in jeder Form von Partnerschaft spürbar sein, denn Mars regiert den Willen und die Antriebskraft der Beteiligten. T-Quadraten in Combin- und Composit-Horoskopen sollte besondere Aufmerksamkeit entgegengebracht werden. Sie stellen eine große Herausforderung für die Partner da. Drei Planeten-Energien stehen im Widerstreit miteinander und fordern eine Lösung, die nur von den Partnern gemeinsam gefunden werden kann. Im Falle des Beispiels wirken zwei konträre Kräfte auf Mars ein. Bildlich dargestellt steht auf der einen Seite Saturn und vermittelt Mars, daß er ihn so lange in die Knie zwingen wird, bis er lernt, seinen Handlungen Struktur und Ausdauer zu verleihen. Für die Partner bedeutet dies, daß sie lernen müssen, mit ihren Energien diszipliniert umzugehen. Ihren Willen werden sie nur dann durchsetzen, wenn sie darauf achten, daß ihr Nahziel ihrer übergeordneten Zielsetzung (MC) nicht widerspricht. Da Mars, insbesondere dann, wenn er zudem noch im Quadrat zu Uranus steht, zu übereilten Schritten in Hauruck-Manier neigt, dürften die Partner mit etlichen Frustrationen innerhalb ihrer Verbindung umzugehen haben.

Die Spannungsaspekte zu den inneren Planeten Sonne, Mond, Merkur, Venus und Mars sind nicht das Salz in der Suppe, sondern die Suppe selbst. Sie beschreiben jene Themen, die zwei Menschen gemeinsam erfahren und durchleben möchten, um daran zu wachsen und sich weiterzuentwickeln.

Planeten an der MC/IC-Achse

Besondere Aufmerksamkeit sollte Planeten entgegengebracht werden, die in enger Konjunktion zur MC/IC-Achse stehen. Ihre Aussagekraft in den Häusern vier und zehn wird durch die Achsen-Dominanz verstärkt. Vorausgesetzt daß die Geburtszeiten beider Partner genau sind, will sich in diesen Stellungen ein *vordringliches Anliegen* der Planeten ausdrücken. Venus am MC eines Composits verdient zweifelsfrei besondere Beachtung. Das MC symbolisiert in Composit und Combin, genau wie in Radix-Horoskopen, die Zielsetzung im Leben. Wenn innerhalb der Verbindung zweier Menschen Venus das Ziel darstellt, kommt ihrem Bemühen um Leichtigkeit, Ästhetik, Wertschätzung und Zuneigung besondere Bedeutung zu. Das Zeichen, in dem Venus steht, umreißt, auf welche Weise dies geschieht. Eine Zwillinge-Venus wird künstlerische Ambitionen schreibend, informierend und kommunizierend ausdrücken, während eine Stier-Venus das sinnliche Erleben in den Vordergrund stellt.

Planeten, die die Venus (und das MC) aspektieren, unterstützen oder erschweren den Weg dahin. Spannungsaspekte zeigen Widerstände auf, die die Lebensziele mitunter durchkreuzen. In diesem Fall können die Energien der Planeten, die in harmonischen Winkeln zu Venus stehen, Unterstützung und Hilfe bieten.

Das gleiche gilt für Planeten in Konjunktion zum IC. Da das IC den tiefsten Punkt im Horoskop widerspiegelt, wirken seine Themeninhalte stark auf unterbewußte Prozesse. Neptun in enger Konjunktion zum IC kann tiefsitzende Ängste symbolisieren, die sich jeder bewußten Auseinandersetzung mit möglichen Ursachen entziehen. Bei Pluto am IC könnte möglicherweise eine Therapie so manches Kindheitstrauma zu Tage fördern. Diese Konstellationen in Combin- und Composit-Horoskopen müssen nicht bedeuten, daß beide Partner in ihrer Kindheit Verunsicherungen (Neptun) erlebten oder an traumatischen Verlustängsten (Pluto) litten. Die maximale Bedeutung dieser Planeten weist aber darauf hin, daß zumindest bei einem der Partner noch einiges im Unbewußten schlummert, was mit Hilfe des anderen Partners aus seiner Verdrängung geholt werden kann.

Aspektvergleich zwischen Composit und Radix

Wenn Sie die Radix-Planeten der Partner in den Außenkreis des Composit-Horoskops einzeichnen, bekommen Sie zusätzliche Informationen darüber, wie jeder einzelne mit dem Partnerhoroskop korrespondiert. Interessant sind vor allem Konjunktionen zwischen den Composit- und den Radix-Faktoren. Befindet sich z. B. die Venus des einen Partners in Konjunktion zur Composit-Sonne, werden die Venus-Themen in seinem Radix-Horoskop, durch die Partnerschaft besonders hervorgehoben. Wahrscheinlich fühlt er sich attraktiver und liebenswerter, doch im Falle von Spannungsaspekten zur Venus im Radix werden selbstverständlich auch diese mit angesprochen.

Jeder Partner *reagiert* somit unterschiedlich auf das neu entstandene Wesen der Partnerschaft, und es kann sehr aufschlußreich sein, diesen Blickwinkel bei der Deutung mit einzubeziehen.

Das Combin

Das Combin-Horoskop wird auf den Zeitpunkt berechnet, der exakt zwischen den Geburten zweier Menschen liegt (siehe »Die Berechnung des Combin-Horoskops«, S. 338). Betrachtet man den individuellen Lebensweg als stetiges Voranschreiten auf einer Zeitschiene, so beschreibt das Datum des Combins den *Begegnungs-Zeitpunkt* der Partner. Der Ältere von beiden muß, damit die Begegnung stattfinden kann, *umkehren* und ein Stück des Weges auf der Zeitschiene zurückgehen. Das Combin-Horoskop beschreibt das Motiv seiner symbolischen Umkehr. Im Unbewußten der Partner schlummert die Gewißheit, daß sie nur gemeinsam wichtige Persönlichkeitsanteile weiter ausbilden können. Die Essenz ihrer jeweiligen Potentiale stellt den notwendigen Rahmen für neue Entwicklungen dar. Diese Rahmenbedingungen sind im Combin verankert, sie benötigen allerdings ein hohes Maß an Verbindlichkeit, um wirksam zu werden.

Die plötzliche Verliebtheit zwischen zwei Menschen bedeutet noch lange nicht, daß sie sich *mit Haut und Haaren* aufeinander einlassen werden. Von Arbeitskollegen, die nur sporadisch miteinander arbeiten, kann nicht angenommen werden, daß starke seelische Bedürfnisse der Grund ihres Zusammentreffens sind. Ganz anders verhält es sich bei einer Eltern-Kind-Beziehung. Die seelische Verbundenheit, die notwendige Voraussetzung für schlüssige Deutungsergebnisse anhand eines Combins ist, wird in Eltern-Kind-Verbindungen meist gegeben sein.

Das Combin-Horoskop gibt selbstverständlich auch auf die Frage eine Antwort, mit welchen Entwicklungen Partner, die sich gerade kennengelernt haben, rechnen dürfen, sollte ihre Partnerschaft verbindlich werden.

Das Combin ermöglicht zwei unterschiedliche Betrachtungsweisen. Zum einen gibt es Aufschluß darüber, welches Hauptthema die Partner zusammengeführt hat, was sie gemeinsam erfahren möchten und auf welchen Lebensbereich sich ihr Handeln im besonderen konzentriert.

Zum anderen bietet das Combin-Horoskop die Möglichkeit, den Beitrag jedes einzelnen Partners genauer zu beleuchten. Welchen Erfahrungshintergrund, welches Potential oder welchen Konfliktstoff bringt er in die Partnerschaft ein, und was möchte er innerhalb dieser Partnerschaft auf eine neue Art kennenlernen?

Die einzelnen Schritte bei der Deutung eines Combin-Horoskops

Die Partnerschaft als eigenständiges Wesen

1. Der Combin-Aszendent
2. Der Zeichenherrscher des Combin-Aszendenten
3. Die Combin-Planeten in Zeichen und Häusern
4. Spannungsaspekte der Langsamläufer zu Sonne, Mond, Merkur, Venus und Mars

Potentiale und Entwicklungsziele der Beziehungspartner

1. Der ältere Partner
2. Der jüngere Partner
3. Die Verbindung der Partner untereinander
4. Spannungsaspekte zu den Signifikatoren
5. Planeten in den Häusern
6. Planeten in Konjunktion zu den Achsen

Das Hauptthema der Beziehung

Der Combin-Aszendent

Die symbolische Bedeutung des Aszendentenzeichens beschreibt das Thema, das die Partner auf einer seelischen Ebene zusammengeführt hat. In ihm spiegeln sich nicht nur besondere Fähigkeiten und Stärken der Partner wider, sondern auch all jene Anteile, die die Partner gemeinsam erfahren und weiterentwickeln möchten.

Angenommen jemand mit einem Jungfrau-Aszendenten verliebt sich in einen Menschen mit einem Krebs-Aszendenten. Im Combin der beiden steht der Aszendent jedoch im Zeichen Löwe. Dies würde bedeuten, daß jeder an einem Punkt seines individuellen Lebens angekommen ist, an dem er sich in besonderem Maße um den Ausdruck seiner Persönlichkeit mit all ihren schöpferischen Möglichkeiten bemühen möchte. Beide haben unbewußt den Wunsch, sich zu zeigen und mit ihren Fähigkeiten kreativ nach außen zu gehen. Ein Combin-Aszendent im Zeichen Steinbock würde beschreiben, daß die Partner innerlich bereit sind, Pflichten und Verantwortung zu übernehmen oder daß sie sich gemeinsam einer schwierigen Aufgabe widmen.

Der Herrscher des Aszendenten

Das Combin-Haus, in dem der Herrscher des Aszendenten steht, ermöglicht eine spezifischere Betrachtung der Thematik. Der Lebensbereich, der von jenem Haus symbolisiert wird, ist Dreh- und Angelpunkt des Beziehungsgeschehens.

Steht z. B. die Sonne, als Herrscher des Aszendenten Löwe, im zweiten Haus, werden die Partner ihre gemeinsamen Energien darauf verwenden, mit Hilfe kreativer Fähigkeiten und ihrer Ausdruckskraft den Lebensunterhalt zu sichern. Ihr Selbstwertgefühl wird ganz entscheidend davon abhängen, ob ihnen dies gelingt. Die Sonne im elften Combin-Haus würde anzeigen, daß die Partner nach unkonventionellen Möglichkeiten des Selbstausdrucks suchen. Auf ihrer Suche nach Freiheit werden Freunde eine unterstützende und wegweisende Rolle einnehmen.

In welchem Lebensbereich sich Partner mit einem Steinbock-Aszendenten schwierigen Aufgaben stellen und daher in besonderem Maße bereit sind, Verantwortung zu tragen, wird durch die Stellung des Steinbock-Herrschers Saturn angezeigt. Saturn im vierten Haus weist darauf hin, daß vor allem im häuslichen und familiären Bereich Schwierigkeiten auftreten, die die Partner zu meistern haben. Ein Saturn im zwölften Haus dagegen wird den Partnern Aufgaben stellen und Pflichten auferlegen, die ihnen lange gar nicht bewußt sein werden.

Aspekte anderer Planeten zum Herrscher des Combin-Aszendenten beschreiben, von welcher Seite die Partner mit Unterstützung (harmonische Aspekte) rechnen können und welcher Art die Probleme sind, die sie gemeinsam zu bewältigen haben (Spannungsaspekte).

Die Planeten in Zeichen und Häusern

Die Stellung aller anderen Planeten in Zeichen und Häusern beschreiben weitere Themen, mit denen sich die Partner innerhalb ihrer Verbindung auseinandersetzen *möchten*. Bei der Deutung der Planeten in den einzelnen Häusern ist es zunächst wichtig, die Art der Beziehung zu betrachten. Wohnen die Partner zusammen? Arbeiten sie gemeinsam? Haben sie eine sexuelle Beziehung? Handelt es sich um ein Eltern-Kind-Combin oder das Combin zweier leidenschaftlich Verliebter?

Jede Beziehungsform gibt den Häusern einen anderen Schwerpunkt. Sollten die Partner ein gemeinsames Heim haben, bekommt Uranus im vierten Haus eine stärkere Bedeutung als bei Arbeitskollegen. Die Sonne im sechsten Haus wird sich wiederum im Combin zweier Kollegen stärker zur Geltung bringen lassen als im Combin zweier Liebender. Wenn ich nachfolgend einige Anhaltspunkte gebe, welche Häuser bei welcher Beziehungsform besonders zu beachten sind, heißt dies nicht, daß die anderen Häuser keine Rolle mehr spielen. Auch die Besetzung des sechsten Hauses hat in leidenschaftlichen Beziehungen eine Bedeutung, zumindest dann, wenn die Partner von Zeit zu Zeit das Bett verlassen und sich dem Alltag stellen.

Beziehungsform	**Planeten in den Häusern**
Liebesverbindungen	eins/sieben, fünf/elf
Eltern-Kind und alle Paare, die zusammenleben	vier/zehn, sechs/zwölf
Arbeitskollegen, die sehr eng zusammenarbeiten	drei/neun, sechs/zwölf
Freunde und Partner, die viel Freizeit miteinander verbringen	fünf/elf, drei/neun
Partner, die finanziell eng verbunden sind	zwei/acht

Spannungsaspekte der Langsamläufer zu Sonne, Mond, Merkur, Venus und Mars

Spannungsaspekte im Combin-Horoskop geben, wie im Radix-Horoskop auch, Hinweise darauf, wo es noch etwas zu lernen und zu entwickeln gibt. Der natürliche Energiefluß der betroffenen Planeten ist gestört, was mitunter heftige Frustrationen auslöst. Findet sich der eine oder andere Spannungsaspekt im Geburtshoroskop eines einzelnen Menschen, muß dieser lernen, mit seinen Energieblockaden alleine zurechtzukommen. Natürlich mag es für einen Menschen mit einer Sonne-Pluto-Opposition eine Zeitlang hilfreich sein, Pluto auf andere zu projizieren. Die *Bösen* sind dann immer die anderen! Sie unterdrücken ihn, sie kontrollieren ihn und rauben ihm jegliche Kraft zur freien Selbstentfaltung. Mit den Jahren wird es ihm vielleicht dämmern, daß ihn diese Haltung unfrei macht. Indem er die Verantwortung für seine Freiheit oder Unfreiheit an andere delegiert, nimmt er sich selbst jeden Handlungsspielraum.

Spannungsaspekte haben die Eigenschaft, Spannungsaspekte zu bleiben. Aus einen Quadrat wird niemals ein Trigon! Auch wenn man sich redlich müht, sich entwickelt und stets neue Erkenntnisse über sich gewinnt. Das gleiche gilt für Oppositionen, Quadrate und diverse Konjunktionen im Combin. Im Gegensatz zum Radix sind beim Combin zwei Menschen am Geschehen beteiligt. Wenn etwas nicht so läuft wie gewünscht, sind es gleich zwei, die frustriert sind. Nichts liegt daher näher, als sich gegenseitig dafür verantwortlich zu machen. Ein Paar mit einer Sonne-Pluto-Opposition im Combin muß sich nicht ständig im Außen einen *Schuldigen* suchen. Man kann sozusagen in den *eigenen Reihen* bleiben. Die Betreffenden haben nur eines zu klären: Wer spielt die Sonne und wer den Pluto? Oder noch besser: Darf ich heute Pluto sein, du warst es gestern?

Spannungsaspekte sind nicht dazu da, einem einzelnen oder einer Beziehung das scheinbar lebensnotwendige Maß an Leid zuzufügen. Spannungsaspekte sind Energieträger! Sie bringen Schwung in eine Partnerschaft, halten sie lebendig und versorgen die Partner immer wieder mit neuem Lernstoff. Würde wirklich aus einem Quadrat irgendwann ein Trigon, wäre es so, als baue man den Motor einer Partnerschaft aus und brächte ihn zur nächsten Schrotthandlung.

Potentiale und Entwicklungsziele der Partner

Der ältere Partner

In einer Beziehung zwischen zwei Menschen gibt es immer einen Älteren und einen Jüngeren. Der Ältere wird durch den Zeichenherrscher des Aszendenten und den Planeten im ersten Haus beschrieben. Diese Planeten nennt man Signifikatoren. Die Stellung des Aszendenten-Herrschers in Zeichen und Haus, aber auch seine Aspekte zu anderen Planeten sagen viel darüber aus, was der Ältere an Fähigkeiten und Erfahrungen in die Beziehung einbringt. Mit dieser Stellung zeigt sich zudem, wo die Themenschwerpunkte des Älteren liegen, bzw. womit er sich innerhalb dieser Verbindung auseinandersetzen will.

Meine Erfahrung hat gezeigt, daß die Verwendung des *alten* Herrschers eines Zeichens und das Einbeziehen des *neuen* Herrschers als Mit-Signifikator schlüssigere Deutungen ergeben als die umgekehrte Vorgehensweise.

Die Sonne im zweiten Combin-Haus würde bei einem Löwe-Aszendenten die Entwicklungswünsche des Älteren beschreiben. Er wird als ein Mensch beschrieben, der das Potential und den Willen in sich trägt, mit Hilfe seiner schöpferischen und kreativen Fähigkeiten eine sichere Existenzgrundlage zu schaffen. Sein Selbstwert definiert sich über die Fähigkeit, ein selbstbestimmtes, eigenständiges Leben zu führen. Sollte dies zu Beginn der Beziehung noch nicht der Fall sein, wird er seine ganze Kraft darauf verwenden, dieses Ziel zu erreichen.

Bei einem Steinbock-Aszendenten ist Saturn der Signifikator des älteren Partners. Steht Saturn im zwölften Haus des Combins kann vermutet werden, daß dieser Mensch gerne als *graue Eminenz* im Hintergrund agiert. Die Verantwortung, die er trägt, wird für die Öffentlichkeit kaum sichtbar sein. Möglicherweise wird sie sogar für ihn selbst manchmal schwer erkennbar, so daß er zwar die Belastung spürt, aber ihre Ursache nicht benennen kann.

Planeten im ersten Haus sind immer Mit-Signifikatoren des Älteren. Zwar sind sie in ihrer Bewertung dem Herrscher des Aszendenten nachgeordnet, sollten aber niemals unberücksichtigt bleiben. Venus im ersten Combin-Haus wird den älteren Partner mit sehr viel Charme und Anziehungskraft ausstatten, während der Mars im ersten Haus, die Tatkraft und das Durchsetzungsvermögen des Betreffenden hervorhebt.

Auch eingeschlossene Zeichen im ersten Haus sowie deren Herrscher haben ein *Mitspracherecht*, wenn es um die Belange des älteren Partners geht. Ist z. B. das Zeichen Widder im ersten Haus eingeschlossen, was beim Aszendenten Fische der Fall ist, wenn die Spitze des zweiten Hauses in Stier fällt, muß auch Mars bei der Deutung in Betracht gezogen werden. Ganz im Sinne der eingeschlossenen Widder-Thematik könnte ein versteckter oder gefangengehaltener *Krieger* beim älteren Partner ein Schattendasein führen.

Der jüngere Partner

Analog zum Aszendenten beschreibt der Zeichenherrscher des Deszendenten, d. h. seine Stellung in Zeichen und Haus des Combins, den Jüngeren in einer Partnerschaft. Zudem wird er durch Planeten im siebten Haus symbolisiert. Seine Signifikatoren beschreiben die Themen, die er in die Verbindung einbringt oder im weiteren Verlauf entwickeln möchte.

Beim Jungfrau-Aszendent wird der ältere Partner von Merkur symbolisiert, der Jüngere von Jupiter, dem alten Herrscher der Fische. Dennoch sollte auch Neptun in die Deutung für den jüngeren Partner mit einbezogen werden. Seine Hausstellung kann weitere wichtige Hinweise auf die Erlebniswelt des Betreffenden geben. Sollten sich zudem Sonne und Mond im siebten Haus befinden, sind diese ebenfalls Signifikatoren des Jüngeren.

Eingeschlossene Zeichen im siebten Haus haben die gleiche Bedeutung wie für den älteren Partner im ersten Haus. Das obige Beispiel zum eingeschlossenen Zeichen Widder im ersten Haus zieht technisch gesehen ein eingeschlossenes Zeichen Waage im siebten Haus nach sich. Für den Jüngeren spielt dann auch der Planet Venus (Herrscher von Waage) eine wichtige, wenn auch längere Zeit nicht spürbare Rolle.

Die Verbindung der Partner untereinander

Aspekte zwischen den Signifikatoren des Älteren und des Jüngeren symbolisieren Ausgewogenheit und Kompromißbereitschaft bei fließenden Aspekten und Spannungen bzw. Unvereinbarkeiten bei disharmonischen Winkeln. Eine Konjunktion der Herrscher von Aszendent und Deszendent ist immer ein untrügliches Zeichen für eine äußerst symbiotische Verbindung. Dennoch wird es viel häufiger der Fall sein, daß die Signifikatoren keine Aspekte untereinander bilden. Dies bedeutet selbstverständlich nicht, daß die Verbindung weniger Gewicht hat als eine Partnerschaft, in der die Signifikatoren in Konjunktion stehen. Die Deutung des Combins selbst setzt eine Verbindlichkeit und seelische Nähe zwischen den Partnern voraus.

Steht aber der Herrscher des ersten Hauses im siebten oder umgekehrt, ist davon auszugehen, daß sich die Partner gegenseitig sehr beeinflussen werden. Bei einem Combin-Aszendenten in Wassermann wird der ältere Partner von Saturn (alter Herrscher), der jüngere von der Sonne repräsentiert. Einmal angenommen, die Sonne stünde im Zeichen Fische im ersten Haus. Sie befindet sich somit in der Domäne des älteren Partners und wird ihren Einfluß auf ihn geltend machen. Da die Sonne in diesem Fall auch Mit-Signifikator des Älteren ist (Planet im ersten Haus), muß davon ausgegangen werden, daß der jüngere Partner einen wichtigen Persönlichkeitsanteil des Älteren repräsentiert. Dennoch kann die

Sonne nur so viel zum Ausdruck bringen, wie es Saturn zuläßt. Er ist der *Hausherr*, und sie nur die *Mieterin*. Dies wird sich in der Verbindung der Partner immer wieder äußern. Der Ältere kann nicht ohne den Jüngeren, der Jüngere muß sich aber nach den Vorgaben des älteren Partners richten.

Stünde Saturn als Herrscher des Aszendenten im siebten Haus, würde sich die Angelegenheit genau umgekehrt verhalten.

Spannungsaspekte zu den Signifikatoren

Besondere Beachtung sollten Spannungsaspekte zu den Signifikatoren genießen. Ihre Stellung in Zeichen und Haus geben zwar Aufschluß darüber, auf welche Art und Weise (Zeichen) sich die Partner in die Verbindung einbringen und welcher Lebensbereich (Haus) davon betroffen ist. Spannungsaspekte zu den Signifikatoren zeigen aber, ob die Partner mit besonderen Schwierigkeiten und Problemen rechnen müssen. Der aspektierende Planet umreißt anhand seiner Symbolik sowie seiner Stellung in Zeichen und Haus, welcher Art die Konflikte sein werden. Merkur, als Signifikator des Jüngeren, im Quadrat zu Mars im fünften Combin-Haus kann z.B. anzeigen, daß mögliche Kinder (des älteren Partners) gegen ihn eingestellt sind. Mit ihnen könnte es immer wieder zu Streit und Auseinandersetzungen kommen. Auch ein sportliches Hobby des Älteren (Mars im fünften Haus) könnte häufig Anlaß für Streitereien (Merkur-Mars-Quadrat) sein.

Mond, als Herrscher des Combin-Aszendenten Krebs, in Konjunktion zu Uranus symbolisiert, daß der ältere Partner keinen traditionellen Vorstellungen von Familie folgen will. Sein Gefühlsleben wird immer wieder Wechselbädern ausgesetzt sein, die ein kontinuierliches Zusammenleben mit ihm erschweren.

Spannungsaspekte zu den Signifikatoren zeigen somit einerseits die Bedingungen an, zu denen sich die Partner in eine Beziehung einbringen, andererseits aber auch das in ihnen schlummernde, entwicklungsbedürftige Potential.

Die Planeten in den Häusern

In einem Combin gibt es genau wie in jedem anderen Horoskop zwölf Häuser, aber 36 Möglichkeiten, sie zu deuten. Zuerst werden alle Planeten in den Häusern für die Partnerschaft als Ganzes gedeutet. Danach gilt die Betrachtung der Planetenenergien nur dem älteren Partner. Haus eins des Combins ist auch das erste Haus des Älteren. Haus zwei auch sein zweites Haus, Haus drei sein drittes usw. Erst durch das »Drehen« des Horoskops um 180 Grad wird die Erfahrungswelt des jüngeren Partners deutlich. Das siebte Haus des Combins ist das erste Haus des Jüngeren. Das achte Haus wird zu seinem zweiten usw.

Ein Pluto im neunten Combin-Haus würde im dritten Haus des Jüngeren stehen, was bedeuten könnte, daß eine Schwester oder ein Bruder (Geschwister = drittes Haus) des Jüngeren eine psychisch bedeutsame Rolle innerhalb der Verbindung einnimmt.

Planeten am MC oder im zehnten Haus haben zwar bei der Gesamtbetrachtung der Partnerschaft Bedeutung für die Zielsetzung der Partner, sind letztlich aber auch als Energien zu deuten, die sich im vierten Haus des Jüngeren, sprich in seiner häuslichen Umgebung, seinem Gefühlsleben oder seinem Unbewußten widerspiegeln. In der Seele des Jüngeren verbirgt sich möglicherweise all das, was die Partner gemeinsam der Welt zu geben vermögen.

Planetenenergien im sechsten Combin-Haus sind z. B. für den Jüngeren oft nicht faßbar, weil sie sich in seinem zwölften Haus befinden. Und Planeten im zwölften Combin-Haus, die sich auch im zwölften Haus des Älteren befinden, symbolisieren genau das, was der jüngere Partner an Alltagsroutine benötigt, obwohl dies für den Älteren manchmal schwer nachvollziehbar ist (zwölftes Haus). Diese Erkenntnis kann zum Verständnis vieler kleiner und großer Alltagsprobleme beitragen, die besonders Partnern, die in einem gemeinsamen Haushalt leben, häufig zu schaffen machen.

Planeten in Konjunktion zu den Achsen

Planeten in Konjunktion zum Aszendenten, zum Deszendenten, zum IC oder zum MC haben die Eigenschaft, ein Thema hervorzuheben. Anders als ihre bloße Stellung im ersten, vierten, siebten oder zehnten Haus muß davon ausgegangen werden, daß diese Planeten nicht *zufällig* in Achsennähe stehen. Hierzu ein Beispiel: Die Sonne in enger Konjunktion zum IC will besonders beachtet werden. Daß das Zentrum des Bewußtseins (Sonne) am tiefsten Punkt des Horoskops steht und damit im Reich des Unbewußten Heimat findet, wird sich in der Verbindung der Partner auf die eine oder andere Art ausdrücken. Licht ins Dunkel der Seele zu bringen kann genauso zu ihren Aufgaben gehören, wie Bewußtes und Instinkthaftes in Einklang zu bringen.

Mitunter kann ein Planet in Achsennähe auch zur Korrektur der Radix-Horoskope beitragen. Ist die Geburtszeit von einem der Partner nicht minutengenau, kann ein Planet am Ende des dritten, sechsten, neunten oder zwölften Hauses Hinweise auf die genaue Geburtszeit geben. Angenommen Partner ziehen ständig um oder finden aus anderen Gründen keine Ruhe im häuslichen Bereich, deutet ein Combin-Uranus am Ende des dritten Hauses darauf hin, daß einer der Partner etwas früher geboren sein muß. Bei einer korrigierten Geburtszeit stünde der Uranus dann genau am IC. Dies würde die häuslichen und familiären Gegebenheiten treffend widerspiegeln. Selbstverständlich muß eine auf diese Weise eruierte Geburtszeit anhand der Lebensereignisse im Radix des Betreffenden ihre Bestätigung finden.

III. Kapitel

Eros – Anziehung und Leidenschaft

Aszendent Widder, Stier, Waage und Skorpion

Die Venus-Mars-Verbindung

Eros, der Dämon, der die Menschen für das Wahre, Schöne und Gute begeistert, wird in Venus-Mars-Verbindungen zu neuem Leben erweckt. Die Partner fühlen sich auf magische Weise voneinander angezogen, ohne daß sexuelles Begehren im Spiel sein muß. Auf wundersame Weise sehen sie sich, in ihrem Streben nach Selbstvollendung, vom anderen ergänzt.

Venus und Mars verbinden sich, wenn das Combin einen Aszendenten in den Zeichen Widder, Stier, Waage oder Skorpion aufweist. Bei Widder und Skorpion wird der ältere Partner von Mars repräsentiert, der jüngere durch Venus. Bei den Aszendenten Stier und Waage verhält es sich genau umgekehrt. Derjenige, der in diesen Partnerschaften von Venus symbolisiert wird, sehnt sich insgeheim danach, von einer wilden, kraftvollen Energie aus seinem Elfenbeinturm befreit zu werden. Dort zwar verlockend schön, aber gelangweilt sitzen zu müssen bringt die Lebensgeister der Venus langsam, aber sicher zum Erliegen. Ihr Wertvollstes verblüht, doch aus eigener Kraft vermag sie dies nicht aufzuhalten. Ihre Angst zu zerfallen richtet sich in den wenigsten Fällen auf ihr äußeres Erscheinungsbild. Um am Leben zu bleiben, sich dem Leben erneut zu schenken, benötigt sie nichts dringender als die lebensspendende Leidenschaft des Mars.

Venus-Mars-Verbindungen werden von dem Wunsch nach dem Wahren, Schönen und Guten beseelt. Die kraftvolle Einheit, die sie verkörpern, nährt sich aus ihren Gegensätzen. Immer wird es einen aktiven Part und einen passiven Part geben, und immer wieder kann es zu Streit und Auseinandersetzungen kommen. Die ungestüme Kraft von Mars, sein Wunsch zu erobern, seine Fähigkeit, Initiative und Kampfgeist zu entwickeln, kann sich nur entfalten, wenn sich der Venus-Partner tatsächlich auch passiv verhält. Die Zurückhaltung des Venus-Partners muß keineswegs seinem ursprünglichen Naturell entsprechen. Innerhalb dieser Verbindung Venus zu verkörpern bedeutet nichts anderes, als einem Teil der eigenen Persönlichkeit einen wichtigen Entwicklungsprozeß angedeihen zu lassen.

Mars, in seiner aktiven, verlangenden und manchmal auch vor Wut schäumenden Rolle, muß sich Zurückweisung und Frustration gefallen lassen. Gerade wenn sich der Mars-Partner in anderen Verbindungen eher sanft und zurückhaltend erfährt, dürfte ihm diese Partnerschaft eine wichtige Erfahrung bescheren: Die Gewißheit, ausreichend Energie und Durchsetzungskraft zur Verfügung zu haben, um sich für Dinge einzusetzen, die ihm wichtig sind.

Beiden Partnern gemein ist der Wunsch nach gegenseitiger Ergänzung. Die damit verbundene Hoffnung auf ein ruhiges, harmonisches Leben mit eingeschlossen. Sie sehen im anderen jenen Persönlichkeitsanteil repräsentiert, der ihnen fehlt. Jede tiefe, seelische Verbundenheit mit einem anderen Wesen dient als Spiegel eigener Wesensanteile. Dieser Spiegel gleicht einem ewig dampfendes Brennglas, das eines Tages Feuer fängt und zu lodern beginnt. Sein Fassungsvermögen ist begrenzt. Wenn es brennt, bündeln sich zu viele unserer Persönlichkeitsanteile in ihm, weil wir nicht wahrhaben wollen, daß sie zu uns und nicht zu anderen gehören.

Bei Beziehungspartnern, die von Venus und Mars repräsentiert werden, ist die Anziehung keineswegs ausschließlich sexueller Natur. Sexualität kann eine Rolle spielen, muß es aber nicht. Eros hat viele Gesichter. Die Spannung, die Kraft ihrer Gegensätze zwischen den Partnern herrscht, will und muß sich entladen. Die unermüdliche Suche nach wahren Lebensformen bedarf in gleichem Maße der Leidenschaft wie kreatives, schöpferisches Tun. Die Mutter aller Leidenschaften ist die Seele! In ihr, nicht in Lenden und Schoß, bündelt sich die Spannung, die jedes Wesen am Leben erhält. Spannung erzeugt Energie. Welchen Lebensbereichen diese Energie zufließt, ist ohne differenzierte Betrachtung des betreffenden Combins nicht erkennbar.

Die Zeichen- und Hausstellungen von Venus und Mars, samt ihrer Aspekte zu anderen Planeten, beschreiben die Rolle der Betreffenden genauer. Eine Venus im Zeichen Widder, in Opposition zu Uranus, wird der passiven Venus-Rolle wenig abgewinnen können. Sie wird der traditionellen Frauenrolle eher rebellisch begegnen und sich heftig auflehnen, wenn der Mars-Partner – bewußt oder unbewußt – Zurückhaltung erwartet. Ähnliches gilt für einen Combin-Mars im Zeichen Fische, im vierten Haus. Er wird in dieser Verbindung wohl kaum die Rolle des Draufgängers und Muskelprotzes spielen.

Das Hauptthema einer Venus-Mars-Verbindung bestimmt der Aszendent des Combins. Ein Aszendent im Zeichen Waage setzt andere Schwerpunkte als ein Aszendent im Zeichen Skorpion. Mars als Herrscher von Skorpion und somit Signifikator für den älteren Partner einer Verbindung mit einem Combin-Aszendenten im Zeichen Skorpion muß, ungeachtet seiner Stellung im Combin, wegen seines Mitherrschers Pluto anders bewertet werden als der Deszendenten-Herrscher Mars beim Waage-Aszendenten. Der Mars-Partner bei den Combin-Aszendenten Stier und Skorpion wird viel subtiler agieren als der Mars-Partner bei einem Aszendenten in Widder oder Waage. Ersterer wird immer Pluto *im Gepäck* haben und deshalb verstärkt auf psychologische Effekte setzen denn auf körperliche. Umgekehrt geht es einer Venus beim Combin-Aszendenten Widder oder Waage mehr um schöngeistige oder kreative Aspekte, während Venus unter den Aszendenten Stier und Skorpion in erster Linie ihre physischen und materiellen Bedürfnissen befriedigt sehen möchte.

Die Verbindung zweier Menschen mit einem Widder-, Stier-, Waage- oder Skorpion-Aszendenten besagt, daß beide an einen Punkt ihres Lebens angelangt sind, da sie die Bereitschaft in sich tragen, ursprüngliche Elemente menschlichen Daseins – gemäß ihrer seelischen und geistigen Entwicklung – nun in ihr jetziges Leben *zurückzuholen*. Ihre Wünsche nach Durchsetzung und Selbstbehauptung (Widder/Mars) wollen nicht länger auf andere projiziert werden, genausowenig wie der Wunsch nach stabilen, sicheren und harmonischen Lebensverhältnissen (Stier/Venus). Skorpion-Mars möchte endlich Macht und Ohnmacht *am eigenen Leib und an eigener Seele* erfahren und damit andere aus einer subtilen Abhängigkeit von sich entlassen.

Ob die Rücknahme projizierter, eigener Wesensanteile letztlich gelingt, kann aus dem Combin nicht entnommen werden. Es beschreibt in erster Linie die seelische Bereitschaft der Beteiligten, den hierzu erforderlichen Erfahrungen in ihrem Leben Raum zu geben.

Verantwortung – der Preis der Leidenschaft

Aszendent Krebs, Löwe, Steinbock und Wassermann

Die Sonne-Saturn- und die Mond-Saturn-Verbindung

Das *göttliche Kind* mit seiner Bereitschaft, zu wachsen und zu lernen und mit all seinem irdischen Bedürfnis nach Schutz beansprucht in Sonne-Saturn- und Mond-Saturn-Verbindungen die größte Aufmerksamkeit.

Sonne und Saturn sind die Protagonisten bei den Combin-Aszendenten Löwe und Wassermann. Beim Aszendenten Löwe repräsentiert die Sonne den älteren Partner, beim Aszendenten Wassermann den jüngeren. Saturn, als alter Herrscher von Wassermann, ist Signifikator des Älteren unter einem Wassermann-Aszendenten und Signifikator des Jüngeren bei einem Combin-Aszendenten im Zeichen Löwe.

Partnerschaften, in denen sich Senex und Puer, der alte Weise und der ewige Jüngling, begegnen, kennzeichnet eine Dynamik, die in besonderem Maße einer schöpferischen Persönlichkeitsentfaltung und -reifung der Beteiligten dient. Der Saturn-Partner (Senex) mag sich zuweilen des Eindrucks nicht erwehren können, daß sich der Sonne-Partner (Puer) auf seine Kosten entwickelt. Da das Combin-Horoskop den einseitigen Blick auf die Dinge verwehrt, kommt in diesen Verbindungen mit Sicherheit auch Saturn auf seine Kosten. In Eltern-Kind-Beziehungen scheint die Verbindung von Sonne-Saturn und Mond-Saturn Sinn zu machen. In Liebes- oder Freundschaftsbeziehungen klafft nicht selten eine schwer überwindbare Kluft zwischen den Partnern.

Der Saturn-Partner, ob weiblich oder männlich, ob älter oder jünger, fühlt sich mitunter in seinen Rollen als Ratgeber, Verantwortungsträger, Strukturgeber, Kranker, Verhinderter oder Einsamer gar nicht wohl. Angesichts seines vereinnahmenden, augenscheinlich immer nur sich selbst und seine Bedürfnisse in den Vordergrund stellenden Sonne-Partners, mag ihm diese Verbindung zuweilen wie eine harte Prüfung vorkommen. Indem sich ein Mensch unbewußt zu einem anderen hingezogen fühlt und im Verlauf einer langjährigen Beziehung die Rolle des Saturns einnimmt, signalisiert seine Seele, daß sie diese Erfahrung benötigt. Ganz offensichtlich fördert die Integration und Entwicklung saturnischer Eigenschaften sein individuelles Streben nach Ganzheit und Vollkommenheit.

Selbst wenn es oftmals anders aussieht, ist der Partner, der von der Sonne repräsentiert wird, der eigentlich Bedürftige. Seine Souveränität und Selbständigkeit darf bei genauerer Betrachtung nicht darüber hinwegtäuschen, daß er sich im Grunde genommen auf einer rastlosen Suche befindet. Was er sucht und ewig zu finden hofft, ist die kostbare, funkelnde Perle seines eigenen Selbst. In ihr würde sich, strahlend sichtbar, das unverwechselbare Potential seiner schöpferischen Möglichkeiten bündeln! Dem Sonne-Partner dabei Selbstsucht zu unterstellen ist angesichts der unbewußten und seelischen Prozesse seiner Partnerwahl nicht gerechtfertigt. Das Finden jener magischen Perle beschreibt zudem nicht das Ende seines Weges, sondern den eigentlichen Anfang.

Die Sonne, als Zentrum wärme- und bewußtheitsspendender Helligkeit, schenkt allen Wesen das, was ihrem Wachstum am meisten dient. Erst wenn der Sonne-Partner erkannt hat, aus welchen Quellen er schöpfen kann, bietet sich ihm die Möglichkeit, andere mit seinen Gaben zu beschenken. Und nichts benötigt er auf seiner Suche nach sich selbst mehr als Saturns Beistand und Begleitung. Der Saturn-Partner bietet ihm einerseits Halt und Struktur und hilft ihm andererseits dabei, sich auf Wesentliches zu konzentrieren. Am Ende des Weges kann der inzwischen selbstsicher und wirklich souverän gewordene Sonne-Partner seinen Saturn-Partner aus der Verantwortung entlassen und ihn mit seiner Wärme und Zuversicht reich beschenken. Beide Partner werden dann wichtige Persönlichkeitsanteile in ihr individuelles Leben integriert haben.

Ähnliches geschieht in Beziehungen, in denen die Beteiligten durch Mond und Saturn repräsentiert werden. Die Rolle des Mondes bei den Aszendenten Krebs (der ältere Partner) und Steinbock (der jüngere Partner) scheint jedoch mit vielschichtigeren Aufgaben belegt zu sein als die der Sonne. Beim Mond-Partner kommen sowohl mütterliche als auch emotional bedürftige Seiten zum Vorschein. Er sehnt sich nach einer Familie, nach einer Heimat im Sinne von *Ankommen* und wünscht sich einen intensiven gefühlsmäßigen Austausch mit seinem Partner. Daß er wegen seiner Gefühlsbetontheit leicht zu verführen ist, eine beschützende Mutter-Rolle zu übernehmen, kann Irritationen innerhalb der Paar-Beziehung verursachen. Vater-Mutter-Kind, das Spiel, das wohl jeder Mensch aus seiner Kindheit kennt, erfährt in Mond-Saturn-Verbindungen eine Neuauflage. Wer spielt die Mutter (Mond), wer das Kind (Mond)? Und Saturn, symbolisiert er stets den Vater? Sicher ist, der Mond-Partner verkörpert, ob weiblich oder männlich, den emotional-fürsorglichen Part. Er nimmt dabei in Kauf, das schwache, launische, unberechenbare Element einer Verbindung zu repräsentieren. Der Saturn-Partner dagegen beruft sich gerne auf seine fürsorgliche und verantwortungstragende Rolle. Kraft seiner Standhaftigkeit und seines Durchhaltevermögens wird die Verbindung so manche Krise überstehen. Was ihn letztendlich dabei stärkt und nährt, ist das Gefühl, gebraucht zu werden. Daß ihn sein Partner nicht nur respektiert, sondern auch Rat und Unterstützung bei ihm sucht, hilft ihm im Gegenzug über manchen Anflug von Minderwertigkeitsgefühlen hinweg.

In Liebesbeziehungen mit einer Sonne-Saturn- oder Mond-Saturn-Verbindung kann Sexualität und Leidenschaft durchaus einen hohen Stellenwert einnehmen. Dennoch zählt in ihrer Partnerschaft eines mehr: Verantwortung! Beide Partner sind an einem Punkt ihres Lebens angelangt, da sie sich sowohl für die eigene als auch für die seelisch-geistige Entwicklung ihres Partners verantwortlich zeichnen möchten. Leidenschaft im Sinne eines schnellen, punktuellen, explosiven Lebensgefuhls steht auf der seelischen Rangliste dieser Partner nicht auf Platz eins. Sie möchten sich Zeit geben, die Dinge reifen zu lassen. Was reifen möchte, ist kostbar genug, der Preis dafür vergleichbar gering.

Agape – Sinnfindung, Erkenntnis und der Dienst am Nächsten

Aszendent Zwillinge, Jungfrau, Schütze und Fische

Die Merkur-Jupiter-Verbindung

Agape, dessen lateinische Form *Caritas* geläufiger ist, beschreibt im griechischen, nach Eros und Philia, die dritte Stufe der Liebe. Während Eros noch den triebhaften Wunsch nach Vervollkommnung im Sinne der Ergänzung mit einem anderen Menschen darstellt, versinnbildlicht Agape die Nächstenliebe und das Sich-Zufriedengeben mit den Dingen, so, wie sie sind.

Merkur und Jupiter verbinden sich, wenn das Combin einen Aszendenten in den Zeichen Zwillinge, Jungfrau, Schütze oder Fische aufweist. Bei den Aszendenten Zwillinge und Jungfrau repräsentiert Merkur den älteren Partner und Jupiter (alter Herrscher der Fische) den jüngeren. Unter Schütze- und Fische-Aszendent ist Jupiter der Signifaktor für den Älteren und Merkur für den Jüngeren.

Merkur steht für den wißbegierigen Schüler und Jupiter für den weisen Gelehrten. In personifizierter Form ist Merkur derjenige, der immer gut informiert ist, stets neues Wissen anhäuft und dieses Wissen, ohne zu werten, in die Welt trägt. Der Merkur-Partner zeigt sich meist beredt, wißbegierig, sachlich, nüchtern und mitunter recht unbedarft. Subtilität und Zweideutigkeit liegen ihm nicht. Um so mehr ist er auf die moralische Integrität seines Jupiter-Partners angewiesen. Merkur und Jupiter verbindet ein gemeinsames Streben nach Wissen und Weisheit, nach Sinnfindung und Erkenntnis. Leidenschaft und soziale Verantwortung können hier jedoch genauso zum Tragen kommen wie in Venus-Mars- oder Sonne- und Mond-Saturn-Verbindungen. Erst die genaue Betrachtung des grundlegenden Beziehungsthemas läßt erkennen, daß jeder der Partner eine in sich geschlossene Einheit bildet. Ihrem Kern wohnt ein tiefes Losgelöstsein von körperlichen und emotionalen *Notwendigkeiten* inne. Bindung und Ergänzung werden von Merkur und Jupiter nur dann angestrebt, wenn sie ihrer geistigen Erkenntnisfähigkeit und Sinnfindung dienen.

Die Themen, denen sich die Partner in Merkur-Jupiter-Verbindungen stellen, sind, angesichts der existentiellen Not in dieser Welt, keinesfalls überflüssiger Luxus. Auch die Schlußfolgerung, jene Verbindungen kämen nur dann zustande, wenn die Partner viel Zeit zum Philosophieren hätten und zudem rundum frei seien von materiellen und emotionalen Problemen, ist falsch. Die Welt des Geistes, des Wissens, der Ratio und des Glaubens ist ein wichtiger Bestandteil menschlichen Daseins. Ohne sie ließe sich seelisches Leid kaum bewältigen. Schicksal macht nur dann Sinn, wenn Lern- und Erkenntnisprozesse möglich sind.

Die Rollen von Merkur oder Jupiter zu bekleiden heißt, daß die Betreffenden innerlich bereit sind, sich dieser Prozesse anzunehmen und sich dabei gegenseitig intellektuell und geistig zu befruchten. Gemeinsam bilden die Partner ein Drittes, welches seinen Mitmenschen viel zu geben vermag. *Agape* versinnbildlicht nicht nur die Liebe zu einem einzigen Menschen. *Agape* steht für die Liebe, die Güte und das Mitgefühl unter allen Lebewesen, ein tiefes Verstehen ihres Daseins vorausgesetzt.

Auf dem Weg des Erkennens und Verstehens übernimmt der Merkur-Partner die Aufgabe, die Dinge des Lebens zu erfassen und zu ergründen. Sein Wunsch zu lernen, sein unerschöpflicher Reichtum an Wissen und seine Fähigkeit, Wissen weiterzugeben, sind unerläßliche Hilfen für die Rolle, die der Jupiter-Partner übernimmt. Dessen Aufgabe ist es, Sinnzusammenhänge zu erkennen und Wissen in Weisheit zu verwandeln. Ob ihm dies gelingt, hängt ganz entscheidend vom geistigen Reifegrad des Jupiter-Partners ab. Eine ethisch und moralisch integere Lebenshaltung ist notwendige Grundvoraussetzung seines Tuns.

Die verschiedenen Blickwinkel, aus denen heraus die Partner in Merkur-Jupiter-Verbindungen agieren, lassen Gegensätze wie Wissen und Glaube, Ratio und Intuition, Zweifel und Hoffnung aufeinandertreffen. Hier sitzen kühle Rechner und hoffnungslose Idealisten am selben Tisch wie Gelehrte, Wissenschaftler, Betrüger, Priester, Dichter und Denker.

Nicht immer sind es jedoch ausschließlich die hochgeistigen Themen dieser Welt, mit denen sich die Partner auseinandersetzen. Auf einer profaneren Ebene regiert Jupiter auch das große Geld. Und jedes Kind, das gerade Laufen und Sprechen lernt, schlüpft in die Rolle eines kleinen Merkur. Beim erwachsenen Merkur-Partner ist Merkurs Drang nach Bewegung daran erkennbar, daß sich der Betreffende entweder häufig auf kurzen Reisen befindet oder in seinem alltäglichen Umfeld viele verschiedene Wege zu gehen hat. Sein bequemlichkeitsliebender Jupiter-Partner kann dieser ruhelosen Alltags-Hektik nicht viel abgewinnen. Ihn zieht es dann schon eher für längere Zeit in die weite Welt. Jupiter hilft Merkur, sein Leben mit mehr Ruhe und Überblick zu gestalten. Seine Fähigkeit, übergeordnete Zusammenhänge zu erfassen, längerfristig zu planen und den Sinn hinter den Dingen zu erkennen, ist die Grundlage des Zusammenwirkens mit Merkur.

Im materiellen Sinne kann dieses Zusammenwirken für beide Partner profitabel sein, auch wenn es manchmal den Anschein hat, als sei der Jupiter-Partner der alleinige *Nutznießer* der unzähligen Talente Merkurs. Dieser Eindruck entsteht, weil Jupiters Tun und Wirken, von außen besehen, kaum sichtbar ist. Wenn Jupiter ruhig und unbewegt die Schale hält, in die Merkur unermüdlich sein Wissen ergießt, sieht nur Merkur dessen aufmunterndes Lächeln. Und nichts benötigt er mehr, als die Zustimmung und den Segen Jupiters.

Partner, die einen Combin-Aszendenten im Zeichen Jungfrau haben, werden sich an Konkretem orientieren und bemüht sein, Wissen und Weisheit im Alltag und bei der Arbeit umzusetzen. Das, was sie anderen zu geben haben, ist sichtbarer und begreiflicher als bei Partnern mit einem Fische-Aszendenten. In Partnerschaften mit einem Zwillinge-Aszendenten kommt dem geschriebenen und gesprochenen Wort mehr Bedeutung zu als in Partnerschaften mit einem Schütze-Aszendenten. Hier richtet sich das Interesse der Partner verstärkt auf Sinnfindung und Erkenntnisprozesse.

IV. Kapitel

Der Combin-Aszendent

Das Hauptthema einer Partnerschaft wird vom Combin-Aszendenten beschrieben. Seine Thematik gibt Auskunft darüber, was die Partner auf einer seelischen Ebene zusammengeführt hat und was die Partner gemeinsam erfahren und weiterentwickeln möchten. Nachfolgende Beschreibung der Hauptthemen von Partnerschaften bildet die Grundlage für den Deutungseinstieg.

Wie in Radix-Horoskopen auch, kann das Thema des Aszendenten als *roter Faden* angesehen werden, der sich durch die unterschiedlichsten Lebensbereiche zieht. Der Lebensbereich, der in einer Beziehung besondere Bedeutung erhält, wird durch die Hausstellung des Aszendenten-Herrschers gekennzeichnet. Die kombinierte Deutung einer jeweiligen Hausstellung (z. B. Aszendent Zwillinge mit Merkur im fünften Haus) dient lediglich als Anregung und Gedankenanstoß für das Finden weiterer Entsprechungen.

Aszendent Widder

Die Partner finden sich, um die Durchsetzung persönlicher Interessen miteinander und aneinander zu lernen. Möglicherweise hatten beide in der Vergangenheit Schwierigkeiten zu erkennen, was sie in ihrem Leben erreichen wollen und welche physischen Mittel ihnen zu Verfügung stehen. Diese Partnerschaft bietet Gelegenheit, ursprüngliche Lebens- und Überlebensenergien zu aktivieren oder wiederzuentdecken.

Gemeinsam dürften sie sich aktiver und unternehmungslustiger fühlen als jeder für sich alleine.

Wenn beide bislang dazu neigten, Wut und Aggressionen zu unterdrücken, werden sie die Energie dieser Verbindung als hilfreich empfinden. Hier lernen sie, ihren spontanen Gefühlsregungen freien Lauf zu lassen, ohne allzuviel Rücksicht auf andere zu nehmen.

Ihr Pioniergeist ist nicht auf ein bestimmtes Ziel kanalisiert. Es geht vielmehr um das lustvolle Verströmen ursprünglicher Lebensenergie, die sich immer wieder neue Herausforderungen sucht.

Aszendent Widder ***Sein oder Nichtsein?***
Mars im ersten Haus

Dem Akzeptieren der Beziehung als eine unabweichliche Tatsache wird eine besondere Bedeutung beikommen. Nicht selten haben die Partner keine rational nachvollziehbare Wahl für oder gegeneinander. (Eltern-Kind). Sie düften in erster Linie lernen wollen, miteinander zu *sein.*

Aszendent Widder ***Gebremster Schaum***
Mars im zweiten Haus

Finanzen, Besitz und Werte sind Bereiche, die den Kampfgeist der Partner wecken und ihr Handeln motivieren. Dem Traum von finanzieller Absicherung könnten selbst die letzten Kraftreserven geopfert werden.

Aszendent Widder *Verbal-Schlachten*
Mars im dritten Haus
Der Tummelplatz des Kräftemessens könnte im Bereich Medien, Schrift, Sprache angesiedelt sein. Wenn Worte zu verletzenden Waffen werden, benötigen aufkommende Wortgewalten ein konstruktives Podium.

Aszendent Widder *Messer im Bauch*
Mars im vierten Haus
Wenn der Hofhund an die Kette gelegt wird, bellt er ohne Unterlaß. Spannungen und Sticheleien im häuslichen oder familiären Bereich verweisen auf unterdrückte Energien. Eine gemeinsame Arbeit in den eigenen vier Wänden könnte zur emotionalen Entspannung beitragen.

Aszendent Widder *Sport, Spiel, Spannung*
Mars im fünften Haus
Kindlicher Spieltrieb, aber auch Konkurrenz werden sich schon an Kleinigkeiten entzünden. Die überschäumenden Energien, gepaart mit der Lust an sportlichen und sexuellen Höchstleistungen, fordern kreative Umsetzung. Streit um oder mit Kindern wäre die destruktivste aller Lösungen.

Aszendent Widder *Mit vereinten Kräften*
Mars im sechsten Haus
Ein gemeinsames Arbeiten kann sinnvoll sein, aber auch lusttötend. Der ewige Kampf um die gerechte Aufteilung der Alltagspflichten verschließt den Blick für die wichtigen Dinge des Lebens. Dennoch gewährleistet er, daß sich niemals Langeweile und Routine einstellt. Konstruktives Streiten und Kritisieren will hier gelernt sein.

Aszendent Widder *Perpetuum mobile*
Mars im siebten Haus
Das Sich-aufeinander-Beziehen bekommt einen hohen Stellenwert. Der eine kann nicht ohne den anderen, aber sicher sind die Partner sich trotzdem nie. Eroberung und Rückzug, in stetigem Wechsel, hält die Beziehung lebendig. Ein häufiger Rollentausch ist nicht auszuschließen. Gemeinsamkeit ensteht durch Angriffe und Aggressionen von außen.

Aszendent Widder ***Und bist du nicht willig …***
Mars im achten Haus
Macht- und Ohnmachtserfahrungen werden in dieser Verbindung eine große Rolle spielen. Hierfür ist weniger höhere Gewalt verantwortlich als vielmehr die gegenseitige Lust an Grenzerfahrungen. Gewalt könnte als eine Spielart der Liebe betrachtet werden, doch die seelischen Auswirkungen sind nicht zu unterschätzen. Man übertritt zu leicht das Maß des Erträglichen.

Aszendent Widder ***Kreuzrittertum***
Mars im neunten Haus
Jedem seine Weltanschauung und Religion! Unterschiedliche Auffassungen treffen aufeinander, doch es geht nicht darum, den anderen auf seine Seite zu ziehen. Toleranz und Großherzigkeit sind unerläßlich, um eine friedliche Kooperation zu gewährleisten. Möglicherweise läßt sich ein gemeinsames Betätigungsfeld im Ausland oder mit Ausländern finden.

Aszendent Widder ***Karriere um jeden Preis***
Mars im zehnten Haus
Das Ringen um eine gemeinsame Zielsetzung innerhalb der Beziehung wird viel Energie kosten. Wenn nicht gegen Autoritäten und gesellschaftliche Normen gekämpft wird, könnte sich leicht ein Kokurrenzkampf an der Frage entzünden, wer Karriere machen darf und wer zu Hause bleibt. Dieser Kampf wird öffentlich ausgetragen, denn er geht nicht nur die Beteiligten etwas an.

Aszendent Widder ***Blutsbrüderschaft***
Mars im elften Haus
Hier wird man sich mit Freunden und Gleichgesinnten für eine gemeinsame Sache engagieren. Wenn nicht, könnte das Thema *Meine Freunde – deine Freunde* zum Streitthema Nummer eins werden. Oder man entschließt sich für eine gemeinsame Rebellion gegen gängige Moralvorstellungen. Sexuelle Treue ist dabei kein angestrebtes Ziel.

Aszendent Widder ***Barfuß im Nebel***
Mars im zwölften Haus
Die Beteiligten werden nie so genau wissen, was sie miteinander wollen. Hier geht es weniger darum, die gemeinsamen Energien zielgerichtet

einzusetzen, als vielmehr den Geheimnissen der Psyche auf die Spur zu kommen. Irgend etwas ist anders als gewohnt. Dies sollte einfach hingenommen werden, auch wenn sich sexuelle Ängste und Unzulänglichkeitsgefühle einschleichen.

Aszendent Stier

Die Partner finden sich zu einer Zeit, da beide den Wunsch nach sicheren Lebensumständen verspüren. Sie möchten wissen, wo sie hingehören, und haben das Bedürfnis, sich auf jemanden verlassen können. Stabilität und Berechenbarkeit sind wichtige Faktoren dieser Verbindung, aber auch die Mehrung und Erhaltung von materiellem oder geistigen Besitz. Nicht zuletzt wollen die Partner das Leben genießen und es sich gemeinsam gutgehen lassen. Sinnlichkeit und physische Nähe sind ihnen wichtig. Dafür nehmen sie in Kauf, daß es in ihrer Partnerschaft ruhig und bedächtig zugeht. Leidenschaftliche Haß-Liebe oder zerstörerische Machtspiele sind keine Themen dieser Verbindung. Vielmehr fühlen sich beide zu den schönen Dingen des Lebens hingezogen, sei es die Natur, Kultur oder die Kunst.

Aszendent Stier ***Mein ein und alles ...***
Venus im ersten Haus
Wäre wirklich alles so sicher wie es scheint, käme schnell Langeweile auf. Daher schwenkt man gerne ein rotes Tuch und läßt sich wechselseitig erobern. Dennoch geht es beiden Partnern einzig und allein um den Erhalt der Beziehung und um den Genuß dabei. Sinnlichkeit ist eine wichtige Triebfeder dieser Verbindung. Körperliche Nähe verspricht Sicherheit und Stabilität.

Aszendent Stier ***Sich pflegen bringt Segen***
Venus im zweiten Haus
Die wechselseitige Anziehung von Schönheit und Geld verspricht eine Marktlücke, die beiden Partnern annehmliche Lebensumstände beschert. Sinnliche Behaglichkeit und Körperbewußtsein gehören zum Selbstverständnis. Das Zusammengehörigkeitsgefühl der Partner trägt entschieden zur Erhöhung ihres Selbstwertes bei. Mit einem gewissen Phlegma werden sie leben können.

♉

Aszendent Stier ***Schöngeist zum Anfassen***
Venus im dritten Haus

Nichts kann die Bande zwischen beiden so stärken, wie ein täglich aufs Neue geschriebener Liebesbrief. Sie möchten nicht nur die körperliche Nähe des anderen spüren, sondern sich auch geistig austauschen. Die direkte Umwelt des Paares spielt hierbei eine wichtige Rolle. Sie bietet Anregung und dient als Impulsgeber. Warum also in die Ferne schweifen?

Aszendent Stier ***Milch und Honig aus***
Venus im vierten Haus ***Mutters Brust***

Verführen und versorgen? Geliebte oder Ehefrau? Ein ausgeprägter Heimat- und Familiensinn sucht sein Zuhause. Erst dann stellt sich die Frage, wohin die Leidenschaft geflohen ist. Beide Partner sehnen sich danach, *anzukommen*. Der Weg dahin konfrontiert sie mit der gesellschaftlichen Rolle der Mütter im allgemeinen, aber auch mit ihrer eigenen Mutter im besonderen.

Aszendent Stier ***»Eure Kinder sind nicht***
Venus im fünften Haus ***eure Kinder ...«***

Kindlich-spielerische Naivität läßt nicht zu, daß Verantwortung schwer auf die Schultern drückt. Doch das Prinzen- und Prinzessinnendasein findet bekanntlich mit der Geburt eigener Kinder sein natürliches Ende. Beide Partner verbindet eine unausgesprochene Sehnsucht nach ewigem Kindsein. Sie möchten sich und ihre Potentiale erfahren und ausleben. Kinder, ob biologischer oder kreativer Natur, fordern Verantwortung. Wer sich dieser Verantwortung stellt, muß Opfer bringen. Wer zu sehr daran festhält, verlernt das Spielen.

Aszendent Stier ***Einen Rosengarten versprechen***
Venus im sechsten Haus

Eine gemeinsame Arbeit kann Taschen füllen. Für die Liebe scheint selten Zeit, dafür sind die Arbeitsbedingungen angenehm und komfortabel. Beide zusammen besitzen ein besonderes Talent, Schönes zu gestalten und nutzbar zu machen. Doch alles braucht seine Zeit. Wer rote Rosen züchten will, benötigt Geduld.

Aszendent Stier ***Gleich und gleich gesellt***
Venus im siebten Haus ***sich gern***

Trauscheine und Verträge sind keine Garantie für die Ewigkeit. Vielleicht will man ja doch nur ein wenig flirten und dabei anderen – ganz beiläufig – zeigen, was man hat? Wenn der Partner zum Besitzgut erklärt wird, begibt man sich auf gefährliches Terrain. Andere Mütter haben auch schöne Töchter und Söhne! Den schönen, reichen, erfolgsgewohnten Menschen hat man als Paar etwas zu geben. Eine dauerhafte, krisensichere, emotional ungemein unterstützende Partnerschaft.

Aszendent Stier ***Bis daß der Tod uns scheidet***
Venus im achten Haus

Haben- und Besitzenwollen schafft weder Sicherheit noch Stabilität, sondern Abhängigkeit.
Eifersucht und Verlustängste sind ihre natürliche Folgen. Beide Partner sehnen sich nach einer Lektion in Sachen Freiheit. Nicht die Freiheit des Geistes steht auf dem Prüfstand, sondern die Freiheit ihrer bedürftigen Seelen. Der Schlüssel zur Freiheit heißt Hingabe. Nicht zuletzt auch Hingabe an das Schicksal.

Aszendent Stier ***Ein Doppelbett in New York***
Venus im neunten Haus

Sicherheit und Stabilität versprechen weder der heimische Herd noch das gehortete Guthaben auf einem Bankkonto. Beide Partner suchen nach dem höheren Sinn ihres Lebens. Innerhalb dieser Partnerschaft kann er nur gefunden werden, wenn die Partner den Mut aufbringen, gewohnte Pfade zu verlassen. Gemeinsam sprengen sie geistige Grenzen, seien diese weltanschaulicher, philosophischer oder religiöser Natur.

Aszendent Stier ***Die Geldheirat***
Venus im zehnten Haus

Diese Verbindung symbolisiert den Wunsch beider Partner, Sicherheit, Liebe und Berufung unter einen Hut zu bringen. Möglicherweise öffnet die Zuneigung, die sie füreinander empfinden, endlich die Türen, die ihnen – beruflich – bisher verschlossen blieben. Liebe, Schönheit, Sinnlichkeit und Kreativität in die Welt zu tragen ist ihr dringlichstes Anliegen.

Aszendent Stier Venus im elften Haus

Die Liebe ist ein Kind der Freiheit

Ein Zuviel an Nähe können die Partner trotz starker innerer Verbundenheit nicht ertragen. Jeder benötigt seinen Freiraum und die Möglichkeit, eigene Wege zu gehen. Ein zu enger sozialer, familiärer oder geschäftlicher Verbund bietet den Nährboden für Störungen und Kontaktabbrüche. Möglicherweise gehören beide Partner verschiedenen Gruppierungen oder Freundeskreisen an. Unterschiedliche Denkansätze und Ideologien können die Partnerschaft befruchten und sorgen immer wieder für konstruktive Spannung.

Aszendent Stier Venus im zwölften Haus

Denn alle Lust will Ewigkeit

Beide Partner sehnen sich nach Sinnlichkeit, gepaart mit Dauerhaftigkeit und Verläßlichkeit. Tief unbewußt, sind sie jedoch für die Erfahrung bereit, daß die Bande, die Menschen zusammenhalten, nicht sichtbar sein müssen. Diese Verbindung birgt die Chance, konventionelle Bahnen zu verlassen. Das, was beide zusammenhält, muß für andere nicht sichtbar sein. Gewohnte Verhaltens- und Denkmuster hinter sich zu lassen und sich Dimensionen zu öffnen, die bisher verschlossen schienen, ist Triebfeder dieser Verbindung.

Aszendent Zwillinge

Die Partner finden sich, weil sie sich über unzählige Dinge des Lebens austauschen möchten. Ihre Verbindung ist flexibel und von einem lockeren Umgangston geprägt. Sie bietet eine ausgesprochen gute Basis, räumliche, emotionale oder sprachliche Barrieren mittels aller verfügbaren Medien zu überwinden.

Unter Umständen sind beide Partner oft unterwegs, so daß es wenig Berührungspunkte in ihrem jeweiligen Alltag gibt. Kurze Reisen mit- oder zueinander sind keine Seltenheit.

Auf seelischer Ebene wühlt die unausgesprochene Sehnsucht nach *der Leichtigkeit des Seins.*

Für andere mag das Paar eine wichtige Schnittstelle bilden, bei der Informationen und unterschiedlichste Wissensstände aufeinandertreffen. Hier laufen die Fäden zusammen und werden von den Partnern erneut in die Welt getragen.

Aszendent Zwillinge ***Vielwissen***
Merkur im ersten Haus

Kontaktfreudigkeit und Wissensdurst läßt die Partner selten an einem Ort verweilen. Zu schnell tritt Langeweile ein, mit Ruhelosigkeit im Gefolge. In allgemeiner Hektik verliert man sich jedoch schnell aus den Augen. Dann hilft nur noch Pfiffigkeit und ein weitverzweigtes Telefonnetz. Die Konkurrenz schläft schließlich auch nicht, und Sieger ist nur der, der am schnellsten das meiste weiß.

Aszendent Zwillinge ***Lyrik per Fax***
Merkur im zweiten Haus

Die Partnerschaft weist eine hohe Flexibilität im Denken und Handeln auf sowie die Fähigkeit, Wissen und Informationsreichtum gut zu vermarkten. Freude an Literatur und Schöngeistigem sind Werte, die die Partner gemeinsam schätzen lernen. In Liebesbeziehungen möchten Gefühle auch schriftlich ausgedrückt werden. Auf diese Weise entstehen vielleicht die schönsten Gedichte.

Aszendent Zwillinge ***Leichtfüßigkeit***
Merkur im dritten Haus
Diese Verbindung gibt beiden Partnern die Möglichkeit, zu lernen, sich neues Wissen anzueignen oder weiterzugeben. Sprache, Intellekt und Verhandlungsgeschick sind wichtige Grundlagen dieser Partnerschaft. Sie wird getragen von einem Großmaß an Flexibilität. Jeder läßt den anderen so sein, wie er ist. Nicht emotionale Übereinstimmung wird angestrebt, sondern rationale. Wichtig ist nur, wieviel Wissen und Informationen beide Partner zusammentragen.

Aszendent Zwillinge ***Handy im Bett***
Merkur im vierten Haus
Gesprächsstoff bieten vor allem die Familie sowie häusliche und emotionale Gegebenheiten. Um sich über andere Themen auszutauschen, benötigen die Partner zumindest eine private, gefühlsbetonte Atmosphäre. Ein Büro in den eigenen vier Wänden und ein Funktelefon unterm Kopfkissen sollte nicht darüber hinwegtäuschen, daß Kopf und Bauch nach Einheit verlangen.

Aszendent Zwillinge ***Redelust***
Merkur im fünften Haus
Gesetzt den Fall, daß die Partner Kinder haben, scheint der Gesprächsstoff für alle Zeiten sicher. Nichts werden sie anregender finden, als sich über Kinder, vergangene Liebesaffären, Sexualität und weitere Möglichkeiten des Vergnügens auszutauschen. Sollten die Episoden der eigenen Lebensgeschichte genügend belacht und diskutiert sein, bieten ganz sicher auch Fremdschicksale Gesprächsstoff.

Aszendent Zwillinge ***Geschichten, die das Leben***
Merkur im sechsten Haus ***schreibt***
Leben, als unendliche Geschichte, will beschrieben werden. Schreiben, Vermitteln und Kommunizieren sind untrennbar mit dem (Arbeits-)Alltag der Partner verbunden. Vorhandenes Wissen will nutzbar gemacht, neues Wissen erworben werden. Die Verbindung nährt sich aber vor

allem an der Vielseitigkeit ihrer Möglichkeiten. Sich für nichts zu entscheiden, ohne dabei kritisch und engstirnig zu werden, birgt wohl die größte Herausforderung.

Aszendent Zwillinge ***Informationszentrale***
Merkur im siebten Haus
Als Paar erleben beide, daß es nicht nur einen Götterboten gibt. Jeder, der ihnen begegnet, birgt in sich das Potential dazu. Doch ständig das Neueste vom Neusten zu erfahren, bringt Unruhe und letztendlich die Notwendigkeit, die Spreu vom Weizen zu trennen. Was man an andere weitergibt, soll frei von jeglicher Wertung sein. Doch wer kann hier ein Urteil fällen?

Aszendent Zwillinge ***Sherlock Holmes***
Merkur im achten Haus
Tabuthemen werden hier nicht mehr hinter vorgehaltener Hand diskutiert, sondern offen ausgesprochen. Wenn überhaupt geredet wird, dann nur über Dinge, über die sonst niemand spricht. Das Geheimnis lockt. Verborgen wird viel, doch wenn man dahinter kommt, was andere verschweigen, besitzt man Macht.

Aszendent Zwillinge ***Auslandskorrespondenz***
Merkur im neunten Haus
Wenn das, was in direkter Nachbarschaft geschieht, langweilt, sollte man sein Ränzlein schnüren und die weite Welt bereisen. Wenn zwei eine Reise tun, haben sie viel zu erzählen. Doch viel zu wissen ist nicht genug. Wie Menschen aus anderen Kulturkreisen leben, woran sie glauben und welche gesellschaftlichen Ziele sie verfolgen, möchte gemeinsam erlebt werden.

Aszendent Zwillinge ***Generalsekretär***
Merkur im zehnten Haus
Das, was in der Öffentlichkeit geschieht, bietet Stoff genug, die Kommunikation der Partner aufrechtzuerhalten. Berufliches Fortkommen ist beiden sehr wichtig. Ihre gemeinsame Stärke offenbart sich dann, wenn sie jede Gelegenheit nutzen, über eine Vielzahl von Medien mit anderen Menschen in Kontakt zu treten.

Aszendent Zwillinge ***Internet-Surfen***
Merkur im elften Haus

Mag sein, daß das, was beide interessiert, erst im nächsten Jahrtausend wirklich spruchreif wird. Das Warten darauf könnte durch einen anregenden geistigen Austausch mit oder über Exoten, Ausstciger und Futuristen erheblich verkürzt werden. Sollte wirklich einmal Langeweile aufkommen, ist man in der Weltengemeinde der Internet-Surfer bestens aufgehoben. Daß der Kontakt zwischen den Partnern des öfteren abbricht, wird kein Problem darstellen.

Aszendent Zwillinge ***Geheimwissen***
Merkur im zwölften Haus

Kommunikationsstörungen treten immer dann auf, wenn sich die Partner zuviel mit Alltäglichem und Offensichtlichem befassen. Ihre gemeinsame Stärke liegt im intuitiven Erfassen von Hintergründen und Nichtgesagtem. Es gibt soviel zwischen Himmel und Erde, das sich Rationalem immer verschließen wird. Genau das ist es, was beide reizt.

Aszendent Krebs

Die Partner finden sich, weil sie den Wunsch nach Familie und Zusammengehörigkeit in sich tragen. Zum Zeitpunkt ihrer Begegnung sehnen sie sich besonders nach Geborgenheit und seelischem Gleichklang mit anderen. Ihr Austausch findet überwiegend auf der emotionalen Ebene statt. Sie erfassen intuitiv, wie es dem anderen geht und ob er sie braucht. Ihre Fähigkeit, sich seelisch zu nähren und zu stützen, bedarf keiner räumlichen oder körperlichen Nähe.

Die Verbindung ermöglicht den Partnern, sich verstärkt mit ihrem Gefühlsleben und ihren unausgesprochenen Bedürfnissen auseinanderzusetzen. Themen wie Heimat, Herkunft und Familie spielen eine wichtige Rolle. Nicht selten ist ein Mutter-Kind-Thema zwischen beiden wirksam.

In einer Liebesbeziehung werden die Partner sehr bald den Wunsch verspüren, gemeinsam zu wohnen oder eine Familie zu gründen. Kinder, mit ihrem Anspruch auf Schutz und Versorgung, sind allerdings in der Lage, einen tiefsitzenden Konflikt an die Oberfläche zu spülen: Bemuttern und gleichzeitig bemuttert werden ist schwer vereinbar.

Aszendent Krebs ***Kuscheltiere***
Mond im ersten Haus

Vater-Mutter-Kind dürfte zum Lieblingsspiel werden. Was in der Kindheit nicht möglich war, wird jetzt nachgeholt. Wenn jedoch die Rolle des strengen Vaters eines Tages gar nicht mehr besetzt wird, könnte das Kind bockig und die Mutter überängstlich werden.

Die Partner verbindet eine übergroße Sehnsucht nach Kuscheln und Kindsein ohne jegliche Verantwortung.

Aszendent Krebs ***Brüten, brüten, brüten***
Mond im zweiten Haus

Ein sichres Heim, Glück allein. Erst wenn alle Lieben beieinander sind und versprechen, für immer zu bleiben, kehrt Vertrauen ein. Doch Stabilität ist eine launische Dame. Auch ein gefülltes Portemonnaie kann sie nicht halten.

Die Partner müssen sich mit den Existenzängsten in ihrer Familie auseinandersetzen. Sich zusammenzurotten und gemeinsam den Kopf in den Sand zu stecken wäre die wirkungsloseste Alternative.

Aszendent Krebs ***Telefonseelsorge***
Mond im dritten Haus

Sich ausgiebig über Alltagssorgen austauschen ist das eine. Den Hund der kranken Nachbarn ausführen, die Blumen der verreisten Schwester gießen, mit dem Zeitungsmann ein Schwätzchen halten das andere.

Die Partner verbindet ein großes Mitteilungsbedürfnis. Ihre Fähigkeit, andere – mittels Schrift und Sprache – emotional zu berühren, stellt eine große Gabe dar.

Aszendent Krebs ***Weiberwirtschaft***
Mond im vierten Haus

Das weibliche Prinzip übernimmt die Führung. Mag es auch manchmal chaotisch zugehen, zu Hause ist dort, wo man sich wohl fühlt. Familie geht über alles, und der Schutz der Privatsphäre ist allen Beteiligten heilig.

Die Partner pflegen einen sehr privaten, emotionalen Umgang miteinander. Sie teilen sich weniger über das gesprochene Wort mit, als vielmehr über Mimik, Gesten und Launen.

Aszendent Krebs ***Kinderspiel***
Mond im fünften Haus

Wer von Kindern lernt, das Leben zu lieben, wird sich ganz unbeschwert Vergnügen gönnen. Dann wird Leben zum Spiel und jede Herausforderung zur harmlosen Mutprobe.

Die Partner lernen miteinander, daß jeder jede familiäre Rolle einnehmen kann. Der Vater kann die Rolle der Mutter übernehmen, beide aber auch die Rolle des Kindes und umgekehrt. Das *Drehbuch des Lebens* erfordert einen kreativen, schöpferischen Umgang mit seinen möglichen Rollen.

Aszendent Krebs ***Krankenpflege***
Mond im sechsten Haus
Ob gesund oder krank, es wird sich immer jemand finden, der umsorgt werden muß. Wenn dies nicht schon aus beruflichen Gründen der Fall ist, wird das Alltagsgeschehen genügend Gelegenheiten bieten. Richtig wohl und zufrieden fühlen sich die Partner erst, wenn sie gebraucht werden und sich nützlich fühlen.

Aszendent Krebs ***Mutter Theresa***
Mond im siebten Haus
Wenn emotionale Bedüftigkeit nicht an eigenem Leib und in der eigenen Seele verspürt wird, benötigt man andere. Die aufopfernde *Mutter Theresa* zu spielen dürfte so lange gutgehen, bis das Gegenüber merkt, daß es mißbraucht wird. Die ihm zuteil werdende Fürsorge gilt nämlich nicht wirklich ihm. Er dient nur als Vehikel für die eigene seelische Nahrung.

Die Partner besitzen ausgeprägte Fähigkeiten, seelische Bedürfnisse ihrer Mitmenschen zu erfassen und zu befriedigen. Andere zeigen ihnen, wo sie selbst Schutz und Geborgenheit benötigen.

Aszendent Krebs ***Familiengeheimnis***
Mond im achten Haus
Wenn Mütter trauern, bricht ein Tabu des Lebens. Nichts reizt mehr, als die Hintergründe emotionalen Lebens zu erforschen. Warum sterben Kinder vor ihren Eltern? Wie kann man Kinder so an sich binden, daß sie ihre Eltern niemals verlassen?

Die Partner verbindet der gemeinsame Wunsch, den Kontrollmechanismen menschlichen Lebens auf die Spur zu kommen. Sich emotional binden, um loslassen zu lernen, ist hierbei die größte Herausforderung.

Aszendent Krebs ***Wolkenkuckucksheim***
Mond im neunten Haus
Auf der Suche nach dem Sinn des Lebens finden sich Weggefährten. Eine gemeinsame Lebensphilosophie läßt Nähe und Vertrautheit entstehen. Als Reisende eine Familie zu gründen zwingt früher oder später zu einer Entscheidung.

Die Partner sehnen sich nach Heimat und Geborgenheit, doch ihre Ruhelosigkeit läßt sie nirgends lange verweilen. *Hinterm Horizont geht's weiter* lautet das Motto, und Heimat wird dort sein, wo Visionen und Ideale ein geistiges Zuhause finden.

Aszendent Krebs ***Bahnhofsmission***
Mond im zehnten Haus
Die Welt, mit all ihren Heimatlosen und anderweitig Bedürftigen, bietet endlose Möglichkeiten, Beschützerinstinkte auszuleben. Familie, im klassisch-abgegrenzten Stil, wird hier nicht angestrebt.

Die Partner verbindet das gemeinsame Streben nach beruflicher Anerkennung. Ihre emotionalen, fürsorglichen Seiten sind mehr gefragt als harte Ellenbogen-Manier. Sie spüren instinktiv, was von ihnen gefordert wird, und sind bereit, ihr Privatleben zu opfern.

Aszendent Krebs ***Fahrendes Volk***
Mond im elften Haus
Ständig wechselnde Kulissen lassen wenig Vertrauen in stabile Lebensformen aufkommen. Bei genauerem Hinsehen werden diese auch gar nicht gewünscht. Geborgenheit erwächst im Kreise von Freunden und Gleichgesinnten, auch wenn sie unberechenbar kommen und gehen.

Die Partner verbindet eine tiefsitzende seelische Unruhe. Obwohl sie sich nach Heimat und Geborgenheit sehnen, ist es ihnen schwer möglich, seßhaft zu werden. Eine gemeinsame Vision läßt sie nach neuen Lebensformen suchen, die Freunde oder ganze Gruppen in das private Leben mit einschließt.

Aszendent Krebs ***Mater Dolorosa***
Mond im zwölften Haus
Zu fühlen, daß man zusammengehört, bedeutet nicht, daß es alle wissen müssen. Die Öffentlichkeit ist manchen Wahrheiten nicht gewachsen. Gefühle sind sensible Pflänzchen, die allzu leicht zertreten werden.

Die Partner sehnen sich nach einem Zustand seelischer Verschmelzung, über alle Grenzen hinweg. Konfrontiert mit einer andersgearteten Realität, werden sie nicht umhinkommen, sich mit ihren tiefsitzenden Nähe-Ängsten auseinanderzusetzen.

Aszendent Löwe

Die Partner finden sich, obwohl und weil jeder von ihnen sein *eigenes Ding* machen will. Innerhalb dieser Verbindung verkörpern sie zwei gleichstarke Persönlichkeiten, die sich auf den Weg machen, *ihr* Leben zu leben. Welcher Art dieses Leben sein soll, mag beiden noch nicht so recht klar sein. Wichtig scheint jetzt, sich aus emotionalen oder familiären Verstrickungen zu lösen. Die Abnabelung von überholten Lebensbedingungen schafft Raum, kreatives und schöpferisches Potential im eigenen Innern freizusetzen.

Diese Verbindung wird sich zwangsläufig zu einer Konkurrenz-Beziehung entwickeln, sollten die Partner nicht genügend Souveränität und Toleranz besitzen, die »Gehversuche« des Partners wohlwollend zu begleiten. Gewähren sie sich aber den jeweils nötigen Freiraum zur Selbstentfaltung, macht einer dem anderen ein kostbares Geschenk, das darin besteht, Selbstbewußtsein und Eigenverantwortlichkeit entwickeln und leben zu dürfen, ohne daß sich der Partner übersehen oder minderwertig fühlt.

Aszendent Löwe ***Kampf der Giganten***
Sonne im ersten Haus

Einer stört die Kreise des anderen. Autonomie erlangen die Partner nur in getrennten Lebensbereichen. Wenn sie dies rechtzeitig erkennen, kann ihre Rivalität schöpferisches Potential freisetzen. Partnerschaft bedeutet hier, sich aneinander zu reiben, aneinander zu wachsen und sich am Ende sein eigenes Revier zu erobern. Dort kann jeder von beiden der sein, der er wirklich ist. Daß ihn der Partner unbewußt dabei unterstützt, wird möglicherweise erst viel später sichtbar.

Aszendent Löwe ***Sonnenkollektoren***
Sonne im zweiten Haus
Die Partner finden sich zu einer Zeit, da beide, bewußt oder unbewußt, ihren Selbstwert über die Höhe ihres Bankkontos definieren. Finanzen und Werte spielen eine wichtige Rolle. Daher werden sie viel Zeit und Energie in die Sicherung und Wahrung ihrer Existenz investieren. Ihr größtes Kapital sind dabei persönliche Ausstrahlung, Kreativität und Schöpferkraft.

Aszendent Löwe ***Entertainer***
Sonne im dritten Haus
Den Partnern geht es um die Entfaltung ihrer kommunikativen Fähigkeiten. Sie haben Freude am Austausch ihres jeweiligen Wissens und ihrer Alltagserfahrungen. Möglicherweise zieht es beide in die Medienbranche oder in die Bereiche »Unterricht« und »Lehre«. Ihre Kontaktfreude und Flexibilität wird ihnen nicht nur in nächster Umgebung viel Sympathien sichern.

Aszendent Löwe ***Seelenfeuer***
Sonne im vierten Haus
Die emotionale und häusliche Sphäre spielt bei den Partnern eine wichtige Rolle. Sie spüren instinktiv, daß die Entfaltung eines integeren Selbstbewußtseins nur möglich sein wird, wenn sie über emotionale Strukturen im eigenen Innern Bewußtheit erlangen. Innerhalb dieses Prozesses sind die Partner auf sich selbst gestellt. Zwar können sie sich gegenseitig befruchten und Mut machen, doch ein Zuviel an Nähe stört die Intimsphäre des Einzelnen.

Aszendent Löwe ***Schauspieler***
Sonne im fünften Haus
Hier dreht sich fast alles um Selbstdarstellung und die Frage: »Wer ist der/die Schönste im ganzen Land?« Schönheit kann allenfalls noch mittels sprühender Lebensfreude oder ausgeprägter Kreativität wettgemacht werden. Hat man nichts von alledem vorzuweisen, sollte man sich hauptsächlich in der Nähe von Kindern aufhalten. Sie werden dem eigenen Leben die nötige Spontaneität sowie Spaß und Freude am Spiel zurückbringen.

Aszendent Löwe ***Chefarzt***
Sonne im sechsten Haus
Bei genauerem Hinsehen verbindet die Partner ein Problem, dessen sie sich nur gemeinsam bewußt werden. Ihr Können und ihr Anspruch auf Autonomie und Selbstbestimmtheit wird untergraben von einem gleichzeitigen Unwillen, tatsächliche Verantwortung zu tragen. Chefsein im Angestelltenverhältnis ist selten möglich. Im gemeinsamen Alltag finden sich sicherlich Nischen, die jeder mit seinem Wesen in helles Licht taucht. Doch der Raum ist eng, und viel Energie wird dafür verbraucht, sich nicht gegenseitig auf die Füße zu treten.

Aszendent Löwe ***Manager***
Sonne im siebten Haus
Was wäre das Leben ohne die anderen? Um sich zu entfalten und ihr Wesen zur Geltung zu bringen, benötigen die Partner Mitmenschen. Indem sie andere dabei unterstützen, Selbstbewußtsein und Souveränität zu erlangen, erhöhen sie sich selbst. Der Funken des Außergewöhnlichen im anderen entfacht das eigene, kreative Feuer. Erst wenn es im Spiegel ganz unverfänglich lodert, kann das Feuer, nach und nach, ins eigene Herz gelangen.

Aszendent Löwe ***Sonnenfinsternis***
Sonne im achten Haus
Die Partner spüren, daß erst sämtliche *Leichen aus ihren Kellern* entfernt werden müssen, um neues Beziehungsleben entstehen zu lassen. Wo Altlasten aus früheren Beziehungen immer noch schmerzen, braucht es viel Feingefühl und Rücksichtnahme. Das Zurücknehmen der eigenen Person dürfte hierbei nicht immer leicht fallen. Letztendlich ist jeder der Therapeut des anderen. Nicht nur dem Partner wird mit eigener Kompetenz – ohne Profilierungssucht – dazu verholfen, Licht ins Dunkel der Psyche zu bringen.

Aszendent Löwe ***Auf zu neuen Ufern!***
Sonne im neunten Haus
Die Partner finden sich zu einer Zeit, da ihnen ihr Lebensumfeld zu eng und kleingeistig wurde. Sie möchten sämtliche Begrenzungen, die eine Nationalität, eine Religion oder ein bestimmter Bildungsstand mit sich bringen können, hinter sich zu lassen. Die Entfaltung ihrer Persönlich-

keiten benötigt einen weiten geistigen Raum. Andere dabei nicht zu übersehen stellt wohl die größte Herausforderung dar.

Aszendent Löwe ***Sonnenkönige***
Sonne im zehnten Haus
Beruf und Berufung stehen im Zentrum dieser Verbindung. Die Partner möchten sich auf eine sinnvolle Art in der Welt verwirklichen und den Platz in der Gesellschaft finden, der ihrem Wesen uneingeschränkt entspricht. Daß sie hierbei keine untergeordnete Rolle in Betracht ziehen, liegt auf der Hand. Kraft ihrer Kompetenz und Ausstrahlung, wünschen sie sich eine gesellschaftliche Position, in der man ihnen Anerkennung zollt.

♌

Aszendent Löwe ***Narrenspiel***
Sonne im elften Haus
Eigen- und Fremdinteressen stoßen aufeinander. Die Ausprägung persönlichen Selbstbewußtseins ist stark vom Zuspruch durch Freunde und Gleichgesinnte beeinflußt. Die Umsetzung ihrer Visionen und Ideale wird zur eigenen *Chefsache* erklärt. Die Partner lassen sich vielleicht allzu leicht vor einen *Karren spannen*, der gar nicht ihrer ist.

Die Rolle des Hofnarren scheint dann manchmal der letzte Ausweg. Ein Rolle, die im Grunde genommen beiden Partnern gut gefällt.

Aszendent Löwe ***Rumpelstilzchen***
Sonne im zwölften Haus
Das, was die Öffentlichkeit von den Partnern zu sehen bekommt, entspricht in keinster Weise ihrer psychischen Realität. Sie sind beide geborene Meister im Versteckspiel. In der äußeren Welt mögen sie vielleicht zu Erfolg und Ansehen gelangen. Der Bereich, in dem sie sich gemeinsam weiterentwickeln möchten, ist die Welt ihrer Psyche, ihrer Ängste und die Welt spiritueller Wahrheiten.

Aszendent Jungfrau

Die Partner finden sich, weil sie ihre jeweiligen Fähigkeiten einem größeren Ganzen zur Verfügung stellen wollen. Daher gilt es, die schöpferischen und kreativen Möglichkeiten ihrer Persönlichkeiten in einen gemeinsamen Kontext zu bringen. Dies kann mittels einer Zusammenarbeit geschehen oder in der Gestaltung eines gemeinsamen Alltags. Das Erreichen eines funktionierenden (Arbeits-)Alltags dürfte für beide eine lohnende Herausforderung sein.

Mitunter führen ungeordnete Lebensumstände zwei Menschen mit einem Jungfrau-Aszendenten zusammen, weil sie, bewußt oder unbewußt, den Wunsch verspüren, ihr Lebensschiff in ruhigere, überschaubare Gewässer zu steuern.

Aszendent Jungfrau *Saubermänner*
Merkur im ersten Haus
Einer Ordnung bis in kleineste Detail kommt große Bedeutung bei. Sie möchte vertreten und durchgesetzt werden. Vernunft- und Verstandeskräfte behalten dabei stets die Oberhand. Pedanterie und allzu bürokratisches Auftreten dürfte die Mitmenschen aber eher verschrecken als motivieren.

Aszendent Jungfrau *Erbsenzähler*
Merkur im zweiten Haus
Gemeinsame Fähigkeiten wollen in bare Münze verwandelt werden. Sonst droht Gefahr, daß Existenzängste das Leben ungenießbar machen. Ein Haushaltsbuch wird in jedem Falle von Nutzen sein, wenn ökonomisches Denken nicht anderweitigen Einsatz findet. Von Naturkost kann man sich nicht nur Ernähren, sondern auch leben.

Aszendent Jungfrau ***Mitwisser***
Merkur im dritten Haus
Es besteht eine besondere Begabung, mittels schriftlichem und sprachlichem Ausdrucksvermögen die Dinge des Lebens mit dem richtigen Abstand zu beurteilen. Gesprächsstoff und neueste Informationen finden sich in nächster Umgebung. Wer fundiertes Wissen weitergibt, anstatt andere nur zu kritisieren, erfreut sich steigender Beliebtheit.

Aszendent Jungfrau ***Gärtner***
Merkur im vierten Haus
Dissonanzen in rationalen und emotionalen Bereichen verbreiten gerade dort Hektik, wo man sich Ruhe gönnen will. Sollten die eigenen vier Wände mehr einem Multifunktions-Büro ähneln als einer gemütlichen Wohnung, wird die Unvereinbarkeit zwischen *Kopf und Bauch* wenigstens sichtbar.

♍

Aszendent Jungfrau ***Kindergärtner***
Merkur im fünften Haus
Das Hegen und Pflegen kreativer Fähigkeiten macht Spaß und fördert eigenes Ausdrucksvermögen. Wer seinem inneren Kind Schutz und Raum zur Entfaltung bietet, erfreut sich auch am Spiel- und Lerntrieb anderer Kinder. Nicht alle Pädagogen sind Pedanten und Spielverderber.

Aszendent Jungfrau ***Arbeitstiere***
Merkur im sechsten Haus
Wer nur noch die Stecknadel im Heuhaufen sucht, verliert leicht den Überblick. Dann wird Arbeit zum Selbstzweck und der Nutzen fraglich. Sich gebraucht und nützlich zu fühlen ist das eine, den Alltag mit Sinn zu erfüllen das andere. Unter gezieltem Einsatz seiner Fähigkeiten einem großen Ganzen zu dienen bereichert.

Aszendent Jungfrau ***Mitläufer***
Merkur im siebten Haus
Aufopferungsvoller Dienst am Nächsten, täuscht allzu leicht über Ungereimtheiten im eigenen Leben hinweg. Wer zuerst sein eigenes Feld bestellt und dann dem Nachbarn hilft, bleibt unabhängig. Anderen beratend und helfend zur Seite zu stehen bedarf der Souveränität.

Aszendent Jungfrau *Therapeuten*
Merkur im achten Haus
Ordnung und Ruhe wird in das Leben der Partner erst dann einkehren, wenn sie verbindlich werden. Sich aufeinander einzulassen bedeutet aber auch Abhängigkeit, die den Alltag erheblich verändern wird. Emotionsloser Abgleich der Interessenslagen wird kaum möglich sein. Diese Verbindung hat therapeutischen Charakter.

Aszendent Jungfrau *Wissenschaftler*
Merkur im neunten Haus
Unterschiedliche Kulturkreise und Wissensstände üben einen besonderen Reiz aus. Alltag und Arbeit erfahren hierdurch Bereicherung, aber auch zusätzliche Herausforderung. Geistige Erkenntnisse und Höhenflüge bedürfen einer kritischen Betrachtung der Realität.

Aszendent Jungfrau *Ordnungshüter*
Merkur im zehnten Haus
Sollte der Tag kommen, an dem eine breitere Öffentlichkeit nicht mehr ohne die beiden existieren kann, werden sie ihr Ziel erreicht haben. Privatleben mag in dieser Verbindung ein Fremdwort sein. Doch egal, wo man gebraucht wird, man wird da sein.

Aszendent Jungfrau *Tüftler*
Merkur im elften Haus
Geistreiche Ideen, gepaart mit Perfektion und Arbeitswillen. Einen Nutzen werden vor allem Gleichgesinnte und Freunde daraus ziehen. Wenn die Partner gar ganze Gruppen mit ihrem originellen Denken faszinieren, könnte daraus leicht ein Politikum werden.

Aszendent Jungfrau *Diener Gottes*
Merkur im zwölften Haus
Chaotische Zustände im äußeren oder psychischen Leben verlangen nach Ordnung. Jeder Versuch, sich gemeinsam den gegebenen Umwelt- und Lebensbedingungen zu stellen, führt ins Chaos. Das Akzeptieren irrationaler, höherer Gesetzmäßigkeiten und die Fügung in weltliches Chaos schafft Ordnung.

Aszendent Waage

Die Partner finden sich zu einer Zeit, da beide den Wunsch haben, unterschiedliche Lebensbereiche miteinander zu verbinden. Gemeinsam fällt es ihnen leichter, z. B. Beruf und Privatleben oder Alltagspflichten und Hobby unter einen Hut zu bringen. Möglicherweise besteht bei beiden eine Art innere Zerrissenheit, mit der sie nicht länger leben möchten. Unbewußt hoffen sie, daß diese Verbindung ihnen mehr Raum für die angenehmen Dinge des Lebens geben möge.

Innerhalb dieser Verbindung wird kein zurückgezogenes Privatleben angestrebt. Die Partner sind im Gegenteil sehr auf andere bezogen und suchen den Kontakt zu ihren Mitmenschen. Auf Parties, Vernissagen oder bei sonstigen künstlerischen Darbietungen werden sie häufiger zu sehen sein. Gerade dann, wenn die individuellen Charaktere eher introvertiert und tiefschürfend sind, bietet ihnen diese Verbindung die Möglichkeit, mehr Leichtigkeit und oberflächliches Tête-à-tête zuzulassen. Probleme wälzen, Streitereien und atmosphärische Disharmonien sind Zustände, die nicht lange ertragen werden. Beide sind zwar gewillt, um des lieben Friedens Willen, Zugeständnisse und Kompromisse zu machen. Sollten sie sich zusammen jedoch gar nicht mehr wohlfühlen, werden sie wieder häufiger oder für immer anderweitigen Kontakt suchen.

Aszendent Waage *Mehr Schein als Sein*
Venus im ersten Haus

Hauptsächlich schön, charmant und amüsant zu sein ist eine Daseinsform, die hier gelebt werden möchte. Tief schürfen und Probleme wälzen kann man woanders. Der Welt Schönheit zu präsentieren, sei es in der Mode, der Kunst oder in der Literatur, wird innerhalb dieser Verbindung zur vordringlichen Aufgabe.

Aszendent Waage ***Kunstsammlung***
Venus im zweiten Haus
Wenn Kunst, Schönheit und andere Annehmlichkeiten teuer bezahlt werden müssen, sollte beizeiten gespart werden. Van Goghs Sonnenblumen verdorren im Banksafe und jedes hochbezahlte Facelifting muß eines Tages erneuert werden. Bleibende Werte sind den Partnern wichtig, doch möchten sie sie auch sehen und anfassen können.

Aszendent Waage ***Feuilleton***
Venus im dritten Haus
Wen das Thema *Wer mit wem?* nur noch langweilt, der kann von der Klatsch-Kolumne immer noch zum Literaturteil wechseln. Die Geschichten, die das Leben schreibt, finden sich in nächster Umgebung. Sollten sich ihre Protagonisten nur noch in den Haaren liegen, kann das diplomatische Geschick der Partner zur Harmonisierung beitragen.

Aszendent Waage ***Familienidyll***
Venus im vierten Haus
Erst wenn die Ehefrau, die Geliebte und die eigene Mutter in trauter Eintracht morgens am Frühstücktisch sitzen, ist die Idylle perfekt. Da sich alle drei jedoch spinnefeind sind, bedarf es einer gehörigen Portion Charme, Raffinesse und Diplomatie, ganz entspannt auf mehreren Hochzeiten zu tanzen. Doch vielleicht findet sich auch alles in einer Person.

Aszendent Waage ***Traumtänzer***
Venus im fünften Haus
Der Traum vom Künstlerdasein soll nie enden! Vielleicht möchte man deshalb nicht aufwachen und sich der Welt zeigen? Spielerische Unbefangenheit will gelebt werden. Das innere Kind wird früher oder später sein Recht fordern und kann innerhalb dieser Verbindung voll auf seine Kosten kommen.

Aszendent Waage ***Kunst am Bau***
Venus im sechsten Haus
Wer Kreativität und künstlerische Ambitionen in seinem (Arbeits-)Alltag auslebt, kann sich glücklich schätzen. Der Rest wird sich immer wieder in Situationen wiederfinden, bei denen es gilt, Streit zu schlichten und

Kompromisse auszuhandeln. Dem Alltag die schönen Seiten abzuringen kann Streß lindern.

Aszendent Waage *Kuppelei*
Venus im siebten Haus
Lonely-heart-Parties zu organisieren wäre nicht die schlechteste Sache. Denn was kann schöner sein, als Menschen mit Menschen zusammenzubringen? Partnerschaft wird in dieser Verbindung groß geschrieben, wobei sich das Augenmerk der Partner weniger auf die eigene Beziehung richtet, als auf die der anderen.

Aszendent Waage *Femme fatale*
Venus im achten Haus
Die Kunst der Verführung muß nicht erst erlernt werden. Wer wem den Granatapfel überreicht, ist unwichtig, solange beide davon essen. Begegnung und Bindung sind hier ein und dasselbe. Die Abgründe der Leidenschaft wird nur der genießen, der sich hingibt, anstatt zu tändeln.

Aszendent Waage *Reisegefährten*
Venus im neunten Haus
Verbindungen zum Ausland haben beziehungsstiftenden Charakter. Dort können die Partner nicht nur Heimat finden, auch ihr geistiger Horizont wird sich erheblich weiten. Ihre Beziehung fördert Erkenntnisprozesse und dient letztendlich ihrer beider Sinnfindung.

Aszendent Waage *Der Modezar*
Venus im zehnten Haus
Kunst und Schönheit sind für alle da, und Liebe ist keine Privatsache. Gesellschaftliches Ansehen zu erlangen erfordert Diplomatie und Geschick, doch die Partner wissen genau, wie sie sich am vorteilhaftesten in Szene setzen. Letztlich tragen ihre persönlichen Lebensziele dazu bei, daß die schönen Seiten des Daseins voll zur Geltung kommen.

Aszendent Waage *Die Künstlergilde*
Venus im elften Haus
Sollten sich die Partner ein Leben als freischaffende Künstler wünschen, so verhilft diese Verbindung zum nötigen Mut. Der Nettigkeiten ist irgendwann genug. Freiheit und Unabhängigkeit bedeutet auch, sich

Freunde zu leisten, die gesellschaftlichen Konventionen den Rücken kehren.

Aszendent Waage ***Seelengefährten***
Venus im zwölften Haus

Wenn Ehen wirklich im Himmel geschlossen werden, sind beide Partner längst verheiratet. Ob miteinander oder mit anderen, spielt keine große Rolle. Wichtig scheint in dieser Verbindung nur, daß die Sehnsucht nach Göttlichem Raum hat und die Schönheit im Verborgenen wieder fühlbar wird.

Aszendent Skorpion

Die Partner finden sich, weil sie sich mit den unterschiedlichen Formen von Macht auseinandersetzen möchten. Es liegt auf der Hand, daß sie diese Wahl nicht bewußt treffen. Kaum ein Mensch begibt sich aus freien Stücken in eine Abhängigkeit, die ihn für längere Zeit seelisch unfrei macht. Doch, erst das Erfahren und Durchschreiten der dunklen Seiten ihres Unbewußten läßt sie wirklich frei werden.

Diese Verbindung signalisiert einen tiefen Wunsch nach Verbindlichkeit und Einlassen. Die Mittel, den Partner seelisch an sich zu binden, sind mannigfaltig. Sehr häufig spielen Geld und Sexualität eine wichtige Rolle. In Liebesbeziehungen wird nicht selten das Bett zum *Schlachtfeld*.

Auch wenn es manchmal so aussehen mag, es gibt in dieser Beziehung weder einen Gewinner noch einen Verlierer, auch keinen Täter und kein Opfer.

Beide Partner wollen lernen, innerlich ruhiger und gelassener zu werden. Sie können sich ihrer tiefen Verlustängste bewußt werden, die sie immer wieder zwingen, sich selbst und andere zu kontrollieren. Diese Verbindung lehrt Hingabe an sich selbst, an den anderen und an das Schicksal.

Aszendent Skorpion ***Gladiatoren***
Mars im ersten Haus

Ein Kräftemessen, dessen *Schläge* nicht selten unterhalb der Gürtellinie landen. Die Partner wissen genau, wie sie den anderen seelisch verwunden können. Und zwar so, daß dieser, zumindest eine Zeitlang, klein beigibt. Wenn sie eines Tages erkennen, daß sie keine Gladiatoren im Kampf um Leben und Tod sind, kann Friede über ihr Leben kommen. Sie sind Partner, die ungemein lebenstüchtig, zäh und krisensicher sind, solange sie an einem gemeinsamen Strang ziehen.

Aszendent Skorpion *Gewinn und Verlust*
Mars im zweiten Haus
Wenn sich die Energien der Partner ausschließlich in einem nie endenwollenden Existenzkampf erschöpfen, sind sie längst nicht mehr Herr der Lage. Dann hat sie die Materie gänzlich im Griff. Loszulassen und Verlieren zu lernen schafft Reichtum. Ob dieser innerer oder äußerer Natur sein wird, kann getrost dem Schicksal überlassen werden.

Aszendent Skorpion *Wort ist Mord*
Mars im dritten Haus
Wenn Worte töten könnten, würde diese Verbindung nicht lange bestehen. Beide Partner besitzen ein ausgesprochenes Talent, den anderen mit Worten zutiefst zu verletzen. Daß Wissen Macht bedeutet, ist eine Wahrheit, die hier eine ganz besondere Rolle spielt. Wessen Wissen mehr zählt, ist eine immer wiederkehrende Frage, die nur dann an Zerstörungskraft verliert, wenn sie offen ausgesprochen wird. Jeder muß lernen, das, was er denkt, freimütig und ohne Angst vor *Gesichtsverlust* zu formulieren.

Aszendent Skorpion *Seelenqual*
Mars im vierten Haus
Auf den dunklen Pfaden der Seele wandeln von Kindesbeinen an ungute, vergessene Gestalten. Sie wollen endlich ans Licht. Diese Verbindung hat die Kraft, unbewußte Inhalte der Psyche ins Bewußtsein zu holen. Jeder der Partner besitzt die Fähigkeit, seelisch tief in den anderen einzudringen. Geschieht dies auf liebevolle und beschützende Weise, können die »Leichen in beider Keller« begraben werden.

Aszendent Skorpion *Verführung*
Mars im fünften Haus
Die Spielarten der Liebe nehmen zuweilen Züge an, die kaum noch spielerische Leichtigkeit aufkommen lassen. Vielmehr reizt jedes verführerische Mittel, den Partner in Abhängigkeiten zu verstricken, die sein ganzes Sein in Frage stellen. Diesen kann er sich nur mittels gestrenger Askese und einem Versagen jeglichen Kinderwunsches entziehen. Entzieht er sich nicht, werden die Masken fallen. Ein Prozeß, der beiden Partnern die Chance gibt, ihren wahren Wesenskern zu entdecken und ehrlicher zu leben.

Aszendent Skorpion *Workaholics*
Mars im sechsten Haus
Innerhalb dieser Verbindung erleben beide Partner einen aktiven und dynamischen Alltag. Auch Macht- und Ohnmachtserfahrungen stehen auf der Tagesordnung. Ob sie diese am Arbeitsplatz erleben oder in den eigenen vier Wänden, ist zweitrangig. Wichtig scheint ihnen nur, niemals schwach zu werden und den Mächten und Gewalten des Lebens ständig und jederzeit die Stirn zu bieten.

Aszendent Skorpion *Judikative*
Mars im siebten Haus
Machtfragen werden in dieser Verbindung gerne *nach außen* verlagert. Es sind dann immer die anderen, die streiten, Prozesse anzetteln und am Ende aller Instanzen immer noch nach Gerechtigkeit rufen. Gerecht ist hier, was den anderen wandelt. Die Außenwelt ist der Spiegel für eigene Unwahrheiten. Diese haben zu einem energetischen Ungleichgewicht geführt, das es zu harmonisieren gilt.

Aszendent Skorpion *Kettenrasseln*
Mars im achten Haus
Dominanz und Unterwerfung sind eineiige Zwillinge aus dem Reich der Psyche. Sie werden in dieser Verbindung lebendig und hoffen darauf, befreit zu werden. Zu lange schon liegen sie in Ketten, begraben unter einem Berg aus Tabus, Verboten und Sprachlosigkeit.

Alte Handlungsmuster loszulassen kann zu einer existenziellen Erfahrung innerhalb dieser Verbindung werden.

Aszendent Skorpion *Heiliger Krieg*
Mars im neunten Haus
Wessen Religion, Weltanschauung oder Lebensphilosophie die *Richtige* ist, dürfte innerhalb dieser Verbindung immer wieder zum strittigen Thema werden. Solange der eine Partner mit allen Mitteln versucht, den anderen zu missionieren, ist er nicht wirklich *sattelfest* in seinem Glauben. Beide Partnern stehen an einem wichtigen Punkt ihres Lebens. Sie möchten ein Resümee ziehen und sich mit *Haut und Haaren* einer Sache verschreiben. Diese soll ihrem Leben Sinn geben.

Aszendent Skorpion ***Exekutive***
Mars im zehnten Haus
Autoritäten sind für beide ein *rotes Tuch.* Gemeinsam kann man bessere Strategien entwickeln, den König zu stürzen, als alleine. Still und heimlich an seinem Thron zu sägen wäre eine Variente. Sich mit viel Gebrüll, offen in den Kampf zu werfen eine andere. Tabus, Macht- und Ohnmachtsgefühle einer ganzen Gesellschaft dürften das Privatleben der Partner nicht unberührt lassen.

Aszendent Skorpion ***Von Freiheit besessen***
Mars im elften Haus
Die Partner verbindet ein tiefer Wunsch, sich von Fixierungen und Abhängigkeiten zu befreien. In Liebesbeziehungen kann hierbei die Sexualität eine wichtige Rolle spielen. Sexuelle Freizügigkeit muß gewährleistet sein, sonst können seelisch verletzende Ausbruchversuche zur Tagesordnung gehören. Im Kampf um Freiheit und Unabhängigkeit wird Unterstützung bei Freunden und Gleichgesinnten gesucht und gefunden.

Aszendent Skorpion ***Geheime Mission***
Mars im zwölften Haus
Auch wenn die Bande, die beide zusammenhält, nicht zu sehen sind, sind sie dennoch vorhanden. Psychisch frei von subtilen Ängsten und Abhängigkeiten zu werden ist unausgesprochener Wunsch beider Partner. Symbolisch gesehen kann es für sie sehr hilfreich sein, ihre Energien *hinter den Kulissen des Daseins* zu entfalten. Nur dort finden sie den Schlüssel, der ihnen verschlossene Türen öffnet.

Aszendent Schütze

Die Partner finden sich zu einer Zeit, da sich beide aus emotionalen Verstrickungen und seelischen Abhängigkeiten lösen möchten. Ihr Augenmerk gilt in dieser Verbindung weniger den Abgründen der Seele als vielmehr dem Wunsch, in höhere Dimensionen des Geistes Eingang zu finden.

Religiöse, philosophische und weltanschauliche Fragen werden in dieser Partnerschaft häufig gestellt und diskutiert. Mitunter kann sich ein Hang zum Missionieren bemerkbar machen, sofern die Partner unterschiedlichen Glaubens sind oder verschiedene Weltanschauungen vertreten.

Die Verbindung kann für beide Partner ungemein inspirierend sein und ihnen Mut machen, ihren geistigen Impulsen mit einem Enthusiasmus zu folgen, der ihnen bisher fremd war. Ein ständiges Bemühen, den eigenen Bildungsstand zu erhöhen, dient in gleichem Maße der Horizonterweitung wie die häufig vorhandene ausgeprägte Lust am Reisen.

Großzügigkeit, Unterstützung und gegenseitiges Wohlwollen sind wichtige Merkmale dieser Partnerschaft. Nichts wird den Beteiligten mehr verhaßt sein als Kleingeistigkeit, Niedertracht und Geiz.

Aszendent Schütze ***Überflieger***
Jupiter im ersten Haus

Bescheidenheit ist eine Zier, mit der sich die Partner wohl selten schmükken. Doch wer zu schnell zu hoch hinaus will, verliert den Kontakt zum nährenden Boden. Aufgebläht und innen hohl, fliegt sich's zwar besser, doch die in geistiger Höhe gemachte Erfahrung dient auf der Erde keinem mehr.

Aszendent Schütze ***»Der Geist in der Münze«***
Jupiter im zweiten Haus
Sich niemals Sorgen ums Geld zu machen bedarf des Vertrauens, daß alles, was ausgegeben wird, auch wieder hereinkommt und umgekehrt. Das ausgeprägte Selbstwert- und Sicherheitsgefühl der Partner nährt sich jedoch weniger an Materiellem, denn aus der Tatsache, daß ihr wirkliches *Vermögen* geistiger Natur ist.

Aszendent Schütze ***Wanderprediger***
Jupiter im dritten Haus
Am Telefon stundenlang über Gott und die Welt zu diskutieren dürfte den Gebührenzähler aufs äußerste strapazieren. Dem enthusiastischen Redefluß der Partner ist kaum Einhalt zu gebieten. Die Verlagerung ihrer lautstarken Predigten in die Fußgängerzone wäre keine schlechte Alternative.

Aszendent Schütze ***Das Pfarrhaus***
Jupiter im vierten Haus
In die Ferne zu schweifen wäre eine Möglichkeit. Da das Gute hier jedoch wirklich naheliegt, finden die Partner weltliches und spirituelles Glück auch zu Hause. Heimat ist dort, wo es sich komfortabel Wohnen läßt, eine Kanzel nicht weit und multinationale Begegnung jederzeit möglich ist.

Aszendent Schütze ***Think big!***
Jupiter im fünften Haus
Es darf von allem ein bißchen mehr sein. Den Kleinlichkeiten des Lebens können die Partner wenig abgewinnen. Der Wunsch nach Expansion und Weite beflügelt ihre überschäumende Kreativität und Schöpfungskraft. Ihr unerschütterlicher Glaube an sich selbst versetzt Berge und läßt Selbstzweifel erst gar nicht aufkommen.

Aszendent Schütze ***Ritueller Alltag***
Jupiter im sechsten Haus
Der Geist steckt im Detail. Wenn die Partner dennoch den Wald vor lauter Bäumen nicht mehr sehen, ist es Zeit, den Sinn ihres alltäglichen Tuns zu hinterfragen. Nichts schreckt die Partner mehr, als eines Tages

erkennen zu müssen, daß das Große Ganze anderen Gesetzmäßigkeiten folgt als sie bisher annahmen.

Aszendent Schütze ***Geistiges Pingpong***
Jupiter im siebten Haus
Geb' ich dir, gibst du mir, geb' ich dir... Inspiration und geistige Impulse kommen von außen und fließen über die Partner an ihre Mitmenschen zurück. Erst als Mitglieder einer religiösen oder weltanschaulichen Gemeinschaft haben die Partner das Umfeld gefunden, das ihrer geistigen Entfaltung wirklich dient. Ihre Sinnsuche bringt sie immer wieder mit geistigen Lehrern in Kontakt. Was sie erkennen, geben sie an andere weiter.

Aszendent Schütze ***Schatzsucher***
Jupiter im achten Haus
Ewig im Verborgenen nach imaginären Schätzen zu suchen kann auf Dauer deprimieren. Wer seine Suche im Dunkeln des Nichts dennoch zur Lebensphilosophie erklärt, findet vielleicht die Spur, die ihn Verdrängtes und Vergessenes aufdecken läßt. Innerhalb dieser Verbindung finden die Partner dort Glück und Erkenntnis, wo niemand anderes danach suchen würde.

Aszendent Schütze ***Priester***
Jupiter im neunten Haus
Wenn sich die Partner nicht ohnehin in einem Kibbuz oder Ashram kennengelernt haben, wird es für sie beide Zeit, ihren religiösen oder philosophischen Ansichten geistigen Raum zu bieten. Die Welt ist beiden zu eng und klein geworden. Sie sehnen sich nach Weite, nach Hoffnung und Güte unter den Menschen. Bis ihre Wünsche in Erfüllung gehen, können sie sich nur gegenseitig Zuversicht und Optimismus vermitteln.

Aszendent Schütze ***Vatikan***
Jupiter im zehnten Haus
Nichts inspiriert die Partner mehr als der Austausch über ihre Geltungsmöglichkeiten in vorgebenen, gesellschaftlicher Strukturen. Im Grunde genommen suchen beide ihren Platz in der Welt. Er soll ihnen die Möglichkeit geben, ihre ureigene Lebensphilosophie öffentlich zu vertreten, ohne noch länger mit Kompromißlösungen leben zu müssen.

Aszendent Schütze ***Kirchenaustritt***
Jupiter im elften Haus

Die Freude darüber, einen geistigen Freund gefunden zu haben, täuscht über die Tatsache hinweg, daß die Partner weder Sinnliches noch Weltliches aneinander bindet. Die Gegebenheiten und Bedingungen irdisch-realen Daseins sind beiden ein Greul. Gemeinsam vermögen sie es, der Realität ein Schnippchen zu schlagen, was immer sie auch tun.

Aszendent Schütze ***Ordensbrüder***
Jupiter im zwölften Haus

Warum niemand sehen darf, daß die Partner durchaus glücklich und zufrieden miteinander sein können, bleibt rätselhaft. Ihr Glück im stillen Winkel schenkt dafür Raum und Zeit, sich in geistige Bereiche vorzuwagen, die anderen verschlossen bleiben. Auch wenn ihre Verbindung kaum gesellschaftliche Anerkennung genießt, werden sich die Partner auf unerklärbare Weise gegenseitig unterstützen.

Aszendent Steinbock

Die Partner finden sich zu einer Zeit, da beide den Wunsch verspüren, für sich selbst und andere Verantwortung zu tragen. Gemeinsam fällt es ihnen leichter, die Disziplin und das notwendige Pflichtbewußtsein aufzubringen, um auch schwierige Zeiten miteinander durchzustehen. »Einer trage des anderen Last« mag für die Partner nicht nur ein Bibelspruch sein. Ihre Verbindung macht Loyalität und Treue füreinander zur Notwendigkeit.

Nicht selten sind die Partner auf die eine oder andere Art Vorbild, was ihnen insbesondere Zuverlässigkeit und konsequentes Verhalten abverlangt.

Den Partnern geht es innerhalb dieser Verbindung nicht darum, die leichten Seiten des Daseins zu erfahren. Überall begegnen ihnen Mißstände, Härten und Schwierigkeiten, die kraft ihres Leistungswillens, ihrer Kompetenz und ihres Durchhaltevermögens bewältigt werden wollen.

Das Vermögen, in guten wie in schlechten Zeiten zusammenzuhalten, füreinander da zu sein und persönliche Probleme nicht überzubewerten, macht diese Verbindung zu einer reichen Erfahrung.

Aszendent Steinbock ***Selbstverhinderer***
Saturn im ersten Haus

Es wird Gründe dafür geben, daß sich die Partnern nicht gerne in der Öffentlichkeit zeigen. Rückzug ist ihre beste Verteidigung, einen möglichen *Feind* suchen sie jedoch vergeblich im Außen. Mit Schwierigkeiten und Behinderungen müssen sie vielmehr im Bereich ihrer Vitalität umgehen lernen. Wer wem wieder auf die Beine hilft, ist dabei nebensächlich.

Aszendent Steinbock ***Grundsteinlegung***
Saturn im zweiten Haus

Eine konsequente Haltung kann in materieller Hinsicht manchen Schaden begrenzen. Finanzielle Existenzängste sollten nicht über die Tatsache hinwegtäuschen, daß es an Sicherheit im eigenen Innern mangelt. Sich gegenseitig Geld zu leihen täuscht nur für kurze Zeit über den eigentlichen Mangel hinweg. Hilfe zur Selbsthilfe dagegen wäre, sich bei der Arbeit am eigenen Selbstwert zu unterstützen.

Aszendent Steinbock ***Verständigungsschwierigkeiten***
Saturn im dritten Haus

Verschiedene Sprachen zu sprechen oder unterschiedlich viel zu wissen bedeutet noch lange nicht, daß man sich nicht versteht. Um Verständnis füreinander zu entwickeln, bedarf es aber eines dauerhaften Bemühens, miteinander in Kontakt zu bleiben. Aus einer Fülle von Informationen erkennen die Partner das Wesentliche und sind diesbezüglich gute Vermittler.

Aszendent Steinbock ***Familienwappen***
Saturn im vierten Haus

Die Hege und Pflege des Familienbesitzes ist wahrlich nicht immer mit Freude und Frohsinn verbunden. Vaters Land und Mutters Schoß fordern früher oder später ihren Tribut. Sich in den eigenen vier Wänden wohl zu fühlen ist mit Hindernissen und Schwierigkeiten behaftet. Diese gemeinsam zu meistern verspricht den Partnern die ersehnte emotionale Sicherheit und den verheißungsvollen Ausblick auf eine Familie.

Aszendent Steinbock ***Hindernisläufer***
Saturn im fünften Haus

Die leichten und spielerischen Seiten des Lebens abzulehnen ist keineswegs tugendhaft. Wer sich selbst kasteit und sich täglich einredet, immer noch nicht *gut* genug zu sein, läuft Gefahr, eines Tages sogar Kindern das Spielen zu verbieten. Die Rolle des strengen Vaters zu übernehmen wird keinen der Partner auf Dauer befriedigen. Unterstützend ist diese Verbindung dann, wenn einer dem anderen dabei hilft, sein individuelles Potential sichtbar zur Geltung zu bringen.

Aszendent Steinbock ***Aschenputtel***
Saturn im sechsten Haus

Die Erkenntnis, daß *ein jegliches seine Zeit hat*, stammt schon aus biblischen Zeiten. Für die Partner dieser Verbindung ist es jetzt Zeit, die Bedingungen und Strukturen ihrer Arbeit, ihres Alltags und ihrer Bereitschaft, anderen zu dienen, ernsthaft zu hinterfragen. Mühsam wird ihr Leben nur dann sein, wenn sie nicht lernen, die Spreu vom Weizen zu trennen.

Aszendent Steinbock ***Bund fürs Leben***
Saturn im siebten Haus

Treue und Verläßlichkeit sind innerhalb dieser Verbindung absolute Bedingung für eine tiefere Bindung. Die Partner wissen sehr genau, daß die Dauerhaftigkeit einer Partnerschaft nicht dem Zufall unterliegt. Viele Hinternisse und Schwierigkeiten gemeinsam zu meistern und stetiges Bemühen um den Erhalt der Beziehung tragen zum Erfolg der Beziehung bei. Anderen darin ein Vorbild zu sein macht ihre Verbindung perfekt.

Aszendent Steinbock ***Krisensicherheit***
Saturn im achten Haus

Andere Menschen durch materielle oder seelische Krisen zu begleiten kann für die Partner zu einer wichtigen Aufgabe werden. Wenn Gelassenheit zur Pflicht wird, ist die Auseinandersetzung mit eigenen Ängsten vor Verlust, Gewalt und Tod nur noch Begleiterscheinung – im wahrsten Sinne des Wortes.

Aszendent Steinbock ***Meßdiener***
Saturn im neunten Haus

An nichts und niemanden zu glauben kann die Weltsicht in gleichem Maße verengen, wie ein allzu strenges Gottesbild. Gerade wenn sich die Partner dazu berufen fühlen, ihren Mitmenschen ethische und moralische Werte nahezubringen, sollten sie sich in besondem Maße um Güte und Großzügigkeit für andere bemühen.

Aszendent Steinbock *Stehaufmännchen*
Saturn im zehnten Haus
Gemeinsam besitzen die Partner eine innere Stärke, die sie jegliches Schicksal annehmen läßt. Indem sie das Beste daraus machen, zeigen sie der Welt, daß Zusammenhalt, Ernsthaftigkeit, Konsequenz und Ausdauer Werte sind, die zwar langsam, aber sicher zum Ziel führen. Daß letztendlich der Weg ihr Ziel ist, wissen sie erst, wenn sie es erreicht haben.

Aszendent Steinbock *Gruppenleiter*
Saturn im elften Haus
Wer unter Gleichgesinnten eine Sonderstellung einnimmt, kann auch gleich die Verantwortung übernehmen. Als Ausbilder und Lehrer ganzer Gruppen eignen sich die Partner hervorragend, sofern sie überhaupt dazu kommen. So manches Projekt erstirbt unter ihren zähen und langatmigen Strukturierungsversuchen. Organisation ist das eine, tatkräftiges Handeln das andere.

Aszendent Steinbock *Eremitage*
Saturn im zwölfen Haus
Das, was die Partner tatsächlich belastet, bleibt einer breiten Öffentlichkeit verborgen. Heimlichkeiten werden zur Pflicht und jede Verpflichtung kann weitere Lügen nach sich ziehen. Ein selbstbestimmter, konsequenter Rückzug aus gesellschaftlichen Strukturen ermöglicht die Erfahrung, daß jenseits aller Grenzen eine Kraft zu finden ist, die wirklichen Halt bietet.

Aszendent Wassermann

Die Partner finden sich, weil sie einerseits ihre individuelle Freiheit und Unabhängigkeit leben möchten, anderseits nach einer neuen, lebbaren Definition des Prinzips *Freiheit und Partnerschaft* suchen.

Unter dieser Konstellation begegnen sich Freunde und Gleichgesinnte, die ein gemeinsames Problem verbindet. Möglicherweise sind beide – zum Zeitpunkt ihrer Begegnung – in Lebensumstände verstrickt, die ihnen zuviel Stabilität und Verantwortung abverlangen. Sowohl im Privatleben als auch in beruflicher Hinsicht stecken beide in einem Engpaß. Ihre Visionen und Ideale von Partnerschaft sind in Gefahr!

Diese Verbindung symbolisiert den seelischen Wunsch, aus bisherigen Lebensumständen hinauskatapultiert zu werden. Deshalb ist hier nicht der langsame Abschied von Nahestehenden vorgesehen, sondern schnelles, sich selbst und andere überrumpelndes Handeln. Der Preis dafür heißt nicht selten Einsamkeit. Nähe und Distanz sind wichtige Themen dieser Verbindung. Distanz gewährt zwar einerseits die ersehnte Freiheit, doch seelische Nähe wird immer schwerer herstellbar. Das Finden neuer Lebens- und Beziehungsformen steht auf der seelischen Wunschliste an erster Stelle.

Aszendent Wassermann ***Eigenbrötler***
Saturn im ersten Haus

Das Unvereinbare zwischen den Partnern wird auf den Punkt gebracht. Es scheint fast so, als suchten sie im anderen die Bestätigung dafür, daß konventionelle, partnerschaftliche Strukturen *out* sind. Hier macht jeder sein Ding, ohne Rücksicht auf die Meinung anderer. Wenn sich die Partner respektieren und ihr jeweiliges Anderssein akzeptieren, kann Stabilität und Verantwortung zwischen beiden entstehen.

Aszendent Wassermann ***Entrümpelung***
Saturn im zweiten Haus

Wer immer auf dem Sprung sein will, darf sich keinen Ballast ans Bein binden. Die Partner wünschen sich zwar Stabilität und Verläßlichkeit, doch der Preis hierfür ist hoch. Materielle Werte binden, ganz besonders dann, wenn man sie nicht hat. Freiheit bedeutet in dieser Verbindung, geistigen oder materiellen Ballast abzuwerfen und sich dem zu verweigern, was andere Sicherheit nennen.

Aszendent Wassermann ***»School 's out, forever!«***
Saturn im dritten Haus

Das Ringen um Freiheit und Unabhängigkeit stößt mitunter bei Verwandten und Nachbarn auf wenig Gegenliebe. Doch wenn sich die Partner auf das verlassen, was sie wissen, werden sie Weggefährten finden, die von ihnen lernen. Nichts wäre destruktiver, als sich von gängigen Meinungen blockieren zu lassen und traditionellen Denkmustern zu folgen.

Aszendent Wassermann ***Wohngemeinschaft***
Saturn im vierten Haus

Familiäre Heimatgefühle und individuelle Freiheit sind in dieser Verbindung schwer unter einen Hut zu bringen. Sich irgendwo zu Hause zu fühlen, dürfte dennoch von Wichtigkeit sein. Auch wenn sich letzten Endes der Weg als das Ziel erweist und keiner von beiden im traditionellen Sinne seßhaft wird, ist Geborgenheit möglich: überall dort, wo Freunde wohnen.

Aszendent Wassermann ***Alleingang***
Saturn im fünften Haus

Die Fähigkeit, sich spielerisch und unbefangen auszudrücken, will erworben werden. Sollten sich die Partner in ihrer Selbstentfaltung häufiger gehemmt als gefördert fühlen, sind sie längst im Begriff, sich gegenseitig zu erziehen. Um frei von den Erwartungen anderer zu werden, muß man diese kennen. Blockaden im Selbstausdruck lösen sich nicht durch abrupten Abbruch von Beziehungen.

Aszendent Wassermann ***Perfekte Utopie***
Saturn im sechsten Haus
Schwierige Alltags- und Arbeitsbedingungen ebnen den Weg in die Freiheit. Zu wissen, wie man *nicht* leben will, heißt nicht, sich den Alltagsanforderungen komplett zu verweigern. Die Partner verbindet eine große Bereitschaft, Leistung zu erbringen und Verantwortung zu übernehmen. Ihr Bedürfnis, effektiv zu arbeiten, benötigt aber freie, fortschrittliche und innovative Bedingungen.

Aszendent Wassermann ***Bindungskrise***
Saturn im siebten Haus
Bindung macht frei, und Freiheit gibt den Mut, sich zu binden. In beiden Partnern schlummern tiefsitzende Näheängste, die nicht dadurch kuriert werden, daß sie sich vertraglich aneinander ketten. Verantwortung für die Belange seiner Mitmenschen kann nur derjenige übernehmen, der innerlich frei ist. Sonst läuft man Gefahr, andere nicht wachsen zu lassen.

Aszendent Wassermann ***Gespensterjagd***
Saturn im achten Haus
Freiheit und Unabhängigkeit bedürfen der Aufgabe jeglichen Kontrollzwanges. Sich selbst und andere *im Griff* zu haben mag zwar die Angst vor dem Unbekannten besänftigen, verwehrt aber gleichermaßen den Zutritt in neue Dimensionen. Dynamik und Lebendigkeit entsteht zwischen den Partnern erst, wenn sie bereit sind, den leblosen Gespenstern im eigenen Unbewußten die Tür zu öffnen und sie *auf nimmer Wiedersehen* davonzujagen.

Aszendent Wassermann ***Glaubenskrise***
Saturn im neunten Haus
Philosophie beginnt dort, wo Religion aufhört. Den Partnern winkt die Freiheit der eigenen Betrachtungsweise, sofern sie bereit sind, festgefahrene Meinungen über die verschiedensten Glaubenssysteme loszulassen. Sich mit fremden Kulturen und deren Weltanschauung zu befassen kann helfen, den Begriff »Freiheit« noch einmal ganz neu zu definieren.

Aszendent Wassermann ***Quereinsteiger***
Saturn im zehnten Haus
Das Erreichen gesellschaftlicher Anerkennung ist wichtige Triebfeder dieser Verbindung. Den Erfolg krönt dabei weniger die Tatsache, daß die angestrebten Ziele erreicht werden, als vielmehr das *Wie*. Der Weg *nach oben* führt hier nicht über ausgetrampelte Pfade. Das Außergewöhnliche, von einer konservativ geprägten Gesellschaft wenig Akzeptierte reizt. Als Außenseiter am Ende auf dem Siegertreppchen zu stehen ist Politik vom Feinsten.

Aszendent Wassermann ***Realitätsfanatiker***
Saturn im elften Haus
Eine Gruppe Gleichgesinnter anzuleiten, ihnen Autorität zu sein und Halt zu geben kann zum erstrebten Ziel der Partner werden. Der Preis dafür sind nicht selten Einsamkeits- und Fremdheitsgefühle unter bisherigen Freunden. Tradition und Fortschritt folgen schon immer unterschiedlichen Herren mit unterschiedlichen Denkmustern und Geisteshaltungen. Geistig frei werden heißt, trotz Hindernissen seinen Idealen und Visionen zu folgen.

Aszendent Wassermann ***Outlaws***
Saturn im zwölften Haus
Erst der Rückzug in einsamere Gefilde verspricht die ersehnte Freiheit. Überholte Lebensstrukturen verlangen nach Auflösung. Damit einhergehende Ängste verführen allzu leicht, sich der Realität zu entziehen. Halt und Sicherheit finden die Partner nicht mehr im Sichtbaren, sondern in Bereichen jenseits des rational Nachvollziehbaren. Hierbei wird einer die Stütze des anderen sein.

Aszendent Fische

Die Partner finden sich zu einer Zeit, da sie eine große Sehnsucht in sich tragen, der harten Realität zu entfliehen. Nachdem sie erfahren haben, wie unverbindlich menschliches Miteinander sein kann, fühlen sie sich innerhalb dieser Verbindung von dem Wunsch nach symbiotischem Verschmelzen mit einem anderen Wesen magisch angezogen.

Obwohl sich die Partner auf geistiger Ebene helfen können, ihren jeweiligen Alltag zu bewältigen, wird ihre Partnerschaft genauer betrachtet zu einem Inseldasein führen. Jeder Versuch, ihrer Verbindung einen gesellschaftlich anerkannten Status zu verleihen, mag weniger von außen als vielmehr im eigenen Innern der Partner boykottiert werden. Fast so, als wüßte ihr Unbewußtes, daß diese Beziehung zu *heilig* ist, um in den Mühlen des realen Lebens zermahlen zu werden.

Ohne spirituelle Führung wird es für die Partner schwer sein, gemeinsam aus einem Traum zu erwachen, der zwangsläufig eines Tages enden muß. Ihren liebenden Seelen wird der Weg zurück in die irdische Realität nicht erspart bleiben. Selbst die Zuflucht in Drogen, Alkohol oder in einen Ashram kann den Sog in die Realität auf Dauer nicht schwachen.

Das Geschenk dieser Partnerschaft ist die Erfahrung, daß unsichtbare Bande Menschen zusammenhalten. Allerdings kann jede Hoffnung darauf, den Verlauf dieser Partnerschaft durch bewußtes Handeln beeinflussen zu können, Leiden schaffen.

Aszendent Fische *Engel auf Erden*
Jupiter im ersten Haus

Dasein ist alles! Selbst wenn die Partner niemals genau wissen, welchen Sinn ihre Verbindung auf einer tieferen Ebene hat, wird ihr Zusammensein Wirkung haben. Unsichtbare Fäden finden in dieser Partnerschaft ihren Anfang und ihr Ende.

Aszendent Fische ***Gotteslohn***
Jupiter im zweiten Haus
Die himmlische Vorratskammer ist reich gefüllt. Sie wird die Partner mit allem versorgen, was sie zum Leben benötigen. Ohne Vertrauen in eine höhere Gesetzmäßigkeit bleiben die Schließfächer des Himmels jedoch verschlossen.

Aszendent Fische ***Engelszungen***
Jupiter im dritten Haus
Reden ist Silber, Schweigen ist Gold. Wer dem Unaussprechlichen dennoch einen Namen geben will, muß die Sprache der Götter beherrschen. Jede andere Kommunikationsform ist den Partnern zu profan.

Aszendent Fische ***Seelenmeer***
Jupiter im vierten Haus
Das Meer der Seele ist grenzenlos. Nur wer es wagt, tief genug hineinzutauchen, wird den Schatz finden, der ihn mit unerschöpflichem Gefühlsreichtum belohnt. Fürsorge, Mitgefühl und Barmherzigkeit nähren sich aus dem Glauben an das Göttliche in jedem Menschen.

Aszendent Fische ***Göttliche Komödie***
Jupiter im fünften Haus
Chamäleonartig in jede gefragte Rolle zu schlüpfen kann dazu führen, daß man am Ende selbst nicht mehr weiß, wer man ist. Daß der Spaß dann erst beginnt, wissen die Partner spätestens nach ihrem ersten dramatischen Auftritt.

Aszendent Fische ***Gotterbarmen***
Jupiter im sechsten Haus
Wer als Helfer und Heiler seinen Alltag gestaltet, wird dem Unheilbaren begegnen müssen. Ein stilles Gebet und der unerschütterliche Glaube an die Selbstheilungskräfte im Menschen kann wahre Wunder bewirken.

Aszendent Fische ***Seelenpartner***
Jupiter im siebten Haus
Nur wer die Suche nach sich selbst aufgibt, kann sich in jedem Menschen wiederfinden. Und wer seinen Partner in sich trägt, braucht nicht mehr nach ihm zu suchen. Ehen, die im Himmel geschlossen werden, bedürfen keines irdischen Versprechens.

Aszendent Fische ***Gottesacker***
Jupiter im achten Haus
Durch jede tiefe Krisen geleiten uns Engel. Indem sie Licht ins Dunkel der Seele bringen, bietet sich endlich die Chance zur Heilung. Nach der Erfahung der Verlorenheit finden die Partner wieder zu sich und entwickeln eine innere Bereitschaft zur seelischen Wandlung.

Aszendent Fische ***Gottvertrauen***
Jupiter im neunten Haus
Seiner inneren Führung zu vertrauen bedeutet, stets dort anzukommen, wo Sinn und Zufriedenheit zu finden sind. Die Partner wissen genau, daß es für sie *hinterm Horizont* weitergeht. Dort wartet jemand mit einer wichtigen Botschaft auf sie.

Aszendent Fische ***Gottvater***
Jupiter im zehnten Haus
Um in gesellschaftlich nicht anerkannten Bereichen zu Autorität und Ansehen zu gelangen, bedarf es der Führung einer wohlwollenden, väterlichen Hand. Sie anzunehmen heißt, irdische Gegebenheiten zu akzeptieren und sich weltlichen Reglements zu unterwerfen.

Aszendent Fische ***Gottschalk***
Jupiter im elften Haus
Von einem *Himmel voller Narren* nur zu träumen, kann auf die Dauer deprimieren. Gleichgesinnte zu finden, die, wie man selbst, an Dinge glauben, die niemand glaubt, kann zur atemraubenden Erfahrung werden. Der Erleuchtung ist es schließlich egal, wie man sie erlangt.

Aszendent Fische ***Götterdämmerung***
Jupiter im zwölften Haus
Wenn alles, was den Partnern wichtig ist, nicht zu sehen ist, sollten sie darauf vertrauen, daß auf das Dunkel stets das Licht folgt. Im Zwielicht der Realität und des Geistes zu leben mag nicht immer einfach sein. Allein ihr Vertrauen darauf, daß das Göttliche naht, kann ihnen helfen.

V. Kapitel

Planeten in Combin- und Composit-Häusern

Die Beschreibung der Planeten in den Häusern gilt sowohl für die Deutung eines Combin- als auch eines Composit-Horoskops. Lediglich die Bedeutung für den älteren und jüngeren Partner basiert auf der Hausstellung der Planeten im Combin. Im Composit-Horoskop wird diese Vorgehensweise meiner Erfahrung nach keine überzeugenden Ergebnisse bringen. Der Mond kann z. B. in einem Composit im dritten Haus stehen, während er im Combin-Horoskop im achten Haus steht. Für die Anfangszeit einer Partnerschaft oder für unverbindlichere Beziehungen trifft die Deutung des Mondes im dritten Haus zu. Später, nachdem die Partner sich seelisch aufeinander eingelassen haben, oder in Eltern-Kind-Verbindungen zieht man dann die Deutung des Mondes im achten Haus sowie die Bedeutung für den älteren und jüngeren Partner zu Rate.

Auch bei Transiten durch die Combin- und Composit-Häuser kann die Beschreibung eines Planeten in einem jeweiligen Haus Anregung für die Wirkung des Transits geben. Sollte z. B. der transitierende Uranus vom fünften ins sechste Combin-Haus *wandern*, kann die Deutung zu Uranus im sechsten Haus wichtige Hinweise liefern, mit welchem *uranischen Veränderungen* die Partner rechnen können.

Die Sonne in Combin und Composit

Die Sonne stellt den zentralen Kernpunkt einer Verbindung dar. Mit ihrer Stellung in den jeweiligen Häusern wird die *Bühne* beschrieben, auf der sich die wesentlichen Züge einer Partnerschaft präsentieren. Dort, wo man sich gemeinsam am richtigen Platz fühlt, fließt die stärkste Energie.

Die Zeichenstellung gibt Auskunft über die grundsätzliche Ausrichtung eines gemeinsamen Selbst.

Sonne im ersten Haus

Allgemein: Diese Stellung verleiht jeder Verbindung eine enorme Wichtigkeit. Hier geht es um den Ausdruck eines gemeinsamen Wesens, um die Darstellung ursprünglicher Lebensenergien. Zusammen sind die Partner durchsetzungsfähiger als alleine. Sie beeindrucken als Paar und finden leicht Kontakt zu anderen. Sehr oft sind sie sich selbst genug, da ausreichend *Stoff* für Lebensfreude, Kreativität, Auseinandersetzung und Reibung innerhalb der Paarbeziehung vorhanden ist.

Liebesbeziehungen: Es herrscht eine Tendenz vor, als Paar zu einer unzertrennlichen Einheit zu verschmelzen. Dies hat nicht selten zur Folge, daß sich im Verlauf der Beziehung ein Ringen um Individualität bemerkbar macht. Die Frage »Wer bin ich, ohne Dich?« könnte daher immer brennender werden.

Eltern-Kind-Beziehungen: Die Mutter oder der Vater werden vom Kind als Vorbild und natürliche Autorität erlebt. Echtheit im Selbstausdruck des betreffenden Elternteils sind hier ganz besonders wichtig. Es kann sich mit dieser Stellung auch eine Art innerer Auftrag verbinden, über die Beziehung zum Kind Lebensfreude und Herzenswärme zu entwickeln.

Arbeitskollegen: Ein starkes Team, das gemeinsame Ziele und Projekte mit großem Selbstbewußtsein und einem unwiderstehlichen Siegeswillen angehen wird. Konkurrenz und Rivalität werden sich jedoch in gleichem Maße bemerkbar machen, wenn nicht am gleichen Strang gezogen wird.

Sonne im zweiten Haus

Allgemein: Die gemeinsamen Kräfte werden auf Erhalt und Vermehrung dessen gelenkt, was zwischen den Partnern als Substanz vorhanden ist. Es geht hier vorwiegend um Absicherung und Wahrung der gemeinsamen materiellen oder immateriellen Werte.

Liebesbeziehungen: Der Wunsch und das Gefühl, möglichst *für immer* zusammenzugehören, sind hier vorherrschend. Emotionale Sicherheit stellt sich sehr schnell ein, weil die Partner an einem Punkt ihres Lebens angekommen sind, an dem sie des weiteren Suchens überdrüssig sind. Sie wollen sich ganz einfach wohlfühlen und genießen. Manchmal schotten sie sich zu sehr im eigenen *Revier* von ihren Mitmenschen ab. Eine gewisse Sattheit kann Inflexibilität und Langeweile mit sich bringen.

Eltern-Kind-Beziehungen: Der betreffende Elternteil wird sich überwiegend als *Versorger* des Kindes empfinden. Seine Aufgabe ist es, dem Kind einen geschützten Raum zu bieten, indem es sich frei und seinem Wesen gemäß entfalten kann. Das Kind könnte Vater oder Mutter jedoch durchaus als einen Menschen erleben, der ihm wenig Spielraum läßt, weil es als Gegenleistung der Versorgung die Bedingungen und Vorstellungen des Elternteils zu erfüllen hat.

Arbeitskollegen: Eine hervorragende Stellung, um mit gemeinsamen Projekten den Besitzstand der Firma zu mehren. Element und Zeichen der Sonne geben Auskunft über die Art einer erfolgversprechenden Zusammenarbeit.

Sonne im dritten Haus

Allgemein: Diese Stellung unterstreicht in erster Linie den freien und freundschaftlichen Charakter einer Verbindung. Kommunikation und

Informationsaustausch stehen im Vordergrund. Ein zwangloses, manchmal auch nachbarschaftliches Miteinander könnte als Basis dienen, gemeinsam neue Wissensgebiete zu erschließen. Möglicherweise führt auch das Sprechen verschiedener Sprachen oder das Überwindenwollen von Kommunikationsproblemen die Partner zusammen.

Liebesbeziehungen: Freundschaftliche Gefühle sind bei dieser Konstellation wesentlich häufiger angezeigt als tiefe Liebe und verzehrende Leidenschaft. Manchmal finden sich die Partner, nachdem sie zuvor in schmerzhafte Beziehungen verstrickt waren. Diese Partnerschaft dient dann einerseits der gedanklichen Auseinandersetzung mit früheren Beziehungen und verspricht darüber hinaus die Möglichkeit eines freieren Kommens und Gehens.

Eltern-Kind-Beziehungen: Der betreffende Elternteil wird sich viel mehr als Freund, Begleiter und *Wohngenosse* des Kindes empfinden, als daß er die Rolle eines autoritären Erziehers einnimmt. Die schulische Ausbildung des Kindes wird eine besondere Bedeutung haben. Das Kind erwartet von Vater oder Mutter zwanglose Richtungsweisung in Fragen der Ethik und Moral, aber auch eine Horizonterweiterung im Bereich weltanschaulicher oder religiöser Themen.

Arbeitskollegen: Ein möglicher Schwerpunkt der Zusammenarbeit wird in den Bereichen Medien, Werbung und Informationsaustausch besonders erfolgversprechend sein. Die neutrale und freundschaftliche Energie dieser Konstellation eignet sich auch vorzüglich für ein Ausbilder-Team. Jeder wird sein Wissen konkurrenzlos einbringen.

Sonne im vierten Haus

Allgemein: Der Austausch tiefer Gefühle spielt bei dieser Stellung eine große Rolle. Für andere Menschen mag dies weniger erkennbar sein, da das Paar sehr dazu neigt, den emotionalen Bereich als absolute Privatsache zu erklären. Gemeinsamer Rückzug in eine gemütliche, häusliche Sphäre wird von den Partnern einem Auftreten in der Öffentlichkeit vorgezogen.

Liebesbeziehungen: Es stellt sich zwischen den Partnern sehr schnell ein Zusammengehörigkeitsgefühl ein, das dem von Familienmitgliedern gleicht. Sie werden eine tiefe, emotionale Verbundenheit empfinden, die den instinktiven Wunsch nach sich zieht, sich gegenseitig zu beschützen und emotional zu nähren. Daher wird recht schnell der Wunsch nach einem gemeinsamen Zuhause spürbar sein.

Eltern-Kind-Beziehungen: Der betreffende Elternteil könnte unter Umständen Vater- und Mutterrolle gleichzeitig übernehmen müssen. Das Kind erlebt diesen Elternteil als beschützend und fürsorglich, zuweilen aber auch als emotional stark vereinnahmend und launisch.

Arbeitskollegen: Die familiäre Situation der Partner wird bei dieser Stellung immer wieder zum Thema am Arbeitsplatz. Es findet ein reger Austausch über die jeweilige emotionale Befindlichkeit statt, was zur Folge haben kann, daß die gemeinsame Arbeitsstätte mehr und mehr zum *Familienersatz* wird.

Sonne im fünften Haus

Allgemein: Der schöpferische Ausdruck kreativer und spielerischer Lebensfreude sind wichtige Triebfedern dieser Verbindung. Die gemeinsamen Kräfte dienen der Darstellung dessen, was als Potential zwischen den Partnern vorhanden ist.

Liebesbeziehungen: *Just for fun* könnte die Devise sein, die die Partner zusammengeführt hat. Sie möchten in erster Linie das Leben genießen, ohne allzuviel Verantwortung zu tragen. Dennoch sind gemeinsame Kinder nicht selten *Produkte* des schöpferischen Potentials der Partner. Sollten keine gemeinsamen Interessen bei der Freizeitgestaltung vorhanden sein, wird die Beziehung sehr schnell an Reiz verlieren.

Eltern-Kind-Beziehungen: Der betreffende Elternteil wird im Zusammensein mit dem Kind seine eigenen spielerischen und unbeschwerten Anteile wieder entdecken und viel Spaß an gemeinsamen Unternehmungen haben. Das Kind sieht in Vater oder Mutter vorwiegend einen Freund und Gleichgesinnten.

Arbeitskollegen: Diese Stellung eignet sich hervorragend für ein Team, das in einem kreativen oder künstlerisch-darstellenden Bereich tätig ist. Die gemeinsame Arbeit wird dann besonders erfolgreich sein, wenn sie Spaß macht und jeder sein persönliches Potential einbringen kann.

Sonne im sechsten Haus

Allgemein: Diese Stellung kann von den Partnern am besten genutzt werden, wenn sie sich einer gemeinsamen Arbeit oder einem Projekt widmen, bei dem sie ihre unterschiedlichen Fähigkeiten gleichberechtigt einbringen. Der Beitrag jedes einzelnen sollte einem größeren Ganzen dienen.

Liebesbeziehungen: Die gemeinsame Alltagsbewältigung steht hier im Vordergrund. Es wird viel Austausch über die jeweiligen Pflichten und Erfordernisse eines reibungslosen Ablaufes geben. Lust und Leidenschaft kommen dabei häufig zu kurz oder sind – nach einiger Zeit – wegen Müdigkeit vom Terminkalender gänzlich gestrichen.

Eltern-Kind-Beziehungen: Dem betreffenden Elternteil wird in erster Linie die Aufgabe zukommen, dem Kind einen geregelten Alltag zu bieten. Das Kind könnte dennoch die Mutter oder den Vater als recht chaotisch wahrnehmen. Möglicherweise empfindet es diesen Elternteil sogar als psychisch labil oder depressiv. Manchmal findet sich diese Konstellation auch dann, wenn das Elternteil nur selten mit dem Kind zusammen ist. Dem Kind fehlt dann die Möglichkeit, Vater oder Mutter real wahrzunehmen.

Arbeitskollegen: Zwischen Arbeitskollegen scheint dies die *passendeste* Stellung der Sonne zu sein, wenngleich sie möglicherweise zu wenig Gewicht auf Innovation und Flexibilität legen werden. Die Partner eignen sich um so mehr dazu, einen gewohnten und geregelten Arbeitsablauf zu garantieren, bei dem jeder seinen Verpflichtungen gewissenhaft und pünktlich nachkommt. Kritik an der Arbeit des Kollegen wird selten offen ausgesprochen.

Sonne im siebten Haus

Allgemein: Eine starke Stellung der Sonne, die nach außen vor allem die Paarbeziehung als Institution verkörpert. Es geht hier weniger um die tieferliegenden Motive und Inhalte der Verbindung als um die Wirkung als Paar. Dadurch könnte sich sehr leicht eine Oberflächlichkeit einschleichen, die früher oder später Probleme verursachen wird.

Liebesbeziehungen: Hier wird von Anfang an nicht viel Energie mit der Frage vergeudet, ob die Verbindung in eine Liebesbeziehung münden wird oder nicht. Beide Partner werden von ihrer Umwelt als *klassisches* Liebespaar empfunden. Dies nimmt unter Umständen einen Vorbildcharakter an, der es den Partnern bei Problemen innerhalb der Beziehung erschwert, sich mit anderen auszutauschen.

Eltern-Kind-Beziehungen: Diese Stellung läßt auf eine Gefahr schließen, das Kind als Partnerersatz zu mißbrauchen. Dem Kind wird auf alle Fälle eine dominante Rolle zufallen. Welcher Art diese Rolle sein wird, zeigen die Aspekte zur Sonne. Starke Spannungsaspekte können durchaus den *kleinen Tyrannen* symbolisieren.

Arbeitskollegen: Diese Konstellation zeigt ein klassisches *Berater-Team.* Die Beteiligten lassen ihre unterschiedlichen Fähigkeiten in eine gemeinsame Arbeit einfließen, werden aber von ihrer Umwelt als homogene Einheit empfunden.

Sonne im achten Haus

Allgemein: Der therapeutische Charakter dieser Verbindung wird in den meisten Fällen über längere Zeit nicht sichtbar. Die Partner sind zum Zeitpunkt ihres Kennenlernens bewußt oder unbewußt bereit, tiefgreifende Wandlungen in ihren derzeitigen Lebenszusammenhängen zuzulassen.

Liebesbeziehungen: Die starke, sexuelle Anziehungskraft zwischen beiden dient der *Hand des Schicksals,* die hier ihre Finger im Spiel zu haben scheint. Beide werden emotional so lange nicht voneinander loskommen, bis sie alte Muster in ihren jeweiligen Verhaltensweisen losgelassen haben. Insbesondere dürften tiefsitzende Verlustängste und damit einhergehende Besitzanspüche eine entscheidende Rolle spielen.

Eltern-Kind-Beziehungen: Der betreffende Elternteil erfährt durch die Geburt des Kindes eine tiefgreifende Wandlung. Dies kann durchaus Krisenzeiten beinhalten. Das Kind fordert Mutter oder Vater unbewußt auf, sich auf einen Prozeß der Hingabe einzulassen und möglicherweise Opfer zu bringen, die kein anderer Mensch fordern dürfte.

Arbeitskollegen: Dies ist eine vorzügliche Konstellation, wenn es um die gemeinsame Verwaltung von Geldern und Besitztümern anderer geht. Auch ein Therapeuten-Team könnte durch diese Stellung symbolisiert werden. Gefahren bilden unterschwellige Machtkämpfe, bei denen jeder der Beteiligten still und heimlich am Stuhl des anderen sägt. Deshalb ist es hier ganz besonders wichtig, mit absolut offenen Karten zu spielen.

Sonne im neunten Haus

Allgemein: Diese Stellung findet sich häufig bei Paaren, die sich in besonderem Maße mit weltanschaulichen oder religiösen Fragen auseinandersetzen. Auch Auslandsreisen und kulturübergreifende Themen könnten wichtig sein.

Liebesbeziehungen: Möglicherweise stammen die Partner aus verschiedenen Kulturkreisen, was zur Folge hat, daß sie sehr viel Liebesenergie darauf verwenden, einen gemeinsamen Nenner zu finden. Horizonterweiterung und das gemeinsame Überschreiten von realen oder gedanklichen Grenzen ist beiden wichtiger, als durch *Sümpfe* emotionaler Verstrickungen zu waten.

Eltern-Kind-Beziehungen: Das Kind möchte vom betreffenden Elternteil viel lernen und am liebsten mit ihm die Welt erkunden. Es wird viel fragen und sehr interessiert an allem sein. Eventuell spielen schulische oder sprachliche Probleme des Kindes eine größere Rolle. Ein religiöser oder weltanschaulicher Dogmatismus eines Elternteils wird das Kind sehr prägen.

Arbeitskollegen: Diese Verbindung eignet sich ausgezeichnet, um geschäftliche Beziehungen zum Ausland oder zu Ausländern erfolgreich zu gestalten. Sie ist von einer weltoffenen, toleranten Grundhaltung geprägt, in der jeder den anderen so akzeptiert, wie er ist. Eine Zusammenarbeit auf engstem Raum wird sich jedoch eher nachteilig auswirken, da diese Verbindung viel Eigenständigkeit und Freiraum benötigt.

Sonne im zehnten Haus

Allgemein: Diese Verbindung drängt es auf die eine oder andere Art an die Öffentlichkeit. (Die Zeichenstellung der Sonne könnte diesbezüglich zu näheren Aussagen beitragen.) Den Betreffenden ist es wichtig, gemeinsam als Paar etwas darzustellen oder einen wichtigen und entscheidenden Beitrag in der Gesellschaft zu leisten.

Liebesbeziehungen: Ein Hauptproblem innerhalb der Beziehung könnte die Wahrung der Privatsphäre sein. Diese scheint kaum realisier- bzw. lebbar. Der Schwerpunkt wird daher weniger in häuslichen und emotionalen Bereichen liegen als vielmehr in Fragen der Öffentlichkeit, der Politik oder Kultur.

Eltern-Kind-Beziehungen: Vater oder Mutter werden beruflich stark engagiert sein, so daß das Kind den Eindruck gewinnt, daß selbst Menschen, die nicht zur Familie gehören, mehr Verbindung mit dem betreffenden Elternteil haben als es selbst. Das Kind sehnt sich nach einem elterlichen Vorbild, das viel zu Hause ist.

Arbeitskollegen: Für eine Position an maß- oder gesetzgebender Stelle ist dies eine ausgezeichnete Konstellation. Die Partner eignen sich auch hervorragend dazu, das Produkt ihrer Firma in der Öffentlichkeit zu vertreten.

Sonne im elften Haus

Allgemein: Gemeinsame Freunde und ähnliche Interessen werden in dieser Verbindung eine große Rolle spielen. Möglicherweise sind beide aber auch stark in unterschiedlichen Gruppierungen engagiert, so daß räumliche Nähe kaum möglich ist.

Liebesbeziehungen: Hier überwiegt die geistige Faszination für die jeweiligen Ideen des anderen. Leidenschaftliche Fixierungen werden sehr schnell als bedrohlich und einschränkend erlebt. Beide benötigen viel Frei- und Eigenraum um sich, von Zeit zu Zeit, erneut auf den anderen einzulassen.

Eltern-Kind-Beziehungen: Dem Kind fällt in dieser Verbindung eine dominante Rolle zu. Seine Energie und überschäumende Lebensfreude könnten den betreffenden Elternteil sehr vereinnahmen. Vater oder Mutter fühlen sich weniger als strenge Autorität denn als Freund und Weggefährte.

Arbeitskollegen: Freundschaftliche Gefühle und Toleranz bei gemeinsamen Aktionen sind vorherrschend. Vor allem haben beide einen *Riecher* für Trends und zukünftige Entwicklungen. Sie eignen sich vorzüglich für das Ausklügeln neuer Strategien und zukunftsträchtiger Methoden.

Sonne im zwölften Haus

Allgemein: Das, was die Partner tatsächlich verbindet, bleibt der Öffentlichkeit verborgen. Unter Umständen können nicht einmal die Beteiligten klar sehen, was sie verbindet. Die Partnerschaft schafft Undurchschaubarkeiten und gibt Rätsel auf. Darin scheint ein tieferer Sinn zu liegen.

Liebesbeziehungen: Unsichtbare Bande umschlingen die Liebenden. So sehr sie nach einem rationalen Beweggrund ihrer Verbindung suchen, so wenig werden sie ihn finden. Es gibt ihn nicht. Der Beziehung haftet etwas Geheimnisvolles an. Möglicherweise hilft einer – ganz unbewußt – dem anderen bei der Bewältigung eines psychischen Problems oder rettet ihn vor dem Abtauchen in tiefste Einsamkeit.

Eltern-Kind-Beziehungen: Das Kind scheint hier die Aufgabe zu haben, Ordnung und Klarheit ins Leben des betreffenden Elternteils zu bringen. Vater oder Mutter könnten zum Zeitpunkt der Geburt des Kind ziemlich desorientiert sein oder den tiefen Wunsch verspürt haben, endlich zu wissen, was getan werden muß, damit das Leben *funktioniert.* Das Kind fordert und braucht eine überschaubare Routine im Alltagsablauf.

Arbeitskollegen: Was die Beteiligten tatsächlich arbeiten und welche Funktion sie haben, wird keinem Außenstehenden so richtig klar. Deshalb eignet sich diese Stellung besonders für den Bereich *verdeckter Ermittlungen.* Es sollte im Hintergrund gearbeitet werden, Durchschaubarkeit und Offenlegung der Spielregeln darf nicht verlangt werden.

Der Mond in Combin und Composit

Die Stellung des Mondes im Tierkreiszeichen beschreibt, auf welche Art und Weise ein Paar seine Gefühle zum Ausdruck bringt. Sie gibt auch Auskunft darüber, was die Partner seelisch nährt und unter welchen Umständen sie sich geborgen fühlen.

Ein Combin- oder Composit-Mond in Steinbock läßt darauf schließen, daß es den Partnern eher schwer fällt, ihre Gefühle offen zu zeigen oder emotionale Nähe herzustellen. Seelisch genährt fühlen sie sich dann, wenn sie Verantwortung tragen oder sich in klar umrissenen, emotional sicheren Strukturen bewegen. Bei einem Mond in Löwe werden die Partner ihre Gefühle dagegen eher theatralisch zum Ausdruck bringen. Sie nähren sich an ihrer Begeisterungsfähigkeit und ihrem Hang zu dramatischen Auftritten. Dort, wo sie beachtet und bewundert werden, fühlen sie sich am wohlsten.

Das Haus, in dem der Combin- oder Composit-Mond steht, symbolisiert jenen Lebensbereich, der die Emotionen der Partner zum Fließen bringt. Ihr Bedürfnis, sich gegenseitig zu nähren, zu schützen oder zu bemuttern, wird sich immer wieder auf diesen Lebensbereich konzentrieren. Hier sind sie aber auch am wenigsten objektiv. Frühkindliche Erfahrungen und ungestillte Bedürfnisse werden sich in diesem Bereich am stärksten bemerkbar machen. Ein Mond im dritten Haus kann darauf hinweisen, daß die Partner nur dann emotional in Kontakt bleiben, wenn sie sich austauschen, sich häufig treffen oder telefonieren.

Aspekte anderer Planeten zum Mond zeigen auf, von welcher Seite mit Unterstützung oder mit Schwierigkeiten zu rechnen ist. Eine Mond-Mars-Opposition von Haus zwei nach Haus acht deutet darauf hin, daß sich immer wieder Wut und Ärger aufstaut und auch entlädt, wenn die emotionale und finanzielle Sicherheit nicht gewährleistet ist.

Mond im ersten Haus

Diese Stellung des Mondes weist darauf hin, daß es zumindest einem der Partner in der Kindheit an emotionaler Wärme und Geborgenheit mangelte. Sein Bedürfnis, versorgt zu werden und familiär eingebettet zu sein, wird in dieser Partnerschaft zu einem wichtigen Thema. Sie erzwingt eine bewußte Auseinandersetzung mit schwierigen Kindheitserfahrungen und ermöglicht gleichsam, den Austausch tiefer, bisher verdrängter Gefühle.

Die ausgeprägte Emotionalität zwischen beiden kann zuweilen erstickend und bedrohlich sein. Sie impliziert extreme Schwankungen im Kontaktbedürfnis sowie eine gewisse Launenhaftigkeit. Es sollte beiden möglich sein, sich zurückziehen, um sich den Anforderungen ihrer weltlichen Aufgaben zu stellen.

Bedeutung für den älteren Partner: Diese Partnerschaft verleiht in erster Linie seiner weichen und gefühlvollen Seite Ausdruck. Die damit einhergehende Empfindsamkeit kann jedoch zuweilen mimosenhafte Züge annehmen. Er fühlt sich dann, allein wegen einer ungeschickten Geste des anderen, in seiner emotionalen Sicherheit bedroht. Aufgrund einer möglicherweise tiefsitzenden Mutter-Problematik wird er sich häufig entweder in der Bemutterungs-Rolle wiederfinden oder in der des hilfsbedürftigen Kindes. Hier einen Ausgleich zu schaffen dürfte sein wichtigstes Ziel innerhalb dieser Partnerschaft sein.

Fähigkeiten, die der ältere Partner in die Verbindung einbringt oder innerhalb dieser Partnerschaft erlernen möchte:

- Gefühlvolles Eingehen auf die Bedürfnisse anderer
- Offenes Zeigen seiner emotionalen Bedürfnislage
- Sich akzeptiert und angenommen fühlen
- Emotionale Nähe und Zärtlichkeit schenken/annehmen

Bedeutung für den jüngeren Partner: Sein Einfluß auf den Partner ist groß. Er hat es in der Hand, welche Stimmungen er beim anderen erzeugt. Je nach Laune wird er ihn deprimieren oder aufheitern. Die emotionale Bedürftigkeit des Partners sollte jedoch nicht darüber hinwegtäuschen, daß auch der Jüngere eine tiefsitzende Hingabe-Problematik in sich trägt. Für beide stehen deshalb Auseinandersetzungen an, über

Themen wie: Versorgung, Hingabe, Bedürftigkeit, Mutterschaft und gemeinsames Wohnen.

Fähigkeiten, die der jüngere Partner in die Verbindung einbringt oder innerhalb dieser Partnerschaft erlernen möchte:
- Über emotionale Bedürfnisse anderer seine eigenen erkennen
- Beschützerinstinkt
- Harmoniestreben und Gerechtigkeitssinn
- Empfänglich und sensibel für die Bedürfnisse anderer sein

Mond im zweiten Haus

Da sich die Gefühle des Partners weder essen noch auf die Bank tragen lassen, scheint die emotionale Sicherheit ständig bedroht. Kompensatorisch wird deshalb vielleicht ein Haus gekauft oder wenigstens dafür gesorgt, daß das gemeinsame Konto stetig wächst. Wenn die materiellen Werte der Verbindung dennoch extremen Schwankungen unterliegen, sollten die Partner damit leben lernen. Mit etwas mehr Gelassenheit läßt sich erkennen, daß menschliche Gefühle ähnlichen Schwankungen unterliegen. In gleichem Maße ist die Erfahrung möglich, daß niemand zwangsläufig mittellos auf der Parkbank landet, wenn ihn sein Partner verläßt.

Eine besondere gemeinsame Stärke, die auch durchaus materiellen Erfolg versprechen kann, liegt in der Fähigkeit, emotionale Bedürfnisse bei anderen auszulösen und diese auf die eine oder andere Art zu befriedigen.

Bedeutung für den älteren Partner: Die Höhe an materieller Zuwendung wird Gradmesser der Zuneigung des anderen sein. Er fühlt sich emotional immer unterernährt, deshalb geht es ihm letztendlich nicht wirklich ums Geld. Wenn er statt dessen vom anderen umsorgt und bekocht wird, könnten seine Ängste und Minderwertigkeitsgefühle erheblich gemildert werden. Dies zu erfahren wird ein unbewußtes Motiv dafür sein, die Beziehung aufrechtzuerhalten.

Fähigkeiten, die der ältere Partner in die Verbindung einbringt oder innerhalb dieser Partnerschaft erlernen möchte:
- Stabiler Selbstwert, unabhängig vom Einkommen

- Für die Befriedigung seiner emotionalen und sinnlichen Bedürfnisse sorgen
- Emotionale Treue, Beständigkeit
- Genußfähigkeit

Bedeutung für den jüngeren Partner: Seine Ängste beziehen sich auf Verluste seelischer Art. Daher wird er in dieser Beziehung sehr stark die Rolle desjenigen einnehmen, der den Partner in seinem *Bann* hält. Dies kann auf unterschiedlichste Art und Weise geschehen. Letztendlich fällt ihm, dem Jüngeren, aber auch eine therapeutische Rolle zu. Instinktiv weiß er, daß beide sich nur dann seelisch weiterentwickeln, wenn sie bisherige Verlusterfahrungen als *Gewinn* in ihre jetzige Beziehung integrieren.

Fähigkeiten, die der jüngere Partner in die Verbindung einbringt oder innerhalb dieser Partnerschaft erlernen möchte:
- Sich emotional nicht fixieren, loslassen können
- Spürsinn, Verborgenes oder Geheimnisse aufdecken
- Mit Werten anderer sorgsam umgehen
- An Macht-/Ohnmachtserfahrungen wachsen

Mond im dritten Haus

Alltägliche, emotionale Befindlichkeiten werden zum Gesprächsthema Nr.1. Insbesondere dann, wenn sich der Mond in Feuer- oder Luft-Zeichen befindet. Das Bedürfnis nach Austausch ist groß, doch um tiefergehende Gefühle füreinander wird es weniger gehen. Das gegenseitige Empfinden dürfte vielmehr freundschaftlichen Charakter haben. Beide nehmen die emotionalen Bedürfnisse ihrer Umwelt sehr stark wahr und verwerten ihre Erfahrungen auf die eine oder andere Art. Der Beziehung haftet etwas Unruhiges an. Eine gewisse Reizüberflutung und der Eindruck, sich in dieser Verbindung nicht wirklich fallen lassen zu können, werden dazu führen, daß emotionale Nahrung woanders gesucht und gefunden wird. Dies dürfte aber für beide kein größeres Problem darstellen.

Bedeutung für den älteren Partner: Innerhalb dieser Beziehung ist es ihm wichtig, seine emotionalen und häuslichen Belange zum Thema zu machen. Bekommt er diesbezüglich nicht genügend Aufmerksamkeit, so besitzt er die Fähigkeit, schweigend die Stimmung zu erzeugen, die den Partner zu einer gewünschten Reaktion *zwingt.* Er nimmt zudem starken Anteil an den Emotionen der Umwelt. Bei einem Mond in Feuer- oder Luftzeichen wird es ihm nicht schwerfallen, diese auf die eine oder andere Art zu beschreiben oder nach außen zu bringen.

Fähigkeiten, die der ältere Partner in die Verbindung einbringt oder innerhalb dieser Partnerschaft erlernen möchte:
- Gute Wahrnehmungs- und Beobachtungsfähigkeit
- Bei anderen Stimmungen erzeugen
- Über Gefühle reden oder schreiben können
- Sich an unterschiedlichste Situationen im Alltag anpassen

Bedeutung für den jüngeren Partner: Dieser ist in der Lage, die Wahrnehmungen des Partners in größere Zusammenhänge zu stellen und hierbei auch alltäglichen Dingen einen Sinn zu geben. Die Gefühle innerhalb der Partnerschaft sind für ihn weniger persönlich *nährend* als vielmehr der eigenen Sinnfindung dienlich. Deshalb wird er dazu neigen, aufkommenden Emotionen zwischen beiden einen überpersönlichen Sinn zu verleihen, um sich einen Bereich der distanzierten Unberührbarkeit zu bewahren.

Fähigkeit, die der jüngere Partner in die Verbindung einbringt oder innerhalb dieser Partnerschaft erlernen möchte:
- Sinnfindung und Horizonterweiterung über emotionale Entfaltung
- Vertrauen in den Sinn des Lebens
- Alltägliches in einem übergeordneten Zusammenhang erfassen
- Optimistische, andere mitreißende Gefühlslage

Mond im vierten Haus

Wer in weltlichen Angelegenheiten zu Erfolg und Ansehen gelangen will, sollte sich zuvor um die Befriedigung seiner häuslichen und familiären Bedürfnisse bemühen. Daher gilt es hier ganz besonders, eine Atmosphäre zu schaffen, in der sich beide zufrieden und geborgen fühlen. Dies dürfte nicht allzu schwierig sein, denn ein beschützendes, familiäres Zusammengehörigkeitsgefühl stellt sich sehr schnell ein. Was beide auf der Gefühlsebene miteinander teilen, wird für Außenstehende kaum nachvollziehbar sein. Dieser Bereich wird als besonders sensibel und schützenswert empfunden und deshalb vor der Außenwelt verborgen.

Bedeutung für den älteren Partner: Innerhalb dieser Verbindung geht ihm sein Privatleben über alles. Er möchte es vor störenden Einflüssen schützen und sich einen Raum schaffen, der ihn vor den Anforderungen des Berufslebens bewahrt. Seine Familie ist ihm wichtig. Er fühlt sich durch ein ausgewogenes Verhältnis zwischen Berufs- und Privatleben zutiefst bereichert.

Fähigkeiten, die der ältere Partner in die Verbindung einbringt oder innerhalb dieser Partnerschaft erlernen möchte:
- Familiensinn
- Ausgewogenes Verhältnis zwischen Privat- und Berufsleben herstellen
- Kann sich in seine *vier Wände* zurückziehen und entspannen
- Wahrung seiner Privatsphäre

Bedeutung für den jüngeren Partner: Für ihn mag es ungleich schwerer sein, eine berufliche Position in der Außenwelt zu finden. Unter Umständen fühlt er sich durch die Anforderungen der Familie daran gehindert. Meist liegt dem aber ein gewisser Wankelmut oder eine Unentschlossenheit darüber zugrunde, welcher Art sein Berufsleben sein soll. Er dürfte äußerst sensibel und verletzlich sein und sich daher oftmals den Härten einer Ellenbogengesellschaft nicht gewachsen fühlen. Diese Beziehung ermöglicht ihm, sich diesen Themen in einem geschützten Rahmen zuzuwenden.

Fähigkeiten, die der jüngere Partner in die Verbindung einbringt oder innerhalb dieser Partnerschaft erlernen möchte:
- Unterschiedlichste emotionale Bedürfnisse und Stimmungen der Gesellschaft erfassen
- Verantwortlicher Umgang mit den Gefühlen und Bedürfnissen anderer
- Mit Schwankungen in seiner beruflichen Zielrichtung umgehen
- Einen Beruf ausüben, der ihn und andere seelisch nährt

Mond im fünften Haus

In emotionaler Hinsicht geht es hier weniger um ein verbindliches Sich-aufeinander-Einlassen. Vielmehr wird ein gewisser Spieltrieb und Spaß an gemeinsamen Unternehmungen vorherrschen. Eine Vielzahl an Außenkontakten oder oberflächlichen Vergnügungen könnte davon ablenken, die kreativen und schöpferischen Möglichkeiten, die bei beiden im Unbewußten schlummern, zum Ausdruck zu bringen. Dadurch kann der kindlich-verspielte Anteil der Beziehung in Verantwortung für ein gemeinsames *Drittes* gewandelt werden.

Bedeutung für den älteren Partner: Innerhalb dieser Partnerschaft kann er sich zumindest zeitweise von drückender Verantwortung lossagen und die schönen Seiten des Lebens genießen. Anerkennung und ungeteilte Aufmerksamkeit sind ihm dennoch wichtig. Wird ihm diese versagt, kann er sich wie ein trotziges kleines Kind gebärden. Letztendlich geht es für ihn darum, ein Stück seiner verlorenen Kindheit zurückzuerobern. Erst dann wird er in emotionalen oder häuslichen Bereichen wirklich Verantwortung übernehmen können.

Fähigkeiten, die der ältere Partner in die Verbindung einbringt oder innerhalb dieser Partnerschaft erlernen möchte:

- Kreativen, schöpferischen Ausdruck seiner Empfindungen
- Kinderliebe
- Spielerische Lebensfreude
- Unternehmungslust

Bedeutung für den jüngeren Partnern: Die Beziehung soll ihm emotionale Freiheit und Ungebundenheit garantieren. Seine Gefühle werden sehr schwankend sein und in gewisser Weise auch unberechenbar. Bestenfalls wird er sich täglich für etwas Neues begeistern und sich nur dann gänzlich entziehen, wenn sein emotionaler Reizhunger innerhalb der Beziehung nicht mehr gestillt werden kann. Dieser dient letztlich nur dazu, tiefsitzende Ungeborgenheitsgefühle zu kompensieren.

Fähigkeiten, die der jüngere Partner in die Verbindung einbringt oder innerhalb dieser Partnerschaft erlernen möchte:

- Emotionale Freiheit und Unabhängigkeit

- Liebevolle, freundschaftliche Beziehungen
- Kann stets für Abwechslung sorgen
- Sich unter Gleichgesinnten wohl und geborgen fühlen

Mond im sechsten Haus

Wenn sich die Partner nicht schon am Arbeitsplatz kennengelernt haben, wird dieser auf anderer Ebene eine große Rolle spielen. Die jeweilige Arbeitssituation beeinflußt den Gefühlshaushalt. Es besteht zudem ein tiefer Wunsch, Ordnung und Klarheit im emotionalen Bereich zu schaffen. Beide möchten wissen, wo sie hingehören, und sich aufeinander verlassen können. Sollten sie sich allerdings eines Tages nur dann sicher und geborgen fühlen, wenn der andere zuverlässig die täglich getroffenen Absprachen einhält, besteht die Gefahr, daß ein Austausch tiefer Emotionen gar nicht mehr stattfindet.

Bedeutung für den älteren Partner: Er wird sich emotional dafür verantwortlich fühlen, daß der gemeinsame Alltag reibungslos funktioniert. Dies sollte nicht darüber hinwegtäuschen, daß er tiefsitzende Ängste vor emotionalem Berührtwerden und dem damit einhergehenden, möglichen Gefühls-Chaos in sich hegt. Verläßliche Strukturen im Alltag mögen ihm wichtiger sein als Hingabe und ein Sich-fallen-Lassen in die unberechenbare Welt der Gefühle.

Fähigkeiten, die der ältere Partner in die Verbindung einbringt oder innerhalb dieser Partnerschaft erlernen möchte:

- Verantwortung für einen reibungslosen Arbeitsalltag
- Sich anpassen können
- Gesundheitsbewußtsein
- Hilfsbereitschaft

Bedeutung für den jüngeren Partner: Weil er nie genau weiß, was er fühlt und braucht, findet er sich immer wieder in der Rolle der *verlorenen Seele* wieder. Inneren Halt bietet ihm der Partner, der ihm die Notwendigkeit einer funktionierenden Alltagsstruktur quasi aufzwingt und damit versucht, quälende, depressive Anfälle aufzufangen oder zu kaschieren. Letzendlich will ihm die Partnerschaft zur Einsicht verhelfen, daß er nirgends Heimat findet, außer in sich selbst. Die Erfahrung, Teil eines größeren Ganzen zu sein, das *Heimat* unter spirituellen Gesichtspunkten neu definiert, ist äußerst heilsam.

Fähigkeiten, die der jüngere Partner in die Verbindung einbringt oder innerhalb dieser Partnerschaft erlernen möchte:
- Ausgeprägte Sensibilität, Feingefühl
- Kann allein und in Abgeschiedenheit arbeiten
- Sich selbst in unklaren, chaotischen Situationen wohl fühlen
- Diskret sein

Mond im siebten Haus

Das, was beide emotional verbindet, liegt meist außerhalb der eigentlichen Zweierbeziehung. Hier kann die Sorge um einen hilfsbedürftigen Dritten eine wichtige Rolle spielen. Die Gefühle zwischen den Partnern fließen demzufolge über andere Menschen zu ihnen zurück und können nur so gelebt und gefühlt werden. Nur wenn die Außenwelt gut versorgt und genährt wird, herrscht auch zwischen den Partnern emotionale Harmonie. Man hat sich zusammengetan, um andere zu versorgen oder zu bemuttern, und sollte daher nicht allzuviel Nähe und Geborgenheit vom Partner erwarten.

Bedeutung für den älteren Partner: Ihm mag der Partner eher wie ein bedürftiges Kind vorkommen, das versorgt und emotional genährt werden möchte. Im Falle einer Beziehung zwischen Erwachsenen muß er sich deshalb fragen, ob ihn die Partnerschaft davor bewahren soll, seine eigenen Bedürfnisse nach Schwachsein, Schutz und Unterstützung anzuerkennen und zuzulassen. Solange er den anderen bemuttert, muß er diese nicht spüren und kann sich demzufolge als der Stärkere fühlen.

Fähigkeiten, die der ältere Partner in die Verbindung einbringt oder innerhalb dieser Partnerschaft erlernen möchte:
- Kann in anderen erkennen, was er selbst emotional benötigt
- Harmoniestreben
- Die Bedürfnisse anderer instinktiv spüren
- Kann andere gut versorgen und bemuttern

Bedeutung für den jüngeren Partner: Innerhalb der Beziehung kann er die Rolle des *ewigen Kindes* spielen. Er wird Protektion einfordern und sich jeglicher Verantwortung entziehen. Die heilsamen Aspekte der Verbindung bringen ihn erneut in Kontakt mit einer tiefsitzenden Wunde, als Kind nicht genügend Geborgenheit und Zuwendung erfahren zu haben. Jetzt kann er seine Gefühle wieder spüren und sich emotional fallen lassen.

Fähigkeiten, die der jüngere Partner in die Verbindung einbringt oder innerhalb dieser Partnerschaft erlernen möchte:

- Hat keine Scheu, seine Gefühle zu zeigen
- Kann eine Atmosphäre der Geborgenheit erzeugen
- Beachtet die Bedürfnisse seines *inneren Kindes*
- Warmherzigkeit im Umgang mit anderen Menschen

Mond im achten Haus

Im Unbewußten hegen beiden einen tiefen Wunsch, frühere Verlusterfahrungen gemeinsam aufzuarbeiten. Die damit verbundenen alten Ängste können jedoch dazu führen, daß sich die Partner emotional zu sehr aufeinander fixieren und sich, in weltlicher Hinsicht, Bedingungen und Verpflichtungen schaffen, die sie eng aneinander binden. Je nach Art der Beziehung wird ihr ein therapeutisch begleitender Charakter anhaften. Im Falle einer Liebesbeziehung werden schmerzhafte Erfahrungen im Zusammenhang mit Loslassen und Trauern unvermeidbar sein. Alte Wunden können dadurch heilen.

Bedeutung für den älteren Partner: Er hat in seinem bisherigen Leben viel verloren, woran er sich seelisch gebunden fühlte. Entweder nimmt er nun die Rolle desjenigen ein, der den anderen durch *Stirb-und-Werde-Prozesse* begleitet und ihm Gelassenheit im Hinblick auf die *Macht des Schicksals* vermittelt, oder er muß diesbezüglich selbst noch einiges lernen. Sollte letzteres der Fall sein, wird er sich seines Partners nie sicher fühlen und ihn mit subtilen Mitteln an sich zu binden versuchen.

Fähigkeiten, die der ältere Partner in die Verbindung einbringt oder innerhalb dieser Partnerschaft erlernen möchte:

- Weinen und trauern können

- Seelische Krisen überwinden und daran wachsen
- Den Geheimnissen des Lebens auf die Spur kommen
- Verluste in einen emotionalen *Gewinn* verwandeln

Bedeutung für den jüngeren Partner: Möglicherweise fühlt er sich ständig unter Druck, dem Partner Sicherheit und Geborgenheit zu vermitteln. Seine emotionale Stabilität, die sich vorwiegend darauf stützt, daß er sich gefühlsmäßig gut genährt und versorgt fühlt, kann trügerisch sein. Meist ist er es, der den Partner verläßt. Sein Zwiespalt zwischen statischer Langeweile und allerlei Sinnesfreuden läßt sich am besten mit dem englischen Sprichwort: »to eat the cake and to have it« ausdrücken.

Fähigkeiten, die der jüngere Partner in die Verbindung einbringt oder innerhalb dieser Partnerschaft erlernen möchte:
- Kann seine emotionalen und sinnlichen Bedürfnisse befriedigen
- Dem Partner gefühlsmäßig treu bleiben
- Beständiges Selbstwertgefühl
- Kann genießen und es sich gutgehen lassen

Mond im neunten Haus

Die Partner lernen sich zu einer Zeit kennen, da beide unbewußt den Wunsch hegen, sich aus schmerzhaften Abgründen ihrer Gefühlswelt zu befreien. Jetzt scheinen sie an einem Punkt ihres Lebens angekommen, an dem sie zumindest gefühlsmäßig erfassen können, daß alles einem höheren Sinn unterliegt. Diese Erkenntnis macht sie frei für neue Erfahrungen, so daß sie gemeinsam fremde Welten entdecken können. Eine emotional erstickende Atmosphäre wird kaum aufkommen, aber auch keine wirkliche Nähe. Hierzu dürfte ihr Alltag viel zu aufreibend sein.

Bedeutung für den älteren Partner: Er wird sich in dieser Beziehung nur dann wohl fühlen, wenn ihm ein Großteil an emotionaler Beweglichkeit und Ungebundenheit zugebilligt wird. Häusliche Enge würde seinen Enthusiasmus ersticken. Ihn zieht es immer wieder in höhere Sphären. Dort sucht er nach Erkenntnissen, die das emotionale Leben *auf der Erde* mit Sinn erfüllen. Möglicherweise spielen das Ausland und fremde Kulturen eine wichtig Rolle in seinem Leben.

Fähigkeiten, die der ältere Partner in die Verbindung einbringt oder innerhalb dieser Partnerschaft erlernen möchte:
- Findet seinen Lebenssinn, indem er sich emotional entfaltet
- Hat Vertrauen in den Sinn des Lebens
- Erfaßt gefühlsmäßig die übergeordneten Zusammenhänge des Alltäglichen
- Kann andere emotional begeistern und mitreißen

Bedeutung für den jüngeren Partner: Ihm könnte die Beziehung eine emotional unruhige Zeit bescheren. Seine Gefühle scheinen ständig *auf Reisen* und weder für ihn selbst noch für andere verläßlich. Dennoch wird ein starker Wunsch bestehen, sich gefühlsmäßig verständlich zu machen und mitzuteilen. Sein Part dürfte es sein, dafür zu sorgen, daß wenigstens zeitweise häusliche und emotionale Nähe möglich wird.

Fähigkeiten, die der jüngere Partner in die Verbindung einbringt oder innerhalb dieser Partnerschaft erlernen möchte:
- Flexibilität und Anpassungsvermögen in wechselnder Umgebung
- Gute Beoachtungsgabe
- Kann seinen Gefühlen verbalen Ausdruck verleihen
- Stimmungen beschreiben können

Mond im zehnten Haus

Entweder sind beide beruflich so engagiert, daß sie die Gefühle füreinander nicht in privater Atmosphäre leben können, oder die Beziehung dient einzig und allein ihrem jeweiligen Image in der Öffentlichkeit. Diese wird auf die eine oder andere Art Kenntnis von dem nehmen, was auf emotionaler Ebene zwischen beiden passiert. Sollten sie zusammenarbeiten, werden sie ein besonderes Talent haben, die Gefühle einer breiten Öffentlichkeit anzusprechen und damit zu Erfolg und Ansehen zu gelangen. Sie werden erkennen, daß sie sich weniger wegen eines gemeinsamen häuslichen Lebens oder eines tiefen, emotionalen Austausches zusammengetan haben. Sie folgen einer weltlichen Aufgabe, die allerdings ihren Tribut fordert.

Bedeutung für den älteren Partner: Ihm scheint es wichtig, daß in der Öffentlichkeit oder im Berufsleben deutlich wird, daß er den Partner emotional nährt oder anderweitig unterstützt. Insofern werden bei ihm durchaus mütterliche, versorgende Qualitäten zum Vorschein kommen. Dennoch dürfte er sich auf der ganz persönlichen Ebene emotional blockiert und ungeborgen fühlen. Möglicherweise konfrontiert ihn diese Verbindung erneut mit einer tiefsitzenden Mutter-Problematik.

Fähigkeiten, die der ältere Partner in die Verbindung einbringt oder innerhalb dieser Partnerschaft erlernen möchte:

- Verantwortlich mit den Gefühlen anderer umgehen
- Sich beruflich den Bedürfnissen von Frauen und Kindern widmen
- Die Stimmungslage einer Gesellschaft erfassen können
- Schwankungen in seiner beruflichen Zielrichtung zulassen

Bedeutung für den jüngeren Partner: Die Beziehung bietet ihm scheinbar an, sich emotional fallen lassen zu können. Einerseits fühlt er sich geborgen und angenommen, andererseits muß er erkennen, daß die Rolle des *ewigen Kindes* nicht von Dauer sein kann. Auch er muß sich weltlichen Aufgaben stellen und zudem Verantwortung dafür übernehmen, was emotional zwischen den Partnern geschieht.

Fähigkeiten, die der jüngere Partner in die Verbindung einbringt oder innerhalb dieser Partnerschaft erlernen möchte:

- Kann sich zu Hause gut entspannen
- Privatleben und Berufsalltag trennen können
- Familien- und Heimatsinn
- Fürsorglichkeit

Mond im elften Haus

Diese Stellung des Mondes zeigt an, daß Freunde, Bekannte oder ganze Gruppen sehr viel Anteil am emotionalen Geschehen des Paares nehmen. Ihr jeweiliger Gefühlshaushalt scheint jedenfalls keine reine Privatsache zu sein. Das kann einerseits daran liegen, daß die beiden als Paar archetypische Muster repräsentieren, die ihre Mitmenschen auf einer unbewußten Ebene tief berühren. Zum anderen erfassen sie in ihrem privaten Ringen um Intimität, Geborgenheit und Schutz Themen, die mit dem Zeitgeist einer ganzen Generation in Zusammenhang stehen. Fragen bezüglich Nähe und Distanz, Familie oder Single-Dasein dürften daher häufig diskutiert werden. Als Paar fühlen sie sich emotional sehr stark durch Kontakte zu Freunden und Gleichgesinnten genährt. Auch umgekehrt werden beide stets ein offenes Haus für sie haben, besonders dann, wenn sie emotionalen Zuspruch benötigen.

Bedeutung für den älteren Partner: Diese Verbindung hat die Kraft, ihn aus familiären Banden zu katapulieren, die überholt sind. Dennoch wird er sich manchmal wie ein verwirrtes Küken fühlen, das zu früh aus dem Nest gefallen ist. Die Erfahrung von Ungeborgenheit und emotionalem Verlorensein bleibt ihm nicht erspart. Erst dann kann er erkennen, daß es an der Zeit war, dem freiheitsliebenden Vagabunden, der tief in seiner Seele schlummerte, Raum zu geben. Heimat ist für ihn dann überall dort, wo Freunde sind.

Fähigkeiten, die der ältere Partner in die Verbindung einbringt oder innerhalb dieser Partnerschaft erlernen möchte:

- Emotional nährende Freundschaften haben
- Unter Gleichgesinnten und Gruppen eine gefühlvolle Atmosphäre schaffen
- Mit emotionaler Nähe und Distanz umgehen können
- Sich emotional frei und unabhängig fühlen

Bedeutung für den jüngeren Partner: Auch wenn er sich oftmals wie ein ausgelassenes Kind gebärdet, das Freude daran hat, ein emotionales Drama nach dem anderen zu inszenieren, ist es für ihn jetzt an der Zeit, sich mit den tieferliegenden Gründen seines Spieltriebs auseinanderzusetzen. Daß sich sein Partner in emotionaler und sexueller Hinsicht niemals sicher fühlen kann, läßt auf ungelöste Konflikte in der Kindheit schließen.

Fähigkeiten, die der jüngere Partner in die Verbindung einbringt oder innerhalb dieser Partnerschaft erlernen möchte:

- Spielerische Lebensfreude
- Kreativer, schöpferischer, auch dramatischer Gefühlsausdruck
- Risikofreude
- Liebe zu Kindern

Mond im zwölften Haus

Die Partner haben sich auf eine Suche begeben. Gemeinsam möchten sie den Geheimnissen ihrer Gefühlswelt mit all ihren Ängsten und Sehnsüchten auf die Spur kommen. Was sie füreinander empfinden, dürfte entweder gar nicht von Interesse oder schwer zu verbalisieren sein. Wohl fühlen sie sich dann, wenn sie sich gemeinsam mit ihrer jeweiligen Seelenlage befassen. Hierbei reagieren sie sehr sensibel aufeinander. Das Eintauchen in die Gefühlswelt des anderen wird in äußerster Zurückgezogenheit stattfinden, so daß es ihrer Umwelt weitgehend verborgen bleibt, was beide emotional miteinander verbindet.

Bedeutung für den älteren Partner: In dieser Partnerschaft hat er die Möglichkeit, seine tiefsitzenden Ängste vor emotionaler Vereinnahmung und symbiotischer Verstrickung zu erkennen. Die emotionale Distanz, die dazu nötig scheint, läßt ihn möglicherweise immer wieder die Rolle des Therapeuten annehmen. Seine Fähigkeit, sich in den Partner einzufühlen und sich seiner Probleme anzunehmen, läßt ihn die eigenen Konflikte aus den Augen verlieren.

Fähigkeiten, die der ältere Partner in die Verbindung einbringt oder innerhalb dieser Partnerschaft erlernen möchte:

- Diskretion
- Feingefühl, Sensibilität
- Kann gut allein arbeiten
- Kann mit chaotischen Situationen umgehen und sich trotzdem wohl fühlen

Bedeutung für den jüngeren Partner: Ihm obliegt die Fähigkeit, seine jeweilige Gefühlslage zu beschreiben und sie in einen analytischen Zusammenhang mit den Gegebenheiten des Alltags zu bringen. Dieser wird umgekehrt stark von möglichen emotionalen, häuslichen oder familiären Problemen beherrscht oder beeinflußt. Hier gilt es, im Verlauf der Beziehung in irgendeiner Form Ordnung und Klarheit zu schaffen.

Fähigkeiten, die der jüngere Partner in die Verbindung einbringt oder innerhalb dieser Partnerschaft erlernen möchte:

- Mit emotionalen Schwankungen im Alltagsleben umgehen können

- Gesundheitsbewußtsein
- Hilfsbereitschaft
- Fürsorge für die Belange seiner Arbeitskollegen

Merkur in Combin und Composit

Die Stellung von Merkur im Tierkreiszeichen beschreibt, auf welche Art und Weise ein Paar miteinander kommuniziert. Auch die Themen, die sie gemeinsam interessieren, finden im Merkur-Zeichen ihre Beschreibung. Ihre rationale Wahrnehmung richtet sich besonders auf jene Bereiche, die dem jeweiligen Zeichen, in dem Merkur steht, zugeordnet werden. Geistige, aber auch körperliche Flexibilität sowie der Wunsch, zu lernen und neues Wissen aufzunehmen, werden je nach Zeichenstellung deutlicher oder weniger deutlich ausgeprägt sein.

Ein Paar mit einem Combin- oder Composit-Merkur in Widder wird nicht zu überhören sein, wenn es sich unterhält. Der kleinste Reiz kann einen Wortschwall zwischen beiden erzeugen, der eher einer Verbal-Schlacht gleicht als einem Informationsaustausch. Ein Paar mit einem gemeinsamen Merkur in Steinbock wird dagegen nur mühsam ein Gespräch zustande bringen. Hier könnte es eher wortkarg zugehen, auf absolut Wesentliches oder Schwieriges beschränkt.

Das Haus, in dem der Combin- oder Composit-Merkur steht, symbolisiert den gemeinsamen Lebensbereich, um den sich Gespräche und Austausch hauptsächlich drehen werden.

Ein Merkur im fünften Haus könnte anzeigen, daß Kinder einen wichtigen Katalysator bilden, der den Kommunikationsfluß zwischen beiden aufrechterhält. Bei einem Merkur im achten Haus dürfte es in Diskussionen sehr häufig um Machtfragen gehen. Möglicherweise enthalten ihre Gespräche auch stark therapeutische Inhalte.

Aspekte anderer Planeten zu Merkur symbolisieren, von welcher Seite mit Unterstützung oder mit Schwierigkeiten zu rechnen ist. Eine Merkur-Saturn-Konjunktion im zweiten Haus könnte anzeigen, daß sich beide hauptsächlich über ihren desolaten Bankkonten-Stand unterhalten.

Merkur im ersten Haus

In dieser Verbindung bekommt ein funktionierender Informationsaustausch besondere Wichtigkeit. Dabei können die verschiedensten Medien eine Rolle spielen. Auch wenn sich beide gut und gerne unterhalten, liegt der Tenor weniger auf der Fähigkeit zu kommunizieren als vielmehr auf den Inhalten. Sie tragen sich gegenseitig Informationen, Wissen und Erkenntnisse zu, die für beide von großer Wichtigkeit und Interesse sind.

Bedeutung für den älteren Partner: Innerhalb dieser Verbindung wird er sehr viel in Bewegung sein. Sei es geistig oder körperlich – wirkliche Ruhe tritt selten ein. Wissen will erlernt oder vermittelt werden. Es wird geredet, telefoniert, gefaxt, geschrieben und diskutiert, als ginge es um Kopf und Kragen.

Fähigkeiten, die der ältere Partner in die Partnerschaft einbringt oder innerhalb dieser Verbindung erlernen möchte:

- Sich verbal oder schriftlich auseinander- und durchsetzen können
- Sein Wissen und seinen Intellekt unter Beweis stellen und dafür Anerkennung finden
- Beweglichkeit und geistige Flexibilität
- Neutralität und Wißbegierde

Bedeutung für den jüngeren Partner: Sein Denken ist stark auf den Partner bezogen. Entweder denkt er ständig für ihn mit, oder er *läßt denken.* Das, was andere sagen oder schreiben, beschäftigt ihn über alle Maßen. Daher wird er alles dransetzen, mit möglichst vielen Menschen in Verbindung zu stehen.

Fähigkeiten, die der jüngere Partner in die Partnerschaft einbringt oder innerhalb dieser Verbindung erlernen möchte:

- Kontaktfreudigkeit und die Fähigkeit, Verbindungen zu knüpfen
- Sich in andere Menschen hineindenken können
- Streit schlichten, als Vermittler auftreten, Diplomatie
- Verstrickung und Projektion in Partnerschaften erkennen

Merkur im zweiten Haus

Gemeinsame Gespräche werden sich sehr häufig um die Finanzen drehen. Bei der Sicherung und Wahrung existentieller Notwendigkeiten wird viel Einfallsreichtum und Flexibilität verlangt. Ein gemeinsamer »Broterwerb« verspricht dann Erfolg, wenn er in den Bereichen Schrift/Sprache, Information/Medien oder Unterricht angesiedelt ist. Der Selbstwert der Partner wird stark von ihrer Fähigkeit geprägt, mittels ihres geistigen Potentials eine materielle Lebensgrundlage schaffen zu können.

Bedeutung für den älteren Partner: Er wird sich sehr viel Gedanken über die Sicherung einer gemeinsamen Existenz machen. Innerhalb der Partnerschaft kann er ökonomisches Haushalten mit vorhandenen Vermögenswerten lernen oder seine diesbezügliche Fähigkeit unter Beweis stellen. Beides steigert sein Selbstbewußtsein.

Fähigkeiten, die der ältere Partner in die Partnerschaft einbringt oder innerhalb dieser Verbindung erlernen möchte:

- Sich um die Sicherung einer gemeinsamen Existenz kümmern
- Ökonomisches Haushalten mit vorhandenen Vermögenswerten
- Seine intellektuellen oder sprachlichen Fähigkeiten in *bare Münze* verwandeln
- Seinen Selbstwert daran messen, was er weiß

Bedeutung für den jüngeren Partner: Ihm geht es weniger um die Schaffung oder den Erhalt materieller Werte. In dieser Verbindung verläßt er sich mehr auf seine Instinktsicherheit. Sie führt ihm die Erfahrung zu, daß einzig und allein Wissen oder Gewitztheit Macht bedeuten.

Fähigkeiten, die der jüngere Partner in die Partnerschaft einbringt oder innerhalb dieser Verbindung erlernen möchte:

- Instinktsicherheit
- Wissen, daß Wissen Macht bedeutet
- Die Dinge hinter den Dingen erkennen und benennen können
- Verschwiegenheit

Merkur im dritten Haus

Gespräche und Gedanken drehen sich sehr häufig um alltägliche Dinge und um Ereignisse in der näheren Umgebung. Ein reger Austausch darüber, was beide tagtäglich erleben, ist von großer Wichtigkeit. Ein Problem könnte dadurch entstehen, daß zuviel intellektuelle Unruhe zwischen beiden herrscht. Sie verzetteln sich leicht, Gedanken werden selten zu Ende gedacht, oder sie lassen sich zu leicht vom Wesentlichen ablenken. Dann bleiben sie häufig an Oberflächlichem hängen.

Bedeutung für den älteren Partner: Die Verbindung schafft Raum, seine Sprachgewandtheit und sein Verhandlungsgeschick unter Beweis zu stellen. Möglicherweise setzt sie auch einen Drang frei, sich mehr Wissen anzueignen oder ganz neue Dinge von Grund auf zu lernen.

Fähigkeiten, die der ältere Partner in die Partnerschaft einbringt oder innerhalb dieser Verbindung erlernen möchte:

- Sprachgewandtheit und Verhandlungsgeschick
- Lerneifer und Wißbegierde
- Flexibilität in Denken und Handeln
- Gute Kontaktfähigkeit in der Nachbarschaft und näheren Umwelt

Bedeutung für den jüngeren Partner: Ihm könnten innerhalb dieser Partnerschaft Verbindungen und Kontakte zum Ausland erwachsen. Mit ziemlicher Sicherheit erfährt er eine Horizonterweiterung und eine Ausdehnung seiner geistigen Möglichkeiten. Erst dann entwickelt er den Wunsch und die Fähigkeit, den Sinn hinter den Dingen zu erfassen.

Fähigkeiten, die der jüngere Partner in die Partnerschaft einbringt oder innerhalb dieser Verbindung erlernen möchte:

- Reiselust und Fähigkeit, sich sprachlich überall verständigen zu können
- Interesse an grenzüberschreitenden Studien (Religion, Philosophie, Weltanschauung)
- Überzeugungskraft
- Weitschweifendes Denken, Optimismus und Toleranz

Merkur im vierten Haus

Gedanken und Gespräche haben sehr häufig familiäre oder häusliche Bereiche zum Thema.

Dabei nehmen die Partner gegenseitig Anteil an möglichen Problemen mit Familienangehörigen. Die Verständigung funktioniert auf der Gefühlsebene, ohne Worte, am Einfachsten. Ein ausgedehnter, verbaler Austausch findet dagegen eher mit Freunden und Bekannten statt, die die Partner zu Hause besuchen.

Bedeutung für den älteren Partner: Die Verbindung regt ihn dazu an, über seine emotionalen und familiären Gegebenheiten nachzudenken. Gespräche mit dem Partner veranlassen ihn, seine Herkunft, seine Familienangehörigen oder sein häusliches Umfeld genauer unter die Lupe zu nehmen. Dies könnte sowohl innerlich als auch äußerlich viel in Bewegung setzen.

Fähigkeiten, die der ältere Partner in die Partnerschaft einbringt oder innerhalb dieser Verbindung erlernen möchte:
- Gedankliche Auseinandersetzung mit emotionalen oder familiären Gegebenheiten
- Interesse an der eigenen Herkunft
- Kommunikation auf der Gefühlsebene, über Gefühle reden können
- Intellektuelle Betätigung zu Hause

Bedeutung für den jüngeren Partner: Ihn beschäftigen berufliche und häusliche Themen gleichermaßen. Möglicherweise wird ihm klar, daß er nur dann in der Lage ist, seinen Verstand und seine geistigen Fähigkeiten beruflich optimal zu nutzen, wenn sein häusliches Umfeld stimmt.

Fähigkeiten, die der jüngere Partner in die Partnerschaft einbringt oder innerhalb dieser Verbindung erlernen möchte:
- Sprachliche oder intellektuelle Betätigung in der Öffentlichkeit
- Berufliche und familiäre Belange verbinden
- Organisationstalent
- Strukturiertes Denken; gedankliche Fähigkeit, hierarchische Muster zu durchschauen

Merkur im fünften Haus

Gedanken und Gespräche dürften sich häufig um das Thema »Kinder« drehen. Seien es eigene oder fremde Kinder, beide Partner können viel von deren Lebendigkeit und Ausdruckskraft lernen. In schöpferischen Bereichen besteht eine gemeinsame Fähigkeit, sich durch Schrift und Sprache, z. B. in der Werbung oder in den Medien, hervorzutun.

Bedeutung für den älteren Partner: Kinder liegen ihm besonders am Herzen. Die Verbindung ermöglicht ihm, über seine Bedürfnisse bezüglich und Erlebnisse mit Kindern nachzudenken und zu sprechen. Möglicherweise regt die Verbindung auch seine Kreativität und den Wunsch, sich sprachlich auszudrücken, stark an.

Fähigkeiten, die der ältere Partner in die Partnerschaft einbringt oder innerhalb dieser Verbindung erlernen möchte:
- Gedankliche Beschäftigung mit dem Thema »Kinder«
- Kreatives Denken; schöpferischer, sprachlicher Ausdruck
- In Gesprächen Lebensfreude und Optimismus verbreiten
- Objektive Eigenbetrachtung

Bedeutung für den jüngeren Partner: Für ihn wird der Austausch mit Freunden und Gleichgesinnten sehr wichtig. Sich gemeinsam mit anderen neues Wissen anzueignen dürfte ein zentrales Anliegen sein. Hierüber erwirbt er Fähigkeiten wie Toleranz und Objektivität.

Fähigkeiten, die der jüngere Partner in die Partnerschaft einbringt oder innerhalb dieser Verbindung erlernen möchte:
- Regen Austausch mit Freunden und Gleichgesinnten
- Außergewöhnliche oder unerforschte Wissensgebiete für sich erschließen
- Teamgeist
- Toleranz und Objektivität

Merkur im sechsten Haus

In Gedanken und Gesprächen werden sich beide Partner häufig mit ihrer jeweiligen Arbeitssituation beschäftigen. Das Schaffen eines funktionierenden Alltagsablauf dürfte viel Austausch und viele Absprachen erfordern. Sofern sie nicht beruflich mit dem Gesundheitswesen Berührung haben, könnten die verschiedensten Heil- und Therapiemethoden privat von Interesse werden.

Bedeutung für den älteren Partner: Die Verbindung bringt ihn stark mit beruflichen Themen in Kontakt. Sein Alltag wird durch viele Gespräche oder Arbeiten am Schreibtisch geprägt sein. Möglicherweise tritt er als Berater oder Vermittler auf. Seiner Vernunft und seinem Ordnungssinn ist es zu verdanken, wenn alles reibungslos funktioniert.

Fähigkeiten, die der ältere Partner in die Partnerschaft einbringt oder innerhalb dieser Verbindung erlernen möchte:
- Vernunft und Ordnungssinn
- Beratungs- und Vermittlungsfähigkeit
- Das Schaffen klarer Arbeitsstrukuren
- Vorsichtige Verhandlungsstrategie, Kritikfähigkeit

Bedeutung für den jüngeren Partner: Was er denkt oder beruflich tatsächlich macht, dürfte anderen unklar oder gar verborgen bleiben. Er benötigt viel Rückzug und Alleinsein, um seine Geanken ordnen zu können. In rein verstandesorientierten Bereichen könnte er auch immer wieder von Minderwertigkeitsgefühlen überwältigt werden.

Fähigkeiten, die der jüngere Partner in die Partnerschaft einbringt oder innerhalb dieser Verbindung erlernen möchte:
- Fähigkeit, in Bildern zu denken
- Das intuitive Wahrnehmen von Stimmungen und Hintergründigem
- Unwahrheiten und Betrug aufdecken können
- Geistige Tarnung

Merkur im siebten Haus

Es besteht ein großes Bedürfnis, wenn nicht gar eine dringende Notwendigkeit, sich immer wieder über den Zustand der Partnerschaft auszutauschen. Probleme dürften eher rational, mittels endloser Diskussionen, geklärt werden. Möglicherweise telefonieren beide häufiger, als daß sie sich tatsächlich sehen. Die Umwelt bzw. das, was andere über die Verbindung sagen und denken, beeinflußt die Partner mehr, als ihnen bewußt ist.

Bedeutung für den älteren Partner: Die Verbindung regt ihn an, sich zumindest gedanklich mit seinem Partnerschaftsverhalten auseinanderzusetzen. Dabei richtet er seinen Fokus mehr auf das Verhalten anderer oder auf das des Partners. Das Thema »Geben und Nehmen« in Beziehungen dürfte von besonderem Interesse sein.

Fähigkeiten, die der ältere Partner in die Partnerschaft einbringt oder innerhalb dieser Verbindung erlernen möchte:

- Partnerbezogenes Denken
- Vielseitige Kontaktfähigkeit
- Vermittlung bei Konflikten, Diplomatie
- Schöngeistige, kulturelle Interessen

Bedeutung für den jüngeren Partner: Andere sehen in ihm einen Art Lehrer oder Vermittler. Er versteht es, Kontakte zu vielen zu unterhalten. Innerhalb der Verbindung könnte er bei Gesprächen schnell gereizt wirken oder in eine Verteidigungsposition geraten. Dabei interessiert es ihn weniger, was der Partner denkt und sagt. Er betreibt verbale Selbstbehauptung.

Fähigkeiten, die der jüngere Partner in die Partnerschaft einbringt oder innerhalb dieser Verbindung erlernen möchte:

- Breitgefächerte Kontaktpflege
- Unterrichtende und wissensvermittelnde Fähigkeit
- Verbale Durchsetzungsfähigkeit und Selbstbehauptung
- Geistige Beweglichkeit und Neutralität

Merkur im achten Haus

Von seichten Gesprächen und oberflächlicher Unterhaltung kann hier keine Rede sein. Verbale Machtspiele sind genauso möglich wie massive, gegenseitige Manipulation. Beide besitzen in Gesprächen die Fähigkeit, Tabugrenzen des anderen zu überschreiten. Dies kann konstruktiv genutzt werden, indem man sich unterstützt, verdrängte oder angstbesetzte Bereiche der Psyche zu konfrontieren. Die Kommunikation der Partner nimmt häufiger therapeutische Züge an.

Bedeutung für den älteren Partner: Ihn reizt es ganz besonders, Hintergründiges und Verborgenes aufzudecken. Mit seinem Scharfsinn bringt er andere in Bedrängnis. Bei seinem Versuch, sich verborgenen Wahrheiten zu nähern, nimmt er wenig Rücksicht auf emotionale Befindlichkeiten.

Fähigkeiten, die der ältere Partner in die Partnerschaft einbringt oder innerhalb dieser Verbindung erlernen möchte:
- Instinktsicherheit und Fähigkeit zur Manipulation
- Hintergründiges und Verborgenes aufdecken
- Scharfsinn
- Therapeutische Gesprächsführung

Bedeutung für den jüngeren Partner: Die Verbindung bringt es mit sich, daß er sich sehr viel Gedanken über sein Verhältnis zu Werten und materiellen Notwendigkeiten macht. Möglicherweise durchlebt er hierbei tiefgreifende Wandlungen. Zeitweilige Einbrüche im Selbstwert sind möglich.

Fähigkeiten, die der jüngere Partner in die Partnerschaft einbringt oder innerhalb dieser Verbindung erlernen möchte:
- Flexibilität und Wandlungsfähigkeit im Besitzdenken
- Ökonomisches Haushalten mit Fremdgeldern
- Wissen als Machtinstrument erkennen und einsetzen
- Einfallsreichtum und Geschäftstüchtigkeit

Merkur im neunten Haus

Gedanken und Gespräche der Partner beschäftigen sich weniger mit dem realen Ist-Zustand als vielmehr damit, was sein könnte. Dadurch erwächst eine Fähigkeit, sich zumindest gedanklich alltäglichen Banalitäten zu entheben. Eine gewisse Leichtigkeit und beiderseitiger Optimismus schaffen den Rahmen, sich mit *höheren Dingen* zu befassen. Die geistige Auseinandersetzung mit fremden Kulturen ist genauso möglich, wie ausdauernde Diskussionen über die verschiedensten Weltanschauungen.

Bedeutung für den älteren Partner: Innerhalb der Verbindung entwickelt er großes Interesse an kulturellen oder religiösen Fragen. Sein Wunsch nach Sinnfindung könnte gleichsam einen beträchtlichen Missionseifer freisetzen. Arrogante, überhebliche Meinungsäußerungen sind dann möglich.

Fähigkeiten, die der ältere Partner in die Partnerschaft einbringt oder innerhalb dieser Verbindung erlernen möchte:

- Den Dingen einen Sinn geben
- Höhere Bildung
- Über den eigenen Tellerrand hinausdenken können
- Kosmopolitisches Denken

Bedeutung für den jüngeren Partner: Ihm geht es weniger um philophische Diskussionen als vielmehr um die praktische Verwertbarkeit diverser übergeordneter Erkenntnisse. Dabei mag er sich häufiger in Einzelheiten verlieren oder im Detail steckenbleiben. Sein Wissen bietet dem Partner eine Grundlage für dessen Höhenflüge.

Fähigkeiten, die der jüngere Partner in die Partnerschaft einbringt oder innerhalb dieser Verbindung erlernen möchte:

- Praktisches Verwerten übergeordneter Erkenntnisse
- Sprachbegabung, gute Rhetorik
- Überredungskunst
- Lerneifer, Wißbegierde

Merkur im zehnten Haus

Innerhalb der Partnerschaft wird viel rationale Energie darauf verwenden, der Verbindung eine gesellschaftliche Bedeutung zu geben. Die Kommunikation der beiden könnte daher immer wieder berufliche Zielsetzungen zum Thema haben. Viele kurze Reisen sind genauso möglich wie die gemeinsame Ausübung einer Vermittlungstätigkeit. Sollte kein Konsens gefunden werden, kann die Kommunikation empfindlich ins Stocken geraden oder ganz abbrechen.

Bedeutung für den älteren Partner: Wenn er nicht schon einen Beruf ausübt, bei dem er seine sprachlichen und intellektuellen Fähigkeiten zum Ausdruck bringen kann, wird ihn die Verbindung diesbezüglich stark motivieren. Möglicherweise erscheint er der Öffentlichkeit als jemand, der sich ständig auf Reisen befindet.

Fähigkeiten, die der ältere Partner in die Partnerschaft einbringt oder innerhalb dieser Verbindung erlernen möchte:

- Sprachliche und intellektuelle Fähigkeiten in der Öffentlichkeit
- Gesellschaftliche Gewandtheit, Diplomatie
- Reisefreudigkeit
- Hierarchische Strukturen durchschauen

Bedeutung für den jüngeren Partner: Die Verbindung ermöglicht ihm, sich mit frühkindlichen Mustern auseinanderzusetzen. Seine Herkunft und das Verhältnis zu Familienangehörigen kann in einem neuem Licht betrachtet werden. Möglicherweise beschäftigt er sich gedanklich verstärkt mit dem Thema »Nestbau«.

Fähigkeiten, die der jüngere Partner in die Partnerschaft einbringt oder innerhalb dieser Verbindung erlernen möchte:

- Erkenntnisfähigkeit frühkindlicher Muster und Verhaltensweisen
- Geistige Auseinandersetzung mit der eigenen Herkunft
- Intellektuelle Tätigkeit in den eigenen vier Wänden
- Freude an geistigem Austausch mit Familienangehörigen

Merkur im elften Haus

Die Kommunikation der Partner könnte aus den unterschiedlichsten Gründen immer wieder gestört oder abgebrochen werden. Selten scheint wirkliche Ruhe einzukehren, die es ermöglicht, einen Gedanken zu Ende zu denken. Hieraus resultiert die Notwendigkeit großer geistiger Flexibilität. Ein Nährboden, für plötzliche Einfälle und geniale Ideen, die das Potential zu außergewöhnlichen Projekten beinhalten.

Bedeutung für den älteren Partner: Diese Verbindung ermöglicht ihm, sich gedanklich mit dem Thema »Freiheit« im weitesten Sinne auseinanderzusetzen. Auch die Gedanken sind frei, so daß er sich vielleicht erstmalig erlaubt, an die Umsetzung außergewöhnlicher oder risikoreicher Projekte zu denken.

Fähigkeiten, die der ältere Partner in die Partnerschaft einbringt oder innerhalb dieser Verbindung erlernen möchte:
- Symbolisches Denken
- Schnelle Auffassungsgabe, Flexibilität im Denken und Sprechen
- Freigeist
- Teamgeist

Bedeutung für den jüngeren Partner: Die tolerante, exzentrische Art des Partners ermöglicht ihm, auf spielerische Art und Weise sein kreatives Denken unter Beweis zu stellen. Mögen seine Äußerungen manchmal kindlich erscheinen, sein Geist lernt jetzt laufen. Am Ende wird er es allen zeigen.

Fähigkeiten, die der jüngere Partner in die Partnerschaft einbringt oder innerhalb dieser Verbindung erlernen möchte:
- Kreativ und schöpferisch im Denken und Schreiben sein
- Witzig und geistreich im Ausdruck
- Die Sprache der Kinder verstehen und sprechen
- Freude an der Satire

Merkur im zwölften Haus

Klare Absprachen, die Fakten oder Termine zum Inhalt haben, dürften innerhalb der Verbindung schwierig sein. Hierbei kann es immer wieder zu Mißverständnissen kommen. Das geistige Potential der Partner begründet sich vielmehr in der Fähigkeit, verborgene Ängste und Sehnsüchte aufzuspüren. Wenn sich beide dabei unterstützen, *den Dingen hinter den Dingen* einen Namen zu geben, verlieren irdische Gegebenheiten mehr und mehr an Brisanz.

Bedeutung für den älteren Partner: Er wird sich des öfteren verwirrt fühlen. Seine besondere Stärke offenbart sich nämlich weniger in realen Vorgängen im Außen als vielmehr in einem rational schwer nachvollziehbaren Vermögen, sich in den anderen *hineindenken* zu können. Ohne Worte erfaßt er, was der andere denkt und fühlt. Sein subtiler Verstand eröffnet ihm geheimnisvolle Bereiche, die den Glauben an Göttliches stärken.

Fähigkeiten, die der ältere Partner in die Partnerschaft einbringt oder innerhalb dieser Verbindung erlernen möchte:
- Fähigkeit, sich in andere hineinzudenken
- Verborgenes und Hintergründiges erfassen
- Interesse an psychologischen oder religiösen Studien
- Geheimnisträger sein

Bedeutung für den jüngeren Partner: Ihm wird es immer wieder schwerfallen, sich den Pflichten des Alltags zu entziehen. Zu sehr lastet auf ihm das Gewicht, unabweichliche Gegebenheiten einfach anzunehmen. Dabei wird ihm die Rolle desjenigen zufallen, der dem Alltag einen Rahmen gibt.

Fähigkeiten, die der jüngere Partner in die Partnerschaft einbringt oder innerhalb dieser Verbindung erlernen möchte:
- Planung und Strukturierung des Alltags und Arbeitsablaufs
- Dienst am Nächsten
- Kritikfähigkeit
- Vernunft und Ordnungssinn

Venus in Combin und Composit

Die Stellung von Venus im Tierkreiszeichen beschreibt, auf welche Art und Weise ein Paar Liebe, Schönheit, Harmonie und Genuß in seiner Verbindung entwickeln und leben möchte.

Venus symbolisiert, was die Partner attraktiv und anziehend finden. Zuneigung und Wertschätzung finden über Venus einen Weg zum anderen. In konfliktreichen Zeiten unterstützt die Energie des Venus-Zeichens bei den Bemühungen um Harmonie oder dem Finden eines Kompromisses.

Ein Paar mit einer Combin- oder Composit-Venus in Krebs wird es lieben, sich gegenseitig zu verwöhnen. Sie ziehen sich wahrscheinlich häufiger von der Außenwelt zurück. Schönheit mag für sie das harmonische Ineinanderfließen ihrer Gefühle sein. Ein Paar mit einer gemeinsamen Venus in Wassermann wird sich von außergewöhnlichen Situationen oder Menschen angezogen fühlen. Beiden ist es wichtig, die freiheitlichen Aspekte einer Verbindung entwickeln und schätzen zu lernen.

Das Haus, in dem die Combin- oder Composit-Venus steht, symbolisiert die gemeinsame Lebensbühne, auf der Liebe, Zuneigung und Genuß erlebt werden. Eine Venus im sechsten Haus zeigt an, daß beide sich ganz besonders dann zueinander hingezogen fühlen, wenn sie zusammen an einem Projekt arbeiten und ihre Fähigkeiten in den Dienst eines größeren Ganzen stellen. Eine Venus im zehnten Haus symbolisiert, daß eine größere Öffentlichkeit an der Zuneigung der Partner oder an dem, was beide auf künstlerisch-ästhetischer Ebene entwickeln, Anteil nimmt.

Aspekte anderer Planeten zu Venus symbolisieren, von welcher Seite mit Unterstützung oder mit Schwierigkeiten zu rechnen ist. Eine Venus-Pluto-Konjunktion im fünften Haus wird wahrscheinlich Krisen aufzeigen, die im Zusammenhang mit Schwangerschaft und Kindern stehen.

Venus im ersten Haus

Als Paar besitzen beide enorme Fähigkeiten, sich auf charmante Art in ein vorteilhaftes Licht zu rücken. Sie werden sich selbst in schwierigsten Situationen die Sympathien ihrer Umwelt sichern. Daß sie sich mögen, wird niemandem verborgen bleiben. Dennoch könnten sie untereinander immer wieder Stimmungen erzeugen, die ihren Kampfgeist und die Lust, sich ständig aufs Neue zu erobern, entfachen.

Bedeutung für den älteren Partner: Seiner Liebe und Zuneigung für den anderen kommt eine große Bedeutung bei. Solange er sich attraktiv und begehrt fühlt, wird er die Kraft haben, Harmonie und Ausgewogenheit in der Beziehung zu erhalten. Für ihn ist es besonders wichtig, sich einen eigenständigen *Attraktionswert* zu erhalten.

Fähigkeiten, die der ältere Partner in die Verbindung einbringt oder innerhalb dieser Partnerschaft erlernen möchte:
- Charmantes Auftreten, gewinnende Ausstrahlung
- Kompromißfähig, friedenstiftend, ausgleichend, diplomatisch sein
- Sich einen eigenständigen *Attraktionswert* erhalten
- Harmonie und Ästhetik in seiner Umgebung verbreiten

Bedeutung für den jüngeren Partner: Er empfängt von vielen Sympathie und Wohlwollen. Dies wird ihn nicht selten in Versuchung führen, die Zuneigung des Partners geringzuschätzen und damit die Beziehung aufs Spiel zu setzen. Er muß erkennen, daß seine Attraktivität allein durch den Bestand dieser Beziehung enorm gestärkt wird. Im Falle einer Trennung könnten diese *Vorschußlorbeeren* verwelken.

Fähigkeiten, die der jüngere Partner in die Verbindung einbringt oder innerhalb dieser Partnerschaft erlernen möchte:
- Sympathieträger sein, das Wohlwollen vieler genießen
- Kontaktfähigkeit, Verbindungen herstellen
- Künstlerische Fähigkeiten anderer erkennen und fördern
- Vermittler- und Beraterfunktion bei Beziehungskonflikten

Venus im zweiten Haus

Gemeinsame Vorlieben dürften in Zusammenhang mit den behaglichen Dingen des Lebens stehen. Wenn beide nicht eine ausschließliche Liebe zum Geld, seiner Sicherung und Vermehrung verbindet, werden sie viel Energie darauf verwenden, es sich gemeinsam gutgehen zu lassen. Die Entwicklung kreativer und gestalterischer Fähigkeiten könnte nicht nur zu einer Erhöhung des Selbstwertes beitragen, sondern auch finanziellen Zuwachs bedeuten.

Bedeutung für den älteren Partner: Wenn er sein Einkommen nicht längst mit Mitteln aus Kunst und Schönheit bestreitet, birgt diese Verbindung die Chance dafür. Die Nutzung kreativer Fähigkeiten und seine Hang zur Ästhetik werden stärker ins Bewußtsein drängen. Liebe geht zwar bekanntlich *durch den Magen,* aber auf Dauer benötigt sie vielfältigere »Nahrung«.

Fähigkeiten, die der ältere Partner in die Verbindung einbringt oder innerhalb dieser Partnerschaft erlernen möchte:

- Sinnlichkeit, Genußfähigkeit
- Sicherung seines Einkommens durch Schönheit, Kunst und Ästhetik
- Guten Geschmack
- Wertschätzung alles Soliden, Gediegenen

Bedeutung für den jüngeren Partner: Solange er von Mitteln des Partners oder von materiellen Zuwendungen anderer profitiert, wird er sich nicht mit seinen Ängsten auseinandersetzen, den Partner, die Liebe und die Behaglichkeit wieder zu verlieren. Wahre Liebe kann man weder kaufen noch erzwingen! Diese Verbindung lehrt ihm Vertrauen. Vertrauen, daß nur das Bestand hat, was zwischen zwei Menschen *wahr* ist.

Fähigkeiten, die der jüngere Partner in die Verbindung einbringt oder innerhalb dieser Partnerschaft erlernen möchte:

- Die Kunst der Verführung und Erotik
- Leidenschaftlichkeit, Tabulosigkeit
- Fairen Umgang mit den Ressourcen anderer
- Bindungsfähigkeit

Venus im dritten Haus

Über Liebe, Kunst und Schönheit zu sprechen wird beide begeistern. Sollten sie Gefühle der Liebe füreinander hegen, werden sie kein Kommunikationsmittel auslassen, um sich diese mitzuteilen. Dennoch ist es weniger die körperlich erlebte Sinnlichkeit, die beide Partner erfüllt, als vielmehr die Fähigkeit, sich diesbezüglich frei zu fühlen. Die Verbindung birgt starke, schöngeistige Aspekte, so daß sich beide ihrer sprachlichen Ausdruckskraft zu bedienen lernen.

Bedeutung für den älteren Partner: Diese Verbindung trägt dazu bei, seine kommunikativen Fähigkeiten auszubilden. Er liebt es, sich in angenehmer Atmosphäre mit den verschiedensten Menschen zu unterhalten bzw. sein Wissen weiterzugeben. Möglicherweise kommt ihm immer wieder die Rolle eines Vermittlers oder Schlichters zu.

Fähigkeiten, die der ältere Partner in die Verbindung einbringt oder innerhalb dieser Partnerschaft erlernen möchte:
- Poetische Ausdruckskraft, schöngeistige Fähigkeiten
- Selbst trockenen Wissensstoff auf leichte, angenehme Art vermitteln können
- Kontaktfähigkeit mit unterschiedlichsten Menschen und Gruppierungen
- Vermittler in Familie und Nachbarschaft

Bedeutung für den jüngeren Partner: Er kann in dieser Partnerschaft ein Liebesideal entwickeln, das über die Befriedigung irdischer Bedürfnisse hinausreicht. Möglicherweise befindet er sich häufig auf Reisen oder befaßt sich mit höheren Studien. Körperliche Nähe zwischen den Partnern mag daher selten möglich sein.

Fähigkeiten, die der jüngere Partner in die Verbindung einbringt oder innerhalb dieser Partnerschaft erlernen möchte:
- Kontaktfähigkeit über die Grenzen des eigenen Landes hinaus
- Optimismus in Liebesangelegenheiten
- Sinnfindung über Distanz-Beziehungen
- Freude am Reisen, Interesse an fremden Kulturen und Weltanschauungen

Venus im vierten Haus

Liebe ist hier absolute Privatsache! Nur engste Familienangehörige werden eine Ahnung davon haben, was beide miteinander verbindet. Und sollten sie kein Liebespaar sein, werden die jeweiligen Beziehungen zu Familienmitgliedern – ganz besonders zu den gegengeschlechtlichen Elternteilen – eine wichtige Rolle spielen.

Mutter oder Geliebte? Ein archetypisches Drama nimmt hier seinen Lauf und sucht nach individuellen Lösungen.

Bedeutung für den älteren Partner: In seinem tiefsten Innern verbirgt sich eine Künstlerseele. Erfüllung findet er dann, wenn er im häuslichen Bereich die Möglichkeit hat, sich kreativ und künstlerisch zu betätigen. Er liebt es aber auch, zu Hause für eine angenehme Atmosphäre zu sorgen und Familienangehörige seelisch zu nähren.

Fähigkeiten, die der ältere Partner in die Verbindung einbringt oder innerhalb dieser Partnerschaft erlernen möchte:
- Tiefe Verbundenheit mit seiner Familie, seiner Heimat, seiner Mutter
- Künstlerseele, die in den eigenen vier Wänden ihren Ausdruck sucht/findet
- Fähigkeit, sein Heim ansprechend und ästhetisch zu gestalten
- Romatische Gefühlshaltung

Bedeutung für den jüngeren Partner: Die nicht nach außen getragene Kreativität des Partners läßt ihn zum Künstler werden. Er sorgt für Kontakte nach *draußen*. Dort möchte er Werte wie Schönheit, Ästhetik und Harmonie auf charmante Art repräsentieren.

Im Falle einer Liebesbeziehung wird er es sein, der weltliche Gründe findet, die Beziehung zu legalisieren.

Fähigkeiten, die der jüngere Partner in die Verbindung einbringt oder innerhalb dieser Partnerschaft erlernen möchte:
- Kontaktfähigkeit mit einer breiten Öffentlichkeit, als Sympathieträger auftreten
- Gesellschaftliche Anerkennung

- Hindernisse und Schwierigkeiten in Liebesangelegenheiten durchstehen und meistern
- Sich als Künstler der Öffentlichkeit präsentieren

Venus im fünften Haus

Zwischen den Partnern besteht ein großes Potential, Freude und Spaß miteinander zu haben. Möglicherweise wurden sie sogar durch ein gemeinsames Hobby zusammengeführt. Ein wichtiges Thema der Beziehung sind Kinder. Seien es gemeinsame oder die Tatsache, keine gemeinsamen Kinder zu haben; seien es Kinder aus früheren Verbindungen oder aber künstlerisch-kreative *Früchte* der Verbindung – die Zuneigung zwischen beiden nährt sich in besonderem Maße an dem Wunsch, etwas Sichtbares hervorzubringen.

Bedeutung für den älteren Partner: Ihm liegt viel daran, eine spielerische Leichtigkeit innerhalb der Beziehung zu erreichen. Zuneigung zeigt sich seiner Ansicht nach nicht im gemeinsamen Problemewälzen, sondern darin, sich ein Potential an Spaß und Freude zu bewahren. Wenn nicht Kinder zu dieser Freude beitragen, könnte seine Lebensprämisse sein: »Werdet wie die Kinder, sonst schauet ihr niemals das Himmelreich.«

Fähigkeiten, die der ältere Partner in die Verbindung einbringt oder innerhalb dieser Partnerschaft erlernen möchte:

- Spielerische, unkomplizierte Leichtigkeit in Beziehung zu anderen Menschen
- Kinderliebe, sein *inneres Kind* entfalten und ihm Freiheit und Lebendigkeit zugestehen
- Naivität und Understatement als »Waffe« gegen Arroganz und Überheblichkeit
- Stets das Gute und Liebenswerte in anderen sehen

Bedeutung für den jüngeren Partner: Liebe und Freundschaft sind für ihn zwei untrennbare Werte. Daher geht es ihm in dieser Verbindung weniger um Erotik und Sinnlichkeit als um freundschaftliche Verbundenheit. Er kann innerhalb dieser Partnerschaft sein Verständnis und seine Neigung für außergewöhnliche Beziehungsformen weiterentwickeln.

Fähigkeiten, die der jüngere Partner in die Verbindung einbringt oder innerhalb dieser Partnerschaft erlernen möchte:

- Liebe und Freundschaft als untrennbare Werte empfinden
- Sinnliche, erotische Bedürfnisse für eine außergewöhnliche Beziehung opfern
- Freiheit und emotionale Ungebundenheit im sexuellen Bereich erleben
- Liebe zu Freunden und Gleichgesinnten

Venus im sechsten Haus

Zuneigung oder gar Liebe entsteht zwischen beiden, wenn ein reibungsloser (Arbeits-)Alltag gesichert scheint. Wertschätzung können sich beide nur dann entgegenbringen, wenn jeder seinen Beitrag zu einem größeren Ganzen leistet. Erotik und Sinnlichkeit finden hierbei nur sehr spärlich einen Platz. »Erst die Arbeit, dann das Vergnügen« ist eine Grundhaltung, die in dieser Verbindung gelernt werden will.

Bedeutung für den älteren Partner: Ihm haftet in dieser Beziehung etwas Zwanghaftes an. Er fühlt sich unentwegt dafür verantwortlich, daß alles reibungslos funktioniert. Harmonie und Ausgewogenheit kann seiner Ansicht nach nur durch klare Absprachen und eine den jeweiligen Kompetenzen entsprechende Arbeitsteilung gewährleistet werden.

Fähigkeiten, die der ältere Partner in die Verbindung einbringt oder innerhalb dieser Partnerschaft erlernen möchte:

- Teamgeist, gutes Gespür für die jeweiligen Kompetenzen seiner Mitmenschen
- Sympathie und Wohlwollen von seiten seiner Mitarbeiter
- Alltagsroutine, Arbeit und Vergnügen miteinander vereinbaren können
- Auf angenehme, liebevolle Art Kritik üben

Bedeutung für den jüngeren Partner: Was der Partner für ihn empfindet, wird ihm wohl schleierhaft bleiben. Daß dieser noch andere Menschen liebt und mit ihnen Beziehungen unterhält, darf ihm nicht zum Problem werden. Er bekommt die Chance, einerseits bedingungslos Lieben zu lernen oder sich andererseits hingebungsvoll aufzuopfern.

Fähigkeiten, die der jüngere Partner in die Verbindung einbringt oder innerhalb dieser Partnerschaft erlernen möchte:
- Seine Sympathien und Zuneigung für sich behalten, Diskretionsvermögen
- Phantasien entwickeln und umsetzen
- Opfer bringen können
- Bedingungslos lieben

Venus im siebten Haus

In dieser Verbindung könnte die gemeinsame Liebe zu Dritten eine wichtige Rolle spielen. Es geht hier weniger um Harmonie und Zuneigung zwischen den Partnern als um eine soziale Öffnung für die Belange anderer. Ob es sich hierbei um Unterstützung für Menschen in künstlerischen Berufen handelt oder um die Fähigkeit, Disharmonien und Zwistigkeiten zu schlichten, sei dahingestellt. Die Stimmigkeit innerhalb der Beziehung wird manchmal zu sehr von Vorgängen im Außen geprägt und abhängig gemacht.

Bedeutung für den älteren Partner: Er muß damit umgehen lernen, daß sein Partner bei vielen sehr beliebt ist. Latente Verlustängste und Minderwertigkeitsgefühle können in dieser Verbindung an die Oberfläche gelangen und bewußtgemacht werden. Erst danach entsteht die Chance, Selbstwert und Attraktivität im eigenen Innern zu entfalten.

Fähigkeiten, die der ältere Partner in die Verbindung einbringt oder innerhalb dieser Partnerschaft erlernen möchte:
- Sympathieträger, das Wohlwollen vieler genießen
- Kontaktfähigkeit, Verbindungen herstellen
- Künstlerische Fähigkeiten anderer erkennen und fördern
- Vermittler- und Beraterfähigkeit bei Beziehungskonflikten

Bedeutung für den jüngeren Partner: Er fühlt sich in dieser Verbindung sehr begehrt und geliebt. Diese Erfahrung stärkt sein Selbstvertrauen, doch sollte er Mittel und Wege finden, die erhaltene Zuneigung an andere weiterzugeben. Liebe, Schönheit und Harmonie in die Welt zu tragen könnte eine erfüllende Aufgabe für ihn sein.

Fähigkeiten, die der jüngere Partner in die Verbindung einbringt oder innerhalb dieser Partnerschaft erlernen möchte:

- Charmantes Auftreten, gewinnende Ausstrahlung
- Kompromißfähig, friedenstiftend, ausgleichend, diplomatisch sein
- Sich einen eigenständigen *Attraktionswert* erhalten
- Harmonie und Ästhetik in seiner Umgebung verbreiten

Venus im achten Haus

♀

Besonders in einer sexuellen Beziehung dürften anfänglich alle Register gezogen werden, um den Partner zu faszinieren, ihn an sich zu binden oder gar von sich abhängig zu machen. Ob dies mit materiellen oder geistigen Mittel geschieht, sei dahin gestellt. Letztlich werden beide erkennen, daß sie mit dieser Verbindung auf *Verlust gebucht* haben. Auf einer höheren Ebene geht es dabei nicht um den Verlust der Zuneigung des Partners, sondern um die Erfahrung und Erkenntnis, daß alles Leben und Lieben einer Dynamik unterworfen ist, die sich einer direkten oder manipulativen Einflußnahme entzieht.

Bedeutung für den älteren Partner: Möglicherweise kommt er wieder in Kontakt mit seelischen Schmerzen, die ihm durch frühere Zurückweisungen und Verlassenwerden zugefügt wurden. Eine Chance zur inneren Heilung erwächst dann, wenn er diesmal nicht klammert, sondern Gelassenheit übt und losläßt.

Fähigkeiten, die der ältere Partner in die Verbindung einbringt oder innerhalb dieser Partnerschaft erlernen möchte:

- Die Kunst der Verführung und Erotik
- Leidenschaftlichkeit, Tabulosigkeit
- Fairer Umgang mit den Ressourcen anderer
- Bindungsfähigkeit

Bedeutung für den jüngeren Partner: Ihm muß klarwerden, daß ständige physische Nähe, sinnliches Versorgtwerden oder materielle Zuwendungen keine Garantien darstellen, den Partner für alle Zeiten halten zu können. Harmonische Stabilität erwächst aus einem Gleichgewicht der Kräfte. Geben und Nehmen will gelernt sein.

Fähigkeiten, die der jüngere Partner in die Verbindung einbringt oder innerhalb dieser Partnerschaft erlernen möchte:

- Sinnlichkeit, Genußfähigkeit
- Sicherung seines Einkommens durch Schönheit, Kunst und Ästhetik
- Guten Geschmack
- Wertschätzung alles Soliden, Gediegenen

Venus im neunten Haus

Die gemeinsame Liebe zum Ausland, zum Reisen, zu fremden Kulturen verbindet. Es sind weniger die körperlich-sinnlichen Genüsse, die ein Zusammengehörigkeitsgefühl aufkommen lassen, als vielmehr der Wunsch, gemeinsam mit dem Partner Grenzen zu sprengen. Im Falle einer Liebesbeziehung könnte die Sehnsucht nach einem rituellen Akt, z. B. in Form einer kirchlichen Trauung, erwachsen. Die Gefahr dabei liegt einzig und allein in der Tatsache, daß nicht der Partner als Mensch gemeint ist, sondern als Ritual-Partner. Sich gemeinsam mit religiösen, weltanschaulichen oder philosophischen Themen auseinanderzusetzen könnte längerfristig für beide befriedigender sein als einengende Verbindlichkeiten.

Bedeutung für den älteren Partner: Innerhalb dieser Verbindung kann er seinen Idealen bezüglich Freiheit und Abenteuer näherkommen. Er genießt es, neue Horizonte zu entdecken und dabei Alltägliches und Banales zu vergessen. Kleingeistigkeit ist ihm zuwider. Die Partnerschaft soll ihn inspirieren, nicht einengen.

Fähigkeiten, die der ältere Partner in die Verbindung einbringt oder innerhalb dieser Partnerschaft erlernen möchte:

- Kontaktfähigkeit über die Grenzen des eigenen Landes hinaus
- Optimismus in Liebesangelegenheiten
- Sinnfindung über Distanz-Beziehungen
- Freude am Reisen, Interesse an fremden Kulturen und Weltanschauungen

Bedeutung für den jüngeren Partner: Für ihn ist in dieser Verbindung der Dialog wichtig. Möglicherweise entwickelt er Fähigkeiten, auf eine ansprechende Art Wissen zu vermitteln oder gar schriftstellerisch tätig zu werden. Es findet ein reger Kontakt und Austausch mit Menschen seiner näheren Umgebung statt.

Fähigkeiten, die der jüngere Partner in die Verbindung einbringt oder innerhalb dieser Partnerschaft erlernen möchte:
- Poetische Ausdruckskraft, schöngeistige Fähigkeiten
- Selbst trockenen Wissensstoff auf leichte, angenehme Art vermitteln können
- Kontaktfähigkeit mit unterschiedlichsten Menschen und Gruppierungen
- Vermittler in Familie und Nachbarschaft

Venus im zehnten Haus

Liebe, Schönheit, Kunst und Ästhetik wollen in die Welt getragen werden! Von Liebe als Privatsache kann hier kaum die Rede sein. Diese Verbindung wirft archetypische Beziehungsmuster auf, die viele Menschen ansprechen. Ein wichtiges Beziehungsthema wird die Suche nach einer wesensgerechten Lebensform sein. Die gesellschaftlichen Normen und ihre unterschwelligen Forderungen nach Legalisierung einer Verbindung bis hin zur Verpflichtung und Verantwortung dürfte beide nicht unberührt lassen.

Bedeutung für den älteren Partner: Wenn er nicht schon mit einem künstlerischen Beruf an die Öffentlichkeit getreten ist, wird ihn die Verbindung diesbezüglich stark fördern. Gesellschaftliche Anerkennung sind ihm wichtig, das Wohlwollen einer breiten Öffentlichkeit scheint ihm sicher. Bisher fehlte ihm lediglich die richtige Ergänzung.

Fähigkeiten, die der ältere Partner in die Verbindung einbringt oder innerhalb dieser Partnerschaft erlernen möchte:
- Kontaktfähigkeit mit einer breiten Öffentlichkeit, als Sympathieträger auftreten
- Gesellschaftliche Anerkennung

- Hindernisse und Schwierigkeiten in Liebesangelegenheiten durchstehen und meistern
- Sich als Künstler der Öffentlichkeit präsentieren

Bedeutung für den jüngeren Partner: In ihm schlummerte seit langem ein tiefer Wunsch nach familiärer Zugehörigkeit und emotionaler Geborgenheit. Er wünscht sich nichts sehnlicher, als anzukommen und sich ein beschützendes Nest zu bauen. Die Anziehung und Liebe, die er für den anderen empfindet, wird zur Triebfeder seiner Wünsche. Dennoch wird er sich im Falle einer Liebesbeziehung mit dem Thema »Mutter oder Geliebte« auseinandersetzen müssen.

Fähigkeiten, die der jüngere Partner in die Verbindung einbringt oder innerhalb dieser Partnerschaft erlernen möchte:
- Tiefe Verbundenheit mit seiner Familie, seiner Heimat, seiner Mutter
- Künstlerseele, die in den eigenen vier Wänden ihren Ausdruck sucht/findet
- Sein Heim ansprechend und ästhetisch gestalten
- Romantische Gefühlshaltung

Venus im elften Haus

In Liebesverbindungen reizt vor allem das Außergewöhnliche. Gemeinsam verschafft man sich immer wieder neue *Kicks,* die vor Langeweile bewahren sollen. Zuviel Nähe wird nicht gut vertragen. In freundschaftlichen Verbindungen herrscht große Loyalität und Hilfsbereitschaft. Es sind die freundschaftlichen und freiheitlichen Aspekte menschlicher Gemeinschaft, die hier erfahren und gelebt werden wollen. Das gemeinsame Beschreiten neuer Wege ist eine starke Triebfeder der Beziehung.

Bedeutung für den älteren Partner: Rein äußerlich betrachtet, scheinen seine Lebensumstände räumliche Nähe selten zuzulassen. Bei genauerem Hinsehen könnte sich eine tiefsitzende Angst vor Nähe offenbaren. Leidenschaftlich verzehrende Liebesgefühle sind weniger ein Thema, Freundschaft und Liebe ohne Besitzansprüche dafür um so mehr.

Fähigkeiten, die der ältere Partner in die Verbindung einbringt oder innerhalb dieser Partnerschaft erlernen möchte:

- Liebe und Freundschaft als untrennbare Werte empfinden
- Sinnliche, erotische Bedürfnisse für eine außergewöhnliche Beziehung opfern
- Freiheit und emotionale Ungebundenheit im sexuellen Bereich erleben
- Liebe zu Freuden und Gleichgesinnten leben

♀

Bedeutung für den jüngeren Partner: Ihm gibt die Verbindung Raum, seine spielerischen und kreativen Fähigkeiten zu entwickeln. Es ist ihm wichtig, Spaß, Freude und Losgelöstheit zu empfinden. Deshalb kann er sich häufiger als in anderen Verbindungen kindlich unbeschwert geben.

Fähigkeiten, die der jüngere Partner in die Verbindung einbringt oder innerhalb dieser Partnerschaft erlernen möchte:

- Spielerische, unkomplizierte Leichtigkeit in Beziehung zu anderen Menschen
- Kinderliebe, sein *inneres Kind* entfalten und ihm Freiheit und Lebendigkeit zugestehen
- Naivität und Understatement als *Waffe* gegen Arroganz und Überheblichkeit
- Stets das Gute und Liebenswerte in anderen sehen

Venus im zwölften Haus

Es wird Gründe geben, weshalb die eventuelle, gegenseitige Zuneigung der Partner verborgen bleiben soll. Möglicherweise weiß nicht einmal der eine vom anderen, was dieser tatsächlich empfindet. Nackte Realität und irdische Gegebenheiten können in dieser Verbindung zu Feinden der Liebe werden. Vielmehr ist Sehnsucht ein Katalysator, der beiden die Erfahrung *göttlicher Liebe* näher bringen kann. Einswerdung mit dem Partner findet in Dimensionen statt, die mit der Realität wenig zu tun hat.

Bedeutung für den älteren Partner: Diese Partnerschaft bringt ihn in Kontakt mit einer tiefsitzenden Angst vor Nähe. Möglicherweise lassen seine derzeitigen Lebensumstände nicht zu, daß er die Zuneigung zum Partner öffentlich macht. In diesem Fall muß er sich früher oder später mit diversen Lebenslügen auseinandersetzen. Der Stimme seines Herzens nicht zu folgen bedeutet, in einem Stadium von Wunschdenken und Illusion steckenzubleiben.

Fähigkeiten, die der ältere Partner in die Verbindung einbringt oder innerhalb dieser Partnerschaft erlernen möchte:

- Kann seine Sympathien und Zuneigung für sich behalten, Diskretionsvermögen
- Phantasien entwickeln und umsetzen
- Fähigkeit, Opfer zu bringen
- Bedingungslos lieben

Bedeutung für den jüngeren Partner: Seine Aufgabe wird es sein, einem eintönigen Beziehungsalltag etwas abzugewinnen. Hier sind es nicht die brüllenden Highlights, die Befriedigung garantieren. Wenn alles wie gewünscht funktioniert und jeder seinen ihm angemessenen Platz einnimmt, kommt wahre Freude auf.

Fähigkeiten, die der jüngere Partner in die Verbindung einbringt oder innerhalb dieser Partnerschaft erlernen möchte:

- Teamgeist, gutes Gespür für die jeweiligen Kompetenzen seiner Mitmenschen
- Sympathie und Wohlwollen von seiten seiner Mitarbeiter
- Alltagsroutine, Arbeit und Vergnügen miteinander vereinbaren können
- Auf angenehme, liebevolle Art Kritik üben

Mars in Combin und Composit

Die Stellung von Mars im Tierkreiszeichen beschreibt, auf welche Art und Weise die Partner ihr Energiepotential zum Ausdruck bringen. Er steht für die Antriebskräfte, die eine Partnerschaft benötigt, um lebendig und entwicklungsfähig zu bleiben. Konflikte finden in der Mars-Energie genauso ihre Tür nach draußen wie Durchsetzungskraft und die Fähigkeit zu entschiedenem Handeln. Wut und Aggressionen münden mittels Mars in einen konstruktiven oder destruktiven Streit und versorgen die Partner mit der nötigen Kampfkraft, sich gegen Angriffe zu verteidigen.

In sexuellen Beziehungen steht Mars für die Fähigkeit, sich ein gegenseitiges Reizmuster zu erhalten und sich immer wieder aufs neue zu erobern.

Der Energiepegel eines Paares mit einem Waage-Mars wird deutlich niedriger liegen als der eines Paares mit Widder-Mars. Waage-Mars benötigt weit mehr Ruhe und Leerläufe im Terminkalender als ein streßgewohnter Widder-Mars. Ein Paar mit einem Krebs-Mars wird dann motiviert, an seiner Beziehung zu arbeiten, wenn sie sie emotional nicht mehr nährt.

Das Haus, in dem der Combin- oder Composit-Mars steht, symbolisiert den Lebensbereich, in dem das Paar gemeinsam die größte Energie entfaltet. Hier werden auch die meisten Konflikte entstehen. Ein Mars im sechsten Haus richtet das Kräftepotential auf Bereiche, in denen gemeinsames Haushalten und Zusammenarbeit gefordert wird. Aggressionen und Streit dürften aufkommen, wenn keine Ausgewogenheit in der Verteilung der Pflichten besteht.

Aspekte anderer Planeten zu Mars symbolisieren, von welcher Seite mit Unterstützung oder Blockierung zu rechnen ist. Mars im Quadrat zu Uranus zeigt an, daß beide mit Störungen zu rechnen haben, wenn sie sich alltäglicher Routine oder Passivität hingeben. Mars im Trigon zu

Merkur symbolisiert, daß jegliches Handeln von gedanklicher Übereinkunft getragen wird.

Mars im ersten Haus

Auch wenn beide an einem Strang ziehen, benötigen sie ein gewisses Konkurrenzpotential, um die Verbindung lebendig zu halten. Dies impliziert, daß jeder sein Bestes geben will. Sollte das nicht gesehen und anerkannt werden, kann schnell unterschwelliger Groll entstehen oder offen ausgetragener Streit.

Bedeutung für den älteren Partner: Diese Partnerschaft fordert ihn in besonderem Maße, sich seiner Fähigkeiten zu bedienen und im Leben aktiv zu werden. Auch wenn es nicht um Leben und Tod geht, sein Ego will die Herausforderung annehmen und zeigen, was in ihm steckt. Leben gleicht manchmal eher einem Überlebenstraining, langweilig wird es allerdings nie.

Fähigkeiten, die der ältere Partner in die Partnerschaft einbringt oder innerhalb dieser Verbindung erlernen möchte:

- Selbstbehauptung und Durchsetzungsfähigkeit
- Initiative ergreifen können, aktiv im Leben stehen
- Lebensenergien konstruktiv einsetzen
- Sich durch Konkurenz belebt, aber nicht angegriffen fühlen

Bedeutung für den jüngeren Partner: Er will in dieser Verbindung erfahren, ob es möglich ist, mit einem Partner verbunden zu sein und dennoch seine Individualität zu wahren. Streit und Auseinandersetzungen nimmt er in Kauf, weil er sich dadurch belebt oder erotisiert fühlt. Gemeinsame Unternehmungen mit dem Partner sind ihm ganz besonders wichtig.

Fähigkeiten, die der jüngere Partner in die Partnerschaft einbringt oder innerhalb dieser Verbindung erlernen möchte:

- Kompromißfähigkeit
- Kontakte herstellen können und gegebenenfalls Streit schlichten
- Das Wissen um die Wichtigkeit von konstruktivem *Dampfablassen*
- Erotisch verführerisch und reizend sein

Mars im zweiten Haus

Dynamik und Lebendigkeit entstehen in dieser Verbindung durch die gemeinsame Schaffung materieller oder immaterieller Werte. Lassen die Partner ihre Energien und Ressourcen in ein gemeinsames Projekt fließen, können sie mit einer Zunahme ihres Selbstwertes sowie ihrer Durchsetzungskraft rechnen. Streit ums Geld ist allerdings genauso möglich wie eine enorme Steigerung des gemeinsamen Einkommes. Finanzielle und sexuelle Potenz sind hier Kehrseiten ein und derselben Medaille.

Bedeutung für den älteren Partner: Diese Partnerschaft bringt ihn in Kontakt mit einem Verlangen nach körperlich-sinnlicher Erfahrung. Dabei steht nicht Promiskuität im Vordergrund, sondern Verbindlichkeit und Sich-Einlassen auf einen Partner. Materielle Sicherheit ist fast gleichbedeutend mit Besitzergreifen der Leidenschaft des Partners.

Fähigkeiten, die der ältere Partner in die Partnerschaft einbringt oder innerhalb dieser Verbindung erlernen möchte:
- Eine sichere Existenzgrundlage schaffen
- Für die Befriedung seiner Bedürfnisse sorgen
- Die Dinge reifen lassen, nichts überstürzen
- Sexuelle Treue

Bedeutung für den jüngeren Partner: Innerhalb dieser Verbindung möchte er intensive, leidenschaftliche Erfahrungen machen. Dabei könnte er kompromißlose Züge annehmen, die ein entschiedenes Entweder-Oder fordern. Tabuthemen verlieren ihre Schrecken, Macht und Ohnmacht wollen erfahren werden.

Fähigkeiten, die der jüngere Partner in die Partnerschaft einbringt oder innerhalb dieser Verbindung erlernen möchte:
- Subtile Art, sich durchzusetzen
- Unerschrockenheit, Kompromißlosigkeit
- Mit Ressourcen anderer umgehen können
- Den Finger genau dahin legen können, wo es beim anderen weh tut

Mars im dritten Haus

Verbale Auseinandersetzungen sind für beide das Lebenselexier schlechthin. Sollte diese Leidenschaft kein Ventil in den Bereichen Schrift, Sprache oder Medien finden, kann sie sich sehr schnell in endlosen Diskussionen und Streit um Banalitäten erschöpfen. Innerhalb der Verbindung können beide lernen, sich zum Ausdruck zu bringen.

Bedeutung für den älteren Partner: Innerhalb dieser Partnerschaft möchte er sich intensiv austauschen und lernen, seine Wünsche verbal oder nonverbal zum Ausdruck zu bringen. Ihm ist nicht länger daran gelegen, alles in sich hineinzufressen. Das, was er weiß, denkt und fühlt, sucht mittels Sprache oder Schrift ein Ventil nach draußen. Sex könnte sich mitunter mehr im Kopf als körperlich abspielen.

Fähigkeiten, die der ältere Partner in die Partnerschaft einbringt oder innerhalb dieser Verbindung erlernen möchte:
- Sich schreibend, diskutierend oder informierend betätigen
- Verhandlungsgeschick und Überredungskunst
- Sich weiterbilden
- Sich mittels eines breitgefächerten Wissens selbst behaupten

Bedeutung für den jüngeren Partner: Ihm geht es in dieser Partnerschaft nicht um Verbindlichkeit und sexuelle Treue auf Lebenszeit. Er möchte sich vielmehr inspiriert fühlen, seinen geistigen Horizont zu erweitern, oder sich rituellen Handlungen hingeben. Nach diversen Highlights befindet er sich sowieso wieder auf Reisen. Dem Partner bleibt nur die Wahl, mitzureisen oder ihn ziehen zu lassen.

Fähigkeiten, die der jüngere Partner in die Partnerschaft einbringt oder innerhalb dieser Verbindung erlernen möchte:
- Reiselust und Entdeckungsfreude an Fremdartigem
- Missionseifer, Kreuzrittertum
- Großer Energieeinsatz, um eine höhere Bildung zu erlangen
- Engagement für Menschen aus anderen Kulturkreisen

Mars im vierten Haus

Die Energie fließt, wenn sich die Partner mit ihrer Herkunft beschäftigen oder sich über ihre Gefühle austauschen. Wirklich lebendig fühlen sie sich beim gemeinsamen *Nestbau.* In einer gemeinsamen Wohnung sollten sie auch arbeiten. Ansonsten könnte gerade dort, wo sie sich geborgen und wohl fühlen möchten, ständige Gereiztheit und Streit herrschen.

Bedeutung für den älteren Partner: Er befindet sich in einer Phase seines Lebens, in der er sich danach sehnt, sich auf einen Partner intensiv einzulassen. Häuslichkeit oder gar gemeinsames Wohnen sind ihm wichtiger als je zuvor. Optimal wäre, Leben, Wohnen und Arbeiten unter einen Hut zu bringen.

♂

Fähigkeiten, die der ältere Partner in die Partnerschaft einbringt oder innerhalb dieser Verbindung erlernen möchte:

- Gefühle ausdrücken
- Beschützen, versorgen und nähren
- Ein Arbeitsgebiet im eigenen Heim unterhalten
- Spannungen und Aggressionen nicht in sich hineinfressen

Bedeutung für den jüngeren Partner: Seine Rolle innerhalb dieser Verbindung orientiert sich weniger an häuslichen als an weltlichen Zielen. Er möchte mittels seiner Schaffenskraft und Fähigkeiten zu Ansehen gelangen. Dafür ist er bereit, seine Spontaneität und Leidenschaft zu opfern. Dennoch verkörpert eine auch sexuell befriedigende Beziehung einen hohen Stellenwert in dieser Lebensphase.

Fähigkeiten, die der jüngere Partner in die Partnerschaft einbringt oder innerhalb dieser Verbindung erlernen möchte:

- Sich in der Öffentlichkeit durchsetzen
- Ergeiz und Konfliktbereitschaft in beruflichen Angelegenheiten
- Großen Einsatz für eine anerkannte Rolle in der Gesellschaft
- Hindernisse und Schwierigkeiten meistern

Mars im fünften Haus

Energetisch und lebendig ist es zwischen den Partnern dann, wenn es gilt, ihre Individualität zu behaupten und zum Ausdruck zu bringen. Dem Freizeitbereich kommt eine große Bedeutung zu. Gemeinsame Aktivitäten bereichern die Partnerschaft, wenn sie in kreativen, schöpferischen oder sportlichen Bereichen angesiedelt sind. Auch Kinder dürften eine größere Rolle spielen. Auseinandersetzungen und Streit entstehen vor allem durch unterschiedliche Auffassungen bei Themen wie Kinderwunsch, Freizeitvergnügen und Sexualität.

Bedeutung für den älteren Partner: Er möchte jetzt vor allem spielen, sich dem Abenteuer hingeben und sich vergnügen. Ohne zeitweiligen Nervenkitzel wird er es nicht lange aushalten. Ein Vater-Sohn-Konflikt könnte tief im Verborgenen schlummern und zum Thema werden. Autoritäten werden nicht dadurch gestürzt, daß man seine Fähigkeiten zu verantwortlichem Tun trotzig einem Spieltrieb opfert.

Fähigkeiten, die der ältere Partner in die Partnerschaft einbringt oder innerhalb dieser Verbindung erlernen möchte:

- Pädagogisches Geschick
- Selbständigkeit, Verwirklichungsfähigkeit
- Spaß und Freude am eigenen Tun
- Erfüllende Sexualität

Bedeutung für den jüngeren Partner: Ihm ist nicht daran gelegen, sich bezüglich seines Handelns oder seiner Sexualität in einem berechenbaren Muster zu bewegen. Er möchte sich frei fühlen. Gesellschaftliche Moralvorstellungen oder Verantwortlichkeiten, die seinen Handlungspielraum einschränken, sind ihm zuwider, Unternehmungen mit Freunden und Gleichgesinnten dagegen wahres Lebenselexier.

Fähigkeiten, die der jüngere Partner in die Partnerschaft einbringt oder innerhalb dieser Verbindung erlernen möchte:

- Unabhängig und selbstbestimmt handeln
- Für Neuerungen und Abwechslung sorgen
- Gleichberechtigung vertreten und leben
- Sexualität ohne Besitzanspruch genießen

Mars im sechsten Haus

Ein reibungsloser (Arbeits-)Alltag erfordert größten Energieeinsatz. Wenn beide nicht in einen gemeinsamen Arbeitsprozeß eingebunden sind, verwenden sie sehr viel Energie darauf, den Anforderungen des Alltags gerecht zu werden. Streit kann es am oder um den jeweiligen Arbeitsplatz geben. Wer welche Pflichten zu erfüllen hat, dürfte ein beliebtes Diskussionsthema sein. Sprühende Lebensfreude und ausgelassene Begeisterung kommt dabei seltener auf.

Bedeutung für den älteren Partner: Im Laufe dieser Lebensphase kann er seinen Energien am besten mittels harter Arbeit und Disziplin Ausdruck verleihen. Er möchte sich gebraucht fühlen und etwas tun, das anderen nützt. Entspannenden oder gar leidenschaftlichen Dingen des Lebens begegnet er eher skeptisch. Sie sind natürliche Feinde der Perfektion, die er innerlich anstrebt.

Fähigkeiten, die der ältere Partner in die Partnerschaft einbringt oder innerhalb dieser Verbindung erlernen möchte:

- Seine Arbeitskraft einem großen Ganzen zur Verfügung stellen
- Sich am Arbeitsplatz behaupten und kämpferisch auftreten
- Für einen funktionierenden Alltag Sorge tragen
- Den Notwendigkeiten des Alltags mit Respekt begegnen

Bedeutung für den jüngeren Partner: Er weiß nie so recht, was er tun soll. Doch wenn er etwas tut, sind seine Energien meist recht schnell erschöpft. Zum Leidwesen aller wird das, was er geleistet hat, kaum sichtbar. Mag sein, daß tatsächlich niemand in der Lage ist, seine Leistungen zu beurteilen. Vielleicht fungiert er ja als *Undercoveragent,* der allen nützt, ohne selbst einen Nutzen dabei zu haben. Diese Rolle mag weltlich schwer erträglich, aber seelisch heilsam sein.

Fähigkeiten, die der jüngere Partner in die Partnerschaft einbringt oder innerhalb dieser Verbindung erlernen möchte:

- Im Hintergrund arbeiten
- Kämpferisches, selbstloses Engagement für Schwächere
- Sich trotz Rückzug in völlige Abgeschiedenheit lebendig fühlen
- Subtile Durchsetzungskraft

Mars im siebten Haus

Die Partner benötigen sehr viel Außenkontakte. Ein intensiver Austausch mit und über andere läßt Dynamik und Lebendigkeit enstehen. Ihre Kontakte dürften keinesfalls ausschließlich erfreulicher Natur sein. Möglicherweise werden sie gemeinsam häufiger angegriffen oder in einen Streit verwickelt als alleine. In diesem Fall dürfte beiden ein gemeinsamer Aktionsradius fehlen, innerhalb dessen sie ihre Energien tatkräftig und zielgerichtet einbringen.

Bedeutung für den älteren Partner: Innerhalb dieser Partnerschaft ist er mehr als sonst darauf angewiesen, daß sein Partner die Initiative ergreift. Er reagiert eher, als daß er agiert. Dennoch dürfte es ihm nicht schwerfallen, den Partner zu provozieren und dadurch einen Streit vom Zaun zu brechen. Von der Lebendigkeit, die durch Streit und Versöhnung zwischen beiden entsteht, zehrt er bis zum nächsten Eklat.

Fähigkeiten, die der ältere Partner in die Partnerschaft einbringt oder innerhalb dieser Verbindung erlernen möchte:
- Kontakte herstellen und gegebenenfalls Streit schlichten
- Animierend und anregend für andere sein
- Strategie, Taktik und Diplomatie entwickeln
- Fähigkeit zum Nicht-Handeln

Bedeutung für den jüngeren Partner: Diese Verbindung mag ein Hin- und Hergerissensein heraufbeschwören zwischen aktiver Ich-Behauptung und dem Eingehen auf die Bedürfnisse des Partners. Mag sein, daß er in solchen Situationen unsensibel und rücksichtslos agiert, verletzen will er den Partner letztlich nicht.

Fähigkeiten, die der jüngere Partner in die Partnerschaft einbringt oder innerhalb dieser Verbindung erlernen möchte:
- Initiative ergreifen und aktiv im Leben stehen
- Lebensenergien konstruktiv einsetzen
- Sich im Einsatz für andere selbst behaupten
- Seine Lebendigkeit spüren

Mars im achten Haus

Verbindliches Einlassen, sei es durch gemeinsame Kinder, Vermögenswerte oder sexuelle Abhängigkeiten, ist die Triebfeder, die beide lebendig, wach und aktiv hält. Krisen, Macht- und Ohnmacht-Erfahrungen könnten beide an ihre psychischen oder physischen Grenzen führen. Dies bewirkt starke Wandlungen im Handlungsmuster, so daß jeder seiner ganz persönlichen Wahrheit ein Stück näherkommen kann.

Bedeutung für den älteren Partner: Wer instinktiv auf der Suche nach Wahrheit ist, begibt sich in Gefahr. Offenes Agieren würde in diesem Falle bedeuten, alle Trümpfe aus der Hand zu geben und somit machtlos zu werden. Subtilität schützt vor Angriffen und hält die Umwelt in Spannung.

Fähigkeiten, die der ältere Partner in die Partnerschaft einbringt oder innerhalb dieser Verbindung erlernen möchte:

- Subtile Art, sich durchzusetzen
- Unerschrockenheit, Kompromißlosigkeit
- Machtgebahren und Manipulation durchschauen und dagegen ankämpfen
- Krisen durchleben und Wandlung vollziehen

Bedeutung für den jüngeren Partner: Den größten Krafteinsatz erfordert die Sicherung seiner Existenzgrundlage. Dafür zu kämpfen hält ihn lebendig und aktiv. Stures Festhalten an Dingen, die nicht mehr seiner inneren Wahrheit entsprechen, erzeugt Frustrationen und unnötige Wut.

Fähigkeiten, die der jüngere Partner in die Partnerschaft einbringt oder innerhalb dieser Verbindung erlernen möchte:

- Fähigkeit, für seine Existenzgrundlage zu kämpfen
- Angriffen und Attacken die Stirn bieten und sein Revier verteidigen
- Sich abgrenzen und seinen eigenen Stil finden
- Verlieren können und neu aufbauen

Mars im neunten Haus

Die Verbindung bekommt dann Dynamik und Lebendigkeit, wenn es den Partnern gelingt, gemeinsam Grenzen zu überschreiten – seien es geographische Grenzen, geistige Grenzen oder ganz persönliche Tabu-Grenzen. Nichts wird beide mehr energetisieren als die Möglichkeit, über ihren bisherigen Horizont hinauszuwachsen. Streitpunkte werden weniger alltägliche Banaliäten sein als vielmehr kulturelle, weltanschauliche oder religiöse Fragen.

Bedeutung für den älteren Partner: Diese Verbindung bringt ihn in Kontakt mit einem ausgeprägten Gerechtigkeitssinn. Er kann nicht untätig zusehen, wenn Menschen wegen ihrer Herkunft oder ihres Glaubens benachteiligt werden. Sinnloses Handeln ist ihm zuwider, zuweilen könnten sich aber missionarische Tendenzen zeigen.

Fähigkeiten, die der ältere Partner in die Partnerschaft einbringt oder innerhalb dieser Verbindung erlernen möchte:
- Eine eigene Lebensphilosophie oder Weltanschauung kämpferisch vertreten
- Sich über die eigenen Grenzen hinausentwickeln, Reise- und Entdeckungsfreude
- Höhere Bildung
- Überzeugungskraft und Gerechtigkeitssinn

Bedeutung für den jüngeren Partner: Innerhalb dieser Partnerschaft hat er die Möglichkeit, seine Gedanken und Ideen zu Papier zu bringen. Kommunikation und Austausch mag ihm wichtiger sein als körperliche Kraftakte. Das sicherste Handwerkszeug und die gefährlichste Waffe ist sein Intellekt.

Fähigkeiten, die der jüngere Partner in die Partnerschaft einbringt oder innerhalb dieser Verbindung erlernen möchte:
- Verhandlungsgeschick und Überredungskunst, Kommunikationsvermögen
- Sich weiterbilden
- Schreibend und informierend tätig sein
- Praktisch anwendbares Wissen erwerben

Mars im zehnten Haus

Diese Verbindung veranlaßt beide Partner, ihr Tun und Lassen genauer unter die Lupe zu nehmen. Gemeinsam sind sie einem stärkeren Druck durch die Öffentlichkeit ausgesetzt als alleine. Daher liegt es nahe, auch gemeinsam handelnd aufzutreten und vorhandene Energien und Ressourcen *in einen Topf zu werfen.* Sollte dies nicht gelingen, könnte Konkurrenzverhalten an der Tagesordnung sein. Jeder wird dann versuchen, den anderen auszustechen und im Alleingang Pluspunkte zu sammeln.

Bedeutung für den älteren Partner: Das Erreichen beruflicher Ziele steht für ihn im Vordergrund. Dafür nimmt er Rückschläge in Kauf, geht aber auch selbst nicht gerade zimperlich mit Widersachern um. Hindernissen kann er mit einer ausgeprägten Kampfbereitschaft begegnen. Autoritäten erzeugen keine Ängste.

♂

Fähigkeiten, die der ältere Partner in die Partnerschaft einbringt oder innerhalb dieser Verbindung erlernen möchte:
- Verantwortung übernehmen
- Für die eigenen Rechte eintreten und gegebenenfalls dafür kämpfen
- Seine Überzeugungen und Ziele in einer breiten Öffentlichkeit vertreten
- Übergeordneten Gesetzmäßigkeiten Respekt entgegenbringen

Bedeutung für den jüngeren Partner: Wenn in seiner Wohnung oder Familie häufiger Streit die Atmosphäre vergiftet, ist dies ein Ausdruck innerseelischer Verspannung. Rudimentäre Lebensenergien, zu denen auch Wut und Aggression gehören, werden möglicherweise zu stark unterdrückt. Blinder Aktionismus in den eigenen vier Wänden vermindert zwar den emotionalen Druck, lenkt aber vom eigentlichen ab.

Fähigkeiten, die der jüngere Partner in die Partnerschaft einbringt oder innerhalb dieser Verbindung erlernen möchte:
- Beschützen, versorgen und nähren können
- Ein Arbeitsgebiet im eigenen Heim unterhalten
- Psychologischer Spürsinn, Handeln im Hinblick auf seelische Bedingtheiten
- Ausdruck dessen, was ihn gefühlsmäßig bewegt

Mars im elften Haus

Gemeinsame Aktivitäten werden sehr stark durch ein Sich-Eingebunden-Fühlen in einen Freundeskreis oder in eine Gruppe Gleichgesinnter genährt. Wenn in der Wahl der jeweiligen Freunde keine Einigkeit besteht, können sehr schnell Groll und Streitigkeiten entstehen. In dieser Verbindung wollen beide Partner lernen, sich selbst und anderen größtmöglichen Freiraum im Entscheiden und Handeln einzuräumen.

Bedeutung für den älteren Partner: Sein Tun und Handeln mag dem Partner manchmal unberechenbar erscheinen. Diese Verbindung bietet ihm aber genau diesen freien, nicht nachvollziehbaren Handlungsspielraum. Für die Freiheit zu kämpfen bedarf der Losgelöstheit von einengenden Verantwortlichkeiten.

Fähigkeiten, die der ältere Partner in die Partnerschaft einbringt oder innerhalb dieser Verbindung erlernen möchte:
- Unabhängiges, selbstbestimmtes Handeln
- Fähigkeit, andere aufzurütteln und neue Wege zu gehen
- Nonkonformismus, sexuelle Aufgeschlossenheit und Freizügigkeit
- Großes Engagemant für Freunde und Gleichgesinnte

Bedeutung für den jüngeren Partner: Diese Verbindung bietet ihm den Freiraum, sich ausgelassen wie ein Kind zu vergnügen. Spiel, Spaß und Lebensfreude sind für ihn die Triebfedern jeglichen Tuns. Kreative Selbstentfaltung steht an erster Stelle seiner Prioritätenliste. Sollte er sich in einen energieraubenden Kampf mit Kindern oder um Kinder verstricken, nimmt er sein eigenes, inneres Kind nicht ernst.

Fähigkeiten, die der jüngere Partner in die Partnerschaft einbringt oder innerhalb dieser Verbindung erlernen möchte:
- Selbständigkeit
- Spaß und Freude am eigenen Tun
- Spielerisches Umgehen mit der eigenen Kreativität
- Erfüllende Aktivitäten mit Kindern

Mars im zwölften Haus

Innerhalb dieser Verbindung benötigen die Partner Rückzugsmöglichkeiten. In jenen Bereichen, in denen kein anderer Einblick findet, werden sie ein gemeinsames Kräftepotential entfalten. Energie fließt dann, wenn psychische oder spirituelle Inhalte zum Tragen kommen. Spannungen und Groll werden selten in einen offenen Streit münden. Hier ist Rückzug die beliebteste *Waffe,* sofern das wortlose Verbreiten schlechter Schwingung keine Resonanz mehr beim anderen erzeugt.

Bedeutung für den älteren Partner: Chaos zu verbreiten ist eine Seite. Nie genau zu wissen, was man im Leben will oder tun soll, diesselbe. Die Partnerschaft bringt ihn mit jenem Teil seiner Persönlichkeit in Kontakt, die Energien permanent verpuffen läßt und rein gar nichts Sichtbares zustande bringen möchte. Wer statt dessen häufig das Alleinsein sucht und eher *hinter den Kulissen* seine Fähigkeiten zum Ausdruck bringt, kennt die Kehrseite der Medaille.

Fähigkeiten, die der ältere Partner in die Partnerschaft einbringt oder innerhalb dieser Verbindung erlernen möchte:
- Im Hintergrund oder allein arbeiten
- Subtile Kampf- und Durchsetzungskraft
- Handeln durch Nicht-Handeln
- Psychologischer Spürsinn

Bedeutung für den jüngeren Partner: Der Bewältigung des Alltags, sei es in beruflichen oder häuslicher Hinsicht, gilt in dieser Verbindung sein stärkster Energieeinsatz. Chaotische, unberechenbare Zustände bringen ihn auf die Palme und lassen ihn mitunter recht unbequem und nörglerisch werden. Konstruktiv wäre seine Kritik, wenn sie dazu beitrüge, Mißstände zu beseitigen.

Fähigkeiten, die der jüngere Partner in die Partnerschaft einbringt oder innerhalb dieser Verbindung erlernen möchte:
- Hilfsbereitschaft und Engagement für Kranke und Schwache
- Besonnen und klug bei der Bewältigung des Alltags
- In verfahrenen, chaotischen Situationen handlungsfähig bleiben
- Den Notwendigkeiten des Alltags mit Respekt begegnen

Jupiter in Combin und Composit

Das Haus, in dem Jupiter steht, umreißt jene Lebensbereiche, aus denen den Partnern Zuversicht, Wohlwollen und Protektion zufließen. In schwierigen Zeiten werden sie genau dort Hilfe finden und den Sinn ihrer Lage erkennen können. Auch wird es ihnen hier gelingen, über gewohnte Denk- und Handlungsmuster hinauszuwachsen.

Jupiters Stellung im jeweiligen Haus beschreibt, in welchem Lebensbereich die Partner einen gemeinsamen Lebenssinn entwickeln und wo mit Glück und Erfolg zu rechnen ist.

Ein Combin- oder Composit-Jupiter im sechsten Haus symbolisiert z. B., daß es die Partnern nach Sinn und *religio* im Alltag verlangt. Dort und an ihren Arbeitsstellen werden ihnen immer wieder Hilfen und Erleichterungen zuteil. Ein Jupiter im achten Combin- oder Composit-Haus dagegen öffnet die Partner für positive Erfahrungen mit Besitz und Vermögen anderer Menschen.

Aspekte anderer Planeten zu Jupiter symbolisieren, von welcher Seite mit Unterstützung (harmonische Aspekte) oder mit Widerstand (disharmonische Aspekte) zu rechnen ist. Eine Jupiter-Venus-Opposition z. B. wird beide dazu neigen lassen, sich immer wieder überschwenglich romantisch zu fühlen, ohne Blick auf die tatsächlichen Gegebenheiten.

Jupiter im ersten Haus

Die Partner haben sich gefunden, um gemeinsam ein neues, glücklicheres Lebensgefühl zu entwickeln. Die Verbindung stimmt sie optimistisch. Neue Räume tun sich auf, die es zu erfahren und erobern gilt. Glück und Zufriedenheit erleben sie dann, wenn sie gemeinsam reisen, sich voll und ganz einer Sache widmen und andere an ihrem Glück teilhaben lassen. Gemeinsame Sinnfindung impliziert aber auch Konkurrenz und Kräftemessen. Glücksritter benötigen ab und zu einen Alleingang.

Bedeutung für den älteren Partner: Er kann sich glücklich schätzen. Sein Einfluß auf andere ist groß, und er genießt uneingeschränktes Vertrauen. Sein Lebensumfeld wird ihm jedoch schnell zu klein, weshalb es ihn immer wieder in die Ferne zieht. Im Grunde geht es ihm aber um die Erweiterung seines geistigen Horizonts.

Fähigkeiten, die der ältere Partner in die Partnerschaft einbringt oder innerhalb dieser Verbindung erlernen möchte:

- Souveränität und Güte
- Optimismus, Glaubens- und Glücksfähigkeit
- Selbstvertrauen und Vertrauenswürdigkeit
- Gönnerhaftigkeit

Bedeutung für den jüngeren Partner: Ihm gelingt es immer wieder, Menschen zu finden, die ihn unterstützen und protegieren. Doch nur von Kuchen zu essen, die andere backen, macht bequem und dick. Geistiges Wachstum bescheren ihm die unterschiedlichsten Lebensphilosophien seiner Mitmenschen.

Fähigkeiten, die der jüngere Partner in die Partnerschaft einbringt oder innerhalb dieser Verbindung erlernen möchte:

- Wohlwollen von anderen und Glück durch Begegnungen
- Protegierende Verbindungen
- Glückliche Beziehungen zum Ausland oder zu Ausländern
- Sinnfindung und Horizonterweiterung durch Partnerschaften

Jupiter im zweiten Haus

Diese Verbindung ermöglicht beiden Partnern einen Zuwachs an Selbstwert oder materiellen Gütern. Optimismus und Vertrauen in die eigenen Fähigkeiten wachsen proportional zum Bankkonto. Dem *Geist in der Münze* werden sie dann begegnen, wenn sie erkennen, daß Geld eine Energieform unter vielen darstellt und nicht gehortet werden darf. Damit wird die Energie nur gebunden und führt zuweilen zu Fettleibigkeit.

Bedeutung für den älteren Partner: Die Verbindung ermöglicht ihm, sich reich beschenkt und mit allem ausgestattet zu fühlen, was er zum Leben benötigt. Jetzt kann auch er großzügig sein und andere materiell unterstützen. Denn was er gibt, kommt hundertfach zu ihm zurück.

Fähigkeiten, die der ältere Partner in die Partnerschaft einbringt oder innerhalb dieser Verbindung erlernen möchte:

- Souveräner, zuversichtlicher Umgang mit Werten
- Großzügigkeit
- Materielle Unabhängigkeit
- Besitz von geistigen Gütern

Bedeutung für den jüngeren Partner: Er findet sein Glück dort, wo andere gar nicht danach suchen. In die Abgründe der Seele zu tauchen vermittelt ihm Zufriedenheit, und die Suche nach dem »Nichts« kann ungemein bereichern. Totengräber haben schon manchen Schatz ausgehoben.

Fähigkeiten, die der jüngere Partner in die Partnerschaft einbringt oder innerhalb dieser Verbindung erlernen möchte:

- In Krisenzeiten eine optimistische Grundhaltung zeigen
- Aus Verlusten seelischen Gewinn ziehen
- Tröster in der Not sein
- Sinnfindung in verborgenen, tabuisierten Bereichen

Jupiter im dritten Haus

Das, worüber sich die Partner austauschen, ist selten banal. Ihre Verbindung dient vielmehr dem Austausch religiöser, philosophischer oder weltanschaulicher Fragen. Erfolg winkt vor allem dann, wenn die Partner ihr breitgefächertes Wissen weitergeben. Dies könnte sie mit den Bereichen Unterricht, Medien oder Verlagswesen in Kontakt bringen.

Bedeutung für den älteren Partner: Glück und Zufriedenheit mag er in erster Linie an seinem Schreibtisch finden. Hier kommt er mit den unterschiedlichsten Angelegenheiten des Alltags in Kontakt und kann selbst beim Anblick einer Büroklammer über den Sinn des Lebens philosophieren. Kurze Auslandsreisen könnten zu seinem Tätigkeitfeld gehören.

Fähigkeiten, die der ältere Partner in die Partnerschaft einbringt oder innerhalb dieser Verbindung erlernen möchte:

- Über ein breitgefächertes Informationssystems verfügen
- Ungebremster Wissensdurst, schnelles und leichtes Lernen
- Weltweiter Austausch, Kommunikation mit vielen Menschen
- Das Sprechen mehrerer Sprachen

Bedeutung für den jüngeren Partner: Die Verbindung bringt ihn mit Religion, Philosophie oder fremden Kulturen in Kontakt. Er erfährt auf vielen Ebenen eine Horizonterweiterung, die ihn in die Lage versetzt, seine bisherige Weltanschauung zu revidieren. Seinen Lebenssinn findet er jenseits rationaler Grenzen.

Fähigkeiten, die der jüngere Partner in die Partnerschaft einbringt oder innerhalb dieser Verbindung erlernen möchte:

- Hohe ethische und moralische Werte
- In allem einen Sinn sehen oder finden können
- Geistige Höhenflügen erleben
- Gütiger Ratgeber sein

Jupiter im vierten Haus

Beiden Partnern wohnt ein tiefer Wunsch inne, Glück und Zufriedenheit im familiären, häuslichen Bereich zu finden. Hieraus schöpfen sie die nötige Kraft und Zuversicht, um weltlichen Aufgaben gerecht zu werden. Ihre Gefühle mögen zuweilen überschwenglich, fast euphorisch sein, doch außerhalb ihrer Privatsphäre wird dies selten spürbar. Sollten die Partner zusammenleben, spiegelt sich die Weite ihrer Herzen im Wunsch nach einer großzügigen, weitläufigen Wohnung. Diese kann sich durchaus auch im Ausland befinden.

Bedeutung für den älteren Partner: Die Verbindung bringt ihn in Kontakt mit einem unerschöpflichen, emotionalen Reichtum. Seine Seele wird zum Cosmopolit. Sie fühlt sich überall dort zu Hause, wo weltoffene, gerechtigkeitsliebende Menschen leben. Eine große, komfortable Wohnung wird dabei fast zur Selbstverständlichkeit.

Fähigkeiten, die der ältere Partner in die Partnerschaft einbringt oder innerhalb dieser Verbindung erlernen möchte:
- Emotionale Großzügigkeit
- Sich in den eigenen vier Wänden zufrieden und glücklich fühlen
- Zuversicht, die sich aus den Tiefen des Unbewußten nährt
- Glückliche, familiäre Beziehungen herstellen

Bedeutung für den jüngeren Partner: Innerhalb dieser Partnerschaft mag er die Erfahrung machen, daß ihm vieles zufällt, was bisher unerreichbar schien. Besonders in beruflichen Bereichen erfährt er Wohlwollen und Unterstützung. Gesellschaftlicher Erfolg kann erreicht werden, erfordert aber ein hohes Maß an Disziplin, Geduld und Verantwortungsbewußtsein.

Fähigkeiten, die der jüngere Partner in die Partnerschaft einbringt oder innerhalb dieser Verbindung erlernen möchte:
- Gesellschaftlich erfolgreich sein
- Für sein berufliches Können Anerkennung erhalten
- Als Gönner fungieren, Expansion trotz ausgeprägtem Konservatismus
- Einen Sinn in hierarchischen oder tradierten Strukturen sehen

Jupiter im fünften Haus

Diese Verbindung beflügelt beide Partner, sich ihrer kreativen und schöpferischen Möglichkeiten anzunehmen. Jeder wird mutig das zum Ausdruck bringen, was in ihm steckt. Egal womit sie sich letzten Endes der Welt präsentieren, es bleibt ein Spiel. Ein Spiel allerdings, bei dem es keine Verlierer gibt.

Bedeutung für den älteren Partner: Die Verbindung mag seinem Ego eine gute Portion Selbstbewußtsein und Risikofreude vermitteln. Er liebt das Spiel mit ungezählten Möglichkeiten. Welche dieser Möglichkeiten sein Potential tatsächlich sichtbar werden läßt, ist nicht so wichtig. Mitunter sind auch Kinder die Quelle seines Glücks.

Fähigkeiten, die der ältere Partner in die Partnerschaft einbringt oder innerhalb dieser Verbindung erlernen möchte:

- Vertrauen in die eigenen schöpferischen Möglichkeiten
- Lustempfinden und überschäumende Lebensfreude
- Glück mit oder durch Kinder
- Ausgeprägte Kreativität

Bedeutung für den jüngeren Partner: Innerhalb dieser Partnerschaft werden Freunde und Gleichgesinnte eine wichtige Rolle einnehmen. Möglicherweise ist er Mitglied einer Gruppe, die sich mit religiösen, weltanschaulichen oder philosophischen Themen auseinandersetzt. Hier findet er Unterstützung und Förderung oder läßt diese anderen zuteil werden.

Fähigkeiten, die der jüngere Partner in die Partnerschaft einbringt oder innerhalb dieser Verbindung erlernen möchte:

- Wohlwollen und Optimismus im Kreise von Freunden und Gleichgesinnten
- Förderer in Gruppen und Vereinen
- Sich mutig zu seiner Originalität oder Exzentrizität bekennen
- Glück im Außergewöhnlichen suchen und finden

Jupiter im sechsten Haus

Innerhalb dieser Verbindung fühlen sich beide zufrieden und glücklich, wenn sie gebraucht werden und sie ihre Fähigkeiten in den Dienst eines größeren Ganzen stellen. In Krisenzeiten hilft ein gut funktionierender Alltag über die Probleme hinweg. Er bildet das Netz, das sie trägt. Religiöse Riten könnten genauso eine Rolle spielen, wie die alltägliche Beschäftigung mit philosophischen oder weltanschaulichen Fragen.

Bedeutung für den älteren Partner: Diese Partnerschaft bringt ihn in Kontakt mit seinem Wunsch nach einer sinnerfüllten Tätigkeit. Sollte er sich dort nicht wirklich gebraucht fühlen, wird er lieber gar nichts arbeiten. Sein Alltag birgt auch ohne festen Arbeitsplatz eine Fülle von Beschäftigungsmöglichkeiten.

Fähigkeiten, die der ältere Partner in die Partnerschaft einbringt oder innerhalb dieser Verbindung erlernen möchte:

- Hilfsbereitschaft, anderen zu Diensten sein

- Sich über die kleinen Dinge des Alltags freuen
- Großer Arbeitseifer, wenn er in seinem Tun einen Sinn sieht
- Religiosität im Alltag

Bedeutung für den jüngeren Partner: In ihm schlummert eine tiefe Sehnsucht nach meditativem Rückzug. Einsamkeit ist keinesfalls bedrohlich. Stille und Einkehr bedeuten Zufriedenheit und Kontakt mit dem Göttlichen. Ohne spirituelle Inhalte wäre sein Leben sinnlos.

Fähigkeiten, die der jüngere Partner in die Partnerschaft einbringt oder innerhalb dieser Verbindung erlernen möchte:

- In stillen Stunden erhebende Glückgefühle empfinden
- Das Glück im Verborgenen suchen
- Im Alleinsein musisch kreativ werden
- Hilfsbereitschaft und Wohlwollen gegenüber Kranken und Schwachen

Jupiter im siebten Haus

Für die Partner sind Außenkontakte von ganz besonderer Wichtigkeit. Aus ihrer Umwelt beziehen sie die nötigen Impulse, um geistig und spirituell zu wachsen. Beide verbindet ein ausgesprochen starker Gerechtigkeitssinn, der räumliche und geistige Grenzen zu sprengen vermag. Ihre gemeinsame Fähigkeit, zuallererst die förderlichen Aspekte menschlichen Miteinanders zu sehen, verschafft ihnen das Wohlwollen und die Zuneigung anderer.

Bedeutung für den älteren Partner: Innerhalb dieser Verbindung besitzt er die Chance, seine Mitmenschen von ihrer positiven Seite kennenzulernen. Seine gewinnende Art, auf andere zuzugehen, wirkt nicht nur ansteckend. Sie birgt auch Wünsche, bei anderen als zuvorkommend, gerecht und großzügig zu gelten. Einem eitlen Prahlhans sollte man dabei besser nicht auf den Leim gehen.

Fähigkeiten, die der ältere Partner in die Partnerschaft einbringt oder innerhalb dieser Verbindung erlernen möchte:

- Wohlwollen von anderen und Glück durch Begegnungen
- Protegierende Verbindungen

- Glückliche Beziehungen zum Ausland oder zu Ausländern
- Sinnfindung und Horizonterweiterung durch Partnerschaften

Bedeutung für den jüngeren Partner: Sich ausschließlich der angenehmen Äußerlichkeiten zu erfreuen, die diese Verbindung mit sich bringt, würde den tieferen Sinn der Partnerschaft untergraben. Glaube, Zuversicht und Optimimus in die Welt zu tragen sollte nicht nur Priestern und Predigern überlassen werden. Er kann es auch.

Fähigkeiten, die der jüngere Partner in die Partnerschaft einbringt oder innerhalb dieser Verbindung erlernen möchte:
- Souveräne Art, sich durchzusetzen
- Optimistische Grundhaltung
- Selbstvertrauen
- Gönnerhaftigkeit

Jupiter im achten Haus

Was andere als Unglück bezeichnen, kann sich in Glück verwandeln und umgekehrt. Aus Krisenzeiten und schmerzhaften Prozessen erwachsen Gelassenheit und Zuversicht. Diese Verbindung schenkt beiden Partnern eine tiefere Einsicht in die Geheimnisse des Lebens. Die Dinge hinter den Dingen sind von Interesse. Nicht das Offensichtliche lockt und verspricht Wohlstand, sondern die Bereiche des Daseins, die jeder gerne aus seinem Leben verbannt.

Bedeutung für den älteren Partner: Ein Hungriger, der auf einer Müllhalde nach Eßbarem sucht, rechnet kaum damit, eine Schatzkiste zu finden. Dennoch, das Leben steckt voller Geheimnisse und die Pfade des Reichtums wollen erforscht sein. Die Dynamik des Lebens steht in dieser Verbindung auf dem Lehrplan. Gewinn und Verlust, Geburt und Tod, Aufstieg und Fall, Besessenheit und Gelassenheit sind Zustände menschlichen Daseins, die der Sinnfindung dienen.

Fähigkeiten, die der ältere Partner in die Partnerschaft einbringt oder innerhalb dieser Verbindung erlernen möchte:
- In Krisenzeiten eine optimistische Grundhaltung zeigen
- Aus Verlusten seelischen Gewinn ziehen

- Tröster in der Not sein
- Sinnfindung in verborgenen, tabuisierten Bereichen

Bedeutung für den jüngeren Partner: Die Verbindung ermöglicht ihm, eine großzügige Haltung in materiellen Dingen einzunehmen. Auf welchen Wegen ihm Besitz zufließt, ist zweitrangig. Ein eventuelles Erbe soll nicht nur der eigenen Sicherheit, sondern in gleichem Maße auch anderen Menschen dienen. Dies kann dem eigenen Leben Sinn geben.

Fähigkeiten, die der jüngere Partner in die Partnerschaft einbringt oder innerhalb dieser Verbindung erlernen möchte:
- Souveräner, zuversichtlicher Umgang mit Besitz und Vermögen
- Großzügigkeit
- Materielle Unabhängigkeit
- Besitz von geistigen Gütern

Jupiter im neunten Haus

Innerhalb dieser Verbindung spielt die Weltanschauung, Religion oder Lebensphilosophie eines der Partner oder beider eine wichtige Rolle. Man scheint gefunden zu haben, wonach man lange suchte. Jetzt nicht zu missionieren birgt eine große Herausforderung. Was Recht und richtig ist, muß jeder Mensch für sich entscheiden.

Bedeutung für den älteren Partner: Diese Partnerschaft unterstreicht vor allem jene Persönlichkeitsanteile, die sich mit religiösen und philosophischen Fragen auseinandersetzen. Möglicherweise fühlt er sich zu einer rituellen Lebensform hingezogen, die seine Weltanschauung oder Gläubigkeit zum Ausdruck bringt. Sein geistiger Horizont wird sich auf vielen Ebenen erweitern.

Fähigkeiten, die der ältere Partner in die Partnerschaft einbringt oder innerhalb dieser Verbindung erlernen möchte:
- Hohe ethische und moralische Werte
- In allem einen Sinn sehen oder finden wollen
- Fähigkeit zu geistigen Höhenflügen
- Gütiger Ratgeber

Bedeutung für den jüngeren Partner: Ihn interessieren weniger die abstrakten, hochgeistigen Ausflüge in die Welt des Geistes. Die Auseinandersetzung mit Moral oder Religiosität ist nicht in erster Linie ein Diskussionsthema, sondern alltägliche Realität. Seine Weltanschauung will sich in nächster Umgebung und im täglichen Umgang mit Menschen äußern.

Fähigkeiten, die der jüngere Partner in die Partnerschaft einbringt oder innerhalb dieser Verbindung erlernen möchte:
- Religiosität im Alltag suchen
- Moralität im Umgang mit der direkten Umgebung
- Wissensvermittlung mit hohen geistigen Ansprüchen
- Sinnfindung durch höhere Bildung

Jupiter im zehnten Haus

Expansion und Zufriedenheit werden im gesellschaftlichen und beruflichen Leben gesucht. Hier finden die Partner Unterstützung. Traditionelle oder hierarchische Strukturen dürften ihnen zum Vorteil gereichen. Innerhalb dieser Partnerschaft ist die Findung eines erfüllenden Lebenssinns eng mit dem jeweiligen beruflichen Erfolg verknüpft.

Bedeutung für den älteren Partner: Das Erreichen oder Erhalten eines angesehenen gesellschaftlichen Status ist von besonderer Wichtigkeit. Hierfür dürfte er auch ausreichende Unterstützung erhalten. Andere beruflich zu unterstützen dient der eigenen Zufriedenheit und einem makellosen Image.

Fähigkeiten, die der ältere Partner in die Partnerschaft einbringt oder innerhalb dieser Verbindung erlernen möchte:
- Gesellschaftlich erfolgreich sein
- Für seine beruflichen Fähigkeiten Anerkennung erhalten
- Als Gönner fungieren, Expansion trotz ausgeprägtem Konservatismus
- Einen Sinn in hierarchischen oder tradierten Strukturen sehen

Bedeutung für den jüngeren Partner: Beruflicher Erfolg und Ansehen in der Öffentlichkeit täuschen ihn nicht darüber hinweg, daß wahre Zufriedenheit aus dem eigenen Innern erwächst. Innerhalb dieser Partnerschaft verleiht die Bindung an Heimat und Familie Zuversicht und seelischen Reichtum.

Fähigkeiten, die der jüngere Partner in die Partnerschaft einbringt oder innerhalb dieser Verbindung erlernen möchte:

- Emotionale Großzügigkeit
- Glück und Zufriedenheit in den eigenen vier Wänden
- Zuversicht, die sich aus den tiefen des Unbewußten nährt
- Glückliche familiäre Beziehungen

Jupiter im elften Haus

Erfolg winkt den Partnern vor allem in Gruppen und Verbänden mit gleicher geistiger Zielsetzung. Menschen, deren Ideale und Visionen sie teilen, stehen wohlwollend zu Seite. Sowohl bei Gleichgesinnten als auch im Freundeskreis werden die Partner Untersützung finden und diese auch anderen zuteil werden lassen. Gemeinsame Projekte, die Risikobereitschaft und Mut erfordern, dürften gelingen, sofern sie dem Geist der Gemeinschaft unter freiheitlichen Aspekten dienen.

Bedeutung für den älteren Partner: Innerhalb dieser Partnerschaft werden Freunde und Gleichgesinnte eine wichtige Rolle spielen. Mit ihnen kann er sich religiösen, weltanschaulichen und philosophischen Fragen nähern oder sich ganz einfach nur wohl- und angenommen fühlen.

Fähigkeiten, die der ältere Partner in die Partnerschaft einbringt oder innerhalb dieser Verbindung erlernen möchte:

- Wohlwollen und Optimismus im Kreise von Freunden und Gleichgesinnten
- Förderer in Gruppen und Vereinen
- Sich mutig zu seiner Originalität oder Exzentrizität bekennen
- Glück im Außergewöhnlichen suchen und finden

Bedeutung für den jüngeren Partner: Die Verbindung mag seinem Ego eine gute Portion Selbstbewußtsein und damit auch den Mut zum Anderssein geben. Ihn reizt besonders die Erfahrung, sich mittels seiner schöpferischen und kreativen Fähigkeiten aus der Masse hervorzuheben. Vielleicht möchte auch das Kind in ihm ohne Einschränkung so lange spielen dürfen, bis es genug hat.

Fähigkeiten, die der jüngere Partner in die Partnerschaft einbringt oder innerhalb dieser Verbindung erlernen möchte:

- Vertrauen in die eigene Individualität
- Lustempfinden und überschäumende Lebensfreude
- Glück mit Kindern oder durch Kinder
- Ausgeprägte Kreativität

Jupiter im zwölften Haus

Glückliche Stunden werden die Partner in völliger Abgeschiedenheit von anderen erleben. Das, was sie als Paar zufrieden stimmt, dürfte anderen Menschen verschlossen bleiben. Sollten sie dennoch versucht sein, Erfolg und Unterstützung in breiterer Öffentlichkeit zu suchen, könnten sie sich vom Glück wenig begünstigt fühlen. Ihre gemeinsame Domäne ist der Rückzug in einsame Sphären und das Beschreiten spiritueller Wege.

Bedeutung für den älteren Partner: In ihm schlummert eine tiefe Sehnsucht nach meditativem Rückzug. Einsamkeit ist keinesfalls bedrohlich. Stille und Einkehr bedeuten Zufriedenheit und Kontakt mit dem Göttlichen. Ohne spirituelle Inhalte wäre sein Leben sinnentleert.

Fähigkeiten, die der ältere Partner in die Partnerschaft einbringt oder innerhalb dieser Verbindung erlernen möchte:

- In stillen Stunden erhebende Glückgefühle empfinden
- Das Glück im Verborgenen suchen
- Im Alleinsein musisch kreativ werden
- Hilfsbereitschaft und Wohlwollen gegenüber Außenseitern und Randgruppen

Bedeutung für den jüngeren Partner: Diese Partnerschaft bringt ihn in Kontakt mit seinem Wunsch nach einer sinnerfüllten Tätigkeit. Sollte er sich dort nicht wirklich gebraucht fühlen, wird er lieber gar nichts arbeiten. Sein Alltag birgt auch ohne festen Arbeitsplatz eine Fülle von Beschäftigungsmöglichkeiten.

Fähigkeiten, die der jüngere Partner in die Partnerschaft einbringt oder innerhalb dieser Verbindung erlernen möchte:

- Hilfsbereitschaft, anderen zu Diensten sein
- Sich über die kleinen Dinge des Alltags freuen
- Großen Arbeitseifer, wenn er in seinem Tun einen Sinn sieht
- Religiosität im Alltag

Saturn in Combin und Composit

Das Haus, in dem Saturn steht, beschreibt jene Lebensbereiche, die den Partnern anfänglich Schwierigkeiten und Hemmnisse bereiten. Genau in diesen Bereichen gibt es für beide etwas zu lernen. Von den Partnern wird verantwortliches Handeln, Disziplin und Durchhaltevermögen verlangt. Hier fällt ihnen nichts in den Schoß. Die eigene Leistung ist gefragt und die Bereitschaft, sich mit dem Wesentlichen ihrer Persönlichkeit und ihres Umfeldes zu befassen.

Saturn symbolisiert aber auch, auf welchem Lebensgebiet die Partner zum Meister ihres Schicksals werden und Autorität und Ansehen erlangen können.

Ein Saturn im zweiten Combin- oder Composit-Haus z. B. beschreibt, daß in dieser Verbindung Geld eine wichtige Rolle spielen wird. Der Umgang mit Finanzen will gelernt sein. Nicht selten fördert die Beschäftigung mit Werten und Selbstwert eine Wahrheit zutage, die die Verbindung auf ein neues Fundament stellt.

Ein Saturn im neunten Combin- oder Composit-Haus verlagert den Schwerpunkt gemeinsamer Lernerfahrung in weltanschauliche, philosophische oder religiöse Erkenntnisbereiche. Schwierigkeiten erwachsen hier weniger aus privaten Angelegenheiten, vielmehr sind es gesellschaftliche oder religiöse Restriktionen, die die Partner ihrer persönlichen Wahrheit näherbringen.

Aspekte anderer Planeten zu Saturn symbolisieren, von welcher Seite mit Unterstützung (harmonische Aspekte) oder mit Widerstand (disharmonische Aspekte) zu rechnen ist. Ein Mars-Saturn-Quadrat z. B. beschreibt, daß die Partner sehr viel Energie aufwenden müssen, um ihre Ziele zu erreichen. Frustrationen und Behinderungen werden sie immer wieder dazu zwingen, der Wahrheit ihres Handeln und ihrer Zielsetzung ins Auge zu blicken und gegebenenfalls »Kursänderungen« vorzunehmen.

Saturn im ersten Haus

Verantwortung und Pflichterfüllung spielen in dieser Verbindung eine große Rolle. Nichts geht hier locker und leicht vonstatten. Auf den Partnern lastet eine Schwere, die es ihnen unmöglich macht, sich frei und ungezwungen zu geben. Möglicherweise laden sie sich zuviel Verantwortung auf oder erliegen einem Drang nach Perfektion, der Gefühle von Zufriedenheit kaum zuläßt.

Bedeutung für den älteren Partner: Innerhalb dieser Verbindung wird seine ernste, verantwortungsvolle Seite zum Tragen kommen. Sie läßt ihn auch in schwierigen Situation die nötige Ruhe bewahren. Sollten Schwierigkeiten und Begrenzungen in seinem Leben überhand nehmen, dienen sie lediglich als Wegweiser, sich ernsthaft mit den Ursachen seiner Hemmungen und Unzulänglichkeitsgefühle auseinanderzusetzen.

Fähigkeiten, die der ältere Partner in die Partnerschaft einbringt oder innerhalb dieser Verbindung erlernen möchte:
- Verantwortung
- Stabilität und Ausdauer
- Sicherung bewährter Strukturen
- Hindernisse und Schwierigkeiten meistern

Bedeutung für den jüngeren Partner: Er kommt durch die Partnerschaft immer wieder mit Menschen in Berührung, die ihn erziehen oder belehren wollen. Zuweilen mag er sich auch abgelehnt und wenig respektiert fühlen. Diese Gefühle haben durchaus konstruktiven Charakter. Mitmenschen, die Unzulänglichkeitsgefühle in ihm wachrufen, sind oftmals wichtige Begleiter auf dem Weg in Richtung Klarheit und Echtheit.

Fähigkeiten, die der jüngere Partner in die Partnerschaft einbringt oder innerhalb dieser Verbindung erlernen möchte:
- Durch Beziehungen reifen
- Zugang zu älteren oder verschlossenen Menschen
- Die tiefere Bedeutung einer Partnerschaften erkennen
- Treue, Verläßlichkeit

Saturn im zweiten Haus

Diese Verbindung gibt beiden Partnern die Möglichkeit, sich mit tiefsitzenden Existenzängsten auseinanderzusetzen. Im Grunde genommen fühlen sie sich in dieser Welt nicht sicher. Ihr Selbstwertgefühl ist empfindlich gestört und bei näherer Betrachtung wird auch eine ausreichend materielle Versorgung nicht wesentlich zu einer Veränderung dieses Gefühls beitragen. Wichtig wird daher sein, das Fundament ihres Lebens auf einem wahren, ihrem Wesen gemäßen Boden zu errichten.

Bedeutung für den älteren Partner: Geldangelegenheiten spielen innerhalb dieser Verbindung eine wichtige Rolle. Sollte er mit materiellen Gütern ausgestattet sein, wird ihn dennoch immer wieder die Angst vor Verlust überkommen. Frei von Verlustängsten wird er sicher nicht, indem er tatsächlich alles verliert oder weggibt. Erst das Erkennen inneren Werte stärkt den eigenen Selbstwert.

Fähigkeiten, die der ältere Partner in die Partnerschaft einbringt oder innerhalb dieser Verbindung erlernen möchte:
- Verantwortungsvollen Umgang mit materiellen Gütern
- Überwindung von Existenz- und Verlustängsten
- Sparsamkeit
- Bescheidenheit

Bedeutung für den jüngeren Partner: Diese Verbindung besitzt die Kraft, ihn mit tiefsitzenden Lebensängsten in Kontakt zu bringen. Das langsame Aufspüren psychischer Blockaden ermöglicht ihm nach und nach, der Dynamik des Lebens mit größerer Gelassenheit zu begegnen. Nicht das Festhalten an den Dingen macht innerlich reich, sondern das Loslassen.

Fähigkeiten, die der jüngere Partner in die Partnerschaft einbringt oder innerhalb dieser Verbindung erlernen möchte:
- Hingabe- und Genußfähigkeit
- Das Akzeptieren von Verlust und Tod als natürlichen Bestandteil des Lebens
- Meister im Geben und Nehmen sein
- Mit Ressourcen anderer verantwortungsvoll umgehen

ħ

Saturn im dritten Haus

Die Kommunikation der Partner dürfte sich, besonders was den alltäglichen Austausch betrifft, mitunter schwierig gestalten. Sie müssen sich intensiver als andere Paare darum bemühen, daß der Kontakt zwischen ihnen nicht abbricht. Die Schwierigkeiten, in Kontakt zu bleiben, können auch damit zusammenhängen, das beide weit voneinander entfernt leben. Aus dem Bemühen, Probleme und Mißstände nicht totzuschweigen sondern auszusprechen, erwächst eine besondere Stärke. Diese besteht in der Fähigkeit, ernsthaft und engagiert an der Verbesserung ihres sprachlichen Ausdrucks oder ihres Informationsaustausches zu arbeiten.

Bedeutung für den älteren Partner: Im gemeinsamen Alltag mag er zuweilen wortkarg oder geistig abwesend erscheinen. Bei Problemen und Schwierigkeiten zieht er sich allzu leicht in seine Gedankenwelt zurück und sucht dort alleine nach einer Lösung. Für seine nächste Umgegung ist es daher nicht immer leicht, ihn zu verstehen.

Fähigkeiten, die der ältere Partner in die Partnerschaft einbringt oder innerhalb dieser Verbindung erlernen möchte:
- Sich mitteilen können
- Fundiertes Wissen im Bereich Medien und Kommunikation
- Tiefgründigkeit im Denken
- Ausgeprägtes Problembewußtsein bei Gesprächen

Bedeutung für den jüngeren Partner: Ihn bewegt ein tiefer Wunsch, zu lernen und die Dinge des Lebens aus einer höheren Warte heraus zu verstehen. Sein strenges Streben, den Sinn jeglichen Daseins erkennen zu wollen, läßt ihn zuweilen dogmatisch und engstirnig agieren. Sein Fokus auf religiöse, philosophische oder weltanschauliche Fragen erschwert den Zugang zu anderen Menschen und verwehrt oftmals den heilsamen Blick für die Einfachheit menschlichen Miteinanders.

Fähigkeiten, die der jüngere Partner in die Partnerschaft einbringt oder innerhalb dieser Verbindung erlernen möchte:
- Moralität und Ernsthaftigkeit im Denken und Handeln
- Seiner nächsten Umgebung wahr und ehrlich begegnen
- Ausdauernde Suche nach dem Sinn des Lebens

– Einen wesensgemäßen Platz in der Welt einnehmen

Saturn im vierten Haus

Innerhalb dieser Verbindung können schwierige Kindheitserfahrungen früher oder später ein Rolle spielen. Möglicherweise sind sie die Ursache dafür, daß es den Partnern schwerfällt, wirkliche emotionale Nähe herzustellen. Aus welchen Gründen auch immer, es wird den Beteiligten nicht leichtfallen, sich vertrauensvoll dem anderen hinzugeben. Sollten sie zusammenleben, deuten Belastungen und Schwierigkeiten im häuslichen Bereich darauf hin, daß die Ursachen hierfür weniger im Außen zu suchen sind als vielmehr im eigenen Innern.

Bedeutung für den älteren Partner: Auf der Suche nach Heimat und Geborgenheit wird er sich immer wieder mit Hindernissen konfrontiert sehen. Das gefühlsmäßige *Ankommen* bereitet die größten Schwierigkeiten. Die Beziehung zu seiner Mutter oder Herkunftsfamilie auf einer inneren Ebene zu klären schafft neue Fundamente, um sich verwurzelt zu fühlen.

Fähigkeiten, die der ältere Partner in die Partnerschaft einbringt oder innerhalb dieser Verbindung erlernen möchte:
- Seine Gefühle ernst nehmen und ausdrücken können
- Große Verantwortungsbereitschaft für Familie und Heim
- Schutz seiner Privatsphäre
- Bescheidenheit und Anspruchslosigkeit im Zuhause

Bedeutung für den jüngeren Partner: Im Bereich seiner beruflichen Zielsetzung wird er sich immer wieder mit tiefsitzenden Versagensängsten auseinandersetzen müssen. Sie nicht ernst zu nehmen bringt ihn in Gefahr, in den falschen Bereichen Ehrgeiz zu entwickeln. Wirkliche Autorität und Ansehen wird er nur in einem Beruf erlangen, der seinem Wesen voll und ganz entspricht.

Fähigkeiten, die der jüngere Partner in die Partnerschaft einbringt oder innerhalb dieser Verbindung erlernen möchte:
- Führungsqualität, Vorbild für andere sein
- Herausragende berufliche Leistung

- Sich nicht unterkriegen lassen, Stehaufmännchen
- Durchhaltevermögen in schwierigen Lebenslagen

Saturn im fünften Haus

Einen Hang zur Vergnügungssucht kann man den Partnern wirklich nicht nachsagen. Spiel, Spaß und Lust dürften in dieser Verbindung eher zu kurz kommen. Solange beide intensiv an der Vervollkommnung ihrer kreativen Fähigkeiten arbeiten, werden sie dennoch nichts vermissen. Lust und Lebensfreude selten, dafür aber in höchster Qualität erlebt, entschädigt alle Mühen.

Bedeutung für den älteren Partner: Diese Verbindung hat die Kraft, das verletzte Kind im eigenen Innern aufleben zu lassen. Es werden sich daher zwangsläufig Situationen ergeben, in denen er sich hilflos, schwach und unzulänglich fühlt. Das Vertrauen in die eigene Kreativität und Selbständigkeit will neu entwickelt werden. Kinder werden mitunter als Bürde empfunden, weil sie in ihrer Bedürftigkeit und Lebenslust die Wunden der eigenen Kindheit aufreißen. Sie als Lehrer und Wegweiser zu begreifen ist ein wichtiger Schritt zur Meisterschaft.

Fähigkeiten, die der ältere Partner in die Partnerschaft einbringt oder innerhalb dieser Verbindung erlernen möchte:

- Konzentration auf das Wesentliche seiner Persönlichkeit
- Große Verantwortungs- und Lernbereitschaft
- Moralität und Integrität persönlich verkörpern und ausdrücken
- Vorbild und Lehrer (Erzieher) sein

Bedeutung für den jüngeren Partner: Sein Freundeskreis mag zusehends schrumpfen. Vielleicht fühlt er sich sogar häufiger einsam und von der Welt abgeschnitten. Diese Verbindung konfrontiert ihn mit der Notwendigkeit, sich nur noch mit Menschen zu umgeben, die seine Lebenshaltung und seine Visionen teilen. Die Zeit des Nicht-Bekennens und der Unwahrheit ist vorbei.

Fähigkeiten, die der jüngere Partner in die Partnerschaft einbringt oder innerhalb dieser Verbindung erlernen möchte:

- Verantwortung übernehmen für das, was ihn umgibt

- Freunde verabschieden, die sich in eine andere Richtung entwickelt haben
- Autorität in Gruppen und unter Gleichgesinnten sein
- Meister sein im Anderssein

Saturn im sechsten Haus

Im alltäglichen Leben der Partner ist mit erschwerten Bedingungen zu rechnen. Sowohl im gesundheitlichen Bereich als auch im Feld ihrer Tätigkeit fordern Schwierigkeiten zu mehr Echtheit und Ernsthaftigkeit auf. Bewußte Konzentration auf Wesentliches mag karge, entbehrungsreiche Zeiten mit sich bringen, Disziplin und Durchhaltevermögen versprechen dennoch reiche Ernte.

Bedeutung für den älteren Partner: Solange Versagensängste und Unzulänglichkeitsgefühle die Motoren für überdurchschnittliche Leistungen sind, bewegt er sich auf gefährlichem Terrain. Seine psychischen Kräfte zu überspannen bedeutet Raubbau am eigenen Körper und Energieverschwendung am falschen Fleck. Die *Quittung* kommt nicht selten in Form von Krankheit oder Arbeitslosigkeit.

Fähigkeiten, die der ältere Partner in die Partnerschaft einbringt oder innerhalb dieser Verbindung erlernen möchte:
- Kritisches und ökonomisches Denken
  Bescheidenheit
- Gesundheitsbewußtsein
- Durchhaltevermögen

Bedeutung für den jüngeren Partner: Diese Partnerschaft bringt ihn mit nicht sichtbaren Strukturen und Reglements in Kontakt. Da er ihr Vorhandensein zwar spürt, sie aber nicht sieht, ist er aufgefordert, eigene Wahrheiten zu erkennen und nach ihnen zu leben. Dadurch entwickelt er sich zu einer Autorität – hinter den Kulissen.

Fähigkeiten, die der jüngere Partner in die Partnerschaft einbringt oder innerhalb dieser Verbindung erlernen möchte:
- Diszipliniertes Verhalten bei Einsamkeitsgefühlen
- Im Rückzug von der Welt eigene Unzulänglichkeiten meistern

– Autorität in Bereichen der Psyche sein
– Sehnsüchte und Visionen realisieren

Saturn im siebten Haus

Innerhalb dieser Verbindung ist der Umgang mit anderen auf das Wesentliche beschränkt. Den Partnern gelingt es selten, ein unkompliziertes und lockeres Verhältnis gegenüber ihrer Umwelt aufzubauen. Allzu schnell wird die Außenwelt zur *Feindeswelt* erklärt. Infolgedessen ziehen sich die Beteiligten von ihren Mitmenschen zurück oder trennen sich, ohne die *Lektion* zu erkennen, die ihnen diese Partnerschaft erteilen will: Nähe zu anderen Menschen zuzulassen ist nicht gleichbedeutend mit Schwäche und Bedürftigkeit.

Bedeutung für den älteren Partner: Weil er Mitmenschlichkeit und Partnerschaft nicht auf die leichte Schulter nimmt, fühlt er sich oft einsam und von der Welt abgeschnitten. Er sehnt sich nach reifen, verantwortungsbewußten Menschen, die Bereitschaft zeigen, ihn auf seinem Weg zu begleiten. Diese Verbindung fordert ihn jedoch dazu auf, Eigenverantwortung zu entwickeln und den Blick nicht mehr auf die Unzulänglichkeiten anderer zu richten, sondern auf seine eigenen.

Fähigkeiten, die der ältere Partner in die Partnerschaft einbringt oder innerhalb dieser Verbindung erlernen möchte:
– Ernsthaftigkeit im Umgang mit der Partnerschaft
– Widerstandskraft gegen ungerechtfertigte Anfeindungen
– Erzieher und Vorbild für andere sein
– Verläßlichkeit

Bedeutung für den jüngeren Partner: Innerhalb dieser Verbindung spielt er die Rolle des Ver- oder Behinderten. Erdrückende Pflichten und Verantwortlichkeiten sowie körperliche Beschwerden dienen allesamt einem unbewußten Verweigerungsmuster, das partnerschaftliche Nähe nicht zulassen will. Diese Verbindung bringt ihn mit uralten, längst überholten Unzulänglichkeitsgefühlen in Kontakt, die immer noch als Legitimation für sein *Nicht-Präsent-Sein* herhalten müssen.

Fähigkeiten, die der jüngere Partner in die Partnerschaft einbringt oder innerhalb dieser Verbindung erlernen möchte:

- Verantwortliches Sich-Einlassen auf die Gegebenheiten des Daseins
- Energetische Konzentration auf das Wesentliche in Partnerschaften
- Jeder Pflicht und Verantwortlichkeit den richtigen Platz zuweisen
- Realistische Lebenseinstellung

Saturn im achten Haus

Diese Verbindung zeigt beiden Partnern, daß nicht alles im Leben kontrolliert oder festgehalten werden kann. Stirb-und-Werde-Prozesse bergen die größte Herausforderung. Sie konfrontierten die Beteiligten mit ihrer tiefsitzenden Angst vor Verlust. Tiefe innere Gelassenheit kann sich nur entfalten durch Vertrauen ins Leben und Hingabe an das eigene Schicksal.

Bedeutung für den älteren Partner: Starre Vorstellungen davon, wie das Leben zu sein hat, machen extreme Erfahrungen notwendig. Der Fluß des Lebens folgt seiner eigenen Gesetzmäßigkeit und bricht Dämme genau dort, wo sie am sichersten scheinen. Erst wenn alle Barrieren fortgeschwemmt sind, bringt die heilsame Kraft des Wassers seiner Seele Ruhe und Zuversicht.

Fähigkeiten, die der ältere Partner in die Partnerschaft einbringt oder innerhalb dieser Verbindung erlernen möchte:

- Weder Menschen noch Dinge besitzen wollen
- Frei von Fixierungen sein
- Verantwortlichen Umgang mit den Ressourcen anderer
- Tiefe Krisen meistern können, andere durch Krisen begleiten

Bedeutung für den jüngeren Partner: Folgt er seiner Angst, vom Gabentisch des Leben nichts abzubekommen, kann sie ihm heilsame Erfahrungen bescheren. Nicht die äußeren Bedingungen sind Ursache tiefsitzender Existenzängste, sondern sein unbewußter Glaube daran, im Grunde genommen nichts wert zu sein. Erst wenn er lernt, sich selbst anzunehmen und zu lieben, werden äußere Werte den ihnen gemäßen Stellenwert bekommen.

Fähigkeiten, die der jüngere Partner in die Partnerschaft einbringt oder innerhalb dieser Verbindung erlernen möchte:

- Tiefe Wertschätzung seelischer Potentiale
- Den eigenen Selbstwert nicht an materiellen Gewinnen oder Verlusten messen
- Sparsamkeit im Umgang mit eigenem und fremdem Kapital
- Bescheidenheit

Saturn im neunten Haus

Innerhalb dieser Verbindung sind die Partner dazu aufgerufen, sich weltanschaulichen oder religiösen Fragen zu stellen. Herausforderungen warten besonders in jenen Bereichen auf sie, die eine tolerante Haltung verlangen. Dogmatismus und Missionseifer beschränken den Geist gerade dort, wo höchste Erkenntnisfähigkeit möglich wäre. Konzentration auf das Wesentliche ermöglicht beiden Partnern die Erweiterung ihres geistigen Horizontes.

Bedeutung für den älteren Partner: Die Verbindung kann ihn mit tiefsitzenden Minderwertigkeitsgefühlen im Bereich seiner Bildung in Kontakt bringen. Möglicherweise kompensiert er diese, indem er sein Wissen unabläßlich unter Beweis stellt. Die Auseinandersetzung mit philosophischen oder religiösen Themen dient in besonderem Maße seiner Sinnfindung im Leben.

Fähigkeiten, die der ältere Partner in die Partnerschaft einbringt oder innerhalb dieser Verbindung erlernen möchte:

- Toleranz gegenüber Andersdenkenden
- Ausgeprägter Gerechtigkeitssinn
- Zuversicht und Vertrauen in höhere Gesetzmäßigkeiten
- Hohe Ethik und Moral

Bedeutung für den jüngeren Partner: Diese Verbindung fördert seine Fähigkeit zu tiefgründigem, auf das Wesentliche konzentriertem Denken. Banalitäten, Klatsch und Tratsch sind ihm ein Greuel. Sein Mitteilungsbedürfnis reduziert sich mitunter auf das Notwendigste. In Alltagsfragen dürfte er seinen Mitmenschen daher wenig Unterstützung bieten können.

Fähigkeiten, die der jüngere Partner in die Partnerschaft einbringt oder innerhalb dieser Verbindung erlernen möchte:

- Kompetenz und Autorität in den Bereichen Schrift, Sprache, Informationswesen
- Ausgeprägter Wunsch nach Bildung
- Auf kompetente, strukturierte Art anderen Wissen vermitteln
- Spezialist seines Interessengebietes sein

Saturn im zehnten Haus

Ein gesellschaftlich anerkannter Status ist beiden Partnern wichtig. Sie möchten sich einer breiten Öffentlichkeit als kompetente Autoritäten präsentieren. Daß dafür Lehrgeld bezahlt und viele Hürden überwunden werden müssen, krönt ihre Zielsetzung. Doch wenn wirklich nur der *Weg das Ziel* ist, werden sich beide auf der Zielgeraden recht einsam fühlen.

Bedeutung für den älteren Partner: Ehrgeiz und der Wunsch nach Anerkennung geben ihm die nötige Kraft, seine Ziele zu erreichen. Wichtig scheint dabei die Klärung, wessen Ziele er verfolgt. Möglicherweise sitzt ihm nämlich immer noch ein Elternteil im Nacken, dem er glaubt, etwas beweisen zu müssen.

Fähigkeiten, die der ältere Partner in die Partnerschaft einbringt oder innerhalb dieser Verbindung erlernen möchte:

Verantwortungsträger in der Öffentlichkeit sein
- Bewahrerung traditioneller Strukturen
- Pflichtbewußtsein
- Einflußreichtum

Bedeutung für den jüngeren Partner: Berufliche Gegebenheiten können es mit sich bringen, daß er wenig Zeit zu Hause verbringt oder auch dort noch mit seiner Arbeit befaßt ist. Ein Privatleben im eigentlichen Sinne wird nur dann möglich sein, wenn er von Zeit zu Zeit die Koffer packt und seinen Pflichten entflieht.

Fähigkeiten, die der jüngere Partner in die Partnerschaft einbringt oder innerhalb dieser Verbindung erlernen möchte:

- Ausgewogenheit zwischen Pflichterfüllung und Ruhebedürfnis

- Verantwortlichen Umgang mit familiären Angelegenheiten
- Seelischen Bedürfnisse annehmen und ausdrücken können
- Schutz seiner Privatsphäre

Saturn im elften Haus

Innerhalb dieser Partnerschaft bekommen Freundschaften mit Gleichgesinnten einen wichtigen Stellenwert. Die Beteiligten werden möglicherweise die Erfahrung machen, daß sich ihr Freundeskreis verkleinert oder in andere Interessensgebiete verlagert. Ihr gemeinsames Bedürfnis richtet sich auf einen intensiven geistigen Austausch mit Gleichgesinnten und engen Freunden.

Bedeutung für den älteren Partner: Die Angst, nicht dazuzugehören, schürt seinen Antrieb, im Freundeskreis oder in Gruppen eine Autoritätsstellung einzunehmen. Lehrer oder Vorbild zu sein bringt die Notwendigkeit mit sich, unter Gleichgesinnten zu sein und sich ihren Gruppenprozessen zu stellen. Anderenfalls muß er die Rolle des Außenseiters und Sonderlings akzeptieren lernen.

Fähigkeiten, die der ältere Partner in die Partnerschaft einbringt oder innerhalb dieser Verbindung erlernen möchte:
- Eigene Standpunkte innerhalb einer Gruppe haben und vertreten können
- Tiefe Freundschaften zu wenigen pflegen
- Kompetenz in seinem Interessensgebiet haben
- Tradition und Fortschritt miteinander verbinden können

Bedeutung für den jüngeren Partner: Innerhalb dieser Verbindung wird sein Selbstbewußtsein so mancher Prüfung unterzogen. Es fällt ihm nicht leicht, sich anderen Menschen zu zeigen. Die lockeren, leichten Seiten des Daseins machen ihm daher eher Angst, als daß er sie genießen könnte. Er muß wieder lernen zu spielen.

Fähigkeiten, die der jüngere Partner in die Partnerschaft einbringt oder innerhalb dieser Verbindung erlernen möchte:
- Konzentration auf das Wesentliche seiner Persönlichkeit
- Verantwortungsvoller Umgang mit seinem inneren Kind

- Selbstbewußter Ausdruck dessen, was in ihm steckt
- Unbefangenheit

Saturn im zwölften Haus

Solange die Verbindung besteht, mögen beide an einem Mangel an Struktur und Halt leiden. Im realen Leben ist es müßig, danach zu suchen, sie werden beides nicht finden. Diese Verbindung unterliegt spirituellen Gesetzmäßigkeiten, die sich jeglicher Ratio entziehen. Aus diesem Grund sind die Partner darauf angewiesen, eigene, der übrigen Welt verborgene Vorstellungen von Recht und Ordnung zu entwickeln. Loyalität und Verantwortung für den Partner nähren sich hier aus *göttlichen Prinzipien.* Weltliche Gesetze werden ad absurdum geführt.

Bedeutung für den älteren Partner: Diese Partnerschaft bringt ihn mit nicht sichtbaren Strukturen und Reglements in Kontakt. Da er ihr Vorhandensein zwar spürt, sie aber nicht sieht, ist er aufgefordert, seine eigene Wahrheit zu erkennen und nach ihr zu leben. Dadurch entwickelt er sich zu einer Autorität, die im Verborgenen wirkt.

Fähigkeiten, die der ältere Partner in die Partnerschaft einbringt oder innerhalb dieser Verbindung erlernen möchte:
- Diszipliniertes Verhalten, wenn er sich einsam und alleine fühlt
- Im Rückzug von der Welt eigene Unzulänglichkeiten meistern
- Kompetenz im Bereich der Psychologie
- Sehnsüchte und Visionen realisieren

Bedeutung für den jüngeren Partner: Innerhalb dieser Verbindung will er lernen, seinen Alltag zu meistern und sich in seinem Arbeitsgebiet als Koryphäe zu erweisen. Daß dies, seiner Ansicht nach, nur mittels Disziplin und Perfektion möglich wird, schafft mitunter ein liebloses Arbeitsklima.

Fähigkeiten, die der jünger Partner in die Partnerschaft einbringt oder innerhalb dieser Verbindung erlernen möchte:
- Klar definierte Aufgabenstellungen kreieren
- Sich als Autorität und Koryphäe in seinem Arbeitsbereich profilieren

- Disziplinierte, asketische Arbeitsmoral
- Führungsqualität mit Hang zum Oberlehrerhaften

Chiron in Combin und Composit

Chirons Hausstellung beschreibt in Partnerhoroskopen jene Bereiche, in denen die Partner mit Unvollkommenheit leben lernen müssen. In Chiron bündelt sich die Essenz seelischer Verletzungen, die beide Partner aus früher Kindheit oder Jugend in sich tragen. Auch wenn sie sich Bemühen, die Wunden nicht erneut aufbrechen zu lassen, wird gerade in diesen Bereichen Kritik als besonders schmerzhaft empfunden. Es geht hier nicht darum, wie etwa bei Saturn, aktiv an den Schwierigkeiten zu arbeiten, um sie eines Tages zu meistern. Die Hausstellung Chirons zeigt vielmehr, wo die Partner mit ihrer Wunde leben lernen müssen.

Chiron im ersten Haus

Auf eine sehr versteckte Art fällt es den Partnern schwer, selbstsicher oder gar kämpferisch auf andere zuzugehen. Mangelndes Vertrauen in ihren Körper und ihre Vitalität ist ein wunder Punkt, der sie Auseinandersetzungen und Disharmonien scheuen läßt. Rückzug in Passivität oder Krankheit scheint manchmal der beste Selbstschutz zu sein.

Chiron im zweiten Haus

Im tiefsten Innern glauben die Partner, daß Ihnen in materieller Hinsicht nichts zusteht. Ihr Selbstwertgefühl scheint daher ständig bedroht, ohne daß es offensichtliche Gründe dafür geben muß. Gemeinsame Sicherheiten dürften schwer zu erlangen oder zu halten sein.

Chiron im dritten Haus

Auf die eine oder andere Art haben die Partner Schwierigkeiten, sich zu verständigen. Ihre Kommunikationsprobleme können verbaler oder nonverbaler Natur sein. Auch wenn sie sich bemühen, den Mangel durch anderes auszugleichen, werden sie mit diesem Problem zu leben lernen müssen.

Chiron im vierten Haus

In den Bereichen »Herkunft« und »Familie« gibt es Wunden, die nicht heilen wollen. Ihr Bedürfnis nach Geborgenheit und Hingabe wird daher immer wieder von einer unerklärlichen Angst überschattet, nirgends dazuzugehören und nirgends wirklich eine Heimat und Ruhe finden zu können.

Chiron im fünften Haus

Unbehaglich wird es für die Partner immer dann, wenn sie spontan zeigen sollen, wer sie sind. Sich zu exponieren oder öffentlich mit anderen zu konkurrieren dürfte versteckte Unzulänglichkeitsgefühle wachrufen. Die Angst, sich lächerlich zu machen, ist größer als die Lust an spontanem Selbstausdruck.

Chiron im sechsten Haus

Daß die Dinge des Lebens keinem Plan folgen, der von den Partnern kalkuliert und kontrolliert werden kann, bereitet Unbehagen. Allzu leicht suchen sie die Schuld bei sich und werfen sich insgeheim vor, nicht perfekt genug zu sein. Höhere Gesetzmäßigkeiten entziehen sich jedoch einer weltlichen Ordnung.

Chiron im siebten Haus

Mangelndes Vertrauen in andere und die Angst, verlassen zu werden, kann dazu führen, daß die Partner Scheinharmonien aufrechterhalten. Angepaßtes Verhalten in der Beziehung täuscht darüber hinweg, daß man im Grunde genommen Angst hat, anderen wirklich zu begegnen.

Chiron im achten Haus

Das Sich-fallen-Lassen in Seins-Zustände, die sich bewußter Einflußnahme und Kontrolle entziehen, ruft ungeahnte Ängste auf den Plan.

Der Wunsch nach Hingabe in der Sexualität wird in gleichem Maße von Ohnmachtsgefühlen überschattet wie die gedankliche Auseinandersetzung mit dem Tod.

Chiron im neunten Haus

Der wunde Punkt dieser Verbindung konzentriert sich auf den Bereich höherer Bildung. Die Partner dürften sich anderen oftmals geistig unterlegen fühlen, ohne daß dies auf einem tatsächlichen Mangel an Bildung beruht. Selbst die beste akademische Ausbildung kann ihre Gefühle der Unzulänglichkeit nicht ausgleichen.

Chiron im zehnten Haus

Konflikte mit Autoritäten und Schwierigkeiten, eine adäquate Position in der Welt zu begleiten, rühren nicht selten von einer tiefsitzenden Vater-Problematik her. Von ihm abgelehnt worden zu sein zieht immer wieder das Gefühl nach sich, unter Beweiszwang zu stehen. Mit Anerkennung können die Partner dennoch schwer umgehen.

Chiron im elften Haus

Immer dann, wenn sich das Paar anderen anschließen möchte, könnten Zweifel aufkommen. Die Erfahrung, keiner Gruppierung anzugehören, schmerzt. Anders als andere zu sein drängt beide in eine Außenseiter-Rolle, doch der Rückzug in einsame geistige Überheblichkeit wird die alten Wunden nicht heilen.

Chiron im zwölften Haus

Die Welt der Träume und Sehnsüchte birgt Möglichkeiten, der nackten Wahrheit nicht ins Auge sehen zu müssen. Die Mächte des Unbekannten verursachen gleich viel Ängste wie die Realität. Alleinsein und Abgeschiedenheit können die Seele beruhigen und den verlorenen Glauben an das Göttliche wiederbeleben.

Uranus in Combin und Composit

Uranus symbolisiert in Combin und Composit jene Kraft, die es den Partnern ermöglicht, die Angelegenheiten ihres Lebens aus einer höheren geistigen Warte zu betrachten. Seine glasklare, emotionslose Sicht der Dinge wird die Partner dabei unterstützen, jene Bereiche zu erkennen, in denen sie sich eingeschränkt und unfrei fühlen. Den Mut, einen selbstbestimmten, individuellen Lebensweg einzuschlagen, bekommt nicht jeder Mensch in die Wiege gelegt. Das Haus, in dem Uranus steht, zeigt daher, in welchem Lebensbereich sich die Partner unterstützen können, überholte und einengende Verhaltensmuster abzulegen. Genau in diesem Bereich müssen sie aber auch vermehrt mit Aufregungen, Irritationen und Ausnahmezuständen rechnen.

Steht Uranus dominant, d. h. an einer Achse, im Aspekt zu Sonne oder Mond oder in enger Konjunktion zum Aszendenten-Herrscher des Combins, ist seinen Themen besondere Aufmerksamkeit zu widmen. Hier werden sich die Partner in starkem Maße mit den Themenbereichen Nähe/Distanz, Bindung/Freiheit sowie Tradition/Fortschritt auseinandersetzen müssen.

Die Exzentrizität und Unberechenbarkeit, die mit Uranus einhergeht, kann Partnerschaften aber auch über Gebühr strapazieren. Bei plötzlichen Kontaktabbrüchen und Trennungen *aus heiterem Himmel* ist ohne Zweifel Uranus mit im Spiel.

Uranus im ersten Haus

Ein Zuviel an Nähe ist innerhalb dieser Verbindung schwer zu ertragen. Sollten nicht äußere Umstände dazu führen, daß die Partner immer wieder für längere Zeit getrennte Wege gehen, werden sie sich recht schnell auf die Nerven gehen. Individuelle Freiheit, Unabhängigkeit und die Möglichkeit, Distanz zu wahren, sind Grundvoraussetzungen für die Dauerhaftigkeit der Partnerschaft. Solange ihre unkonventionelle Seite zum Ausdruck kommen kann, werden sich die Partner gegenseitig inspirieren und sich immer wieder neu füreinander begeistern.

Bedeutung für den älteren Partner: Innerhalb dieser Verbindung ist es für ihn besonders wichtig, seine Freiräume zu wahren und unabhängig vom Partner eigene Wege zu gehen. Sollte sein Gegenüber *klammern* und mehr Nähe und Verbindlichkeit fordern, wird er damit eher in die Flucht geschlagen als in der Verbindung gehalten. In Beziehung kann er nur bleiben, wenn auch Distanz möglich ist.

Fähigkeiten, die der ältere Partner in die Partnerschaft einbringt oder innerhalb dieser Verbindung erlernen möchte:
- Frei und unabhängig sein
- Originalität und Exzentrizität
- Unkonventionelle Art der Ich-Durchsetzung
- Flexibilität im Handeln

Bedeutung für den jüngeren Partner: Er wird dafür sorgen, daß keine Langeweile zwischen den Partnern aufkommt. Sein Interesse an originellen, außergewöhnlichen Menschen ist so groß, daß seine Bekanntschaften stets bereichernd und inspirierend für die Partnerschaft sind.

Fähigkeiten, die der jüngere Partner in die Partnerschaft einbringt oder innerhalb dieser Verbindung erlernen möchte:
- Beziehungen zu extravaganten, schillernden Persönlichkeiten
- Die Freiheitsbestrebungen anderer unterstützen
- In seiner Umgebung immer das Besondere, Außergewöhnliche suchen und finden
- Distanz wahren können

Uranus im zweiten Haus

Im Umgang mit Finanzen und Wertanlagen sind die Partner eher spontan bis unberechenbar. Möglicherweise wissen sie nie so genau, wieviel sie am Ende eines Monats auf dem Konto haben werden. Es kann sehr viel sein, aber es kann auch so gut wie nichts in die Kasse fließen. Ein gewisser Nervenkitzel scheint reizvoll und bietet zumindest die Chance, von materiellen Zwängen nicht abhängig zu werden. Nicht zuletzt ist diese Haltung ein guter Nährboden für gewinnbringende Einfälle und Erfindungen.

Bedeutung für den älteren Partner: Innerhalb dieser Verbindung sind ihm Geldangelegenheiten eher lästig. Selbst wenn er seine Existenzsicherung nicht ganz dem Zufall überläßt, vertraut er seinem Einfallsreichtum mehr als einer regelmäßigen, stets gleich hohen Gehaltszahlung für einen langweiligen Job. *Reisen mit leichtem Gepäck* heißt für ihn, sich keinen unnötigen Ballast anzuschaffen, der seine finanziellen Mittel langfristig bindet.

Fähigkeiten, die der ältere Partner in die Partnerschaft einbringt oder innerhalb dieser Verbindung erlernen möchte:
- Risikofreude im Umgang mit Finanzen
- Flexibilität in der Art der Existenzsicherung
- Mit Einbrüchen im Selbstwert umgehen können
- Gewinnbringende Geistesblitze

Bedeutung für den jüngeren Partner: Innerhalb dieser Verbindung kann er lernen, sich aus schmerzhaften Abhängigkeiten zu befreien. Er findet gleichfalls den Mut, sich seiner tiefsitzenden Angst vor Hingabe zu stellen, um danach bewußter mit Nähe und Distanz in Partnerschaften umzugehen.

Fähigkeiten, die der jüngere Partner in die Partnerschaft einbringt oder innerhalb dieser Verbindung erlernen möchte:
- Sensibles Gespür für Macht und Ohnmacht in Beziehungen
- Schnelles Reaktionsvermögen in Krisensituationen
- Sich von Besitz und Vermögen anderer nicht abhängig machen
- Plötzliche Verluste überwinden können

Uranus im dritten Haus

Den Partnern mag es mitunter schwerfallen, mündlich oder schriftlich in Kontakt zu bleiben. In freundschaftlichen Verbindungen können lange Pausen zwischen den Begegnungen der Partner liegen, doch wenn sich beide mitunter völlig unverhofft wiedersehen, ist ein inspirierender Austausch wahrscheinlich. Sollten die Partner allerdings auf engstem Raum zusammenleben, können ihre Alltagsgespräche seltsame, vielleicht sogar absurde Züge annehmen. Solange die Partner über außergewöhnliche Dinge reden, sind ihre Gespräche weniger störanfällig.

Bedeutung für den älteren Partner: Seine Gedankengänge sind für den jüngeren Partner oft nicht nachvollziehbar. Blitzschnell mag er von einem Thema zum nächsten springen, so daß jeder andere Mühe hat, ihm zu folgen. Gespräche könnten aus allen möglichen Gründen immer wieder gestört und unterbrochen werden, aber häufig fühlt er sich ganz einfach gelangweilt. Seine Gesprächspartner sollten möglichst Spannendes zu erzählen haben.

Fähigkeiten, die der ältere Partner in die Partnerschaft einbringt oder innerhalb dieser Verbindung erlernen möchte:
- Inspirierende Ausdrucksweise
- Geniale Ideen und Einfälle
- Symbolhaftes Denken
- Außergewöhnlichen Wissensschatz

Bedeutung für den jüngeren Partner: Diese Verbindung bringt ihn mit außergewöhnlichen Wissensgebieten in Kontakt, die sein bisheriges Weltbild ins Wanken bringen. Von den herkömmlichen Lehren in höheren Schulen und Universitäten distanziert er sich mehr und mehr. Sie sind ihm zu engstirnig und dogmatisch. Freiheit heißt für ihn, sich aus geistigen Fesseln zu lösen.

Fähigkeiten, die der jüngere Partner in die Partnerschaft einbringt oder innerhalb dieser Verbindung erlernen möchte:
- Außergewöhnliches und fortschrittliches Gedankengut
- Freigeist
- Exzentrische Vorstellung von Gott und der Welt
- Freundschaft mit Menschen aus anderen Kulturkreisen

Uranus im vierten Haus

Sollten die Partner zusammenwohnen, dürfte es ihnen nicht leichtfallen, sich zu Hause entspannt und emotional geborgen zu fühlen. Möglicherweise sitzen sie innerlich häufig *auf gepackten Koffern,* weil sie sich nicht entscheiden können, wie und wo sie leben möchten. Ein Unruheherd in den eigenen vier Wänden ist lediglich Ausdruck der Ruhelosigkeit ihrer Seele. Umgekehrt bietet ihnen ihr exzentrisches Gefühlsleben die Chance, ganz außergewöhnliche Wohnformen zu schaffen.

Bedeutung für den älteren Partner: Richtig seßhaft will er in dieser Verbindung nicht werden. Seine innere Unruhe sucht sich im Außen immer wieder Gründe, die ein *Weiterziehen* möglich machen. Die Partnerschaft birgt aber auch die Chance, seinem gestörten Urvertrauen auf die Spur zu kommen und Bedingungen zu schaffen, die sein Seelenleben beruhigen werden.

Fähigkeiten, die der ältere Partner in die Partnerschaft einbringt oder innerhalb dieser Verbindung erlernen möchte:

- Flexibilität in der Wahl seines häuslichen Umfeldes
- Seelische Unabhängigkeit
- Offene und freie Verbindung zu seiner Mutter
- Originalität in der Gestaltung seiner Wohnung

Bedeutung für den jüngeren Partner: Seine Lebensziele könnten innerhalb dieser Verbindung häufig wechseln. Auch in beruflicher Hinsicht ist er keinesfalls festgelegt, weshalb er Veränderungen in gesellschaftlichen Strukturen zu seinem Vorteil nutzen kann. Selbst wenn sie einen sogenannten *Karriereknick* mit sich bringen, wird er sich danach freier und unabhängiger fühlen.

Fähigkeiten, die der jüngere Partner in die Partnerschaft einbringt oder innerhalb dieser Verbindung erlernen möchte:

- Eigenwillige Lebensziele haben
- Frei und selbstbestimmt arbeiten können
- Organisationstalent
- Aus gesellschaftlichen Umbrüchen seinen Vorteil ziehen

Uranus im fünften Haus

Was die Partner von sich zeigen oder gemeinsam hervorbringen, ist meist originell und außergewöhnlich. Sie lieben es, gegen Tradition und Konvention zu rebellieren und sich, bei allem was sie tun, nur nach ihren eigenen Spielregeln zu richten. Individuelle und geistige Unabhängigkeit ist beiden Partnern wichtig, deshalb wird sie nichts mehr aneinander binden als die Möglichkeit, jederzeit gehen zu können. Gemeinsame Kinder dürften vor allem dann häufig für Aufregung sorgen, wenn zwischen den Partnern nur noch Langeweile und Desinteresse besteht.

Bedeutung für den älteren Partner: Die Rolle des Sonderlings liegt ihm wesentlich näher als die des Durchschnittsmenschen. Er würde niemals mit der *Herde trampeln* oder das tun, was alle tun. Diese Verbindung gibt ihm den Mut zum Anderssein. Ein ausgefallenes Hobby wird ihn der *Masse* entheben.

Fähigkeiten, die der ältere Partner in die Partnerschaft einbringt oder innerhalb dieser Verbindung erlernen möchte:
- Mut zum Außergewöhnlichen
- Offene Rebellion gegen Tradition und Konvention
- Freundschaftliches, gleichberechtigtes Verhältnis zu Kindern
- Originalität und Einfallsreichtum in seiner Freizeitgestaltung

Bedeutung für den jüngeren Partner: Innerhalb dieser Verbindung vermeidet er einen allzu engen und häufigen Kontakt zu Freunden und Bekannten. Zwar werden ihn kurze Begegnungen mit originellen, außergewöhnlichen Menschen immer wieder begeistern, von tiefergehenden Freundschaften fühlt er sich jedoch allzu schnell eingeengt und *in Beschlag genommen.*

Fähigkeiten, die der jüngere Partner in die Partnerschaft einbringt oder innerhalb dieser Verbindung erlernen möchte:
- Verbindung mit ungewöhnlichen Menschen
- Bewahrung seiner Unabhängigkeit
- Überraschungsträger im Freundeskreis sein
- Ideenreichtum

Uranus im sechsten Haus

Der Alltag der Partner ist kaum berechenbar. Sie haben sich auf ein Beziehungsabenteuer eingelassen, das ihnen unentwegt neue Alltagsbedingungen beschert. Die Art und Weise, wie sie ihren Lebensunterhalt bestreiten, wechselt häufig. Obwohl diese Lebenshaltung mitunter recht aufreibend ist, bietet sie beiden Partnern die Möglichkeit, sich nicht festzulegen. Freiheit bedeutet hier, nicht tagtäglich zur gleichen Zeit aufstehen und sich – per Stechuhr – in einen routinierten Arbeitsprozeß begeben zu müssen.

Bedeutung für den älteren Partner: Innerhalb dieser Verbindung ist er derjenige, der seinen (Arbeits-)Alltag frei und unabhängig von anderen gestalten kann. Selbst wenn er sich mehr Kontinuität und Berechenbarkeit im Arbeitsbereich wünschen sollte, wird es ihm nicht leichtfallen, diese zu erreichen. Jeder Tag wartet mit neuen Überraschungen und Veränderungen auf ihn.

Fähigkeiten, die der ältere Partner in die Partnerschaft einbringt oder innerhalb dieser Verbindung erlernen möchte:
- Außergewöhnlichen und unkonventionellen Arbeitsstil
- Einfallsreichtum in der Art des *Brötchenverdienens*
- Sich trotz alltäglicher Routine Freiräume erhalten
- Mit unberechenbaren Situationen im Alltag umgehen können

Bedeutung für den jüngeren Partner: Innerhalb dieser Verbindung mag es ihm besonders schwerfallen, seine Wünsche nach mehr Freiheit und Unabhängigkeit offen und ehrlich auszusprechen. Der Weg des geringsten Widerstandes lockt und Heimlichkeiten haben ihren ganz besonderen Reiz.

Fähigkeiten, die der jüngere Partner in die Partnerschaft einbringt oder innerhalb dieser Verbindung erlernen möchte:
- Mut, seine genialen Einfälle anderen mitzuteilen
- Mit Unvorhersehbarem umgehen können
- Schnelles Reaktionsvermögen bei plötzlichen Veränderungen
- In Zurückgezogenheit spirituelle Erfahrungen machen

Uranus im siebten Haus

Für Spannung und Aufregung innerhalb ihrer Verbindung müssen die Partner in den meisten Fällen nicht selbst sorgen. Ihre Mitmenschen bieten *im Guten wie im Bösen* genügend Zündstoff, um die Partnerschaft lebendig und in Schwung zu halten. Wenn die Partner allerdings häufig mit Menschen in Umbruchssituationen konfrontiert sind, kann dies ein Hinweis darauf sein, daß ihr eigenes Beziehungsleben spannungslos und *festgefahren* ist.

Bedeutung für den älteren Partner: Solange es immer nur die anderen sind, bei denen die *Welt zusammenbricht*, mag er sich in Sicherheit wiegen. Das unruhige Leben seiner Mitmenschen kann ihm aber auch als Spiegel dienen. Je festgefahrener seine eigenen Lebensumstände sind, um so heftiger werden die Wechselfälle in seiner Umwelt sein.

Fähigkeiten, die der ältere Partner in die Partnerschaft einbringt oder innerhalb dieser Verbindung erlernen möchte:

- Sich für exzentrische, außergewöhnliche Menschen begeistern können
- Unkonventionalität im Verhalten zu anderen
- Andere in ihrem Streben nach Freiheit und Unabhängigkeit stärken
- Partnerschaften nicht zur Gewohnheit werden lassen

Bedeutung für den jüngeren Partner: Je freier und unabhängiger er sich bewegen kann, um so verbindlicher wird er sein. Sollten Routine und Langeweile überhand nehmen, wird er stets für Abwechslung und Überraschungen sorgen. Innerhalb dieser Verbindung hat er die Möglichkeit, sich von alten Verhaltensmustern in Partnerschaften zu lösen.

Fähigkeiten, die der jüngere Partner in die Partnerschaft einbringt oder innerhalb dieser Verbindung erlernen möchte:

- Sich Veränderungen und Neuerungen öffnen
- Distanz wahren können
- Frei und unabhängig sein
- Überholte Verhaltensmuster ablegen

Uranus im achten Haus

Diese Verbindung gibt den Partnern Gelegenheit, sich mit ihrer tiefsitzenden Angst vor Hingabe und seelischem Sich-Einlassen auf einen anderen Menschen auseinanderzusetzen. Individuelle Freiheit und Hingabe sind nach ihrer Vorstellung schwer vereinbar. Dies kann sich besonders in Liebesbeziehungen als störend erweisen. Der sensible Bereich der Sexualität wird nicht selten dazu mißbraucht, die eigene Unabhängigkeit unter Beweis zu stellen.

Bedeutung für den älteren Partner: Sein sensibles Gespür für Macht- und Ohnmachtsstrukturen in menschlichen Beziehungen läßt ihn dauernd auf der Hut sein. Am liebsten vermeidet er daher Situationen, die Vertrauen und Hingabe erfordern. Seine Macht ist die der schnellen Reaktion. Wenn es *brenzlig* wird, kann er sich blitzartig entziehen.

Fähigkeiten, die der ältere Partner in die Partnerschaft einbringt oder innerhalb dieser Verbindung erlernen möchte:
- Sich mutig seiner tiefsitzenden Angst vor Hingabe stellen
- Sich aus schmerzhaften Bindungen blitzschnell lösen können
- Sich von nichts und niemandem abhängig machen
- Sich nicht korrumpieren lassen

Bedeutung für den jüngeren Partner: Innerhalb dieser Verbindung kann er lernen, sich nicht an materielle Güter zu binden. Sollte seine Freiheit und Unabhängigkeit bedroht sein, wird er alles *stehen und liegen* lassen und nur das Allernötigste mitnehmen. Flexibilität im Umgang mit Besitz und Werten erspart ihm die Erfahrung, durch äußere Umstände zum Loslassen gezwungen zu werden.

Fähigkeiten, die der jüngere Partner in die Partnerschaft einbringt oder innerhalb dieser Verbindung erlernen möchte:
- Ohne materielle Sicherheit leben können
- Sich nicht von Besitz abhängig machen
- Außergewöhnliche Art der Existenzsicherung
- Mit Schwankungen seiner Einkünfte umgehen können

Uranus im neunten Haus

Innerhalb dieser Verbindung können sich die Partner im Bereich ihrer jeweiligen Weltanschauung, ihres Glaubens oder ihrer individuellen Lebensphilosophie gegenseitig inspirieren. Ihr Weltbild wird sich von dem, was die überwiegende Mehrheit der Gesellschaft glaubt und denkt erheblich unterscheiden. Ungewöhnliches Gedankengut, das anerkannte Wissenschaften mitunter auch in Frage stellt, gehört zur Tagesordnung.

Bedeutung für den älteren Partner: Bezüglich seiner Weltanschauung und seines Glaubens mag er seinen Mitmenschen sonderbar erscheinen. Er schafft sich sein eigenes Weltbild, ohne Anspruch darauf, verstanden zu werden. Wenn er überhaupt einer Glaubensrichtung angehört, dann wahrscheinlich keiner, die in seinem Kulturkreis üblich ist.

Fähigkeiten, die der ältere Partner in die Partnerschaft einbringt oder innerhalb dieser Verbindung erlernen möchte:

- Sich sein eigenes, oft außergewöhnliches Weltbild schaffen
- Lösung von konventionellen Glaubensrichtungen
- Gegen Engstirnigkeit und Dogmatismus rebellieren
- Sich von geistigen oder ideologischen Fesseln befreien

Bedeutung für den jüngeren Partner: Ihm wird es schwerfallen, mit seinem Partner kontinuierlich im Gesprächskontakt zu bleiben. Wenn der Gesprächsfaden immer wieder abreißt, liegt dies zum einen an seinen unruhigen Lebensverhältnissen, zum anderen an seiner oftmals außergewöhnlichen, schwer nachvollziehbaren Sicht der Dinge.

Fähigkeiten, die der jüngere Partner in die Partnerschaft einbringt oder innerhalb dieser Verbindung erlernen möchte:

- Sich neue, außergewöhnliche Wissensgebiete erschließen
- Freie, unabhängige Meinungsäußerung
- Den Mut haben, in langweiligen Diskussionen eine Wende zu provozieren
- Unterbrochene Kontakte wieder anknüpfen können

Uranus im zehnten Haus

Innerhalb dieser Verbindung geht es den Partnern vor allem darum, sich von konventionellen oder traditionellen Vorgaben der Gesellschaft zu befreien. Besonders im beruflichen Bereich zieht es sie in Tätigkeitsfelder, die ein freies und selbstbestimmtes Arbeiten ermöglichen. Indem sie sich keinem gesellschaftlichen Diktat unterwerfen, nehmen sie auch in Kauf, als Sonderlinge und Exzentriker angesehen zu werden.

Bedeutung für den älteren Partner: Diese Verbindung lenkt seinen Lebensweg in freiere, aber auch unberechenbarere Bahnen. Möglicherweise wird nichts von dem, was er zuvor beruflich plante, umgesetzt, es kann aber auch zu jeder Zeit etwas Besseres kommen. Wenn er in beruflicher Hinsicht mit allen Möglichkeiten und Unmöglichkeiten rechnet, erspart er sich zumindest die unangenehmen Überraschungen.

Fähigkeiten, die der ältere Partner in die Partnerschaft einbringt oder innerhalb dieser Verbindung erlernen möchte:

- Berufliches Ansehen auf einem außergewöhnlichen Gebiet erlangen
- Mit Veränderungen und Umbrüchen in seiner beruflichen Karriere leben können
- Sich von traditionellen Rollenmustern befreien
- Eigenwillige und selbstbestimmte Lebensplanung

Bedeutung für den jüngeren Partner: Innerhalb dieser Verbindung fällt es ihm schwer, innerlich zur Ruhe zu kommen. Möglicherweise ist er deshalb ständig unterwegs und zu Hause selten wirklich entspannt. Durch enge familiäre Bindungen sieht er seine Freiheit und Unabhängigkeit bedroht. Deshalb wird er immer Mittel und Wege finden, sich häuslicher Enge zu entziehen.

Fähigkeiten, die der jüngere Partner in die Partnerschaft einbringt oder innerhalb dieser Verbindung erlernen möchte:

- Sich aus engen familiären Strukturen befreien können
- Einen unkonventionellen Wohnstil pflegen
- Mit Unruhe in den eigenen vier Wänden umgehen können
- Seelische Unabhängigkeit erlangen

Uranus im elften Haus

Innerhalb des gemeinsamen Freundeskreises muß mit häufigem Wechsel und Kontaktabbrüchen gerechnet werden. Den Partnern ist auch weniger an gefühlsbetonten dauerhaften Freundschaften gelegen als vielmehr an der Möglichkeit, immer wieder interessante und inspirierende neue Bekanntschaften zu machen. Nichts finden beide langweiliger, als immer dieselben Gesichter zu sehen und immer die gleichen Parolen zu hören.

Bedeutung für den älteren Partner: Seine vielen verschiedenen Freunde und Freundeskreise sind sicher nicht leicht *unter einen Hut* zu bringen. Wenn er nicht immer mal wieder ein großes Fest feiert und alle einlädt, wird er manche von ihnen sehr selten sehen. Räumliche Nähe spielt bei geistiger Freundschaft keine Rolle. Das weiß er, und das wissen auch seine Freunde.

Fähigkeiten, die der ältere Partner in die Partnerschaft einbringt oder innerhalb dieser Verbindung erlernen möchte:

- In seinem Freundeskreis viele verschiedene Menschen zusammenbringen
- Engagement für Menschen, die von der Gesellschaft ausgegrenzt werden
- Sich keinem Gruppenzwang unterwerfen
- Auf seine Freunde inspirierend wirken

Bedeutung für den jüngeren Partner: Innerhalb dieser Verbindung wird er stets bemüht sein, sich einen individuellen Freiraum zu bewahren. Ihm ist es vor allem wichtig, trotz Partnerschaft als eigenständige Persönlichkeit angesehen zu werden, die jederzeit die Möglichkeit hat, Dinge auch im Alleingang zu unternehmen. Ein Zuviel an Nähe und Gemeinsamkeit wird er nicht lange ertragen.

Fähigkeiten, die der jüngere Partner in die Partnerschaft einbringt oder innerhalb dieser Verbindung erlernen möchte:

- Wahrung seiner individuellen Freiheit
- Freundschaftlicher Umgang mit Kindern
- Eigenständig leben können
- Mut zum Anderssein

Uranus im zwölften Haus

Auch wenn die Partner alle erdenklichen Freiheiten in ihrer Partnerschaft haben mögen, werden sie sich häufig unfrei fühlen. Aus unerklärlichen Gründen wagt keiner der Partner, sich wirklich frei und unabhängig vom anderen zu fühlen. Fast so, als gäbe es ein unsichtbares Band zwischen ihnen, das einen Alleingang für jeden von ihnen unmöglich macht. Sich heimlich davonzustehlen hinterläßt Schuldgefühle und erhöht zudem die Gefahr, daß unangenehme Überraschungen den Seelenfrieden stören.

Bedeutung für den älteren Partner: Damit sich ein freies und unabhängiges Leben nicht nur in seiner Phantasie abspielt, sollte er seine Phantasie nutzen, um die gewünschte Freiheit zu erlangen. Innerhalb dieser Verbindung kommt sie allerdings auf leisen Pfoten durch die Hintertür.

Fähigkeiten, die der ältere Partner in die Partnerschaft einbringt oder innerhalb dieser Verbindung erlernen möchte:

- Aufgrund spiritueller Erfahrungen innere Freiheit und Unabhängigkeit erlangen
- Geistige Erkenntnisse im freiwilligen Rückzug von der Öffentlichkeit erringen
- Inspirierende Einfälle und Geistesblitze haben
- Offen und ehrlich für seine Unabhängigkeit eintreten

Bedeutung für den jüngeren Partner: Diese Verbindung eröffnet ihm die Möglichkeit, sich aus überholten Strukturen im Arbeitsbereich zu lösen. Jetzt hat der die Chance, seinen Alltag freier und von anderen unabhängiger zu gestalten. Eine alltägliche Routine wird es kaum mehr geben, die Bedingungen ändern sich ständig.

Fähigkeiten, die der jüngere Partner in die Partnerschaft einbringt oder innerhalb dieser Verbindung erlernen möchte:

- Befreiung aus überholten Arbeits- und Alltagsstrukturen
- Mit täglich wechselnden Alltagsbedingungen umgehen können
- Seine Arbeitszeit selbst bestimmen können
- Fortschrittliche Arbeitsweise

Neptun in Combin und Composit

Die Hausposition von Neptun im Combin oder Composit zeigt an, in welchem Lebensbereich die Partner mit Unklarheiten und Verwirrung rechnen müssen. Hier sind sie besonders darauf angewiesen, klare Absprachen zu treffen, um Enttäuschungen vorzubeugen. Eine Enttäuschung ist stets die Folge von Täuschung und Unwahrheit. Das Haus, in dem Neptun steht, umreißt daher auch jene Bereiche, in denen es die Partner mit der Realität und ihren klasklaren Fakten nicht so genau nehmen. Neptun steht für Mitgefühl, für Barmherzigkeit und für die tief verinnerlichte Liebe zu allen Lebenwesen. Er steht damit im krassen Gegensatz zu einer berechnenden und strategischen Vorgehensweise, wenn es um die Bedürfnisse von Menschen geht. Neptuns Hausposition in Combin und Composit kann als Quelle der Inspiration, der geistigen Weite und der Grenzenlosigkeit gesehen werden. In diesem Lebensbereich finden die Partner am leichtesten Zugang zu ihrer Spiritualität, ihrer Phantasie und ihren Visionen. Doch hier wird nichts so sein, wie sie es normalerweise erwarten würden. Neptun löst gewohnte Strukturen auf und öffnet die Partner für neue, ungeahnte Möglichkeiten, was nicht selten mit Ängsten und Verunsicherungen einhergeht.

Steht Neptun dominant, d. h. in enger Konjunktion zu einer Achse, zu Sonne und Mond oder zum Aszendenten-Herrscher des Combins, werden sich die Partner besonders mit den Themen Bindung/Auflösung, Retter/Opfer, Genie/Wahnsinn, Realität/Flucht, Sehnsucht und Sucht auseinandersetzen.

Neptun im ersten Haus

Diese Partnerschaft läßt sich auf keine bestimmte Beziehungsform festlegen. Die Partner mögen Liebespartner und gleichzeitig Arbeitskollegen sein; langjährige Freunde können sowohl eine sexuelle Beziehung miteinander haben als auch ein gemeinsames Arbeitsumfeld. Eine Eltern-Kind-

Verbindung kann den Stellenwert einer Liebesbeziehung einnehmen. Ihrer Beziehung keinen Namen geben zu können ist für die Partner Schutz und Fluch gleichermaßen. Doch so wichtig die Beziehung für das Seelenleben der Partner sein mag, so unwichtig ist ihre Anerkennung durch die Außenwelt.

Bedeutung für den älteren Partner: In dieser Verbindung scheint ihm die Rolle, die er spielen soll, nicht klar zu sein. Vielleicht sind seine Lebensumstände so, daß es ihm nicht möglich ist, ehrlich *Stellung* zu beziehen. Die Beziehung verunsichert ihn letztlich so, daß er nur noch die Rolle des *Retters* oder die des *Opfers* einzunehmen vermag.

Fähigkeiten, die der ältere Partner in die Partnerschaft einbringt oder innerhalb dieser Verbindung erlernen möchte:
- Großes Einfühlungsvermögen in die Sorgen und Nöte anderer haben
- In viele verschiedene Rollen schlüpfen können
- Intuitives Wahrnehmen der Dinge *hinter den Dingen*
- Sich auf indirekte Weise durchsetzen können

Bedeutung für den jüngeren Partner: Innerhalb dieser Verbindung dürfte er immer wieder auf Menschen treffen, die außerhalb seines realen, täglichen Umfeldes stehen. Künstler, Geistliche und Heiler begegnen ihm vielleicht in gleichem Maße wie Süchtige, psychisch Kranke und *Outlaws.* Diese Menschen können ihm als Spiegel dienen, in dem er seine eigene, ungelebte *Andersartigkeit* erkennen kann.

Fähigkeiten, die der jüngere Partner in die Partnerschaft einbringt oder innerhalb dieser Verbindung erlernen möchte:
- Mit außergewöhnlichen Menschen umgehen können
- Den richtigen Riecher im Umgang mit anderen haben
- Auf die Bedürfnisse anderer eingehen
- Helfender und heilender Umgang mit anderen

Neptun im zweiten Haus

Beide Partner tragen den Wunsch in sich, über ein materiell geprägtes Wertebewußtsein hinauszuwachsen. Das, was ihnen wirklich Sicherheit verspricht, ist eher immatierieller oder spiritueller Natur. Solange sie sich dessen nicht bewußt sind, mögen schwammige Besitzverhältnisse und fehlende finanzielle Regelungen Verwirrung und Chaos stiften. Die Verbindung erschwert es dem einzelnen, seinen Selbstwert zu definieren und sich im weltlichen Sinne klar von anderen abzugrenzen. Andererseits verspricht sie eine verheißungsvolle Chance, für gemeinsame Taten vom Himmel entlohnt zu werden.

Bedeutung für den älteren Partner: Besitztümer und finanzielle Sicherheit scheinen keine Wichtigkeit zu haben. Bewußtes Festhalten an materiellen Werten führt mitunter zu Verlusten, die rational unerklärlich sind. »Wie gewonnen, so zerronnen« gilt nicht für *geistige Güter.*

Fähigkeiten, die der ältere Partner in die Partnerschaft einbringt oder innerhalb dieser Verbindung erlernen möchte:

- Mit intuitiven oder therapeutischen Fähigkeiten sein Einkommen bestreiten
- Selbstlosen Umgang mit Werten und Besitztümern
- Sich trotz großer Hilfsbereitschaft gegenüber anderen abgrenzen können
- Sich seelisch nicht an Materielles binden

Bedeutung für den jüngeren Partner: Diese Partnerschaft bringt ihn mit seinen tiefsitzenden Ängsten vor Verbindlichkeiten in Kontakt. Mag die Sehnsucht nach Verschmelzung mit einem anderen Menschen noch so groß sein, die Angst vor den Abgründen der Seele ist größer. Vertrauen in Göttliches, das alles Niedere bezwingt, entwickelt sich erst nach Aufgabe eigener Kontrollmechanismen.

Fähigkeiten, die der jüngere Partner in die Partnerschaft einbringt oder innerhalb dieser Verbindung erlernen möchte:

- Intuitives Erfassen von Gefahren, die im Verborgenen lauern
- In tiefen Krisen den Hoffnungsschimmer am Firmament erkennen
- Nachteilige partnerschaftliche Verflechtungen schleichend und unspektakulär auflösen
- Tabus zugunsten der eigenen Phantasie aufrechterhalten

Neptun im dritten Haus

Die Partner haben ein Verständigungsproblem, das nicht unbedingt darauf zurückzuführen ist, daß sie verschiedene Muttersprachen sprechen. In ihrer Kommunikation fehlt es an klaren Fakten und eindeutigen Informationen. Dies kann immer wieder zu Mißverständnissen führen. In jedem Wort, in jedem noch so banalen Gespräch, schwingen die geheimen Sehnsüchte und Phantasien der Partner mit. Dieser Umstand macht es schwer, Information von Fiktion, Wunsch und Ahnung zu unterscheiden. Die Sprache der Bilder, der Musik und die Sprache der Seele bieten beiden Partner die besseren Verständigungsmöglichkeiten.

Bedeutung für den älteren Partner: Diese Verbindung weckt in ihm den Wunsch, in Gesprächen die profane Alltagsebene zu verlassen. Vielmehr interessiert ihn der Austausch über künstlerische, spirituelle oder psychologische Themen. Seine Fähigkeit, bildhaft und anschaulich zu sprechen und zu schreiben, kann in dieser Partnerschaft besonders zum Ausdruck kommen.

Fähigkeiten, die der ältere Partner in die Partnerschaft einbringt oder innerhalb dieser Verbindung erlernen möchte:
- Der Sprache der Seele Ausdruck verleihen
- Intuitives Wahrnehmen dessen, was nicht ausgesprochen wird
- Zwischen den Zeilen lesen können
- Einfühlsame Gesprächsführung

Bedeutung für den jüngeren Partner: Diese Verbindung bringt ihn mit dem tiefsitzenden Wunsch nach Erweiterung seines Wissens und seiner Erkenntnisfähigkeit in Kontakt. Hierbei interessieren ihn weniger anerkannte Schulwissenschaften als vielmehr neue und unerforschte Wissensgebiete, die eine ganzheitliche Sicht der Dinge fordern. Die Auseinandersetzung mit Irrationalem und Unerklärlichem kann zur Veränderung seiner Lebensphilosophie beitragen.

Fähigkeiten, die der jüngere Partner in die Partnerschaft einbringt oder innerhalb dieser Verbindung erlernen möchte:
- Sich neuen Erkenntnismethoden öffnen
- Unerforschte Wissensgebiete ergründen

- Auseinandersetzung mit Grenz- und Geheimwissenschaften
- Vom Wissen zum Glauben und vom Glauben zum Wissen gelangen

Neptun im vierten Haus

Was Heimat, Geborgenheit und familiäres Miteinander in einem tieferen Sinne bedeuten, dürfte beiden Partnern nicht klar sein. Möglicherweise besitzen sie eine idealisierte Vorstellung von Heimat und Familienleben, die vieles in einem verklärten Licht erscheinen läßt. Die Realität sieht meist anders aus, und so schwer es den Partnern fällt, sie anzunehmen, um so mehr werden sie ihre unbewußten Seelenwünsche kennenlernen. Im irdischen Sinne *heimatlos* zu sein bedeutet nicht selten, daß man ein geschätztes und umsorgtes *Familienmitglied* in der spirituellen Gemeinschaft der Menschheit ist.

Bedeutung für den älteren Partner: Seine Privatsphäre und sein Familienleben sind ihm *heilig*. Er wird keinen Versuch unterlassen, diese nach außen hin zu schützen, auch auf die Gefahr hin, Mißstände selbst nicht zu erkennen. Ein *Nicht-genau-hinsehen-Wollen* im privaten Bereich kann auf Dauer dem beruflichen Ansehen schaden.

Fähigkeiten, die der ältere Partner in die Partnerschaft einbringt oder innerhalb dieser Verbindung erlernen möchte:
- Entmystifizierung seiner Privatsphäre
- Mit Schwächen und Unvollkommenheiten im familiären Bereich umgehen können
- Ängste vor Intimität und seelischer Nähe akzeptieren können
- Sein unbewußtes Problem mit seiner Mutter lösen

Bedeutung für den jüngeren Partner: Im Laufe dieser Verbindung könnten seine bisherigen Lebensziele schwammig und unklar werden. Aus unterschiedlichsten Gründen lösen sich die Strukturen seines öffentlichen Lebens auf, was nicht selten eine Zeit der Ratlosigkeit und Suche nach neuen Aufgaben mit sich bringt. Dahinter verbirgt sich aber die Chance, ein freieres Leben führen zu können.

Fähigkeiten, die der jüngere Partner in die Partnerschaft einbringt oder innerhalb dieser Verbindung erlernen möchte:

- Durch Veränderung der beruflichen Laufbahn seinen Idealen näherkommen
- Einen künstlerischen, therapeutischen oder heilenden Beruf ergreifen
- Hinter den Kulissen wirken können
- Berufliche Unabhängigkeit erlangen

Neptun im fünften Haus

Den Partnern fällt es nicht leicht, ihr wahres Gesicht zu zeigen. *Farbe zu bekennen* hieße, ihrer Kreativität Ausdruck zu verleihen und ihr schöpferisches Potential sichtbar zu machen. Anders als andere zu sein heißt noch lange nicht, daß das, was die Partner gemeinsam hervorbringen, auf Ablehnung und Unverständnis stoßen muß. Der Phantasie sind in dieser Verbindung keine Grenzen gesetzt. Sie einzig für das Vertuschen heimlicher Liebesaffären zu verwenden, wäre *vertane Liebesmüh.*

Bedeutung für den älteren Partner: Diese Verbindung bringt ihn mit einem Persönlichkeitsanteil in Kontakt, den er vielleicht bisher noch nicht an sich kannte. Um den damit einhergehenden Unsicherheiten begegnen zu können, benötigt er häufig die Möglichkeit, sich zurückzuziehen und von Zeit zu Zeit einfach *abzutauchen.* Hat er diesen Freiraum nicht, werden seine vielen Gesichter nur noch Verwirrung stiften.

Fähigkeiten, die der ältere Partner in die Partnerschaft einbringt oder innerhalb dieser Verbindung erlernen möchte:

- Selbstlos sein
- Für das Wohlergehen seiner Kinder Opfer bringen
- Seinem Wunsch zu helfen Ausdruck verleihen
- Zu seinen Schwächen und Unsicherheiten stehen

Bedeutung für den jüngeren Partner: Innerhalb dieser Verbindung wird er in Gruppen meist eine Sonderstellung einnehmen. Die Gründe hierfür sind unterschiedlich. Vielleicht fühlt er sich nicht wirklich zugehörig oder gar unverstanden und abgelehnt. Diesen Gefühlen kann er entgegenwirken, indem er offen und ehrlich seine Wünsche und Ideale vertritt und sich weder von einer Gruppe noch von Freunden abhängig macht.

Fähigkeiten, die der jüngere Partner in die Partnerschaft einbringt oder innerhalb dieser Verbindung erlernen möchte:

- Den Mut haben, eine Sonderstellung einzunehmen
- Seinen Idealen treu bleiben
- Hilfsbereitschaft im Freundes- und Bekanntenkreis
- Für Menschen am Rande der Gesellschaft eintreten

Neptun im sechsten Haus

Mit verläßlichen, routinemäßig wiederkehrenden Alltagsbedingungen können die Partner nicht rechnen. Das Gegenteil dürfte häufiger der Fall sein. Ihre Aufgabe ist es daher, sich stets mit veränderten Bedingungen auseinanderzusetzen und aus dem damit einhergehenden Chaos das Beste zu machen. Bei gesundheitlichen Problemen könnte eine ganzheitliche Behandlung, mittels alternativer Methoden oder der Homöopathie wahre Wunder bewirken.

Bedeutung für den älteren Partner: Auf welche Weise er seinen Alltag verbringt, mag selbst Nahestehenden mitunter ein Rätsel sein. Das, was bei seiner Arbeit sichtbar wird, ist meist nicht das, womit er sich innerlich beschäftigt. Seine besonderen Fähigkeiten zeigen sich in einem helfenden Beruf, doch der Wunsch zu helfen, hält sich an keine geregelte Arbeitszeit.

Fähigkeiten, die der ältere Partner in die Partnerschaft einbringt oder innerhalb dieser Verbindung erlernen möchte:

- Spiritualität im Alltäglichen leben
- Mit unregelmäßigen oder gar chaotischen Alltagsabläufen umgehen können
- Gutes Gespür für gesundheitsschädliche Einflüsse entwickeln
- Seine Arbeitszeit den täglich neuen Bedingungen anpassen

Bedeutung für den jüngeren Partner: Für ihn ist es besonders wichtig, einen Rückzugsort zu haben, um seinen künstlerischen oder spirituellen Neigungen nachzugehen. Ein Zuviel an Nähe läßt die inspirierende Quelle seines Unbewußten versiegen. Ohne den Kontakt zum reichhaltigen Schatz seiner inneren Bilder könnte er leicht depressiv und traurig werden.

Fähigkeiten, die der jüngere Partner in die Partnerschaft einbringt oder innerhalb dieser Verbindung erlernen möchte:
- Seiner inneren Stimme vertrauen
- Phantasie im Alltag walten lassen
- Gottvertrauen haben
- Sich eine Ort der Stille schaffen können

Neptun im siebten Haus

Die Partner fühlen sich von phantasievollen, künstlerischen Menschen angezogen. Im Umgang mit ihnen gelingt es den Partnern immer wieder, der Realität für eine Weile den Rücken zu kehren und ihren Träumen und Sehnsüchten Raum zu geben. Ihr gemeinsames Streben nach spirituellen Lebensinhalten wird sie mit Menschen in Kontakt bringen, die ihnen diesbezüglich wichtige Impulse geben. Vor Scharlatanen und Betrügern müssen sich die Partner besonders in acht nehmen. Ihr bedingungsloser Glaube an das *Gute und Göttliche* in jedem Menschen macht sie anfällig dafür, enttäuscht und betrogen zu werden.

Bedeutung für den älteren Partner: Innerhalb dieser Verbindung wird sein Interesse an den Sehnsüchten und Ängsten seiner Mitmenschen geweckt. Er versteht es, besonders auf Einsame und Kranke einzugehen und ihnen Zuversicht und Hoffnung zu geben. Indem er ihnen hilft, lernt er mit seinen eigenen Schwächen bewußter umzugehen.

Fähigkeiten, die der ältere Partner in die Partnerschaft einbringt oder innerhalb dieser Verbindung erlernen möchte:
- Große Bereitschaft, Opfer für andere zu bringen
- Mit den sonderbarsten Menschen umgehen können
- Mitgefühl für andere entwickeln
- Psychologischen Spürsinn haben

Bedeutung für den jüngeren Partner: Sein sensibles Einfühlungsvermögen in andere Menschen ist so groß, daß es ihm manchmal schwerfällt, eine klare Trennlinie zwischen sich selbst und anderen zu ziehen. Ihm gelingt es mühelos, in die Rolle eines anderen zu schlüpfen. Das kann zur Folge haben, daß er sich häufig verwirrt, überfordert und identitätslos fühlt.

Fähigkeiten, die der jüngere Partner in die Partnerschaft einbringt oder innerhalb dieser Verbindung erlernen möchte:

- Seinen Visionen, Träumen und Phantasien Raum geben
- Sich gut in andere Menschen hineinversetzen können
- Offen und sensibel sein
- Sich selbst gegenüber ehrlich sein

Neptun im achten Haus

Sollten sich die Partner mit den Finanzen, Besitz- und Vermögenswerten anderer Menschen befassen müssen, kann es zu Unklarheiten und Komplikationen kommen. Auch Steuer- und Erbschaftsangelegenheiten sind Bereiche, die mit Verwirrungen und Fehleinschätzungen einhergehen können. Bei genauerer Betrachtung werden beide Partner von irrationalen Ängsten beherrscht, die dazu führen, daß sie jede tiefergehende Bindung zu vermeiden suchen. Aus Angst vor seelischer Hingabe neigen Partner einer sexuellen Beziehungen dazu, ihre leidenschaftlichen Seiten mit anderen Partnern auszuleben.

Bedeutung für den älteren Partner: In dieser Verbindung entwickelt er ein besonderes Gespür für Macht- und Ohnmachtssituationen. Seelische oder finanzielle Abhängigkeiten wird er nicht lange ertragen. Sie machen ihm Angst und lassen ihn eher die Flucht ergreifen, als daß sie ihn halten. An abgeschiedenen, einsamen Orten kann er sich mit seinen tiefsitzenden Verlustängsten am ehesten auseinandersetzen.

Fähigkeiten, die der ältere Partner in die Partnerschaft einbringt oder innerhalb dieser Verbindung erlernen möchte:

- Selbst in tiefen Lebenskrisen seinen Glauben nicht verlieren und seinen Visionen folgen
- Lustgewinn durch sexuelle Phantasien haben
- Sich weder seelisch noch materiell in Abhängigkeiten verstricken
- Intuition und Spürsinn für verborgene Strömungen

Bedeutung für den jüngeren Partner: Fehlende finanzielle Regelungen und unklare Besitzverhältnisse werden ihn auf Dauer verunsichern. Dennoch fällt es ihm in dieser Verbindung besonders schwer, seine Einkünfte genau zu benennen oder einzuschätzen, wieviel er an materiellen oder ideellen Werten in die Partnerschaft einbringt. Sein Selbstwertgefühl nährt sich aus Quellen, die nicht zu benennen sind.

Fähigkeiten, die der jüngere Partner in die Partnerschaft einbringt oder innerhalb dieser Verbindung erlernen möchte:

- Instinktsicherer Umgang mit Werten
- Durch das *Vermögen* anderer seelische Bereicherung erfahren
- Sich nicht an materielle Werte binden
- Auf vielschichtige und undurchschaubare Weise sein Einkommen bestreiten

Neptun im neunten Haus

Je intensiver sich die Partner mit Fragen nach dem Sinn ihres Lebens beschäftigen, um so unklarer und vager mögen die Antworten ausfallen. Die Auseinandersetzung mit den verschiedensten Glaubensrichtungen und Philosophien könnte ihnen die Erkenntnis vermitteln, daß das *Göttliche* grenzenlos ist und sich daher jedem Bemühen um Eingrenzung und Strukturierung entzieht. Erkenntnisfähigkeit entwickeln die Partner weniger durch eine rationale Herangehensweise als vielmehr durch meditative Stille und Einkehr in spirituelle Räume.

Bedeutung für den älteren Partner: Die Beschäftigung mit Grenzwissenschaften und esoterischem Gedankengut ermöglicht ihm eine neue Weltsicht. Seine bisherige Glaubensrichtung könnte hierdurch sogar in Frage gestellt werden, sofern ihr ein starres und hierarchisches Weltbild zugrunde liegt. Heilsversprechende Priester und Prediger ziehen ihn zwar magisch an, doch das, was ihn letztlich *erlöst,* ist nicht aus Fleisch und Blut.

Fähigkeiten, die der ältere Partner in die Partnerschaft einbringt oder innerhalb dieser Verbindung erlernen möchte:

- Über die eigenen geistigen Grenzen hinauswachsen
- Tiefe Religiosität und Gläubigkeit entwickeln
- Durch Rückzug von der Außenwelt Inspiration und geistige Erkenntnisse erlangen
- Sich mit ausgefallenen Wissensgebieten auseinandersetzen

Bedeutung für den jüngeren Partner: Sein reichhaltiges Wissen kann in dieser Verbindung voll zur Geltung kommen, sofern es ihm gelingt, ein geeignetes Ausdrucksmittel zu finden. Möglicherweise plagen ihn aber auch Ängste, niemals wirklich genug zu wissen. Jede gefundene Antwort wirft neue Fragen auf, was zur Folge haben kann, daß er sich zeitweise gar nicht mehr äußert.

Fähigkeiten, die der jüngere Partner in die Partnerschaft einbringt oder innerhalb dieser Verbindung erlernen möchte:
- Reichhaltiges Wissen im künstlerischen, spirituellen oder psychologischen Bereich
- Bildhaftes Ausdrucksvermögen
- Intuitives Wahrnehmungsvermögen
- Die Symbolsprache von Bildern entschlüsseln

Neptun im zehnten Haus

Bei der Auseinandersetzung mit ihren Lebenszielen und bei Gedanken an zukünftige Entwicklungen dürfte es den Partnern schwerfallen, klare Zielvorstellungen zu formulieren. Innerhalb dieser Verbindung ist es für beide nicht wichtig, eine eindeutige Stellung in beruflichen oder gesellschaftlichen Bereichen zu beziehen. Vielmehr reizt sie die Vorstellung, daß *alles möglich ist, aber nichts sein muß.*

Bedeutung für den älteren Partner: Innerhalb dieser Verbindung dürften seine bisherigen Berufsziele ins Wanken geraten. Möglicherweise wird ihm klar, daß es ihn gar nicht reizt, eine klassische Karriereleiter *Sprosse für Sprosse* nach oben zu klettern. Jetzt bietet sich ihm die Chance, einen Freiraum zu erlangen, der ihn nach seiner wahren Berufung suchen läßt.

Fähigkeiten, die der ältere Partner in die Partnerschaft einbringt oder innerhalb dieser Verbindung erlernen möchte:
- Mit Schwankungen und Unsicherheiten in seiner Lebensplanung leben können
- Sich in einem helfenden oder heilenden Beruf verwirklichen
- Engagement für die Bedürfnisse der Gesellschaft zeigen
- Hinter den Kulissen wirken

Bedeutung für den jüngeren Partner: Im häuslichen und familiären Bereich wird er immer wieder Mittel und Wege finden, sich zu entziehen. Körperlich anwesend zu sein bedeutet nicht, wirklich Anteil zu nehmen, an dem, was geschieht. Die Verbindung läßt möglicherweise ungelöste Konflikte mit der Mutter wieder aufleben und bietet die Chance, den hiermit verbundenen Ängsten bewußt zu begegnen.

Fähigkeiten, die der jüngere Partner in die Partnerschaft einbringt oder innerhalb dieser Verbindung erlernen möchte:

- Sich zu Hause wohl und geborgen fühlen
- Kämpferische Auseinandersetzung mit dem mütterlichen Prinzip
- Mit Ängsten vor Intimität und Nähe bewußt umgehen
- Heimat in sich selbst finden

Neptun im elften Haus

Die Partner verbindet eine tiefe Sehnsucht nach spiritueller Gemeinschaft mit Freunden und Gleichgesinnten. Auch wenn sie nicht genau benennen können, wen oder was sie suchen, nähren sich ihre Zukünftwünsche aus der Hoffnung auf eine bessere und gerechtere Welt. Ihr Interesse an spirituellen, heilenden oder künstlerischen Bereichen dürfte die Partner immer wieder mit Gruppen in Kontakt bringen, in denen es weniger um die individuelle Entwicklung des einzelnen geht als vielmehr um die Verbundenheit und Solidarität mit allen Lebewesen.

Bedeutung für den älteren Partner: Manche aus seinem Bekanntenkreis mögen ihn als sonderbaren *Spinner* betrachten, weil sein Verhalten nur schwer einzuschätzen ist. Dennoch gefällt ihm diese Rolle besser als jede andere. Sie gibt ihm die Möglichkeit, in einer Gruppe Gleichgesinnter oder unter Freunden auf nichts festgelegt zu sein. Nur so kann seine mitfühlende und helfende Seite zum Vorschein kommen.

Fähigkeiten, die der ältere Partner in die Partnerschaft einbringt oder innerhalb dieser Verbindung erlernen möchte:

- Unter Freunden und Gruppen therapeutisch wirken
- Seinen Visionen und Idealen Ausdruck verleihen
- Mut zum Anderssein entwickeln
- Ein stets hilfsbereiter Freund sein

Bedeutung für den jüngeren Partner: Seine phantasiebegabte, künstlerische Seite kann innerhalb dieser Verbindung zum Vorschein kommen. Die damit einhergehenden Gefühle, durchlässig und hautlos zu sein, dürften ihn aber auch verunsichern. Er kann sich in dieser Verbindung nur schwer abgrenzen und muß sich daher immer wieder entziehen.

Fähigkeiten, die der jüngere Partner in die Partnerschaft einbringt oder innerhalb dieser Verbindung erlernen möchte:
- Chamäleonartig in verschiedene Rollen schlüpfen können
- Das *göttliche Kind* in sich lieben und anerkennen
- Die schwärmerische Liebe entdecken
- Als Therapeut auftreten

Neptun im zwölften Haus

Den Partnern gelingt es selten, sich vom Trubel des Lebens zurückzuziehen und gemeinsam stille, beschauliche Zeiten zu verbringen. Entweder sind stets andere Menschen um sie herum oder es gibt unentwegt alltägliche Dinge zu klären, die ein besinnliches Miteinander unmöglich machen. Das kann zur Folge haben, daß sich die Partner mit ihren Sehnsüchten, Phantasien und Ängsten alleingelassen fühlen. Zuversicht und Hoffnung schöpfen beide im Rückzug und in der Abgeschiedenheit.

Bedeutung für den älteren Partner: Innerhalb dieser Verbindung kann sich seine Wahrnehmung dahingehend verändern, daß er wirklich nur noch das sieht und hört, was er sehen und hören möchte. Alles andere wird gekonnt verdrängt. Nur so kann er die Flut von Eindrücken, die ihm sein Unterbewußtsein in Träumen und sein sensibles Empfinden im Umgang mit anderen vermittelt, verarbeiten.

Fähigkeiten, die der ältere Partner in die Partnerschaft einbringt oder innerhalb dieser Verbindung erlernen möchte:
- Die Botschaft seiner Träume verstehen
- Seinen Ahnungen und seiner inneren Stimme vertrauen
- Verdrängte Ängste aus ihrer *Verbannung* erlösen
- Spirituelle Erfahrungen durch Stille und innere Einkehr machen

Bedeutung für den jüngeren Partner: Die alltäglichen Pflichten und Anforderungen dürften ihm mitunter über den Kopf wachsen. Ein klar umrissenes Tätigkeitsfeld ist schwer zu erkennen, weil es überall etwas zu tun, zu helfen und zu ordnen gibt. Da er nicht an verschiedenen Stellen gleichzeitig sein kann, überkommt ihn wahrscheinlich häufig der Wunsch, sich allem und jedem zu entziehen.

Fähigkeiten, die der jüngere Partner in die Partnerschaft einbringt oder innerhalb dieser Verbindung erlernen möchte:
- Sich den jeweiligen Alltagsbedingungen anpassen können
- Helfend und therapeutisch tätig sein
- Opfer bringen
- Mit depressiven Stimmungen und Ängsten umgehen können

Pluto in Combin und Composit

Pluto intensiviert alles, was mit ihm in Verbindung steht. Seine Stellung in den jeweiligen Häusern besagt daher, daß sich die Partner in besonderem Maße mit dem betreffenenden Lebensbereich auseinandersetzen müssen. Tiefsitzende Ängste oder Abhängigkeiten können hier den Blick auf Wesentliches trüben und bedürfen der Wandlungskraft von Pluto zur Heilung.

Jede enge Verbindung hat ihre eigene Spielwiese, auf der das Erleben von Macht und Ohnmacht ausgetragen wird. Die Frage, wer das Opfer spielt und wer den Täter, wird bei jeder Spielrunde neu gestellt werden. Einzig das Thema bleibt dasselbe. In welchen Bereichen sich dieses Thema bewegt, zeigt die Hausstellung von Pluto.

Leidenschaftliche Fixierungen auf Menschen oder Dinge gehören genauso zur Domäne von Pluto, wie die schmerzliche Erfahrung, loslassen zu müssen. Selbst wenn Pluto im persönlichen und partnerschaftlichen Erleben Menschen mit schmerzlichen Verlusten, Tabus, Gewalt und Tod konfrontieren kann, haben seine Botschaften kollektiven Charakter. Jeder Mensch, jede Partnerschaft ist Teil eines gesellschaftlichen Kollektivs und damit Strömungen unterworfen, die sich einer direkten Einflußnahme des einzelnen entziehen.

Das Charisma, das Pluto in seiner personifizierten Form umgibt, nährt sich aus seiner Bedingungslosigkeit. Für ihn gibt es nur ein Entweder-Oder. Jedes Zaudern seines Gegenübers zeigt ihm, daß es Angst hat. Angst entsteht aus einem Gefühl der Ohnmacht. Ohnmacht und Schwäche resultieren oftmals aus Unwahrheit. Jedem Wesen einschließlich sich selbst wahr und ehrlich zu begegnen ist sicher die größte Herausforderung, der sich ein Mensch zu stellen hat.

In Partnerschafts-Horoskopen zeigt die Hausstellung Plutos, in welchem Lebensbereichen die Partner der Wahrheit ins Gesicht blicken müssen. Jeder Versuch, diesbezüglich oberflächlich und halbherzig zu agieren, wird heftige Konflikte zwischen den Partnern nach sich ziehen.

Pluto im ersten Haus

Diese Verbindung birgt eine Kraft in sich, die das Leben der Partner starken Wandlungen unterwirft. Nichts wird am Ende dieser Partnerschaft mehr so sein wie zu Beginn. Gemeinsam besitzen die Partner Macht, Charisma und eine ungeheure Zähigkeit, selbst schwierigste Situationen zu meistern. Sollten sie ihren Durchsetzungswillen aber gegeneinander richten, kann dies verheerende Folgen für ihr psychisches Gleichgewicht haben.

Bedeutung für den älteren Partner: Seine Ausstrahlung ist enorm, und seine bloße Anwesenheit kann andere seelisch tief berühren. Innerhalb dieser Verbindung fühlt er sich magisch von allem angezogen, was intensive und leidenschaftliche, mitunter aber auch destruktive und selbstzerstörerische Erfahrungen verspricht. Er wird nicht locker lassen, wenn es darum geht, psychische Wahrheiten aus dem Dunkel des Unbewußten ans Licht zu holen.

Fähigkeiten, die der ältere Partner in die Partnerschaft einbringt oder innerhalb dieser Verbindung erlernen möchte:

- Willensstärke, seelische Ausdruckskraft
- Manipulationsvermögen und Suggestionskraft
- starke seelische Wandlungsfähigkeit, bis zum äußersten gehen
- Tabus brechen und Wahrheiten aufdecken

Bedeutung für den jüngeren Partner: Diese Verbindung bringt ihn mit inneren Bildern in Kontakt, die ihn als Opfer mächtiger Gegenspieler zeigen. Tiefsitzende Ängste und Zwangsvorstellungen suchen sich einen Weg ins Bewußtsein. Die Umwelt wird zum Krisenbegleiter, wenn er beginnt, sich aus alten Abhängigkeiten zu lösen.

Fähigkeiten, die der jüngere Partner in die Partnerschaft einbringt oder innerhalb dieser Verbindung erlernen möchte:

- Freisein von seelischen Abhängigkeiten
- Tiefgehende Wandlungsbereitschaft in Beziehungen
- Zusammen mit anderen Menschen Krisen bewältigen
- Wahrhaft trauern können

Pluto im zweiten Haus

Tiefsitzende, meist unbewußte Existenzängste sind die Ursache dafür, daß sich die Machtspiele der Partner im Bereich ihrer Finanzen und Werte entzünden. Erst materielle Verlusterfahrungen und Krisen, die auch den eigenen Selbstwert betreffen, lassen am Ende erkennen, daß Sicherheit niemals käuflich ist. Sicherheit entsteht im eigenen Innern, und äußere, existentielle Sicherheit ist lediglich ein Spiegel davon.

Bedeutung für den älteren Partner: Innerhalb dieser Verbindung wird es für ihn wichtig sein, sich mit seinen Wertvorstellungen auseinanderzusetzen. Alles, was man besitzen kann, ist ständig und immer auch vom Verlust bedroht. Je mehr er versucht, etwas festzuhalten, um so sicherer wird er es verlieren. Und je mehr er losläßt, um so mehr wird er gewinnen.

Fähigkeiten, die der ältere Partner in die Partnerschaft einbringt oder innerhalb dieser Verbindung erlernen möchte:

- Gelassenheit im Umgang mit Finanzen und Wertvorstellungen
- Gewinne und Verluste nicht persönlich nehmen
- Durch Krisen zum eigenen Selbstwert finden
- Reich an inneren Werten

Bedeutung für den jüngeren Partner: Diese Verbindung gibt ihm die Chance, den dunklen verdrängten Bereichen seiner Psyche auf die Spur zu kommen. Ein ausgeprägter Drang, sich selbst und andere zu kontrollieren, nährt sich aus der tiefsitzenden Angst, den *Dämonen* seines Unbewußten begegnen zu müssen. Er scheut weder Tod noch Teufel, weil er weiß, daß die *Gefahr* im eigenen Innern größer ist.

Fähigkeiten, die der jüngere Partner in die Partnerschaft einbringt oder innerhalb dieser Verbindung erlernen möchte:

- Mit Kontrollverlusten leben können
- Psychische und materielle Bereiche ins richtiges Verhältnis bringen
- Den eigenen Selbstwert über den Reichtum im Innern definieren
- Andere nach ihren Vorstellungen leben lassen

Pluto im dritten Haus

In dieser Verbindung darf die Macht der Wortes nicht unterschätzt werden. Was die Partner sagen, muß nicht immer dem entsprechen, was sie denken. Sie besitzen die Fähigkeit, andere zu manipulieren, was durchaus auch konstruktiv genutzt werden kann. Ihre Suggestivkräfte im Denken und Kommunizieren sollten sie allerdings nicht gegen sich richten. Sie laufen sonst Gefahr, Opfer ihrer eigenen Zwangsvorstellungen zu werden.

Bedeutung für den älteren Partner: Bei Gesprächen besitzt er die Gabe, eine intensive Atmosphäre zu erzeugen. Das kann soweit führen, daß er seinem Gegenüber Dinge entlockt, die dieser niemals preisgeben wollte. Mag sein, daß er so lange *bohrt,* bis auch das letzte Geheimnis gelüftet ist. Sein Nicht-locker-Lassen kann aber auch heilsame Wirkung haben, weil endlich ausgesprochen wird, was lange psychisch belastet hat.

Fähigkeiten, die der ältere Partner in die Partnerschaft einbringt oder innerhalb dieser Verbindung erlernen möchte:

- Den Dingen auf den Grund gehen
- Seichte, oberflächliche Gespräche vermeiden
- Mit Worten therapeutisch wirken
- Unwahrheiten entlarven

Bedeutung für den jüngeren Partner: Die Gesprächsthemen der Partner können eine tiefgreifende Wirkung auf seine Glaubensgrundsätze haben. Innerhalb dieser Verbindung mag er erkennen, daß er nur dann den Sinn hinter den Dingen rational erfassen kann, wenn er Bereitschaft zeigt, sein breitgefächertes Wissen inhaltlich zu vertiefen.

Fähigkeiten, die der jüngere Partner in die Partnerschaft einbringt oder innerhalb dieser Verbindung erlernen möchte:

- Wandelbarkeit in seinem Glauben und seiner Weltanschauung
- Faszination für philosophische und religiöse Schriften
- Dogmatismus und geistige Manipulation durchschauen
- Durch geistige Krisen innerlich wachsen

Pluto im vierten Haus

Auf die Dauer werden sich die unangenehmen Dinge des Lebens nicht unter den Teppich kehren lassen. Früher oder später müssen sich die Partner mit ihrer Herkunft, ihrer Kindheit und mit ihrem Gefühlsleben auseinandersetzen. Erst wenn die *Dämonen* im eigenen Innern verabschiedet sind, kann zu Hause Ruhe und Frieden einkehren.

Bedeutung für den älteren Partner: Trauer, Wut und Verzweiflung gehören genauso zum Leben wie Freude und Zuversicht. Nichts vergiftet die Seele und das häusliche Leben mehr als der ständige Versuch, unangenehme Gefühle ins Reich des Vergessens zu verbannen. Diese Verbindung birgt die Chance, dem Leid ganzer Generationsfolgen ein Ende zu bereiten.

Fähigkeiten, die der ältere Partner in die Partnerschaft einbringt oder innerhalb dieser Verbindung erlernen möchte:
- Den Geheimnissen seiner Herkunft auf die Spur kommen
- Gefühlsmäßige Stabilität
- Sich von tiefen Schuldgefühlen befreien
- Heitere Gelassenheit im eigenen Innern erlangen

Bedeutung für den jüngeren Partner: Wer hoch hinaus will, muß auf sicherem Boden stehen. Ohne eine klare Standortbestimmung ist er den Anforderungen der Außenwelt kaum gewachsen. Wenn seine bisherigen Zielvorstellungen im Laufe dieser Verbindung ins Wanken geraten, sollte er im häuslichen Bereich mit seinem Partner ins Reine kommen.

Fähigkeiten, die der jüngere Partner in die Partnerschaft einbringt oder innerhalb dieser Verbindung erlernen möchte:
- Im beruflichen Alltag mit Macht- und Ohnmachtserfahrungen umgehen können
- Den Wechselfällen des Lebens mit Gelassenheit begegnen
- Kollektive Wandlungen bei seiner Lebensplanung berücksichtigen
- Machtmißbrauch anprangern und dagegen vorgehen

Pluto im fünften Haus

Das, was die Partner gemeinsam hervorbringen, nimmt keinen kontrollierbaren Verlauf. Selbst der Wunsch nach Kindern kann durch schmerzhafte Prozesse führen, die mitunter auch ein Loslassen fordern. Sich der Macht des Schicksals zu beugen und nicht verbissen um etwas zu kämpfen, was vielleicht gar nicht zu einem gehört, kann eine leidvolle, aber heilsame Lektion sein. Im kreativen, schöpferischen Bereich sind die Partner in der Lage, Außergewöhnliches zu leisten.

Bedeutung für den älteren Partner: Innerhalb dieser Verbindung nimmt er eine machtvolle Position ein. Sie mag ihn mitunter dazu verleiten, anderen seinen Willen aufzuzwingen. Er wird sich aber auch, ohne andere zu unterdrücken, zur Geltung bringen können.

Fähigkeiten, die der ältere Partner in die Partnerschaft einbringt oder innerhalb dieser Verbindung erlernen möchte:
- Charismatische Ausstrahlung
- Machtvolle Einflußnahme
- Leidenschaftlichen Spieltrieb
- Wandlungskraft des Ego

Bedeutung für den jüngeren Partner: Innerhalb dieser Verbindung haben Freunde und Gleichgesinnte einen großen Einfluß auf ihn. Ihre Ideologien und Zukunftsvisionen könnten ihn derart faszinieren, daß er eigene Ideale gänzlich über Bord wirft.

Fähigkeiten, die der jüngere Partner in die Partnerschaft einbringt oder innerhalb dieser Verbindung erlernen möchte:
- Wandlung durch die Gemeinschaft mit Freunden und Gleichgesinnten
- Faszination für außergewöhnliche, revolutionäre Projekte
- Forschergeist
- Innerhalb der Gemeinschaft mit Gleichgesinnten eine mächtige Rolle einnehmen

Pluto im sechsten Haus

Der gemeinsame Alltag der Partner ist starken Wandlungen unterworfen. Daher kann es immer wieder zu Extremsituationen kommen, in denen es gilt, Ruhe zu bewahren, anstatt überzureagieren. Je mehr die Partner versuchen, auf Biegen und Brechen den Status quo ihrer Alltags- und Arbeitsbedinungen zu erhalten, um so heftiger wird der Ansturm sein, der sie letztlich zwingt, das loszulassen, was nicht (mehr) zu ihrem Leben gehört.

Bedeutung für den älteren Partner: Diese Verbindung bringt ihn mit der Fähigkeit in Kontakt, besonders in schwierigen Zeiten Zähigkeit und Ausdauer zu entwickeln. In beruflicher Hinsicht besteht allerdings die Gefahr, daß er mit seinen Kräften nicht gut haushaltet und sich häufig übernimmt.

Fähigkeiten, die der ältere Partner in die Partnerschaft einbringt oder innerhalb dieser Verbindung erlernen möchte:
- Geborener Krisenmanager
- Mit Macht- und Ohnmachtserfahrungen am Arbeitsplatz umgehen können
- Der Dynamik des Lebens vertrauen
- In Streßsituationen Ruhe bewahren

Bedeutung für den jüngeren Partner: Alles Verborgene und Hintergründige reizt ihn. Besondere Fähigkeiten entwickelt er dann, wenn es gilt, versteckten Machtkonflikten auf die Spur zu kommen. Er kann innerhalb dieser Verbindung sich selbst und anderen dabei helfen, Verdrängtes wieder spürbar zu machen und jeglichem Tabu seine angstbesetzte Note zu nehmen.

Fähigkeiten, die der jüngere Partner in die Partnerschaft einbringt oder innerhalb dieser Verbindung erlernen möchte:
- Therapeutische Fähigkeiten
- Den Mächten des Unbewußten angstfrei begegnen
- Die *Spinne im Netz* enttarnen
- Verschwiegenheit

Pluto im siebten Haus

Innerhalb dieser Verbindung werden die Partner immer wieder mit Menschen konfrontiert, die sich in schweren Lebenskrisen befinden. Es wird daher nicht einfach sein, ihrem Gegenüber immer gelassen zu begegnen. Die Konfrontation mit Menschen in Extremsituationen will bei den Partnern bewirken, daß sie sich mit den Themen »Macht, Ohnmacht, Verlust, Gewalt und Tod« auseinandersetzen.

Bedeutung für den älteren Partner: Ihn verlangt es nach intensivem Austausch mit anderen. Seichtes und Oberflächliches interessiert ihn nicht. Dies kann allerdings dazu führen, daß er sich häufig mit den Schattenseiten seiner Umwelt auseinandersetzen muß. Einmal entstandene Machtkonflikte werden nicht selten vor dem Richter ausgetragen.

Fähigkeiten, die der ältere Partner in die Partnerschaft einbringt oder innerhalb dieser Verbindung erlernen möchte:

- Intensive Beziehungen zu anderen pflegen
- Guter Berater in Krisenzeiten sein
- Mit dem Auf und Ab in Beziehungen umgehen können
- Sich aus seelischen Abhängigkeiten lösen können

Bedeutung für den jüngeren Partner: Innerhalb dieser Verbindung lernt er sowohl die Rolle des *Opfers* als auch die des *Täters* kennen. Von beiden Extremen gilt es, sich innerlich zu verabschieden und dem Leben mit mehr Gelassenheit zu begegnen. Das Potential zur seelischen Wandlung entfaltet sich erst, wenn er gelernt hat, von seiner extremen Lebensführung Abstand zu nehmen.

Fähigkeiten, die der jüngere Partner in die Partnerschaft einbringt oder innerhalb dieser Verbindung erlernen möchte:

- Starke seelische Ausstrahlungskraft
- Intensität und Leidenschaftlichkeit
- Transformatorische Kräfte
- Andere sehr stark an sich binden können

Pluto im achten Haus

Die Partner fühlen sich ganz besonders von Dingen angezogen, die mit gesellschaftlichen Tabus belegt sind. Geburt und Tod, Gewinn und Verlust, Macht und Unterwerfung, Sexualität und Hörigkeit sind Themen, die sie immer wieder aufs neue faszinieren. Diese Verbindung gibt ihnen aber auch die Chance, sich von Fixierungen und Abhängigkeiten zu lösen und wahrhaftiger mit sich und anderen zu werden.

Bedeutung für den älteren Partner: Diese Verbindung birgt die Kraft, ihn mit seinen Schattenseiten zu konfrontieren. Sie gibt ihm damit die Möglichkeit, die längst *totgeglaubten* Persönlichkeitsanteile zu erkennen, die noch immer ihr Unwesen in seiner Psyche treiben. Gefühle von Verlassenheit, Trauer und Verzweiflung werden nicht aus der Seele weichen, solange man sie lediglich verdrängt. Sie möchten ausgelebt und würdig verabschiedet werden.

Fähigkeiten, die der ältere Partner in die Partnerschaft einbringt oder innerhalb dieser Verbindung erlernen möchte:

- Ausgeprägte Phantasie und Vorstellungskraft
- Einfühlsamer Geburts- und Sterbebegleiter
- Subtile Einflußnahme
- Geheimnisse lüften und Tabus brechen können

Bedeutung für den jüngeren Partner: Diese Verbindung zeigt ihm, wie sehr er dazu neigt, alles zu kontrollieren, was seine finanzielle und/oder emotionale Sicherheit gefährden könnte. Ihm fehlt das Vertrauen, daß andere für ihn sorgen werden, sofern er selbst nicht mehr dazu in der Lage ist. *Fressen oder gefressen werden* kann zum Lebensmotto werden.

Fähigkeiten, die der jüngere Partner in die Partnerschaft einbringt oder innerhalb dieser Verbindung erlernen möchte:

- Tiefes Wissen darum, daß nichts im Leben wirklich sicher ist
- Gewinnen und verlieren können
- Die Macht der Finanzen durchschauen und sich davon nicht übermachten lassen
- Sich aus materiellen Abhänigkeiten befreien

Pluto im neunten Haus

Diese Verbindung lehrt, daß Weisheit allein die Seele von Leidenschaft und Abhängigkeit befreien kann. Auf philosophischem oder religiösem Gebiet ringen die Partner gemeinsam nach tiefen Erkenntnissen. Transformation und geistige Freiheit bedürfen aber auch der Auseinandersetzung mit den dunklen, zerstörerischen Mächten dieser Welt.

Bedeutung für den älteren Partner: Die Vorstellung von einem strafenden Gott oder *schlechtem* Karma macht ihn dafür empfänglich, geistig manipuliert zu werden. Eine höhere Erkenntnisfähigkeit bedarf des Loslassens von überholten Denkmustern und dogmatischen Weltbildern. Toleranz für Andersdenkende und -gläubige stellt sich dann ganz von selbst ein.

Fähigkeiten, die der ältere Partner in die Partnerschaft einbringt oder innerhalb dieser Verbindung erlernen möchte:

- Sich mit Ausdauer und Zähigkeit eine höhere Bildung erarbeiten
- Toleranz und Großzügigkeit gegenüber Andersdenkenden
- Falsche *Götter* erkennen
- Geistige Erkenntnisprozesse bei anderen bewirken

Bedeutung für den jüngeren Partner: Ihm etwas vorzumachen wird nicht leichtfallen. Sobald er Unwahrheiten auch nur wittert, wird er entsprechend heftig reagieren. Seinen Widersachern begegnet er mit Verstand, Instinkt und einer Scharfzüngigkeit, die kaum zu überbieten ist.

Fähigkeiten, die der jüngere Partner in die Partnerschaft einbringt oder innerhalb dieser Verbindung erlernen möchte:

- In Gesprächen eine intensive Atmosphäre erzeugen
- Geheimnissen auf die Spur kommen
- Interesse für Tabuthemen
- Mit seinen Worten viel in Bewegung setzen

Pluto im zehnten Haus

Innerhalb dieser Verbindung bekommen die Partner Einblick in gesellschaftliche Machtbereiche, die nicht unbedingt dem Wohle der Allgemeinheit dienen. Mit Behördenwillkür könnten sie genauso konfrontiert werden wie mit diktatorischen und unterdrückenden Gesellschaftsstrukturen. Doch auch mit deren Verfall und ihrer Neuordnung auf wahreren Fundamenten werden sich die Partner auseinandersetzen müssen.

Bedeutung für den älteren Partner: Diese Verbindung bringt ihn mit einer tiefsitzenden Vater-Problematik in Kontakt. Sollte er unterdessen Übermacht oder Schwäche gelitten haben, werden sich immer wieder Probleme mit Autoritäten einstellen. Den braven, angepaßten Bürger zu spielen wird ihm auf Dauer nicht gelingen.

Fähigkeit, die der ältere Partner in die Partnerschaft einbringt oder innerhalb dieser Verbindung erlernen möchte:

- Krisen und Wandlung in der beruflichen Zielsetzung
- Gelassenheit im Umgang mit Autoritäten
- Kampf gegen Unterdrückung und Ausgrenzung in der Gesellschaft
- Aussöhnung mit dem vaterlichen Prinzip

Bedeutung für den jüngeren Partner: Im Laufe dieser Partnerschaft wird er nicht umhinkommen, sich mit seinen Wurzeln, seiner Herkunft und seiner Familie auseinanderzusetzen. Alte seelische Wunden könnten erneut aufbrechen und damit eine Chance zur Heilung bekommen. Ein beruflicher Neuanfang in einer neuen Heimat wird den Prozeß des Loslassens hilfreich unterstützen.

Fähigkeiten, die der jüngere Partner in die Partnerschaft einbringt oder innerhalb dieser Verbindung erlernen möchte:

- Seelische Kraft durch Loslassen und Verzeihen
- Befreiung von seelischen Abhängigkeiten
- Aussöhnung mit dem mütterlichen Prinzip
- Innere Verspannungen und Verkrampfungen lösen

Pluto im elften Haus

Dort, wo die Partner auf Freundschaft, Teamgeist und Kooperation hoffen, haben sie nicht selten mit dem genauen Gegenteil zu kämpfen. Anstatt sich im Kreise von Gleichgesinnten locker, gelöst und frei zu fühlen, begegnen ihnen unterschwelliges Machtgebahren und intrigantes Verhalten. In gruppendynamischen Prozessen sind aber auch tiefe Wandlungen möglich, nachdem sie erkannt haben, daß sie von falschen Freunden und falschen Vorstellungen einfach nur Abschied nehmen müssen.

Bedeutung für den älteren Partner: Diese Partnerschaft gibt ihm die Chance, sich intensiver mit seinen bisherigen Vorstellungen von Freundschaft auseinanderzusetzen. Gefühle der Enttäuschung, der Mißgunst oder des Schmerzes, weil ihn Freunde im Stich ließen, könnten im Laufe dieser Verbindung wieder ins Bewußtsein gelangen. Hier hilft manchmal nur ein radikaler Schlußstrich unter alles, was ihn nicht sein läßt, wie er ist.

Fähigkeit, die der ältere Partner in die Partnerschaft einbringt oder innerhalb dieser Verbindung erlernen möchte:
- Tiefgreifende Wandlungen im Freundeskreis vollziehen
- Nach Lebenskrisen einen hoffnungsvollen Blick in die Zukunft richten
- Mit Zähigkeit und Ausdauer an neuen, zukunftsträchtigen Projekten arbeiten
- Im Freundeskreis und in Gruppen eine herausragende Stellung einnehmen

Bedeutung für den jüngeren Partner: Diese Verbindung gibt ihm die Möglichkeit, seine Persönlichkeit auf eine sehr subtile Art zur Geltung zu bringen. Er muß sich keiner offensiven Mittel bedienen. Still und heimlich kann er im Hintergrund sein Netz spinnen, in dem sich all jene verfangen, die seiner Selbstentfaltung dienen werden.

Fähigkeit, die der jüngere Partner in die Partnerschaft einbringt oder innerhalb dieser Verbindung erlernen möchte:
- Subtile Einflußnahme
- Starke Ausstrahlungskraft

– Suggestions- und Manipulationskraft
– Seelische Ausdruckskraft

Pluto im zwölften Haus

Sollten die Partner mit Angriffen aus dem Hinterhalt zu kämpfen haben und ihre Widersacher dabei selten zu Gesicht bekommen, könnte dies ein Hinweis sein, daß zwischen ihnen einiges unausgesprochen im Argen liegt. Gründe, eine direkte Konfrontation zu scheuen, mag es immer geben. Ganz besonders dann, wenn Angst im Spiel ist, den anderen zu verlieren. Die Krisen, die beide zu bewältigen haben, sind meist psychischer Natur und selten Ursache höherer Gewalt.

Bedeutung für den älteren Partner: Innerhalb dieser Verbindung kommt seine enorme Fähigkeit zum Ausdruck, in psychische oder geistige Welten vorzudringen. Sich ihrer zu bemächtigen birgt gleichfalls die Gefahr, denselben zum Opfer zu fallen. Therapeutisch zu wirken oder selbst therapiebedürftig zu sein sind zwei Kehrseiten ein und derselben Medaille. Die Mächte des Unbewußten kennen kein weltliches Statusdenken.

Fähigkeit, die der ältere Partner in die Partnerschaft einbringt oder innerhalb dieser Verbindung erlernen möchte:
– Starke Regenerationsfähigkeit bei psychischen Problemen
– Gesellschaftliche Tabus ohne Eigennutz brechen
– Konfrontationsfähigkeit mit eigenen, tiefsitzenden Ängsten
– Aus dem Hintergrund agieren und dabei Unwahrheiten anprangern

Bedeutung für den jüngeren Partner: Diese Partnerschaft bietet den Nährboden für eine grundlegende Veränderung seines bisherigen Arbeitsumfeldes. Es wird sich jedoch nicht nur die Art und Weise des *Brötchenverdienens* ändern. Alles, was bisher einen gewohnten, routinierten Alltagsablauf gewährleistete, scheint auf den Kopf gestellt. Ein neues Leben beginnt! Wenn dabei Krankheit und Streß aufkommen, ist dies ein Zeichen dafür, daß man der Dynamik des Lebens nicht vertraut und einem Kontrollzwang unterliegt.

Fähigkeit, die der jüngere Partner in die Partnerschaft einbringt oder innerhalb dieser Verbindung erlernen möchte:

- Zähes Durchhaltevermögen, einmal gestellte Aufgaben, zu Ende zu führen
- Mit Wechselfällen des Lebens gelassen umgehen
- Machtausübung am Arbeitsplatz
- Die psychischen Ursachen von Krankheiten erkennen

Die Mondknoten in Combin und Composit

Die Mondknoten-Achse beschreibt einerseits das schon vorhandene seelische Potential der Partner (absteigender Mondknoten) und andererseits das, was innerhalb dieser Verbindung auf einer seelischen Ebene entwickelt werden soll (aufsteigender Mondknoten).

Die Hausstellung des aufsteigenden Mondknoten verweist auf jenen Lebensbereich, der von den Partnern besondere Aufmerksamkeit verlangt. Hier sind Wachstum und Reifung allerdings nur möglich, wenn die Partner Bereitschaft zeigen, sich nicht auf ihren bereits vorhandenen Fähigkeiten *auszuruhen*. Das Potential, das sich mit der Hausstellung des absteigenden Mondknoten verbindet, soll lediglich als Fundament für eine Weiterentwicklung dienen.

Die Zeichenstellung der Mondknoten beschreibt die Art und Weise, wie die Partner an diese Weiterentwicklung herangehen. Der aufsteigende Mondknoten in Steinbock im fünften Haus beispielsweise wird die Partner auf eine sehr fundierte und ernsthafte Weise nach Möglichkeiten der Selbstverwirklichung suchen lassen. Als Basis dient die Möglichkeit, von Freunden und Gleichgesinnten (elftes Haus) emotionalen Rückhalt und Unterstützung (Krebs) zu erhalten.

Aufsteigender Mondknoten im ersten Haus

Ihr partnerschaftliches Denken, ihre Kompromißfähigkeit und ihr ausgeprägter Wunsch nach Harmonie sollte die Partner nicht davon abhalten, einen selbständigen und unabhängigen Weg einzuschlagen. Durchsetzungs- und Konfliktbereitschaft sind Fähigkeiten, die jeder von ihnen in dieser Verbindung erlernen kann. Sich auf seine eigene Lebensenergie und Stärke zu verlassen bedeutet jedoch nicht, die Partnerschaft als Ganzes in Frage zu stellen.

Aufsteigender Mondknoten im zweiten Haus

Die Partner müssen lernen loszulassen. Sie wissen instinktiv, daß jede Fixierung auf Menschen oder Dinge die Dynamik des Lebens ins Stocken bringt. Dennoch wird es für sie in dieser Verbindung wichtig, stabile Lebensverhältnisse zu schaffen und materielle Sicherheiten zu erlangen. Sich selbst anzunehmen und wertzuschätzen ist eine notwendige Grundvoraussetzung für innere und äußere Sicherheit.

Aufsteigender Mondknoten im dritten Haus

Nicht die großen philosophischen Erkenntnisse oder religiösen Überzeugungen sind es, die die Partner in ihrer seelischen Entwicklung weiterbringen. Die Auseinandersetzung mit Alltagsfragen und das Bemühen um Verständigung in den kleinsten Alltäglichkeiten stellt eine Herausforderung dar, an der die Partner gemeinsam wachsen.

Aufsteigender Mondknoten im vierten Haus

Durch ihre berufliche Kompetenz gesellschaftliche Anerkennung zu erlangen dürfte den Partnern nicht schwerfallen. Um so wichtiger wird es für beide sein, sich gegenseitig seelisch zu nähren und ihre emotionalen Bedürfnisse nicht zu vernachlässigen. Fürsorglichkeit für sich selbst und andere zu entwickeln wird in dieser Verbindung zur wichtigen Aufgabe.

Aufsteigender Mondknoten im fünften Haus

Teamgeist und Gemeinschaftssinn sind Fähigkeiten, die jeder der Partner in die Verbindung einbringt. Dennoch geht es in dieser Partnerschaft darum, das kreative und schöpferische Potential jedes einzelnen zur Geltung zu bringen. Hierzu ist es wichtig, daß beide voneinander unabhängige Bereiche der Selbstverwirklichung finden.

Aufsteigender Mondknoten im sechsten Haus

Auch wenn die Partner eine tiefe seelische Verbundenheit empfinden und sich gerne dem Alltäglichen entheben, bleibt es ihnen nicht erspart, dem Funktionieren eines gemeinsamen (Arbeits-)Alltags besondere Aufmerksamkeit zu widmen. Beide müssen lernen, sich den gegebenen Alltagspflichten zu stellen und ihre jeweiligen Fähigkeiten einem großen Ganzen zur Verfügung zu stellen.

Aufsteigender Mondknoten im siebten Haus

Sich alleine durchs Leben zu schlagen, ist für keinen der Partner ein Problem. Gerade deshalb fordert sie diese Verbindung auf, partnerschaftlich zu denken und eine Ausgewogenheit im Geben und Nehmen zu erlangen. In dem beide lernen, Kompromisse zu machen und ihre individuellen Wünsche in den Hintergrund zu stellen, entwickeln sie sich seelisch weiter.

Aufsteigender Mondknoten im achten Haus

Gemeinsam besitzen die Partner die Fähigkeit, ihren materiellen Lebensunterhalt zu sichern. Ein sinnliches und komfortables Leben wäre ihnen sicher, würde ihre Seele nicht danach trachten, loslassen zu lernen. Indem sie lernen, mit der Angst, den anderen zu verlieren, umzugehen, werden ihre Macht- und Ohnmacht*spiele* immer seltener.

Aufsteigender Mondknoten im neunten Haus

Die Partner halten eine Botschaft für andere bereit, die der allgemeinen Sinnfindung dient. Gemeinsam besitzen sie die Fähigkeiten, über Gott und die Welt zu referieren. Eine Gefahr besteht dann, wenn sie ihre Botschaft zum Dogma erklären und spirituelle Weisheiten mißbrauchen.

Aufsteigender Mondknoten im zehnten Haus

Die Fähigkeit, sich familiäre Geborgenheit, Schutz und emotionale Sicherheit zu geben, sollte die Partner nicht dazu verleiten, ihre beruflichen Ziele außer acht zu lassen. Die Übernahme von Pflichten, das Tragen von Verantwortung und die Verwirklichung im Beruf dient ihrer seelischen Weiterentwicklung.

Aufsteigender Mondknoten im elften Haus

Die Partner wissen genau, wie sie sich erstens am besten *in Szene* setzen und zweitens ihren Spieltrieb befriedigen können. Nachdem sie ihr Können auf allen möglichen Gebieten erprobt haben, gilt es jetzt, ihre Fähigkeiten in den Dienst derer zu stellen, die ihnen geistig nahestehen. Nicht im Alleingang, sondern im Kreis von Freunden und Gleichgesinnten wird ihr Potential zur Geltung kommen.

Aufsteigender Mondknoten im zwölften Haus

Routineangelegenheiten und die Organisation eines funktionierenden (Arbeits-)Alltags stellen für die Partner kein wirkliches Problem dar. Diese Partnerschaft gibt ihnen vielmehr die Möglichkeit, sich mit ihrer Spiritualität auseinanderzusetzen und damit jenen Bereichen mehr Raum zu geben, die sich dem Rationalen und logisch Nachvollziehbaren entziehen.

VI. Kapitel

Liebesbeziehungen

Bei der Deutung einer Liebesbeziehung stellt sich zunächst die Frage, welches Partnerschaftshoroskop zu Rate gezogen werden soll. Combin oder Composit? Wie erwähnt, betrachte ich selbst das Composit nur, wenn sich die Partner erst kurze Zeit kennen. Für die Deutung langjähriger und verbindlicher Beziehungen bietet mir das Combin die bessere Deutungsgrundlage.

Nicht jede Verliebtheit mündet in den Hafen der Ehe. Anziehung und Attraktion lassen sich sehr aufschlußreich anhand der Geburtshoroskope der Partner und dem Vergleich ihrer Horoskope (Synastrie) beurteilen. Doch ob die Partner für lange Zeit zusammenbleiben oder gar heiraten, läßt sich meiner Meinung nach überhaupt nicht aus ihren Horoskopen ablesen. Sehr viel mehr Faktoren spielen hierbei eine Rolle. Genausowenig, wie man anhand eines Geburtshoroskops ersehen kann, ob es sich um das Horoskop eines Menschen oder eines Frosches handelt, kann man anhand von Partnerschaftshoroskopen wissen, ob sich die betreffenden Partner überhaupt jemals kennengelernt haben. Den weiteren Verlauf einer Begegnung bestimmen zudem sehr viele unbewußten Motive, abgesehen von der Bildung, der sozialen Herkunft und dem Familienstand der Partner.

Somit bietet auch das Composit letztlich keine sichere Grundlage für Mutmaßungen über die Dauerhaftigkeit einer Partnerschaft.

Nachfolgend möchte ich in aller Ausführlichkeit am Fallbeispiel einer Liebesbeziehung zunächst den Beziehungsverlauf schildern und dann Schritt für Schritt auf die Vorgehensweise bei der Deutung des Combins der Liebespartner eingehen.

Fallbeispiel 1 ***Weder mit dir noch ohne dich***

Maria und Raphael lernten sich am 31.5.1991 am gemeinsamen Arbeitsplatz kennen. Raphael war von seiner Münchner Firma in deren Zweigstelle nach Berlin versetzt worden und sollte am 3.6.1991 dort mit der Arbeit beginnen. Bei seinem ersten kurzen Besuch in der Firma wurde ihm Maria vorgestellt. Nach Aussagen beider hatte es schon beim ersten Blickkontakt zwischen ihnen »gefunkt«.

Maria war verheiratet und hatte einen neunjährigen Sohn. Sie wollte sich schon seit längerem scheiden lassen, ihre Ehe bestand nur noch auf dem Papier. Während ihr Mann längst eine Geliebte hatte, verschrieb sie sich gänzlich ihrer beruflichen Karriere. Nur das gemeinsame Kind hielt sie noch zusammen. Raphael hatte eine feste Freundin, die mit ihm nach Berlin gekommen war und mit der er eine gemeinsame Wohnung bezog.

Schon bei ihrer zweiten Begegnung, wenige Tage später, begann zwischen Maria und Raphael eine intensive und leidenschaftliche Affäre. Nach den bewußten Wünschen beider sollte es auch bei einer heimlichen Liebelei bleiben, doch ihr Unbewußtes hatte längst anders entschieden ...

Auf den ersten Blick wirkt das Composit-Horoskop zwischen Maria und Raphael wie ein Abbild dessen, was ihrem Lebenskontext zum Zeitpunkt des Kennenlernens auch tatsächlich entsprach: Der Wassermann-Aszendent mit einem dominanten Uranus am Deszendenten beschreibt eine klassische *Seitensprung-Beziehung,* die plötzlich und unterwartet beginnen, aber genauso schnell wieder ihr Ende finden kann. Wichtig scheint erst einmal nur der *Kick* zu sein, der die Partner aus ihren gewohnten Beziehungsmustern hinauskatapultiert und ihnen statt dessen Spannung, Begeisterung und angenehmes Herzklopfen bereitet.

Der Krebs-Mond im sechsten Haus verweist auf den gemeinsamen Arbeitsplatz, an dem sie sich von Anfang an sehr warm und emotional begegneten. Gerade dort war es ihnen nicht möglich, ihre Gefühle füreinander geheimzuhalten. Alle Kollegen spürten, was zwischen den beiden vor sich ging.

Das siebte Composit-Haus symbolisiert auch, was einem Paar durch die Außenwelt begegnet. Uranus am Deszendenten kann, sowohl im Gewand des permanent Nähe verhindernden Störfaktors (durch andere, z.B. die jeweiligen Partner der beiden) erscheinen als auch in Form einer

Composit

Maria und Raphael

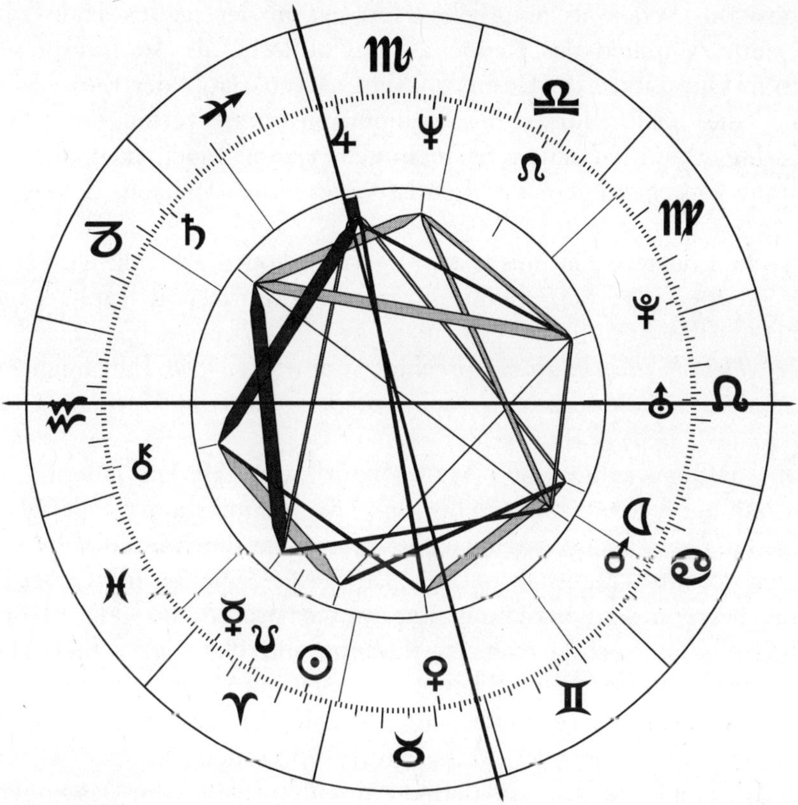

☉	24°21′ ♈
☽	18°17′ ♋
☿	4°05′ ♈
♀	20°44′ ♉
♂	9°03′ ♋
♃	24°48′ ♏
♄	3°53′ ♑
♅	13°24′ ♌
♆	5°45′ ♏
♇	2°21′ ♍
☊	12°31′ ♎
⚷	25°02′ ♒

A	13°13′ ♒
2	25°06′ ♓
3	1°10′ ♉
M	28°01′ ♏
11	19°23′ ♐
12	11°18′ ♑

Häuser nach Placidus

Umwelt, die die Exzentrik und Originalität des Paares einerseits anregend und bereichernd empfindet, anderseits von beiden wegen ihrer Unberechenbarkeit als Paar in einer ständigen Anspannung gehalten wird.

Pluto im siebten Haus des Composits verweist auf eine Venus-Pluto-Disposition (Venus als natürliche Herrscherin des siebten Hauses), die sich zum Zeitpunkt des Kennenlernens auslöste, als der transitierende Pluto in Opposition zur Composit-Venus stand. Trotz der Endzeit-Stimmung, die nach Marias Beschreibung in ihrer Verbindung ständig herrschte, träumten schon beide in den ersten Tagen nach ihrer Begegnung von einem gemeinsamen Leben in einem Haus im Grünen.

Wer schon längere Zeit mit Composit-Horoskopen arbeitet, wird sicherlich erkennen, daß dem Composit zwischen Maria und Raphael nichts derart *Zwingendes* anhaftet, daß man (trotz Pluto im siebten Haus) von einer *schicksalhaften Begegnung* sprechen könnte, die kein Entrinnen mehr zuläßt oder geradewegs ins gemeinsame, traute Heim führt. Im Gegenteil!

Das T-Quadrat zwischen Mars, Saturn und Merkur läßt auf viele Frustrationen, Kontaktabbrüche und Kommunikationsschwierigkeiten schließen, die es auch tatsächlich gab. Maria war durch ihren Sohn, ihren Vollzeitjob, ihren Haushalt und die schwierige Situation mit ihrem Ehemann, der von dem Verhältnis mit Raphael wußte und einige Wochen später sehr eifersüchtig reagierte (Uranus und Pluto im siebten Haus), mehr als überlastet. Sie fand kaum Zeit, sich mit Raphael außerhalb des Betriebes ungestört zu treffen. Er verhielt sich zunehmend trotziger, frustrierter und fordernder (Mars-Saturn-Opposition).

Zu diesem T-Quadrat und dem dominanten Uranus am Deszendenten kommt meiner Meinung nach wenig Bindendes hinzu, wenngleich die Composit-Sonne im zweiten Haus und die Venus im Zeichen Stier ein Gefühl der Sicherheit und Geborgenheit vermitteln können. Auch das Trigon zwischen Saturn und Pluto kann einer Beziehung eine gewisse Beständigkeit und Festigkeit verleihen.

Die Fazination und Macht der Liebe – aber auch die Ohnmacht, qualvollen Zuständen in Liebesbeziehungen durch Trennung ein Ende zu bereiten – findet ihre astrologische Entsprechung in Venus-Pluto-Kontakten. Ein Pluto-Transit (Opposition) über die Composit-Venus zum Zeitpunkt des Kennenlernens kann der Beziehung etwas sehr Leidenschaftliches, jedoch auch Zwanghaftes verleihen. Die Halbsummen-Technik des Composits bringt es mit sich, daß ein Transit zu einem Composit-Planeten sich auch in beiden Radix-Horoskopen wiederfinden lassen muß, wenngleich in manchmal auch schwächer wirkenden Winkelverbindungen. Tatsächlich hatte Maria einen schwachen abnehmenden Quinkunx-Aspekt des transitierenden Pluto zu ihrer Venus und Raphael einen schwachen zunehmenden Quinkunx-Aspekt zu seiner Radix-Venus. In beiden Fällen wäre ich allein durch die Transite und Progressionen, die die beiden zu ihren Geburtshoroskopen hatten, nicht auf die Idee gekommen, daß sie sich gemeinsam jahrelang mit Venus-Pluto-Themen zu befassen hätten. Zudem geht auch ein Pluto-Transit zur Composit-Venus eines Tages vorüber und überläßt beide wieder ihrem Uranus am Deszendenten.

Ein Aha-Erlebnis vermittelt erst das Combin-Horoskop der beiden. Hier finden sich alle Entsprechungen der weiteren Geschehnisse. Denn beide trennten sich nach einigen Monaten von ihren Partnern, und aus ihrer anfänglich unverbindlichen Affäre entstand eine äußerst symbiotische Beziehung, in der beide immer tiefer und heftiger mit schmerzhaften Verlusterfahrungen aus ihrer Kindheit konfrontiert wurden.

Sowohl Raphael als auch Maria waren als Kinder – er von der Mutter, sie vom Vater – verlassen worden. Tief in ihrem Unbewußten vergraben, hegten sie beide den Wunsch nach einem glücklichen Familienleben an einem friedlichen Ort mit viel Platz für alle, was sich im Combin-Horoskop sehr eindrucksvoll durch Jupiter in Schütze am IC manifestiert. Mit ihrer Begegnung schien es für beide Zeit, sich diesen unbewußten (IC) Wünschen zu stellen, aber damit auch der Liebe. Einer Liebe, die nicht versteckt und heimlich gelebt wird, nicht halbherzig, sondern für jedermann sichtbar und legitim (Venus am MC).

Mit wie vielen – der Außenwelt verborgenen, aber auch für sie beide nicht vorhersehbaren – *Abstiegen in die seelischen Höllen des Hades* dieser Entwicklungsweg verbunden sein würde, symbolisiert der Combin-Pluto im zwölften Haus, nahe am Aszendenten und im T-Quadrat zu Venus und Jupiter. Alles scheint im Übermaß vorhanden, was eine Liebesbeziehung wachsen und gedeihen läßt, wäre da nicht Pluto, der den Partnern die *üppigsten Knochen* immer wieder entreißt und sie dorthin wirft, wohin sie beide niemals wieder gehen wollten ...

Combin

Maria und Raphael

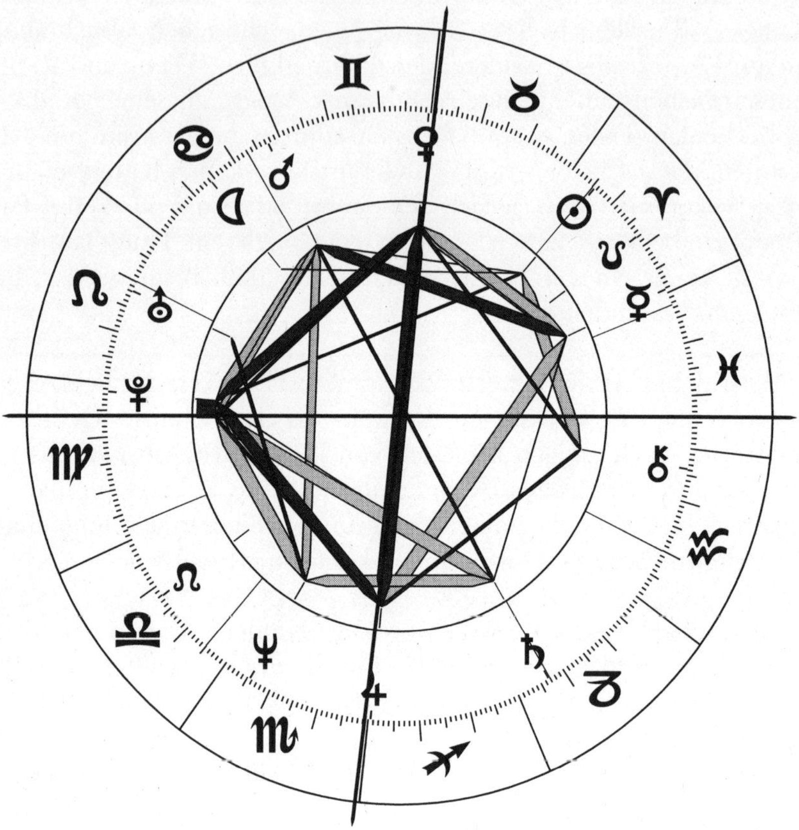

☉	24°50′ ♈
☽	16°11′ ♋
☿	1°09′ ♈
♀	0°48′ ♊
♂	2°54′ ♋
♃	0°49′ ♐
♄	7°03′ ♑
♅	12°13′ ♌
♆	5°53′ ♏
♇	1°51′ ♍
☊	12°31′ ♎
⚷	26°31′ ♒

15. 4. 1959, 13:33 GMT, 11E15, 50N38

A	6°52′ ♍
2	27°58′ ♍
3	25°17′ ♎
M	29°40′ ♉
11	7°20′ ♋
12	10°15′ ♌

Häuser nach Placidus

Einer tiefsitzenden Angst davor, zu lieben und sich hinzugeben, weil man sich durch Kindheitserfahrungen sicher ist, das Liebste sowieso wieder schmerzhaft zu verlieren (Venus/Pluto), kann man ein Leben lang durch Nicht-Einlassen ausweichen. Man kann aber auch versuchen, den Partner derart von sich abhängig zu machen, daß er gar nicht mehr in der Lage ist, einen zu verlassen. Ersteres erzeugt seelische Armut, letzteres Haß.

Wenn ich an anderer Stelle schrieb, daß ich in Combin-Horoskopen meist ersehen kann, zu welchen Erfahrungen und Entwicklungsprozessen Partner in einer längeren Beziehung – bewußt oder unbewußt – bereit sind, so bin ich bei der Beschäftigung mit dem Combin von Maria und Raphael in Kenntnis ihrer Beziehungsgeschichte zu der Überzeugung gelangt, daß die beiden sich trafen, um einen Heilungsprozeß in jedem von ihnen in Gang zu setzen. Der Hinweis, daß das *Abreißen des Pflasters über der eitrigen Wund* weh tut, *Licht und Sauerstoff* jedoch für den Heilungsprozeß notwendig sind, kann in einer Partnerschaftsberatung durchaus Mut machen und beide stärken, den Weg bis zu Ende zu gehen.

Transite und Progressionen zum Combin beschreiben wichtige Meilensteine des gemeinsamen Weges (siehe Prognose-Techniken, S. 311).

Im Combin von Maria und Raphael kündigte der laufende Saturn mit seinem Eintritt ins Zeichen Fische, und damit in den *leeren Raum* des T-Quadrats von Venus, Jupiter, und Pluto, eine Zeitqualität an, in der ihnen ihre plutonischen Verhaltensmuster bewußt wurden, aber auch die dahinter lauernden, lange verdrängten Ängste und Schmerzen. Zum Stichwort »Heilung« ist es zudem sehr bezeichnend, daß sich in diesem sogenannten *leeren Raum* der Combin-Chiron befindet. (Technisch gesehen spricht man in diesem Fall nicht mehr von einem T-Quadrat, sondern von einem Großen Kreuz).

Die wenig erfreuliche saturnische Aufforderung, nun mit der Arbeit (Aufarbeitung) zu beginnen, fand ein befreiendes und erleichterndes Gegengewicht im gleichzeitigen Transit von Uranus und Neptun im Quadrat zur Combin-Sonne, der eine auflösende Wirkung haben kann.

Maria und Raphael hielten dem Druck nicht stand und trennten sich im Herbst 1994. Daß diese Trennung kaum endgültig sein würde, zeigen die kommenden Transite und Progressionen zu ihrem Combin. Im weiteren Verlauf überschritt der transitierende Pluto den IC des Combins und wurde auf Jupiter stationär rückläufig. Da sich das vierte Haus im Combin- wie auch im Radix-Horoskop eines einzelnen nicht nur mit den jeweiligen Wohnverhältnissen befaßt, sondern auf die Vergangenheit, die Kindheit, gemeinsame Wurzeln und unbewußte Verdrängungen verweist, liegt der Eindruck nahe, daß das beschriebene Schwerpunktthema der Beziehung wieder aufleben muß, wenn nicht sogar erst jetzt richtig zu wirken beginnt.

Die sekundär-progressive Combin-Sonne auf 29° 14' Stier steht zum Zeitpunkt der Trennung kurz vor ihrer exakten Konjunktion zum Combin-MC und damit auch in Konjunktion zur Combin-Venus. Eine Progression der Sonne oder des Mondes auf die Achsen des Combins ist immer ein deutlicher Hinweis auf Veränderungen. Vor allem kann der progressive Mond, der monatlich ca. ein Grad weiter wandert, wichtige Prozesse auslösen.

Zum Zeitpunkt der Trennung hatte der progressive Mond (auf 7° 40' Skorpion) den Combin-Neptun gerade überschritten, was darauf schließen läßt, daß sich die Partner während dieser Zeit – im wahrsten Sinne des Wortes – nicht mehr verstanden (Neptun im dritten Combin-Haus). Doch genauso, wie die progressive Sonne sich dem Combin-MC näherte, nahm der progressive Mond Kurs auf den IC. Ihm fehlten noch knapp 22° bis zum Erreichen des IC. Zweiundzwanzig Monate nach der Trennung (1 Grad = 1 Monat) würde sich demzufolge eine größere Veränderung einstellen.

Tatsächlich währte die Trennungszeit nur wenige Monate, doch ihr neuerliches Zusammensein war für beide alles andere als erfreulich und entspannend. Sie stritten sich sehr häufig. Einer ihrer Hauptstreitpunkt kreiste immer wieder um die Frage, wie sie weiterhin wohnen sollten. Sie konnten sich nicht dazu entschließen, zusammenzuziehen. Beide verbanden damit den Zustand des totalen Ausgeliefertseins an den anderen. Doch ein entgültiges Nein hierfür zog immer wieder den Gedanken an eine gänzliche Trennung nach sich. Wahrscheinlich öffnete sie der transitierende Pluto über den Combin-IC für derartige Extreme, denn für einen Mittelweg waren beide nicht zu erwärmen.

Aus astrologischer Sicht wundert es allerdings überhaupt nicht, daß die beiden dann doch Anfang April 1996 ein gemeinsames Heim bezogen. Die progressive Sonne stand auf 0° 41' Zwillinge (Konjunktion MC und Venus), der progressive Mond inzwischen auf 0° 31' Schütze in Konjunktion zum IC und zum Jupiter!

Selbstverständlich haben Maria und Raphael ihre Themen in ihr gemeinsames Heim *mitgenommen.* Doch erst in den gemeinsamen vier Wänden begann eine Entwicklung, deren Zielrichtung – bis zu ihrem Einzug – noch völlig im Unbewußten schlummerte ...

Das Hauptthema der Beziehung zwischen Maria und Raphael

Im Combin der beiden befindet sich der Aszendent im Zeichen Jungfrau. Daraus läßt sich schließen, daß es den Partnern nicht darum geht, als Einzelwesen ihr Dasein zu fristen. Tief unbewußt wünschen sie sich, ihre jeweiligen Fähigkeiten in einen gemeinsamen Kontext zu bringen und auf irgendeine Art zusammenzuarbeiten. Das Sich-gegenseitig-aufeinander-Abstimmen muß nicht zwangsläufig bedeuten, daß die Partner gemeinsam ihre *Brötchen* verdienen. Auch das Bewältigen eines gemeinsamen Alltags und Haushalts ist im Sinne der Jungfrau zu verstehen. Die Partner finden sich, weil es sie nicht nach einem *Ego-Trip* verlangt, sondern weil sie mit einem anderen Menschen gemeinsame Sache machen möchten. Diese sollte nicht nur einem größeren Ganzen dienen, sondern auch der eigenen Gesundung im Sinne von Ordnung und Klarheit in Kopf, Herz und Bauch.

Nicht selten herrschte im Leben von Partnern, die sich unter einem Jungfrau-Aszendenten finden, zuvor ein heilloses Chaos. Sei es, daß eine alte Ordnung auseinandergebrochen ist, sei es, daß sie desorientiert sind, was die Gestaltung ihres Alltags betrifft usw.

Ihre Seelen wünschen sich nichts sehnlicher als endlich den Platz in der Welt zu finden, an dem sie gebraucht werden, zur Ruhe zu kommen und ihre Arbeit tun zu können.

In welchem Lebensbereich will sich das Hauptthema verwirklichen?

Der Herrscher des Aszendenten-Zeichens Jungfrau ist Merkur. Er steht in Widder im achten Combin-Haus. In der Verbindung zwischen Maria und Raphael bekommt das achte Haus demnach eine herausragende Bedeutung. Ihr Wunsch nach Ordnung, Klarheit und Überschaubarkeit (Jungfrau) richtet sich ausgerechnet auf die Bereiche des Lebens, die sich dem Rationalen und logisch Nachvollziehbaren entziehen (achtes Haus). Im achten Haus tummeln sich all jene Geister, die gerne im Dunklen und Verborgenen ihr Unwesen treiben. Um den hintergründigen Seiten des Lebens mit Verstand und Logik auf die Spur zu kommen, bedarf es eines dedektivischen Spürsinns, der zudem die Bildersprache der Seele versteht.

Die Stellung des Aszendenten-Herrschers im achten Haus beschreibt, daß die Partner nach tiefgreifenden Erfahrungen suchen, die die Kraft zur seelischen Wandlung in sich tragen – schmerzhafte Krisen, die immer wieder das Loslassen voneinander fordern, mit eingeschlossen. Auslöser dieser Krisen sind Themen, die mit dem achten Haus in Verbindung stehen: Macht- und Ohnmachtsgefühle, Eifersucht, Sexualität, Verlustängste sowie Erbschaften und Ressourcen anderer. Die Kraft, die aus der Tiefe der Seele kommt (achtes Haus), schenkt jedoch beiden die nötige Ausdauer, Willensstärke und Regenerationsfähigkeit, um den Weg bis zu Ende zu gehen.

Merkur in Widder gibt dieser Verbindung trotz des Jungfrau-Aszendenten etwas Impulsives, Kämpferisches. Verbale Streitlust und Konkurrenzdenken sind genauso möglich wie ein ausgeprägter Pioniergeist und die Fähigkeit, Initiative zu ergreifen. Zwar wird die überschäumende Lebensenergie von Widder im achten Haus mehr auf der psychischen denn auf der körperlichen Ebene gelebt werden, aber genau dort wird sie auch gebraucht.

Was kann die Partner auf ihrem gemeinsamen Weg unterstützen, was behindern?

Die Aspekte zum Herrscher des Combin-Aszendenten symbolisieren, von welcher Seite mit Unterstützung (harmonische Aspekte) oder Hemmung (disharmonische Aspekte) zu rechnen ist. Im Combin von Maria und Raphael steht Merkur, der Herrscher ihres Aszendenten, im Trigon zu Jupiter, im Sextil zur Venus und im Quadrat zu Mars.

Die harmonischen Aspekte zu Venus und Jupiter zeigen, daß ihre Verbindung von einem hohen Liebesideal getragen ist. Venus Sextil Merkur verkörpert unter anderem die Fähigkeit, über ihre Liebe und ihre Wünsche innerhalb der Partnerschaft sprechen zu können. Merkur im Trigon zu Jupiter läßt selbst in tiefsten Krisen immer wieder Zuversicht und Optimismus aufkeimen. Jupiter kann Merkur zwar nicht bei seinen waghalsigen (Widder) Abstiegen in die *Höllen* des achten Hauses begleiten, doch er wird stets hilfreich zur Stelle sein, wenn Merkur verwirrt und angeschlagen wieder aufgetaucht. Jupiter gibt Merkur die Möglichkeit, einen Sinn in seinem Erleben zu finden und nach seinen Krisen alles von einer höheren Warte aus zu reflektieren.

Venus hat ebenfalls eine wichtige Botschaft für Merkur. Ihre dominante Stellung am MC will ihm vermitteln, daß *allein die Liebe zählt.* Sie bildet das Zugpferd, das die Partner in die richtige Richtung zieht. Ihre Zielsetzung (MC) ist die Liebe, die Harmonie sowie die Verwirklichung schöngeistiger Aspekte im Leben (Venus in Zwillinge).

Mars im Quadrat zu Merkur beschreibt, daß emotionale Unruhe und launisches Handeln (Mars in Krebs) die Verwirklichung des Beziehungsthemas (Merkur) behindern. Streit und gegenseitige emotionale Attacken sind bei dieser Mars-Stellung nachvollziehbar. Zudem steht Mars in Opposition zu Saturn, was die Aggressionen einerseits anheizt und ihr Ausleben andererseits bremst. Energie- und Gefühlsblockaden sind nicht selten die Folge eines solchen Zusammenspiels.

Mit welchen Themen müssen sich die Partner zudem auseinandersetzen?

Dem Betrachter dieses Combins fällt sicher als erstes das Große Kreuz zwischen Venus, Pluto, Jupiter und Chiron ins Auge. Nicht nur die Achsen-Bezüglichkeit der beteiligten Planeten macht diese Konstellation brisant, sondern auch die Themen, die sich hinter ihrem Zusammenspiel verbergen. Was der Aszendenten-Herrscher im achten Haus des Combins schon längst angedeutet hat, wird hier in aller Ausführlichkeit auf den Punkt gebracht: Liebe (Venus), Leidenschaft (Venus/Pluto), Liebesideale (Venus/Jupiter), Moral (Jupiter), Familie, Geborgenheit (viertes Haus), Verlustangst, Machtansprüche, Ohnmachtsgefühle (Pluto), seelische Verletzungen, Krankheit (Chiron) sind nur einige Stichworte, die das alltägliche Drama von Maria und Raphael charakterisieren. Unterstützen kann hierbei fast nur noch der Krebs-Mond, der beiden eine ausgeprägte Emotionalität und Empfänglichkeit verleiht und im elften Haus zudem auf Freunde (und Astrologinnen) verweist, die hilfreich und klärend zur Seite stehen, sollte einmal gar nichts mehr gehen. Auch die spontane, direkte und unkomplizierte Sonne in Widder kann dabei helfen, daß sich festgefahrene Fronten recht schnell wieder auflösen lassen.

Marias Rolle als Ältere in dieser Partnerschaft

Maria wird als die Ältere der Partner durch den Combin-Aszendenten Jungfrau näher beschrieben. Ihr Signifikator, d. h. der Planet, der ihre Fähigkeiten und Entwicklungsziele innerhalb der Partnerschaft symbolisiert, ist Merkur, der Herrscher des Zeichens Jungfrau.

Abgesehen von dem, was der Combin-Aszendent und die Stellung seines Herrschers über die Partnerschaft als Ganzes aussagt, kann inhaltlich alles auch auf Maria als Person übertragen werden.

Sie wird demnach als ein Mensch beschrieben, den es nach Ordnung und Klarheit in seinen Lebensverhältnissen verlangt. Sie will ihre Fähigkeiten einem großen Ganzen zur Verfügung stellen, sie möchte gebraucht werden, sich nützlich machen und mit einem kritischen, vernunftbetonten Geist die Dinge des Lebens erforschen und analysieren (Jungfrau-Aszendent). Pluto nahe am Aszendenten und vor allem Merkur im achten Haus symbolisieren, daß sich Maria weniger für das Offensichtliche interessiert als vielmehr für die verborgenen Abgründe, die Tabus und die Geheimnisse des Lebens. In die Partnerschaft bringt Maria die Fähigkeit ein, sich einer dunklen und düsteren Welt zu bemächtigen, die der Jungfrau ansonsten verschlossen bliebe. Maria wird in dieser Partnerschaft zur Therapeutin. Sie stochert mit ihrem analytischen Verstand, ihrem Forschergeist und ihrer naiven Reinheit so lange in psychische Welten, bis sie fündig wird. Doch was sie sucht, weiß sie wahrscheinlich selbst nicht genau. Allein der Acht-Haus-Instinkt von Merkur gibt ihr die Gewißheit, daß jeder Mensch etwas zu verbergen hat. Der heilende Aspekt der Jungfrau in Verbindung mit Pluto und dem achten Haus läßt Maria nach psychische Wunden suchen, nach verdrängtem Leid, Kummer und Schmerz.

Mit Venus in Zwillinge am MC im Sextil zu Merkur liegt nahe, daß sie sich hierbei ihrer ausgeprägten sprachlichen und schriftlichen Fähigkeiten bedient. In der Tat begann Maria im Laufe ihrer Beziehung zu Raphael Kriminalromane zu schreiben. Leidenschaft, Sex, Habgier, Vergewaltigung, Hörigkeit, Sexualmagie und Sadomasochismus sind ihre bevorzugten Themen. Alles läßt sich im Combin anhand der Venus-Themen wiederfinden. Sie betont, daß sie sich über das Schreiben lediglich selbst therapiere. Im übrigen mit einem interessanten Nebeneffekt: Seit sie diese schmerzhaften Themen in ihren Romanen plaziert, ist ihre Verbindung zu Raphael um einiges entspannter.

Wie bei der Deutung von Merkur für die Partnerschaft als Ganzes, gelten im weiteren Deutungsverlauf die Aspekte zu Merkur auch für Maria als die Ältere. Dasselbe gilt für die Planetenbesetzung der einzelnen Häuser:

Neptun in Skopion im dritten Haus symbolisiert, daß Maria sich von inneren Bildern und Phantasien leiten läßt, wenn sie spricht oder schreibt. Sie möchte die Seele sprechen lassen, weil nur sie ihrer Meinung nach die Wahrheit sagt. Ihr sehr individuelles Wahrnehmungssystem führt im äußeren Leben und in ihrer Partnerschaft mitunter zu extremen Verständigungsschwierigkeiten und Mißverständnissen.

Jupiter in Schütze in Konjunktion zu Marias IC charakterisiert ihren seelischen Reichtum und ihre tiefverwurzelte Moral. *Pluto im Quadrat zu Jupiter* zeigt aber auch, daß sie im häuslichen Bereich viele Krisen durchleben muß, um die Fülle von Jupiter eines Tages genießen zu dürfen.

Saturn, in Steinbock stark gestellt, an der Spitze des fünften Hauses, unterstreicht um ein weiteres, daß sich Maria schwer damit tut, ein fröhliches und ausgelassenes Leben zu führen. In der Verbindung mit Raphael scheint sich ihr Unbewußtes für die ernsthaften Themen entschieden zu haben. Die unermüdliche Arbeit an sich selbst, die ein Scheitern jederzeit mit einschließt (Saturn im fünften Haus), kann den eigenen Handlungsradius immer mehr eingrenzen (Mars-Saturn-Opposition).

Sowohl die *Widder-Sonne an der Spitze des neunten Hauses* als auch Jupiter, dominant am IC im Trigon zu Merkur, deuten darauf hin, daß sich Maria für religiöse, weltanschauliche und philosophische Themen interessiert. Auch ein Leben im Ausland wäre bei diesen Konstellationen denkbar.

Die *Venus in Zwillinge am MC* symbolisiert sehr deutlich, daß Marias Zielsetzung im Bereich des Vermittelns, Schreibens und Kommunizierens angesiedelt ist. Doch auch hier gibt es für sie einige dunkle Täler zu durchwandern (Venus-Pluto-Quadrat), durch die sie ihr *Krisenmanager* Merkur (Sextil zur Venus) aber sicher begleiten wird.

Mars und Mond in Krebs machen Maria für die emotionalen Bedürfnisse in ihrem Freundeskreis oder in Gruppen empfänglich, wobei es durch die Opposition von Saturn zu Mars auch immer wieder zu Überanstrengungen oder Handlungsblockaden kommen kann.

Uranus im zwölften Haus steht oftmals für Aufregungen, Umbrüche und Irritationen, die sich der Logik und der rationalen Nachvollziehbarkeit schlichtweg entziehen. Sowohl Erschütterungen als auch befreiende Erlebnisse kommen scheinbar aus dem Nichts in ihr Leben, ohne Vorwarnung und ohne erkennbaren Grund.

Der aufsteigende Mondknoten in Waage im zweiten Haus kann symbolisieren, daß es für Maria in dieser Beziehung auch darum geht, materielle Sicherheit und Stabilität (zweites Haus) in Verbindung mit anderen Menschen und mit ihrem Partner (Waage) zu erlangen.

Chiron in Wassermann und im sechsten Haus fordert von Maria eine Art Aussöhnung und ein Lebenlernen mit der Tatsache, daß ihr Alltagsablauf und ihre Arbeitsbedingungen im Verlauf der Beziehung zu Raphael äußerst unberechenbar (Wassermann) sein werden. Hier begegnet ihr ein Thema, das sie wahrscheinlich schmerzlich (Chiron) schon einmal in jungen Jahren kennengelernt hat – sich auf das Funktionieren einfachster Dinge im Alltag nicht verlassen zu können und jeden Morgen mit neuen Gegebenheiten umgehen lernen zu müssen.

Maria hat im Verlauf der Verbindung mit Raphael tatsächlich ihre Arbeitsstelle und ihren Beruf als Sekretärin aufgegeben. Sie machte eine Ausbildung zur NLP-Therapeutin und leitet heute sehr erfolgreich NLP-Ausbildungsgruppen. Zudem hält sie sich finanziell mit dem Veröffentlichen ihrer kriminalistischen Kurzgeschichten über Wasser.

Raphaels Rolle als der Jüngere in dieser Partnerschaft

Um Raphaels Potentiale und Entwicklungsziele in der Beziehung zu Maria näher beleuchten zu können, muß das Combin-Horoskop zuerst um 180° gedreht werden. Der Combin-Deszendent im Zeichen Fische wird zu Raphaels Aszendenten, die Combin-Venus steht an seinem IC und der Combin-Jupiter an seinem MC.

Das Zeichen Fische beschreibt Raphael als einen Menschen, der sehr durchlässig, sensibel und beeindruckbar ist. Als er Maria kennenlernt, herrscht mit großer Wahrscheinlichkeit eine innere Orientierungslosigkeit in Raphael vor, die nach Halt und einer neuen Ausrichtung verlangt. Seine innere Stimme mag sich häufiger fragen, was er in dieser Welt verloren hat (Fische-Aszendent).

Jupiter, der alter Herrscher von Fische, ist Raphaels Signifikator. Seine Stellung im eigenen Zeichen Schütze und am MC beschreibt ein ganz anderes Bild. Von den vagen Ängsten und Unsicherheiten eines Fische-Aszendenten ist bei dieser Stellung nicht viel zu spüren. Sie zeigt Raphael vielmehr als den jung-dynamischen *Überflieger* seiner Firma, einen mit allen Statussymbolen ausgestatteten sogenannten *Yuppie* (= Jupiter?), dem man in der Firma in Berlin eine eigene Abteilung unterstellte.

Innerhalb der Verbindung zu Maria werden in Raphael zwei gleichwertige, aber unvereinbare Persönlichkeitsanteile lebendig. Seine sensible, nach spirituellen Wahrheiten suchende Fische-Seite versteckt ihre Schutzbedürftigkeit hinter einer aufgeplusterten, selbstherrlichen Jupiter-Maske.

Jupiter kennzeichnet den ewigen Besserwisser und erfolgreichen Blender. Raphaels Vorgesetzte werden zu Gönnern und Protéges (Jupiter im zehnten Haus), die ihn auf der Karriereleiter nach oben hieven. Doch je höher Raphael steigt, um so stärker wird seine Angst, irgendwann nicht mehr bestehen zu können.

Im Combin zeigt sich sehr deutlich, daß Raphaels Seele längst beschlossen hatte, den Unvereinbarkeiten in seiner Lebenshaltung ein Ende zu bereiten. Indem er sich auf eine verbindliche Beziehung mit Maria einließ, bekundete sein Unterbewußtsein die Bereitschaft, die Maske vom Gesicht nehmen. Erfüllungsgehilfen sind hierbei Venus und Pluto, die beide in Spannungsaspekten zu Jupiter stehen.

Venus, die Geliebte, wird im Combin aus Raphaels Sicht als intelligent, gefühlsbetont und häuslich (Venus in Zwillinge im vierten Haus) beschrieben. Sie steht in Opposition zu Jupiter und bekundet damit ihren Widerwillen, dem überheblichen Gebaren Jupiters Beifall zu zollen. Jupiters – und damit Raphaels – heftigster Widersacher ist jedoch Pluto, nahe am Combin-Aszendenten.

Im T-Quadrat zwischen Venus, Jupiter und Pluto spiegelt sich der archetypische Kampf mächtiger Gottheiten. Jupiter, der erfolgsgewohnte, moralisch aber wenig integere Zeus, wird von Hades, dem Gott der Unterwelt, attackiert. Nicht viel besser ergeht es der Liebesgöttin Aphrodite (Venus). Pluto unterzieht beide einer Lektion und stürzt sie in heftige Krisen, aus denen sie tief verwandelt hervorgehen werden. Sowohl Jupiter als auch Venus werden dadurch ihrer Wahrheit ein großes Stück näherkommen.

Pluto im sechsten Haus von Raphael, aber nahe an seinem Deszendenten, läßt einerseits mutmaßen, daß er in und durch seine Umwelt (siebtes Haus) starke Wandlungen erfährt, sich andererseits die Bedingungen seines Alltagsleben (sechstes Haus) gänzlich ändern werden. Dies unterstreicht auch *Uranus im sechsten Haus*. Ähnlich wie bei Maria, bei der die Spitze des sechsten Hauses in Wassermann steht, wird auch aus Raphaels Sicht die Unberechenbarkeit des Alltagsgeschehens, aber auch die Befreiung (Uranus) vom Alltagstrott beschrieben.

Die Sonne an der Spitze des dritten Hauses im Zeichen Widder deutet an, daß Raphael viel Wissen und geistige Flexibiltität in die Beziehung einbringt. Es reizt ihn, immer wieder Neues (Widder) zu lernen und sein Wissen weiterzugeben (drittes Haus).

Venus in Zwillinge im vierten Haus symbolisiert, daß er sich nach einem harmonischen Zuhause sehnt, in dem es viel Austausch- und Kommunikationsmöglichkeiten gibt. Pluto im Quadrat zu Venus beschreibt aber auch, daß die Wunscherfüllung mit etlichen Krisen und einem Loslassen von falschen Vorstellung verbunden ist.

Mars in Krebs am Ende des vierten Hauses verlagert Raphaels Handlungsspektrum in den häuslichen Bereich. Dort wird er meist sehr emotional und fürsorglich agieren und dennoch immer wieder mit Frustration und Gereiztheit zu kämpfen haben (Mars Opposition Saturn).

Mond in Krebs im fünften Haus verdeutlicht, daß sein kreatives und schöpferisches Potential eng mit dem Ausdruck seiner Gefühle in Verbindung steht. Sein inneres Kind will sich nicht länger verstecken und sucht nach Auftrittsmöglichkeiten.

Neptun ist als neuer Herrscher des Zeichens Fische der Mit-Signifikator für Raphael. Er bietet ihm eine Alternative zu Lebensthemen, die mit der Stellung Jupiters verbunden sind. Während dieser den Bereich Karriere, Beruf und Berufung in den Vordergrund stellt, eröffnet ihm Neptun die Welt des Geistes, des Glaubens und der Philosophie.

Neptun im neunten Haus läßt religiöse und spirituelle Themen wichtig werden. Er beschreibt Raphael als jemanden, der in irrationalen Bereichen seinen Lebenssinn finden kann.

Saturn an der Spitze des elften Hauses symbolisiert, daß sein Freundes- und Bekanntenkreis im Laufe der Beziehung zu Maria einer ernsthaften Prüfung unterzogen wird. Den Wert einer echten und tiefen Freundschaft weiß er mehr zu schätzen als die Tatsache, einen großen oberflächlichen Bekanntenkreis zu haben.

Der aufsteigende Mondknoten befindet sich für Raphael im Zeichen Widder im zweiten Haus. Er verweist damit auf eine auszubildende Fähigkeit, im Umgang mit Finanzen spontaner zu sein und seinen Lebensunterhalt aus eigenen Kräften zu sichern.

Chiron in Wassermann im zwölften Haus will in Raphael den Glauben an das Göttliche stärken und fordert ihn auf, sein Schicksal anzunehmen. Versöhnung mit dem Himmel könnte für ihn bedeuten, sich nicht länger als das Opfer widriger Umstände zu fühlen, sondern den Dingen des Lebens ihren Lauf zu lassen und darauf zu vertrauen, daß es zu seinem Besten sein wird.

Die Firma, in der Maria und Raphael arbeiteten, ging in Konkurs. Raphael verlor von heute auf morgen seinen gutbezahlten Job (Uranus und Pluto im sechsten Haus) und macht jetzt eine Ausbildung zum Masseur.

Welche Verbindung haben die Partner untereinander?
Um festzustellen, ob außer den Themenschwerpunkten einer Partnerschaft noch Besonderheiten im Verhalten der Partner zu berücksichtigen sind, betrachtet man die Aspekte, die die Signifikatoren zueinander bilden. Im Falle von Maria und Raphael bilden die Signifikatoren Merkur und Jupiter ein exaktes Trigon. Dies zeugt von einer ausgesprochenen Kompromiß- und Verständigungsbereitschaft, ohne die diese Verbindung angesichts der Spannungsgeladenheit ihrer Themen möglicherweise schon frühzeitig zerbrochen wäre. Die Partner harmonieren bei dem Versuch, ihrer Partnerschaft einen Sinn zu geben (siehe »Agape«, S. 52). Sie sind in der Lage, sich gegenseitig geistig zu befruchten und gemeinsam zu neuen Erkenntnissen zu gelangen.

Der Hausstellung der Signifikatoren im jeweiligen Haus des Partners kommt ebenfalls Bedeutung bei. Marias Signifikator Merkur befindet sich im zweiten Haus von Raphael, im Trigon zu seinem Herrscher Jupiter am MC. Es kann bei dieser Stellung davon ausgegangen werden, daß Maria großen Einfluß auf Raphaels Wertvorstellungen hat, einschließlich seines Selbstwertes. Auch sein Umgang mit Finanzen und seine Art, den Lebensunterhalt zu sichern, wird mit Maria in Verbindung stehen. Ihr Einfluß kann ihm dabei helfen, seine Lebensziele zu verwirklichen und Erfüllung in seinem Beruf zu finden (Merkur Trigon Jupiter am MC).

Raphaels Signifikator Jupiter befindet sich in Konjunktion zu Marias IC. Ihre Wohnsituation, ihr Wohlbefinden zu Hause und ihr Wunsch nach Geborgenheit sind eng mit Raphael verbunden. Die Konjunktion seines Signifikators mit ihrem IC symbolisiert zudem eine starke seelische Bindung, die nicht immer nur als angenehm empfunden werden könnte (Pluto Quadrat Jupiter). Im Falle eines gemeinsamen Zuhauses der Partner scheint auch die Fragestellung berechtigt, ob Maria (Merkur) in ihren vier Wänden (IC) genügend Raum und Bewegungsfreiheit bleibt, angesichts der Dominanz und dem Ausdehnungswillen ihres Jupiter-Partners.

Eine Liebesbeziehung, in der Jupiter die Basis (IC) und Venus das Ziel (MC) darstellt, nährt sich aus einem tief verinnerlichten Optimismus, Plutos *Fesseln* eines Tages entkommen zu können. Ein resigniertes »Weder mit dir, noch ohne dich« kann sich in wahres Liebesglück (Venus/Jupiter) wandeln, sofern die Partner bereit sind, ihre Schattenseiten (Pluto) anzuerkennen und ihnen einen respektvollen Platz in ihrer Partnerschaft einzuräumen.

Fallbeispiel 2 ***»Mami«***

Das zweite Fallbeispiel handelt von der Liebesbeziehung zwischen Regine und Nando. Regine ist Deutsche, Nando stammt aus Tansania. Die beiden lernten sich während Regines Urlaubsaufenthalt in Tansania kennen. Sie hatte schon viele Länder Afrikas bereist, doch diesmal wollte sie sich lediglich erholen und buchte einen zweiwöchigen Hotel-Aufenthalt am Indischen Ozean. Nando war Kellner in Regines Urlaubshotel und vierundzwanzig Jahre jünger als sie ...

»Es war wie ein Sog, der mich mehr und mehr in die Abgründe meiner eigenen Vorurteile zog. Eine ältere Frau und ein junger Afrikaner! Einfach unmöglich fand ich das bisher ... und dann war ich selbst wie besessen ...«

So schilderte mir Regine ihr Problem in der Beziehung zu Nando. Er war ihr Tischkellner. Höflich und zurückhaltend versah er seinen Dienst, ansonsten gab es zwischen beiden keinerlei Berührungspunkte. Dennoch fühlte sich Regine unwiderstehlich zu ihm hingezogen.

Der *Zufall* wollte es, daß sie sich außerhalb des Hotelareals auf dem Markt seiner Heimatstadt über den Weg liefen. Sie grüßten sich, blieben voreinander stehen, jeder von ihnen wollte etwas sagen, aber es fehlten ihnen die Worte. *»Mitten auf dem Markt zog er mich wortlos an sich, umarmte mich, und mir war, als fühlte ich in diesem Augenblick das erste Mal in meinem Leben wahre Liebe. Ich war vierundfünfzig Jahre alt, zweimal verheiratet«*, erzählte Regine weiter, *»aber ein derartiges Gefühl, kannte ich bisher nicht.«*

Dies war der Beginn einer langjährigen Liebesbeziehung, die das Leben der Partner von Grund auf verändern sollte ...

Im Composit findet sich ein *Löwe-Aszendent mit Pluto im ersten Haus.* Ihre gemeinsamen *Auftritte* hatten, nach Regines Schilderungen, immer etwas *verhalten Dramatisches.* Niemand in ihrer Umgebung bemerkte, welche Unausweichlichkeit die Begegnung für beide darstellte. Obwohl sie ihre Liebe überaus gerne an *die große Glocke gehängt* hätten (Löwe-Aszendent), hielten sie sie geheim (Pluto im ersten Haus). Angesichts der exakten *Sonne-Venus-Konjunktion im zehnten Haus* des Composits stellte ihr Geheim-

Composit

Regine und Nando

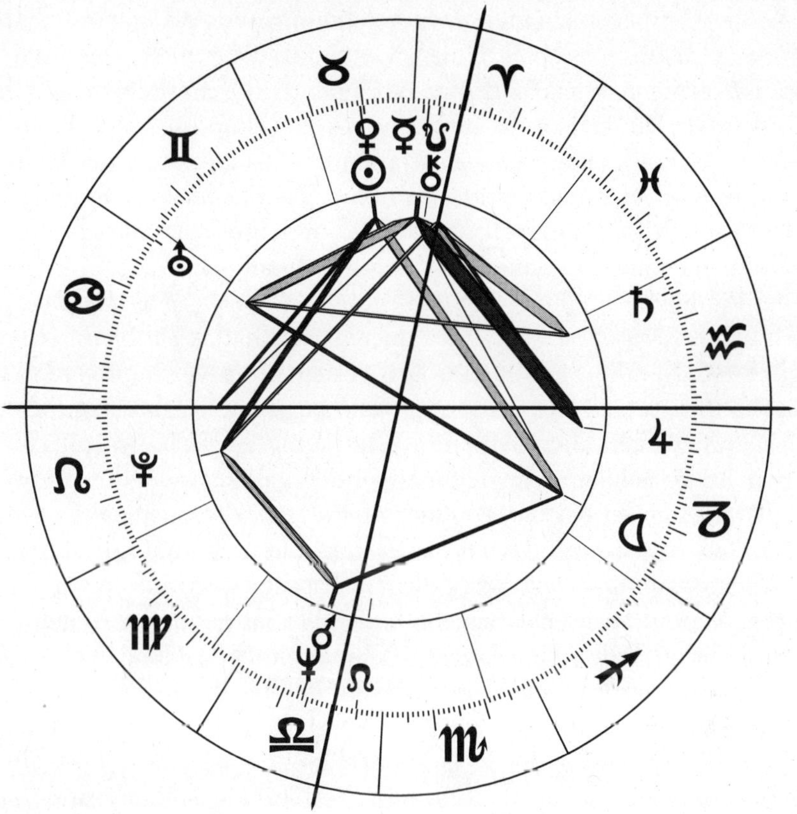

☉	10°48′ ♉
☽	6°09′ ♑
☿	28°09′ ♈
♀	10°07′ ♉
♂	14°08′ ♎
♃	27°22′ ♑
♄	25°39′ ♒
♅	29°57′ ♊
♆	13°11′ ♎
♇	16°25′ ♌
☊	25°00′ ♎
⚷	27°08′ ♈

A	3°45′ ♌
2	28°54′ ♌
3	24°12′ ♍
M	20°34′ ♈
11	21°05′ ♉
12	27°48′ ♊

Häuser nach Placidus

haltungs-Kodex eine ganz besondere Herausforderung dar. Beschreibt diese Konstellation doch, daß die Liebe (Venus) keine ausschließliche Privatsache sein würde (zehntes Haus).

Saturn im siebten Haus gibt den Hinweis auf die Gründe ihrer Entscheidung. Die Partner rechneten mit Ablehnung und Widerstand (Saturn) durch ihre Umwelt (siebtes Haus). Da sie als Paar nicht nur im Hotel Aufsehen erregen würden (Löwe-Aszendent), trafen sie sich erst nach Einbruch der Dunkelheit an geheimen Orten (Pluto im ersten Haus).

Mond in Steinbock im sechsten Haus verdeutlicht die Situation des Paares zu Beginn ihrer Beziehung. Nando sorgte als Tischkellner für Regines leibliches Wohl (Mond im sechsten Haus), und ihre Gefühle füreinander waren für niemanden erkennbar (Mond in Steinbock).

Die dominante Stellung von *Merkur in Widder im zehnten Haus* verweist durch seine *Konjunktion zu Chiron* auf ein ernsthaftes Problem zwischen Regine und Nando. Sie konnten sich verbal kaum verständigen. Nando sprach außer seiner Muttersprache nur englisch. Regine konnte zwar perfekt französisch, aber dafür nur sehr wenig englisch. So unterhielten sie sich hauptsächlich mit »Händen und Füßen«, was jeden ihrer Gesprächsversuche, so Regine, zu einer *akrobatischen Leistung* machte.

Die *Mars-Neptun-Konjunktion im dritten Haus* deutet darauf hin, daß es mit der Verständigung trotz körperlichen Einsatzes (Mars) nicht immer klappte (Neptun). Eine Partnerschaft, die über Jahre hinweg besteht, wird in den meisten Fällen eine Lösung für ihr Sprachproblem finden. Sprachen können erlernt werden, doch sowohl Regine als auch Nando stießen bei ihren Versuchen auf enorme Schwierigkeiten. *Merkur in Konjunktion zu Chiron und im Quadrat zu Jupiter in Steinbock* verdeutlicht diese Problematik. Planetenenergien, die mit Chiron in Verbindung stehen, sind häufig schwer zu entfalten, weil Chiron mit alten, seelischen Wunden in Zusammenhang steht. Tatsächlich hatte Regine in ihrer Kindheit einige traumatische Erlebnisse mit ihrer Englischlehrerin, die sie verlachte und verhöhnte, weil sie das »th« nicht richtig aussprach.

Daß die Verbindung von Regine und Nando angesichts der unüberbrückbar erscheinenden Welten nicht abbrach, dürfte der starken Liebesenergie und der Dauerhaftigkeit zuzuschreiben sein, die sich hinter der exakten Sonne-Venus-Konjunktion in Stier verbirgt.

Combin

Regine und Nando

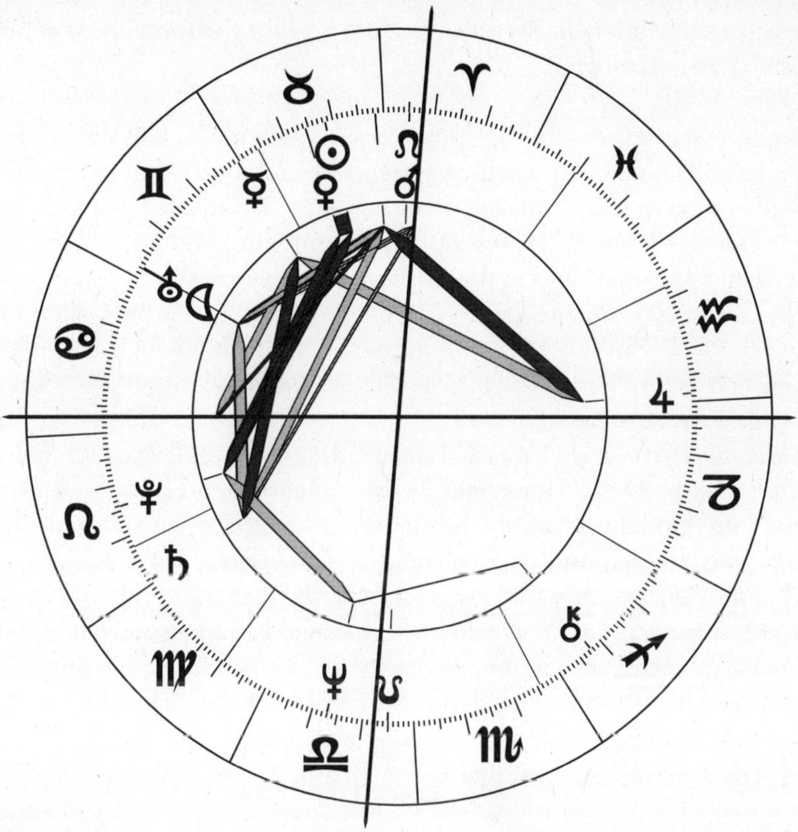

☉	11°38′ ♉
☽	28°02′ ♊
☿	0°26′ ♊
♀	15°40′ ♉
♂	1°42′ ♉
♃	1°39′ ♒
♄	29°19′ ♌
♅	27°55′ ♊
♆	13°04′ ♎
♇	14°10′ ♌
☊	25°00′ ♈
⚷	7°41′ ♐

2. 5. 1949, 9:05 GMT, 24E31, 22N34

A	27°35′ ♋
2	22°17′ ♌
3	20°24′ ♍
M	22°20′ ♈
11	25°45′ ♉
12	27°46′ ♊

Häuser nach Placidus

Die Liebe zu Nando erforderte von Regine eine radikale Umstellung ihres bisherigen Lebens. Als erstes kündigte sie ihren gutbezahlten Job. Um möglichst oft in Tansania sein zu können, benötigte sie mehr als 35 Urlaubstage im Jahr. Sie machte sich selbständig, und schon nach kurzer Zeit war es ihr möglich, drei- bis viermal im Jahr für mehrere Wochen in Tansania zu verbringen.

Pluto im ersten Haus des Composits deutete schon an, daß diese Verbindung das Leben beider Partner starken Wandlungen unterwirft. Nachdem ihnen klar war, daß sie mehr als eine Urlaubsliebelei verbindet, beschreibt das Combin-Horoskop von Regine und Nando in aller Deutlichkeit die Themen ihrer weiteren Beziehungsgeschichte.

Der Combin-Aszendent im Zeichen Krebs besagt, daß die Partner einen tiefen Wunsch nach Familie und Zusammengehörigkeit in sich tragen. Sie haben sich gefunden, um sich gegenseitig emotional zu nähren und sich Geborgenheit zu schenken.

Mond, der Herrscher des Combin-Aszendenten, steht in Zwillinge an der Spitze des zwölften Hauses. Diese Hausstellung des Aszendenten-Herrschers erklärt, warum ihr familiäres Gefühl füreinander weder für sie selbst noch für andere verständlich und nachvollziehbar sein konnte. Ihr Zusammensein fand überwiegend *unter Ausschluß der Öffentlichkeit* statt und glich, nach Regines Aussage, einem wortlosen (Zwillinge-Mond im zwölften Haus) *Abtauchen* in seelische Räume, bei dem sie sich stundenlang nur in den Armen lagen und sich festhielten. Sie verständigten sich, indem sie die seelischen Schwingungen des anderen wahrnahmen und jede Veränderung seiner Stimmung erfühlten.

Daß es sich zwischen Regine und Nando um eine recht ungewöhnliche Beziehung mit entsprechendem familiären Hintergrund handeln mußte, zeigt zudem die *Mond-Uranus-Konjunktion an der Spitze des zwölften Hauses.* Regine war zum Zeitpunkt ihrer ersten Begegnung vierundfünfzig Jahre alt und längst Großmutter. An eine Familie mit eigenen Kindern war nicht mehr zu denken. Nando wünschte sich nur eines: Regine sollte ganz zu ihm nach Tansania ziehen. Er wollte für beide ein Häuschen bauen und dort mit ihr leben. Er wäre auch zu ihr nach Deutschland gezogen, und obwohl sie beide diese Möglichkeit des öfteren erwogen, war Regine gut beraten, diesen Schritt nicht zu tun.

Mond, der Aszendenten-Herrscher ihres Combins, in Konjunktion zu

Uranus und an der Spitze des zwölften Hauses beschreibt in aller Deutlichkeit, daß die Partner ganz außergewöhnliche Bedingungen benötigen, um ihr Beziehungsthema leben zu können. Ein Leben in einer deutschen Stadtwohnung wäre für beide zur sicheren Katastrophe geworden! Mond/Uranus symbolisiert, daß die Partner gerade wegen ihrer seelischen Nähe und ihrer symbiotischen Tendenzen (Mond im zwölften Haus) immer wieder Distanz zwischen sich benötigen. Sie waren aus astrologischer Sicht sogar sehr gut *ausgestattet*, um mit dem Kommen und Gehen in ihrer Partnerschaft gut umgehen zu können.

Wenn Regine ihre Rolle in der Beziehung beschreibt, sieht sie sich selbst als *Verrückte und Besessene.* »Mir war, als hätte ich den Verstand verloren. Ich lebte in einer Traumwelt, wollte alle Brücken zu meinem bisherigen Leben abbrechen, meine Familie, meine Kinder und Enkel verlassen und mit Nando ein neues Leben beginnen«, schildert sie die Situation heute.

Ihre Selbsteinschätzung korrespondiert ziemlich genau mit den Combin-Konstellationen, die sie als Ältere beschreiben. Der *Krebs-Aszendent und sein Herrscher Mond* symbolisieren ihren unbewußten Wunsch, sich innerhalb dieser Verbindung mit ihrem Gefühlsleben, ihrer Familie und ihrer Mutterrolle auseinanderzusetzen.

Der *Mond im zwölften Haus* zeigt, daß es in diesen Bereichen *blinde Flecken* gibt. Nach eigenen Aussagen ahnte Regine wohl, daß in ihrer Familie irgend etwas nicht stimmte, aber was es war, wollte sie gar nicht so genau wissen. Ihr Combin mit Nando zeigt, daß es für Regine an der Zeit war, sich der Wahrheit zu stellen (Pluto im ersten Haus).

Mond in Konjunktion zu Uranus steht für einen unwiderstehlichen Drang, sich überholter familiärer Rollen zu entledigen; nicht von langer Hand geplant, sondern für alle Beteiligten plötzlich und unerwartet. Regine *mußte* von zu Hause *weggehen, um anzukommen!* (Mond-Uranus-Konjunktion)

Stünde nicht Pluto im ersten Haus dieses Combins, wäre sie möglicherweise wirklich nach Tansania übergesiedelt und hätte sich ihren Wunsch nach einer ungewöhnlichen Wohn- und Familienstruktur erfüllt. *Pluto im ersten Combin-Haus* ist aber immer ein untrügliches Zeichen dafür, daß sich im Innern des betreffenden Partners etwas verbirgt, was nach Wahrheit und Erlösung verlangt. Erst die Bereitschaft, sich der im Unbewußten verdrängten und unterdrückten Anteile, wie z. B. alte Schuld, Wut, Trauer und Schmerz anzunehmen, gibt den Weg frei für jene tiefgehende Wandlung, die Pluto im ersten Haus fordert.

Regines *Therapie und Wandlung* nahm ihren Anfang, als Nando begann, sie *Mami* zu nennen. *»Es ist schon erstaunlich«*, sagt sie heute, *»wie blind man sein kann und wieviel Energie ein Mensch darauf verwendet, genau das nicht zu sehen, was ihn am meisten angeht. Mir ist schon am Tag unserer ersten Begegnung aufgefallen, daß mich Nando an meinen etwa gleichaltrigen Sohn erinnert . . .«*

Weitere Gedanken darüber machte sich Regine nicht. Erst als Nando immer depressiver wurde, sie *Mami* nannte und am Flughafen des öfteren weinte, wenn sie abreiste, gingen ihr die Augen auf. Zu Hause in Deutschland verfolgten sie Schuldgefühle, weil sie Nando alleine ließ, und diese Gefühle kannte sie nur zu gut. Es war genau jene schmerzhafte Pein, die sie nie wieder im Leben fühlen wollte.

In ihrem geplanten Umzug nach Tansania sieht sie heute nichts anderes mehr als eine Flucht vor ihrem Sohn. Ihm gegenüber hatte sie seit seiner Kindheit Schuldgefühle, weil sie ihn oft alleine gelassen hatte. Er versäumte nach Regines Schilderung niemals eine Gelegenheit, ihr schlechtes Gewissen zu nähren. Pluto ist Herrscher ihres fünften Combin-Hauses!

Nachdem Regine erkannt hatte, daß sie ihr schmerzhaftes Thema um ihrem Sohn (Chiron im fünften Haus) überall mit hinnehmen würde und daß sie selbst im fernen Afrika nicht davon verschont bliebe, beschloß sie, wieder mit Schuldgefühlen behaftet, die Beziehung zu Nando zu beenden und sich in Deutschland ihrer Familienproblematik zu stellen. Sie flog mehrmals nach Tansania, weil Nando eine Trennung nicht akzeptierte. Sie wollte aber den gleichen Fehler, den sie bei ihrem Sohn begangen hatte, nicht wiederholen.

Nandos Rolle in dieser Verbindung ist wesentlich unspektakulärer als Regines. Er wird von *Saturn als Herrscher von Steinbock* symbolisiert und von *Jupiter in Wassermann in seinem ersten Haus.* Saturn im zweiten Combin-Haus besagt, daß es Nando um die Schaffung einer materiellen Lebensgrundlage ging. Sonne, Venus und Mars in seinem vierten Haus zeigen deutlich, daß die Energien dieser Partnerschaft auf sein Heimatland ausgerichtet waren. Der Combin-Neptun in Nandos neuntem Haus beschreibt überdies die Verunsicherung, die er in einem fremden Land wie Deutschland erfahren hätte. Jupiter in Wassermann verweist auf den *Exoten* aus einem fremden Kulturkreis, den er für Regine zweifelsohne darstellte. Aber sowohl Jupiter in Wassermann als auch Saturn in seinem achten

Haus lassen erkennen, daß im Unterbewußtsein von Nando schon die Gewißheit schlummerte, daß die Beziehung mit Regine nicht ewig dauern würde. Er mußte loslassen lernen (Saturn im achten Haus), und Jupiter in Wassermann, der Freigeist, würde ihn bei diesem Prozeß unterstützen.

Regine konnte ihrem Beziehungsthema *Wahrheit, Schuld und Sühne* (Pluto im ersten Haus) vielleicht nur deshalb seelisch offen und abenteuerlustig begegnen, weil ihr Signifikator Mond nicht mit Pluto, sondern mit Uranus in Verbindung stand. Uranus im Kontakt zu Mond schafft immer wieder die Möglichkeit, seelischen Freiraum zu erlangen und Distanz zu gewinnen, sowohl zu den eigenen Gefühlen als auch zu den Gefühlen anderer.

Obwohl Pluto in Regines erstem Haus den ungelösten Konflikt mit ihrem Sohn thematisiert und ihre damit einhergehenden, bitterlich schmerzenden Schuldgefühle, gab ihr Uranus in Konjunktion zu ihrem Signifikator Mond die Chance, sich von Zeit zu Zeit ihrer seelischen Befindlichkeiten (Mond) zu entheben (Uranus) und im Erleben unbelasteter, erfreulicher Situationen Kraft zu tanken.

Diese Chance bot sich Tom nicht. Das Combin von Tom und Iris übergab mir ein Freund, der selbst Astrologe ist, kurz nach Toms Tod. Ein typischer Fall von Synchronizität. Ich schrieb an jenem Tag gerade am Fallbeispiel von Regine und Nando, und meine Verblüffung war nicht gering, als ich sah, daß das Combin von Tom und Iris dem von Regine und Nando sehr ähnelte. In der Tat differieren beide Combin-Daten nur um drei Tage. Zwischen den Geburten von Regine und Nando lagen aber 24 Jahre, während Tom und Iris nur einen Altersunterschied von vier Jahren aufwiesen. Beide Paare fanden ihre gemeinsame seelische Entprechung in den Konstellationen der ersten Mai-Tage 1949.

Fallbeispiel 3 *»Schuld und Sühne«*

Ich möchte an dieser Stelle das Combin von Tom und Iris vorstellen, um vor allem auf die Unterschiede zum Combin von Regine und Nando einzugehen, jedoch ohne die thematischen Übereinstimmungen außer acht zu lassen.

Combin

Tom und Iris

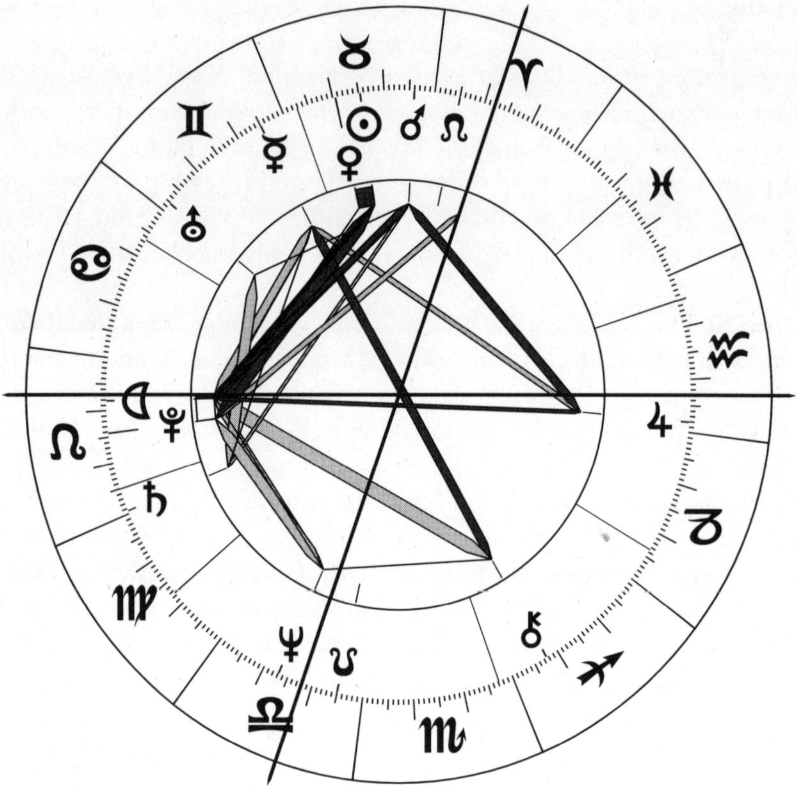

☉	14°33′ ♉
☽	8°03′ ♌
☿	4°51′ ♊
♀	19°23′ ♉
♂	3°57′ ♉
♃	1°48′ ♒
♄	29°20′ ♌
♅	28°04′ ♊
♆	13°00′ ♎
♇	14°10′ ♌
☊	24°51′ ♈
⚷	7°30′ ♐

A	7°24′ ♌
2	24°58′ ♌
3	17°24′ ♍
M	17°49′ ♈
11	27°02′ ♉
12	6°25′ ♋

5. 5. 1949, 9:23 GMT, 12E50, 50N00

Häuser nach Placidus

Der *Aszendent in Löwe* verweist auf eine völlig andere Motivation der Bindung als bei Regine und Nando. Combin-Partner mit einem Löwe-Aszendenten finden sich, weil jeder von ihnen seine Persönlichkeit und das in ihr enthaltene kreative, schöpferisches Potential entfalten möchte. Die Partner machen sich zwar gemeinsam auf den Weg, aber *Ankommen* möchte jeder vor allem bei sich selbst. Hierzu bedarf es der Lösung aus bisherigen emotionalen oder familiären Verstrickungen und der Abnabelung von überholten Lebensstrukturen.

Die Sonne, als Herrscher von Löwe, steht in Stier im zehnten Haus. Diese Stellung besagt, daß es den Partnern in erster Linie darum geht, ihren Platz in der Gesellschaft zu finden. Sie streben danach, einen Beruf zu finden, der erstens ihrem Wesen (Sonne) entspricht und zweitens ihren Lebensunterhalt sichert (Stier). Daß dieses Vorhaben mit vielen Krisen verbunden sein würde, symbolisiert das exakte *Pluto-Quadrat zur Sonne.*

Der Mond in Konjunktion zum Combin-Aszendenten beschreibt, daß sich die Partner, ähnlich wie Regine und Nando (Krebs-Aszendent), mit Themen wie Familie, Kinder und Mutterschaft auseinandersetzen werden. *Mars im Quadrat zu Mond* verweist auf ein Konfliktpotential, das die mütterlichen Energien (Mond) im Widerstreit zu den aktiven, männlichen Energien zeigt. Streit und Auseinandersetzung (Mond Quadrat Mars) könnten sich immer wieder an der Frage entzünden: Wer bleibt zu Hause und versorgt die Kinder, und wer geht arbeiten und verdient das Geld? Der Existenzkampf, der sich mit Mars in Stier im zehnten Haus vermuten läßt, belastet das häusliche und emotionale Leben der Partner (Mond).

Pluto im ersten Combin-Haus fordert die Partner auf, sich verdrängten Persönlichkeitsanteilen zu stellen. Erst nach tiefgreifenden Wandlungen würde sich die *Sonne im zehnten Haus* verwirklichen lassen.

Tom und Iris trennten sich nach zehnjähriger Ehe. Sie haben eine gemeinsame Tochter, und Tom hat einen Sohn aus erster Ehe. Zwei Jahre nach der Trennung von Iris nahm sich Tom das Leben. Beide lebten bis dahin in einer Kleinstadt und sahen sich immer noch sehr häufig. An eine Scheidung dachten sie nicht. Die Tochter wohnte im wöchentlichen Wechsel sowohl bei Tom als auch bei ihrer Mutter. Sie hatte einen sehr innigen Kontakt zu ihrem Vater.

Im Combin wird Tom, der Ältere, vom *Löwe-Aszendenten* symbolisiert, von der *Stier-Sonne im zehnten Haus*, von *Mond am Aszendenten* und von *Pluto im ersten Haus. Der Signifikator* von Iris ist *Saturn* als alter Herrscher des Zeichens Wassermann. Er steht im *zweiten Combin-Haus*, aus Iris' Sicht demnach im achten Haus. *Uranus*, der neue Herrscher von Wassermann, *ist Mit-Signifikator* von Iris.

Der *Löwe-Mond in Konjunktion zum Aszendenten* beschreibt Tom als einen gefühlsbetonten Familienmenschen. Kinder (Mond) sind ihm nicht nur wichtig, sie haben absolute Priorität (Löwe). Es fehlte ihm aber an einer inneren Distanz zur Rolle des Kindes (Mond Konjunktion AC), was seinem Löwe-Aszendenten eine zusätzliche Bedeutung gibt. Hier spiegelt sich der bewußte oder unbewußte Wunsch wider, Vater (Sonne) zu werden und die klassische Rolle des Vaters (Sonne im zehnten Haus) einzunehmen. Er möchte der Ernährer und Beschützer (Stier-Sonne) seiner Familie sein. Da sich Tom aber in gleichem Maße mit der mütterlichen Rolle (Mond) identifizierte, dürfte er in einem großen inneren Zwiespalt gelebt haben.

Auf die *Sonnen-Seite* seines Lebens sollte Tom nur gelangen können, wenn er sich zuvor mit den schmerzhaften Anteilen in seinem Innern auseinandersetzte (Pluto im ersten Haus, Sonne Quadrat Pluto). Ähnlich wie bei Regine gab es auch in seinem Leben etwas, mit dem er unter keinen Umständen emotional in Kontakt kommen wollte. Während Regines Signifikator Mond, in Konjunktion zu Uranus, die Möglichkeit eröffnete, wenigsten für kurze Zeit *ihrem Pluto* im ersten Haus zu *entkommen,* bot sich für Tom diese Chance nicht. Sein Signifikator Sonne hatte Pluto *stets mit im Gepäck* ...

Die symbiotische Verbundenheit, die Tom mit seiner Tochter (Venus Konjunktion Sonne) verspürte, brachte ihn immer mehr mit tiefsitzenden, schmerzhaftenen Schuldgefühlen gegenüber seinem Sohn in Kontakt. Er steigerte sich in die Vorstellung hinein, seinem Sohn ein schlechterer Vater zu sein als seiner Tochter. Im festen Glauben daran, dies nie wiedergutmachen zu können, nahm er die schuldbeladene Rolle und Identität des *schlechten Vaters* an (Sonne Quadrat Pluto) und versagte sich immer mehr die eigene Lebensberechtigung.

Die zwanghaften und selbstzerstörerischen Tendenzen, die mit Pluto im ersten Haus einhergehen können, bergen im Quadrat zur Stier-Sonne eine Radikalität, die die physische Existenz (Stier) ernsthaft bedroht. Indem sich Tom immer mehr verschloß und jede therapeutische Hilfe ablehnte, beschnitt er sich der Möglichkeit, einen anderen Weg aus seiner Krise zu finden.

Kein Mensch kann allerdings beurteilen, ob es einen *besseren* Weg für Tom gegeben hätte. Jede Seele sucht sich ihren ureigenen Entwicklungsweg, und so manche Seele findet in *anderen Dimensionen* günstigere Voraussetzungen für ihre weitere Entwicklung.

Fallbeispiel 4 — *Schnelle Liebe*

Als Anna auf einer Geburtstagsparty Johannes das erste Mal sah, wußte sie sofort: *»Das ist der Mann, auf den ich vierzig Jahre lang gewartet habe!«* Ihre Erkenntnis traf sie wie ein Blitz aus heiterem Himmel. Sie hatte die Hoffnung auf eine *große Liebe* längst aufgegeben.

Anna lebte zum damaligen Zeitpunkt allein mit ihrer kleinen Tochter. Vom Vater des Kindes hatte sie sich kurz nach dessen Geburt getrennt, weil er nicht bereit war, kontinuierlich Verantwortung zu tragen. Anna bedauerte sehr, daß ihr Kind ohne Vater aufwachsen würde, aber mit einem Mann, der im Grunde lieber frei anstatt Familienvater war, wollte sie nur des Kindes wegen nicht zusammenleben.

Jetzt hatte sie ihren *Traummann* gefunden! Auch Johannes verliebte sich in Anna, und auf den Tag genau sechs Monate später heirateten sie. Beide waren zu diesem Zeitpunkt über vierzig Jahre alt, und für beide war es die erste Ehe.

Als ich Anna fragte, ab wann ihr klar war, daß aus ihrer *Liebe auf den ersten Blick* eine verbindliche Beziehung werden würde, antwortete sie, daß sie dies beim ersten Blickwechsel *gewußt* habe. Sie habe ihn angelächelt, er setzte sich daraufhin zu ihr, und von diesem Moment an seien sie unzertrennlich gewesen.

Was sich liest wie der romantische Auftakt eines Groschenromans, dessen Romanfiguren sich auf den folgenden Seiten finden, verlieren und wiederfinden, ist in Annas Leben Wirklichkeit geworden ...

Im Composit-Horoskop des Paares findet sich ein *Stier-Aszendent*, der das Unzertrennliche und Beständige unterstreicht, das Anna von Anfang an fühlte. Auffällig ist die starke Betonung des Elements Erde (Aszendent, Sonne, Mond, Merkur und Venus in Erdzeichen). Die Composit-Sonne steht in Konjunktion zum MC und Saturn in exakter Konjunktion zum Deszendenten. Zudem stehen Sonne, Merkur und Venus in Steinbock.

Composit

Anna und Johannes

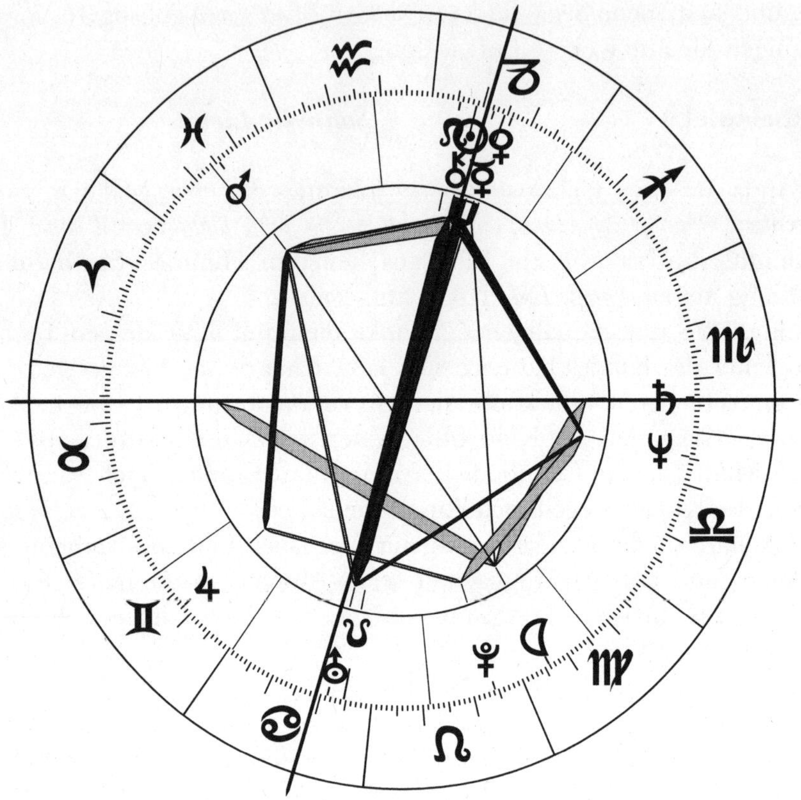

☉	17°34′ ♑
☽	5°48′ ♍
☿	15°20′ ♑
♀	13°50′ ♑
♂	14°13′ ♓
♃	17°47′ ♊
♄	6°21′ ♏
♅	21°07′ ♋
♆	25°08′ ♎
♇	24°08′ ♌
☊	24°21′ ♑
⚷	21°07′ ♑

A	6°19′ ♉
2	9°52′ ♊
3	0°24′ ♋
M	18°52′ ♑
11	11°12′ ♒
12	15°52′ ♓

Häuser nach Placidus

Nichts deutet bei dieser geballten Ladung an Verantwortungsbereitschaft (Steinbock) darauf hin, daß es den Partnern bei ihrer ersten Begegnung um ein kurzes Vergnügen oder gar um einen *one-night stand* ging.

Eine Neigung zu Vorsicht und Zurückhaltung wäre viel eher zu vermuten, stünde nicht *Uranus am IC, in Opposition zur Sonne.* Uranus ist Symbol für das Plötzliche und die Unvorhersehbarkeit, mit der sich das Leben der Partner von einer Sekunde auf die andere grundlegend änderte. Auch ihre Neigung zu schnellen Entschlüssen ist auf die Sonne-Uranus-Opposition zurückzuführen.

Insgesamt aber wirkt das Composit von Anna und Johannes wie das symbolisierte Abbild einer mächtigen Zerreißprobe. Beständigkeit (Stier), Verantwortung (Steinbock/Saturn) und der Wunsch nach häuslicher und familiärer Ungebundenheit (Krebs-Uranus im vierten Haus) stehen in starkem Widerspruch zueinander. Nach außen hin sichtbar wird jedoch nicht der *freiheitsliebende* Uranus am IC (Privatssphäre), sondern die *verantwortliche* Steinbock-Sonne am MC (Öffentlichkeit). Die Stellung von Uranus zeigt deutlich, daß die Partner *in Gefahr* sind, ihre Wünsche nach Distanz und Unabhängigkeit ins Unbewußte (IC) zu verdrängen. Dort wird Uranus früher oder später *sein Unwesen* treiben und die Partner durch innere Unruhe, plötzliche *Ausbruchsversuche* und unvorhersehbare Ereignisse im häuslichen Bereich darauf aufmerksam machen, daß es ihre Wünsche nach Distanz und Freiheit immer noch gibt.

Das Combin der beiden unterscheidet sich auf den ersten Blick nicht wesentlich vom Composit. Gerade deshalb ist besonders darauf zu achten, was sich im einzelnen von der Anfangsphase der Beziehung (Composit) bis zum Eheschluß (Combin) ändert:

1. Saturn steht im Combin-Horoskop nicht mehr in Konjunktion zum Deszendenten
2. Aus dem Jungfrau-Mond im fünften Haus *wird* ein Fische-Mond im elften Haus
3. Aus dem Fische-Mars an der Spitze des zwölften Hauses *wird* ein Skorpion-Mars am Ende des sechsten Hauses, in Konjunktion zu Saturn.

Uranus am IC haben Anna und Johannes ebenso in ihre Ehe *mitgenommen* wie die Sonne am MC. Genausogut wäre es möglich gewesen, daß sich

Combin

Anna und Johannes

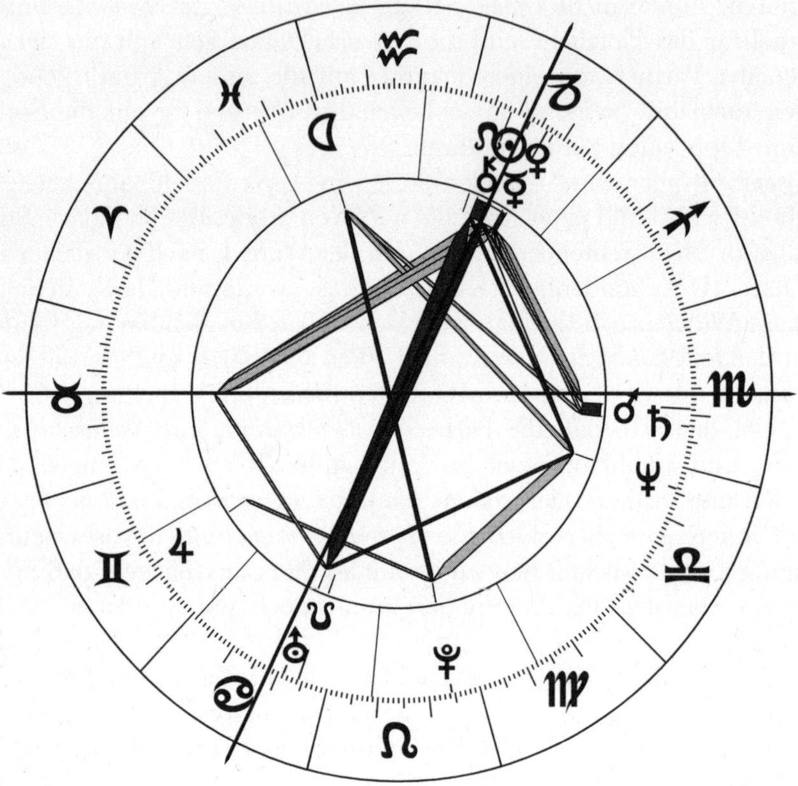

☉	17°39′ ♑
☽	1°01′ ♓
☿	13°49′ ♑
♀	12°30′ ♑
♂	11°21′ ♏
♃	18°11′ ♊
♄	8°00′ ♏
♅	21°12′ ♋
♆	25°57′ ♎
♇	24°36′ ♌
☊	24°21′ ♑
⚷	21°45′ ♑

8. 1. 1954, 11:28 GMT, 10E35, 52N38

A	14°41′ ♉
2	12°57′ ♊
3	1°12′ ♋
M	18°16′ ♑
11	8°57′ ♒
12	12°17′ ♓

Häuser nach Placidus

ihr Combin-Horoskop vom Composit gänzlich unterscheidet. Der Combin-Uranus hätte dann ebenfalls in einem anderen Haus gestanden.

Johannes ist in dieser Partnerschaft der Ältere und wird daher vom Aszendenten in Stier und von der Venus in Steinbock im neunten Haus symbolisiert. Hierdurch wird er als jemand beschrieben, der sich eine sichere und stabile Lebensgrundlage (Stier) schaffen möchte, die ihm die Möglichkeit gibt, seinen geistigen Horizont zu erweitern, zu reisen und sich weiterzubilden (neuntes Haus). Venus in Steinbock deutet einerseits darauf hin, daß er hierbei keinesfalls oberflächlich und halbherzig vorgeht, sondern sich sehr konzentriert einer Sache widmet. Andererseits läßt sein Signifikator in Steinbock auch auf Hemmungen und Blockaden schließen, die Johannes im Bereich seiner Bildung und in seinem Streben nach geistigen Werten (neuntes Haus) haben wird.

In der Tat hatte Johannes einige Jahre zuvor einen gutbezahlten, aber langweiligen Job aufgegeben, um nochmals zu studieren. Ihn interessierten jetzt andere Fächer, die während seiner langjährigen Ausbildung zu kurz gekommen waren. Sein Studium finanzierte er als Taxifahrer. Kurz bevor er Anna traf, hatte ihn aber auch die Lust am Studieren verlassen, und zum Zeitpunkt ihrer Begegnung fühlte er sich orientierungslos, vor allem was seine weitere berufliche Zukunft anbetraf.

Annas Signifikator ist Mars. Er steht in Skorpion, am Ende des sechsten Combin-Hauses und in Konjunktion zu Saturn. Während Mars im Composit-Horoskop des Paares in Fische nahe der zwölften Häuserspitze steht, verlagert sich jetzt sein Schwerpunkt ins sechste Haus. Obwohl der Composit-Mars nicht als Signifikator von Anna gilt, weil diese Zuteilung meiner Erfahrung nach erst im Combin seine Wirkung zeigt, können Schlüsse aus der *Veränderung* von Mars gezogen werden. Das Handeln der Partner (Composit-Mars) ist zu Anfang von einem starken Idealismus (Fische) geprägt. Sie lieben es, gemeinsam *Abzutauchen* und sich zeitweise der Realität zu entziehen. Wahrscheinlich war zu Anfang auch die Sexualität (Mars) ein Bereich, der es ihnen ermöglichte, in eine Traumwelt (Fische) zu gleiten, in der die Schwere des irdischen Daseins (Steinbock/Saturn) nicht mehr spürbar war.

Nach dem Eheschluß zeigt sich ein anderes Bild! Zwar läßt der Combin-Mars in Skorpion darauf schließen, daß mit der Verbindlichkeit auch die Leidenschaft Einzug in die Partnerschaft erhält, doch Saturn in

Konjunktion zu Mars, noch dazu im sechsten Haus, läßt Leidenschaft mitunter zur Pflicht werden.

Innerhalb dieser Partnerschaft ist Annas Rolle (Mars) keine leichte. Sie muß mit tiefen Krisen (Skorpion) rechnen, die eines sehr nachdrücklich von ihr fordern: loslassen! Dies bedeutet nicht, daß ihre Beziehung zu Johannes zum Scheitern verurteilt ist. Auch nicht, daß sie ihn als Mann und Ehepartner verlieren wird. Das Combin-Horoskop beschreibt, daß Anna von bestimmten Vorstellungen Abschied nehmen muß, die sie sich im Zusammenhang mit ihrer Partnerschaft macht, aber auch, was ihr Leben insgesamt betrifft. Daß ihr dies nicht leichtfällt, symbolisiert die Konjunktion von Saturn mit Mars. Saturn symbolisiert ihre Neigung, beharrlich und unbeweglich zu werden, wenn etwas nicht so läuft, wie sie es sich vorstellt. Krankheiten in der Familie oder Frustrationen am Arbeitsplatz (Mars/Saturn im sechsten Haus), die den gewohnten Alltagsablauf boykottieren, sind ein entsprechendes Indiz dafür, daß sich Anna auf etwas versteift, was sie gelassener angehen oder sogar ganz loslassen sollte. Mit Neptun im sechsten Combin-Haus *schleichen* sich die Unwegsamkeiten zudem auch noch *heimlich* und unmerklich ein.

Auch Johannes hat sich, angesichts seines Signifikators in Steinbock, keine leichte Aufgabe gestellt. Er möchte ebenfalls Verantwortung tragen und nicht bei der ersten Krise *das Handtuch werfen*. Merkur in Konjunktion zu Venus beschreibt, daß Johannes eher verstandesbetont an die Beziehungsthemen herangeht. Er möchte begreifen und verstehen, was vor sich geht, und sich mit Anna austauschen. Anna dagegen dürften oftmals die Worte fehlen (Mars in Skorpion in ihrem zwölften Haus) oder zumindest der Glaube daran, daß sich allein durch Gespräche und Diskussionen etwas verändern läßt. Sie würde viel lieber handeln (Mars), fühlt sich aber in ihrem Aktionsradius eingeschränkt (Saturn).

Ähnlich sprachlos dürfte sich auch Annas Tochter fühlen. Während das Composit einen Jungfrau-Mond im fünften Haus aufweist und damit die Tatsache beschreibt, daß Anna ein Kind zu versorgen hat, deutet das Combin darauf hin, daß das Kind Phasen starker Verunsicherung erlebt. Der Fische-Mond in Annas fünftem Haus symbolisiert unter anderem ihre Tochter. Sie wird im Combin als ein sensibles, empfindsames Kind beschrieben, das wahrscheinlich mit vielen Ängsten zu kämpfen hat (Fische-Mond).

Im Combin von Johannes und Anna steht der Mond im elften Haus, weshalb anzunehmen ist, daß sich die Tochter einerseits ausgeschlossen und nicht wirklich zugehörig fühlt, andererseits aber spürt, daß sie eine besondere und ausgefallene Rolle in dieser Verbindung spielt.

Möglicherweise ist sie die erste, die die Wirkung von Uranus am IC und damit die häusliche Ruhelosigkeit wahrnimmt. Annas Tochter scheint längst zu *wissen*, daß Familie und Sicherheit unvereinbare Themen dieser Lebensphase sind (Fische-Mond im elften Haus). Sie wird deshalb immer wieder unbewußt dafür sorgen, daß Anna und Johannes ihren Uranus am IC nicht verdrängen.

Das Combin-Horoskop *erzählt*, daß die Partner ihrer Wahrheit ein Stück näherkommen möchten. Was diese Wahrheit im einzelnen beinhaltet, kann nur vermutet werden. Offensichtlich ist, daß sich mit Anna und Johannes zwei völlig unkonventielle Wesen verbinden (Sonne-Uranus-Opposition), die nach außen hin zwar traditionelle Rollenmuster vertreten (Steinbock-Sonne am MC), im Grunde genommen aber gegen das bestehende Gesellschaftssystem und seine traditionellen Vorgaben zu Ehe und Familie (Sonne Opposition Uranus = MC/IC-Achse) rebellieren. Sie streben tief unbewußt einen gänzlich anderen Lebensstil an, und es ist hierbei sehr wichtig zu erkennen, daß sie an einem gemeinsamen Strang ziehen. Allzu leicht laufen sie sonst Gefahr, daß der eine Partner die Rolle des rebellischen, nach Freiheit lechzenden Uranus übernimmt und der andere die bewahrende, unbewegliche, allem Neuen trotzende Steinbock-Sonne mimt.

Konstruktiv wäre dagegen, gemeinsam nach Möglichkeiten einer unkonventionellen Wohn- und Lebensform (Uranus am IC) zu suchen. Da dies im Zusammenhang mit ihren beruflichen Zielen steht (Sonne am MC) und nur schwer miteinander in Einklang zu bringen ist (Opposition), drängt sich eine Trennung dieser Bereiche auf. Zeitweise getrennt voneinander zu wohnen, während sie in diesen Phasen beide ihrem Beruf bzw. ihrer Berufung nachgehen, würde der Verbindung von Anna und Johannes die störanfällige *Hochspannung* (Sonne/Uranus) nehmen.

Annas Signifikator Mars und Johannes Signifikator Venus stehen im Sextil zueinander. Dies läßt auf die Fähigkeit beider schließen, Kompromisse zu machen und sich auch in schwierigen Zeiten innerlich verbunden zu fühlen. Die Zeichenstellung der Signifikatoren in Skorpion und Steinbock bildet zudem eine *haftfeste* Grundlage und ein *zähes Band*, das so mancher Zerreißprobe (Sonne/Uranus) standhält.

Eltern-Kind-Beziehungen

Die Beziehung zwischen Eltern und ihrem Kind stellt ohne Zweifel eine tiefgehende seelische Verbindung dar. Jede enge Beziehung zwischen Menschen hat ihre schönen, aber auch ihre problematischen Seiten. Während man bei der Wahl des Lebenspartners in schwierigen Zeiten noch davon ausgeht, daß man sich *diesen Menschen schließlich ausgesucht* hat, hört man im Volksmund immer wieder die Worte: *»Kinder kann man sich eben nicht aussuchen!«*

Vielleicht ist es unserer Seele völlig egal, in welcher Art von Beziehungen sie ihre Erfahrungen macht, wichtig ist, daß sie sich weiterentwickeln und ihrer Vollkommenheit entgegenstreben kann. Sie weiß aber, daß sie einfache und weniger einfache Themen zu *bearbeiten* hat und daß gerade die schwierigen ein hohes Maß an Verbindlichkeit fordern, um bearbeitet und abgeschlossen werden zu können.

Abgesehen von den natürlichen und körperlich sowie entwicklungsbedingten Stationen im Leben von Eltern und Kind, über Säuglingsalter, Sauberkeits- und Sprachentwicklung bis hin zur Pubertät, kann ein Combin zwischen Mutter und Kind bzw. Vater und Kind wichtige Einblicke geben in das, was beide auf seelischer Ebene miteinander erfahren möchten.

Aufgrund der hohen Verbindlichkeit zwischen den Partnern verwende ich bei Eltern-Kind-Beziehungen ausschließlich das Combin-Horoskop. Es wird auf die gleiche Weise gedeutet wie jedes andere Combin auch. Besondere Beachtung sollten allerdings die Häuser vier und zehn genießen, da sie das häusliche Erleben der Beteiligten beschreiben. Abgesehen von den Signifikatoren des Elternteils (Herrscher des Aszendenten) und des Kindes (Herrscher des Deszendenten) sind zudem auch Sonne (Vater) und Mond (Mutter) besonders zu betrachten.

Anhand einiger Fallbeispiele werde ich nachfolgend die Deutung von Eltern-Kind-Combinen näher erläutern.

Fallbeispiel 5 ***Der kleine König***

Bei dem Beispiel handelt es sich um das Combin einer Mutter und ihres Sohnes.

Der *Waage-Aszendent* des Combins symbolisiert, daß es den beiden Menschen darum geht, innerhalb ihrer Beziehung unterschiedliche Lebensbereiche miteinander verbinden zu lernen. Nicht selten ist die Kluft zwischen den Partnern so groß, daß keine Aufgabe dringlicher wäre, als eine Basis zu schaffen, auf der beide Partner miteinander kooperieren können. Das Sich-langsam-einander-Annähern; die Not, Kompromisse schließen zu müssen, Streit zu schlichten und um des lieben Friedens willen auch einmal zurückzustecken, kann sehr viel Energien in Anspruch nehmen. Kein Wunder, daß sie sich zu anderen Zeiten vorwiegend mit den angenehmen Seiten des Lebens beschäftigen möchten.

Selbst wenn das Kind sehnlichst erwünscht war, kann die Kluft zwischen Mutter und Kind sehr groß sein. Die Mutter steht mitten im Leben, sie übt möglicherweise einen Beruf aus, hat ihr Liebesleben und allerlei Zukunftspläne und Visionen. Das Kind dagegen ist klein, vollkommen von ihr abhängig und dennoch so mächtig, ihren Alltag aufgrund seiner Bedürfnisse von Geburt an zu bestimmen.

Im vorliegenden Combin geht es darum, die Interessenslage der Partner aufeinander abzustimmen (Waage-Aszendent). Vor allem wird von der Älteren (Waage-Aszendent), der Mutter, verlangt, daß sie Kompromisse schließt und die Bedürfnislage beider abzuwägen lernt.

Bis zur Geburt des Kindes war die Mutter als Erzieherin tätig. Sie lebte unverheiratet mit dem Vater des Kindes zusammen. In ihrer Freizeit malte sie. Ihre diesbezügliche Begabung war außergewöhnlich, und sie wünschte sich nichts mehr, als eines Tages von ihrer Malerei leben zu können. Im Combin mit ihrem Sohn wird dieser tiefe seelische Wunsch nicht nur sichtbar, sondern als vordringliches Anliegen thematisiert.

Herrscherin des Waage-Aszendenten ist Venus. Ihre Stellung in Zeichen und Haus gibt Auskunft darüber, auf welche Weise (Zeichen) und in welchem Lebensbereich (Haus) sich das Hauptthema der Verbindung ausdrücken wird.

Venus steht in Jungfrau im elften Haus. Mit dieser Stellung verbindet sich ein schwierig zu handhabender Widerspruch. Einerseits ist Venus

Combin

»Der kleine König«

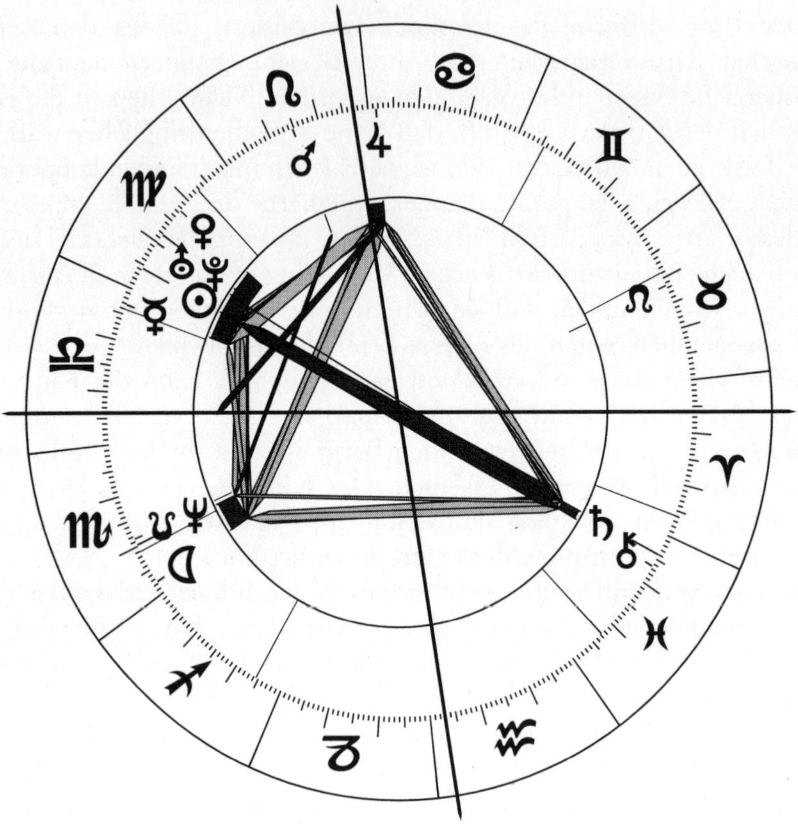

☉	25°56' ♍
☽	27°58' ♏
☿	3°27' ♎
♀	12°48' ♍
♂	15°36' ♌
♃	28°42' ♋
♄	26°17' ♓
♅	20°24' ♍
♆	20°02' ♏
♇	18°32' ♍
☊	18°48' ♉
⚷	23°49' ♓

19. 9. 1966, 7:48 GMT, 10E43, 51N57

A	24°48' ♎
2	21°25' ♏
3	24°47' ♐
M	3°10' ♌
11	7°33' ♍
12	4°21' ♎

Häuser nach Placidus

bereit, sich den gegebenen Bedingungen anzupassen (Jungfrau), andererseits ist sie nonkonformistisch und rebelliert (elftes Haus) gegen gesellschaftliche Konventionen. Auf einen Nenner gebracht, will die Mutter (Venus in Jungfrau, im elften Haus), stellvertretend für das Beziehungsthema, ihre Freiheit und Unabhängigkeit durchsetzen (elftes Haus), ohne ihre fürsorglichen Pflichten gegenüber dem Kind zu vernachlässigen (Venus in Jungfrau).

Aus der Sicht des Sohnes, der vom Herrscher des Deszendenten, Mars, symbolisiert wird, eröffnet sich ein anderes Bild. Seine Mutter kann sich ruhig mühen, ihr exaltiertes Künstlerinnendasein zu leben, solange seine Versorgung und sein gewohnter Alltagsablauf gesichert sind (Venus in Jungfrau im elften Haus). Ihm geht es um etwas ganz anderes.

Der Löwe-Mars im zehnten Haus des Combins macht sich zur Aufgabe, den König (Löwe) von seinem Thron zu stoßen. Im Eltern-Kind-Combin ist der *König* zumeist der Vater und das Zeichen Löwe seine Domäne. Mars, als potentieller *Thronfolger*, kündigt ihm, im Zeichen Löwe stehend, seinen *vorzeitigen Kampf* an. Er (Mars) will und kann nicht so lange warten, bis er naturgemäß an der Reihe wäre. Aus irgendeinem Grund hat der Vater den Respekt seines Sohnes verloren. Deshalb versucht nun der Sohn, den Respekt der Mutter für das Männliche zurückzuerobern. Er (Mars) vertritt die Rolle des Ehemannes und Partners (Löwe) im gesellschaftlichen Leben (zehntes Haus) der beiden.

Tatsächlich haben sich die Eltern einige Zeit nach der Geburt des Sohnes getrennt. Anfänglich pendelte der Sohn zwischen dem Zuhause der Mutter und dem seines Vaters hin und her. Inzwischen lebt der Sohn ausschließlich bei der Mutter. Sein Signifikator *Mars in Löwe* befindet sich *in seinem vierten Haus*. Nichts liegt bei dieser Konstellation näher, als sich im Heim der Mutter ein kleines *Königreich* zu schaffen. Stünde der Combin-Neptun nicht im Quadrat zu Mars, was ihn sensibler und empfänglicher für die Belange anderer macht, würde er dort sicherlich recht herrschsüchtig den Ton angeben. *Mars Quadrat Neptun* beschreibt auch, daß die Entthronung des Vaters nicht spurlos an ihm vorübergegangen ist. Indem sich das Väterlich-Männliche verdrängen ließ, hinterließ es beim Sohn eine tiefe Verunsicherung. Die Frage, was Mannsein bedeutet und wie ein Mann letztlich zu sein hat, dürfte ihn von Zeit zu Zeit beschäftigen.

Das Combin zeigt auch, daß es im Grunde genommen jeder andere Mann schwer hat, die Rolle des Partners (Sonne) der Mutter einzunehmen. Sowohl die Sonne in Konjunktion zu Uranus als auch Saturn in Opposition zur Sonne verweisen darauf. *Saturn im fünften Haus* der Mutter beschreibt zudem, daß sie innerlich gar nicht bereit ist, sich der Lebenslust und überschwenglichen Liebesfreuden hinzugeben. Sie wird viel eher mit Männern zu tun haben, die mehr Last als Freude sind (Sonne-Saturn-Opposition) und/oder unruhige Geister darstellen, die ihre Unabhängigkeit (Sonne Konjunktion Uranus) niemals aufgeben würden. Ihr selbstbewußter Sohn (Löwe-Mars) wird am Ende alle Frustrationen wettmachen und ihr beweisen, daß es keinen besseren Mann als ihn für sie gibt.

Im nächsten Fallbeispiel geht es um das Combin von einem Vater und seinem Sohn. Es handelt sich hierbei nicht um denselben Sohn wie im vorangegangenen Beispiel, obwohl auch in diesem Combin in aller Deutlichkeit das Mannsein als Thema erscheint.

Fallbeispiel 6 — *Freiheitskämpfer*

Der *Aszendent im Zeichen Widder* beschreibt, daß Vater und Sohn mit- und aneinander lernen möchten, sich durchzusetzen. Sowohl mit anderen Menschen als auch zwischen den beiden wird es immer wieder Situationen geben, in denen es zu Streit und Auseinandersetzungen kommt. Jeder möchte seinen Willen durchsetzen. Die Themen Selbstbehauptung und Ich-Durchsetzung bilden den roten Faden, der sich durch das gemeinsame Leben der Beteiligten zieht. Sowohl der Vater als auch der Sohn möchten lernen, mit Wut und Aggressionen bei sich selbst und anderen konstruktiv umzugehen. Die Rivalität und Konkurrenz, die sich bei Partnern mit einem Widder-Aszendenten im Combin häufig feststellen läßt, zwingt sie zum Zweikampf. Sieg oder Niederlage hängen von der jeweiligen Tagesform ab. Vater und Sohn verbindet zudem ein ausgeprägter Bewegungsdrang, die Lust an gemeinsamen Unternehmungen und die Freude daran, Neues zu erkunden und zu entdecken.

Das Thema »Männlichkeit« untersteht ebenfalls dem Zeichen Widder und seinem Herrscher Mars. Da es sich im vorliegenden Combin um zwei männliche Wesen handelt, dürfte auch hier, wie im vorhergehenden Combin, die Frage *»Wann ist ein Mann ein Mann?«* im Raum stehen.

Combin

»Die Freiheitskämpfer«

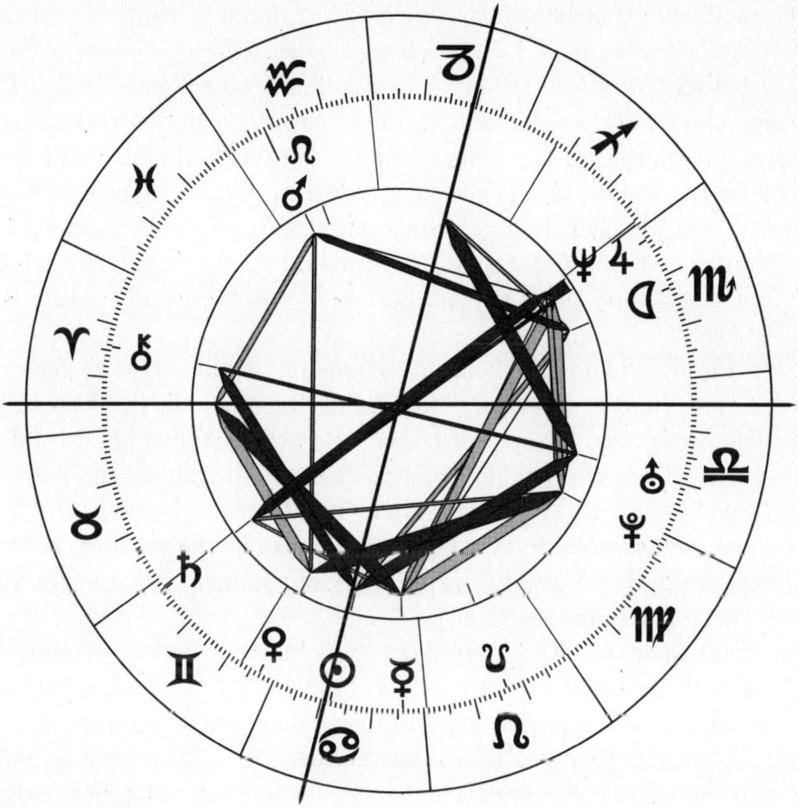

☉	11°22' ♋			
☽	17°07' ♏			
☿	25°31' ♋			
♀	26°24' ♊		A	25°04' ♈
♂	21°36' ♒		2	1°19' ♊
♃	27°14' ♏		3	22°23' ♊
♄	1°46' ♊		M	10°17' ♑
♅	9°32' ♎		11	0°10' ♒
♆	0°41' ♐		12	29°20' ♒
♇	27°09' ♍	3. 7. 1971, 23:22 GMT, 9E20, 50N37	Häuser nach Placidus	
☊	16°13' ♒			
⚷	13°46' ♈			

Mars in Wassermann im elften Haus vertieft die Hauptthematik dahingehend, daß mit dieser Stellung ein Befreiungswunsch der Partner in den Vordergrund rückt. Im Grunde genommen geht es hier nicht mehr darum, gegeneinander zu kämpfen, sondern als Freunde (elftes Haus) gemeinsam in die Schlacht zu ziehen. *Der imaginäre Feind* dieser Verbindung ist unter anderem die traditionelle Geschlechterrollenverteilung in unserer Gesellschaft. Dieses Combin thematisiert auf eindringliche Weise, daß sich die Beteiligen in keiner klassischen Männerrolle wiederfinden möchten. Sie würden sich hierdurch nur eingeschränkt und unfrei fühlen. Statt dessen rebellieren sie gemeinsam gegen alles, was ihre Unabhängigkeit (Wassermann) in Frage stellen könnte. Über das Risiko, nicht als *richtige Männer* anerkannt zu werden, setzen sie sich stur und eigenwillig hinweg. Lieber frei und *unmännlich* als gefangen und von der Gunst der Mütter abhängig!

Daß ihren Unabhängigkeitswünschen tatsächlich *Gefahr droht*, beschreibt das Quadrat des Skorpion-Mondes zu Mars. In der Verbindung zwischen Vater und Sohn wird das Mütterlich-Weibliche (Mond) als mächtige und verschlingende Energie (Skorpion) dargestellt. Auch die sexuelle Weiblichkeit (Venus) verspricht nicht gerade Freiheit und Frohsinn (Venus-Pluto-Quadrat). Das Unbewußte in Vater und Sohn signalisiert zumindest Vorsicht im Umgang mit Frauen. Allzu leicht könnten sie beide zur Beute werden.

Die Krebs-Sonne am IC gibt meiner Ansicht nach den entscheidenden Hinweis auf die Andersartigkeit der beiden. Ihr Mannsein ist unter anderem von einer ausgeprägten Emotionalität und Fürsorglichkeit getragen, die unser heutiges Rollenverständnis bei weitem übersteigt. Die väterlich-männliche Energie scheint im vorliegenden Combin als die wesentlich *bessere Mutter* gekennzeichnet (Krebs-Sonne in Konjunktion zum IC). Dem Sohn dient sie als Vorbild, selbst wenn er seinen Vater mitunter als zu weich und nachgiebig empfinden mag.

Das Wesen ihrer Verbindung (Sonne) dürfte Außenstehenden größtenteils verborgen bleiben. Die tiefen Gefühle füreinander, ihre gemeinsame Sehnsucht nach Heimat, Geborgenheit und Verwurzelung werden von beiden zur absoluten Privatsache erklärt (Sonne im vierten Haus). Stünde da nicht Uranus im Quadrat zur Krebs-Sonne! ...

Als der Sohn zur Welt kam, lebten die Eltern in verschiedenen Städten und sahen sich meist nur am Wochenende. Der Vater dachte schon seit längerem darüber nach, sich sterilisieren zu lassen (Wassermann-Mars). Er war sich sicher, keine Kinder haben zu wollen. Die Mutter des Jungen hatte schon Kinder aus einer früheren Beziehung, wünschte sich nun aber ein weiteres. Nachdem sie über Gespräche keine Zustimmung zu einem gemeinsamen Kind erreichte, hörte sie ohne Wissen des Vaters auf zu verhüten (Skorpion-Mond). Sie wurde schwanger und hoffte, nachdem der Sohn geboren war, daß der Vater nun ganz zu ihr ziehe. Er liebte das Kind und kümmerte sich auch, aber seine Heimatstadt und Arbeitsstelle wollte er dennoch nicht aufgeben. Die Spannungen zwischen den Eltern wurden immer größer, sie trennten sich, und auch der Entschluß der Mutter in die Stadt des Vaters zu ziehen, konnte die Trennung nicht mehr rückgängig machen. Dies stürzte sie in eine tiefe Krise, in der sie keinen anderen Ausweg sah, als sich stationär in Psychotherapie zu begeben. Der Sohn war damals knapp zwei Jahre alt. Der Vater nahm ihn zu sich. Anfänglich sah es so aus, als würde der Status des alleinerziehenden Vaters nur wenige Wochen andauern, doch letztlich währte er fast ein ganzes Jahr. Vater und Sohn hatten heftige Kämpfe miteinander auszufechten (Widder-Aszendent). Der Sohn litt sehr unter der Trennung von der Mutter und wurde immer aggressiver. Doch nach und nach besserte sich ihr Verhältnis, sie fühlten sich immer wohler miteinander. Der Vater konnte sich ein Leben ohne seinen Sohn gar nicht mehr vorstellen und hoffte insgeheim, daß ihn die Mutter bei ihm ließe, wenn sie aus der Klinik käme.

Er hatte die Rechnung allerdings ohne *Uranus im Quadrat zur Krebs-Sonne* gemacht. Die Mutter wurde nach einem knappen Jahr entlassen und holte ihren Sohn zu sich zurück. Der Vater darf ihn seither nur noch einmal in der Woche sehen. Einmal in der Woche leben beide ihre Krebs-Sonne im vierten Haus, unternehmen viel miteinander, danach geht der Sohn zurück zur Mutter.

Der Signifikator des Vaters ist Mars, der des Sohnes Venus. Venus und Mars stehen im Trigon zueinander, was besagt, daß beide bereit und fähig sind, Kompromisse zu machen und sich gegenseitig aufeinander einzustellen. Venus in Zwillinge beschreibt den Sohn als wißbegierig, kontaktfreudig und quirlig. Pluto im Quadrat zur Venus thematisiert die Krisen und Verluste, die der Kleine schon in jungen Jahren hinnehmen mußte. Pluto sitzt zudem in seinem zwölften Haus, was eine ständig schwelende Angst vor neuerlichen Verlusten vermuten läßt. So sehr er auch versucht, seine nächste Umgebung (Zwillinge-Venus) unter Kontrolle zu bringen (Quadrat Pluto), weiß er doch instinktiv, daß die Bedrohnung (Pluto) niemals offensichtlich ist (zwölftes Haus). Der Skorpion-Mond ist durch seine Stellung im ersten Haus des Sohnes Mit-Signifikator. Das gleiche gilt für Jupiter.

Mond in Skorpion symbolisiert die Leidenschaftlichkeit, mit der der Sohn seine Emotionen zum Ausdruck bringen kann. Sie gibt ihm eine Neigung, sich in extreme Gefühlszustände hineinzusteigern, aus denen er selbst kaum wieder herausfindet. Der Signifikator seines Vaters, Mars, steht im Quadrat zum Mond. Dies deutet darauf hin, daß er sich einerseits wenig von den emotionalen Ausbrüchen seines Sohnes beeindrucken läßt, andererseits aber auch kaum Zugang zu den seelischen Nöten seines Sohnes bekommt. Da der Skorpion-Mond im ersten Haus des Jungen auch die Mutter symbolisiert, kann angenommen werden, daß diese einen mächtigen Einfluß auf ihn hat.

Das Thema des gesamten Combins spiegelt den tiefen Wunsch beider Beziehungspartner wider, sich plutonischen weiblichen Energien entziehen zu lernen. Zwangsläufig bedarf es hierzu immer wieder des Kontaktes mit Mächten, die beide am Freisein hindern wollen. Der Widder-Aszendent lernt durch tägliches Training, und Vater und Sohn sind zweifelsohne gute Trainingspartner.

Fallbeispiel 7 — *Der Kinderstar*

In diesem Fallbeispiel werde ich das Combin einer Mutter mit ihrer Tochter beschreiben.

Der *Wassermann-Aszendent* des Combins symbolisiert, daß sich die Seelen der beiden *gefunden* haben, weil sie sich gemeinsam aus einengenden Lebensstrukturen befreien möchten. Daß Befreiung im Zeichen Wassermann mehr einem plötzlichen Befreiungsschlag gleichkommt als einem strategisch gut vorbereiteten Vorhaben, liegt nahe. Bei Partnern mit einem Wassermann-Aszendenten im Combin verläuft meist nichts so, wie es der Normalfall erwarten ließe.

Mit welchem Lebensbereich sich die Partner besonders auseinanderzusetzen haben, zeigt die Stellung des Aszendenten-Herrschers. *Saturn, als alter Herrscher von Wassermann, steht im zweiten Combin-Haus* und symbolisiert somit, daß sich Mutter und Tochter mit Besitz und Finanzen, mit der Sicherung und Wahrung ihrer Existenzgrundlage und mit Selbstwertthemen auseinandersetzen möchten. Der *Mond in Konjunktion zu Saturn*

Combin

»Der Kinderstar«

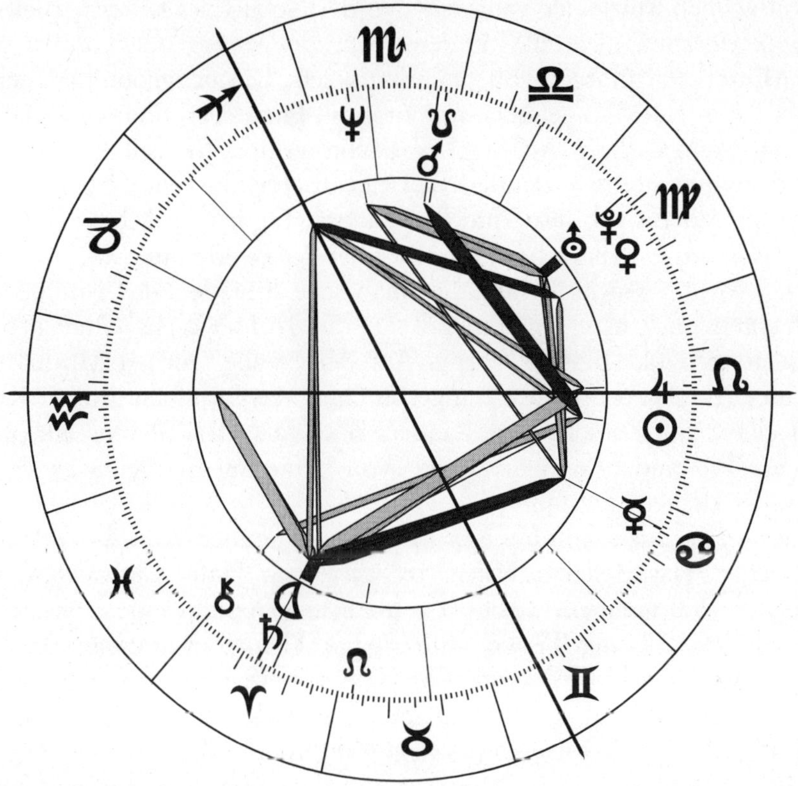

☉	4°05' ♌
☽	15°58' ♈
☿	14°50' ♋
♀	11°27' ♍
♂	3°53' ♏
♃	12°54' ♌
♄	12°27' ♈
♅	21°47' ♍
♆	21°35' ♏
♇	18°50' ♍
☊	2°18' ♉
⚷	29°33' ♓

27. 7. 1967, 20:10 GMT, 0E07, 51N38

A	12°01' ♒
2	12°46' ♈
3	17°33' ♉
M	9°10' ♐
11	26°44' ♐
12	15°03' ♑

Häuser nach Placidus

unterstreicht, daß diese Themen emotional belastend sein können. Es kann davon ausgegangen werden, daß ein tiefsitzendes Armutsbewußtsein in beiden vorherrscht, das sowohl die Emotionen (Mond) als auch Gespräche und Gedanken (*Saturn Quadrat Merkur*) stark beeinflußt.

Tatsächlich wurde der Vater zur Zeit der Geburt des Kindes arbeitslos. Um die vierköpfige Familie mit dem Nötigsten versorgen zu können, ging die Mutter von morgens bis abends putzen. Die neugeborene Tochter nahm sie in einer Tragetasche mit zu ihren Putzstellen und versteckte sie so, daß keiner ihrer Arbeitgeber davon erfuhr. Sie stillte das Kind heimlich und hoffte inständig, daß die Tochter bis zum Abend ruhig blieb. In der Tat gab das Kind den ganzen Tag keinen Mucks von sich. Der zweijährige Bruder blieb tagsüber bei der Großmutter.

Die Tochter wuchs heran, die finanzielle Situation der Familie verschlechterte sich aber zunehmend. Als die Tochter sechs Jahre alt war, wendete sich das Blatt blitzartig. Auf der Straße wurden Mutter und Tochter von einem Filmteam angesprochen, das für einen großen Kinofilm einen ganz bestimmten Kindertyp suchte. Die Tochter entsprach diesem Typ und bekam die Rolle. Von heute auf morgen war sie ein gefragter kleiner Filmstar.

Im vorliegenden Combin gibt es genaugenommen zwei Aszendenten-Herrscher. Das Zeichen Fische ist im ersten Haus *eingeschlossen,* was bedeutet, daß auch die Fische-Thematik im Combin eine Rolle spielt. Die göttliche Fügung (Fische) schien beim Thema »Befreiung« (Wassermann) aus engen, bedrückenden Verhältnissen (Saturn im zweiten Haus) automatisch *mitgebucht* worden zu sein. *Jupiter, der alte Herrscher von Fische,* befindet sich dominant *am Deszendenten* und damit am Aszendenten der Tochter. Signifikatoren der Mutter sind Saturn und Jupiter sowie Uranus als neuer Herrscher von Wassermann.

Die Tochter wird von sechs Planeten symbolisiert:

1. Sonne als Herrscherin ihres Aszendenten,
2. Merkur als Herrscher des eingeschlossenen Zeichens Jungfrau,
3. Jupiter, Venus, Uranus und Pluto im ersten Haus der Tochter.

Inzwischen hat die Tochter mehrere Millionen Mark verdient. Die Mutter (Saturn im zweiten Haus) verwaltet die Filmeinnahmen ihrer Tochter und legt das Geld auf einem Konto für sie an. Die Familie lebt dagegen immer noch sehr bescheidenen in einer Dreizimmerwohnung, weshalb es mit der inzwischen vierzehnjährigen Tochter häufig Streit gibt. *Die Löwe-Sonne,* als Signifikator der Tochter, steht *im Quadrat zu Mars im zweiten Haus* der Tochter. Sie möchte endlich ein eigenes Zimmer haben und wünscht sich nichts sehnlicher, als daß die Eltern von ihren Filmeinnahmen eine Villa mieten (*Jupiter in Löwe als Herrscher ihres vierten Hauses*).

Im Combin spiegelt sich ein weiterer interessanter Umstand, der die Tochter auch heute noch für Kinderrollen sehr gefragt macht. Ihr Signifikator *Merkur* steht *in Krebs im Quadrat zu Saturn.* Sie ist für ihr Alter noch sehr kindlich (Krebs) und wächst seit ihrem neunten Lebensjahr keinen Zentimeter mehr (Saturn). Aus medizinischer Sicht kann kein Grund für ihr verzögertes Wachstum gefunden werden. Sie selbst sagt jedoch, daß sie mit neun Jahren beschlossen habe, erst dann weiterzuwachsen, wenn sichergestellt sei, daß sie und ihre Familie nie wieder arm sein müßten. Die Macht, natürliche Abläufe mittels eigener gedanklicher Vorstellung zu kontrollieren, kann mit *Pluto in Jungfrau, eingeschlossen im ersten Haus* der Tochter, in Verbindung gebracht werden. Wann sie die Geister, die sie rief, wieder verabschiedet, will sie von der Höhe ihres Bankkontos abhängig machen.

Von bösen Geistern und dunklen Mächten *erzählt* folgendes Combin:

Fallbeispiel 8 *Kindesmißbrauch*

Daß ein Combin auch ein diagnostisches Mittel sein kann, verdeutlicht dieses Fallbeispiel. Es handelt sich um das Combin eines Mannes und seiner Stieftochter. Das Madchen wurde zwischen ihrem zwölften und achtzehnten Lebensjahr von ihm sexuell mißbraucht, ohne daß irgend jemand davon erfahren hatte.

Auch hier findet sich wieder *ein Wassermann-Aszendent, mit dem eingeschlossenen Zeichen Fische im ersten Haus.* Daß es sich diesmal aber um eine ganz andere Art von *Befreiung* handeln muß als im vorhergehenden Beispiel, zeigt die *Mond-Saturn-Pluto-Konjunktion am Deszendenten.* Nicht Jupiter steht dominant am Aszendenten des Kindes, sondern Pluto und Saturn. Saturn, als Aszendenten-Herrscher des Combins, verlegt den Schwerpunkt des Beziehungsthemas in den Bereich Partnerschaft (siebtes Haus). *Pluto in Konjunktion zu Saturn* belastet das Beziehungsthema und bringt hiermit zum Ausdruck, daß die angestrebte *Befreiung* von alten, tradierten Mustern (Wassermann) erst nach Überwindung tiefster Krisen sowie Macht- und Ohnmachtserfahrungen (Pluto) geschehen kann.

Combin

»Kindesmißbrauch«

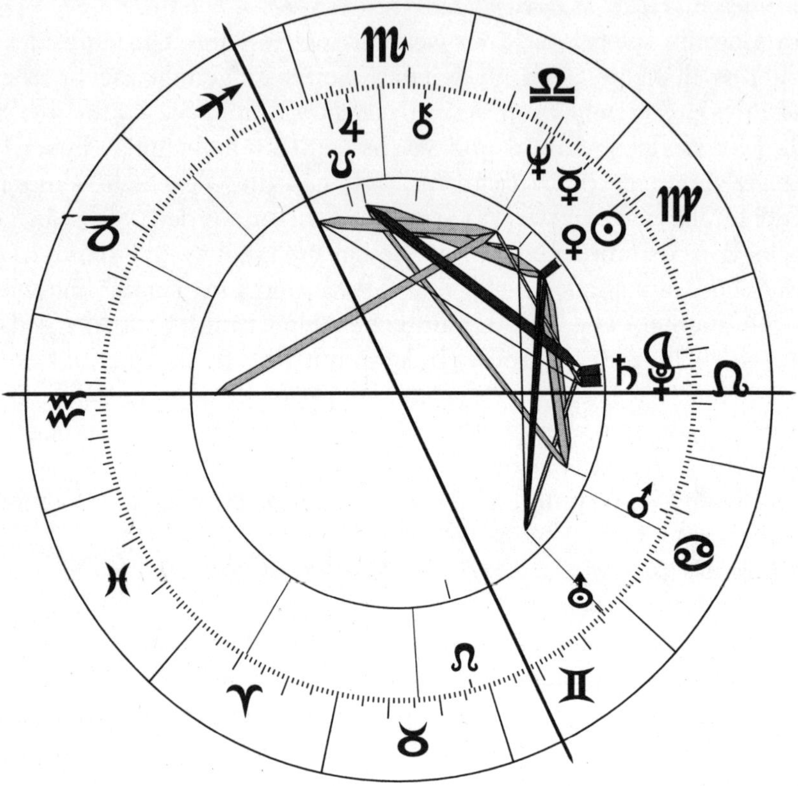

☉	19°03′ ♍
☽	19°49′ ♌
☿	1°21′ ♎
♀	21°30′ ♍
♂	18°59′ ♋
♃	22°27′ ♏
♄	17°09′ ♌
♅	26°00′ ♊
♆	9°44′ ♎
♇	14°02′ ♌
☊	26°39′ ♉
⚷	6°47′ ♏

12. 9. 1947, 16:20 GMT, 10E45, 50N03

A	12°37′ ♒
2	10°49′ ♈
3	15°57′ ♉
M	8°16′ ♐
11	26°28′ ♐
12	15°24′ ♑

Häuser nach Placidus

Es ist immer wieder schwer vorstellbar, daß sich das Unbewußte eines Kindes ausgerechnet einen Menschen *sucht*, der es einem solchen Martyrium aussetzt. Ein Blick in das Combin zwischen Stiefvater und Stieftochter genügt, um zu sehen, daß innerhalb dieser Verbindung Mächte am Werk sind, die sich dem rationalen Verständnis des Betrachters schlichtweg entziehen. Ohne die Hintergründe zu kennen, kann aber schon im Vorfeld festgestellt werden, daß es vor allem dem Kind in dieser Partnerschaft gelinde gesagt nicht gutgehen kann! Das Schicksal sucht sich seine eigenen Wege, und welcher Art von Belastungen (Mond-Saturn-Pluto-Konjunktion) die Stieftochter ausgesetzt sein würde, kann bei bloßer Betrachtung des Combins lediglich erahnt werden. Der so augenscheinliche Hinweis, daß das Kind (Mond) mit Unterdrückung, Macht und Gewalt (Pluto) sowie mit Angst und Hemmung (Saturn) konfrontiert ist, sollte den Betrachter eines solchen Combins auffordern, den Dingen auf den Grund zu gehen. Was im vorliegende Fall geschehen ist, wissen wir heute:

Der Wassermann-Aszendent bzw. dessen Signifikator Saturn beschreiben den Stiefvater. Uranus, Jupiter und Neptun sind Mit-Signifikatoren. Saturn sitzt im ersten Haus der Stieftochter, was besagt, daß eine besondere Form der gegenseitigen Einflußnahme stattfindet. Der Signifikator des Mannes befindet sich sozusagen am sensibelsten Punkt des Kindes, seinem Aszendenten, und gewinnt hierdurch großen Einfluß auf das Kind. Uranus und Neptun befinden sich an den Häuserspitzen fünf und acht. Da beide Häuser auch mit Sexualität in Verbindung gebracht werden, deutet in diesem Fall Uranus im fünften Haus darauf hin, daß der Mann eine Vorliebe für außergewöhnliche Umstände im sexuellen Bereich hat. Neptun an der Spitze des achten Hauses (Heimlichkeiten in der Sexualität) ist es zuzuschreiben, daß der Mißbrauch des Mädchens über Jahre hinweg unentdeckt blieb. Jupiter, als Herrscher von Fische und ebenfalls Mit-Signifikator des Stiefvaters, in Skorpion im neunten Haus führte den Mann eines Tages doch noch vor seinen Richter.

Das Mädchen und Ihr Erleben symbolisieren *die eingeschlossene Jungfrau-Sonne als Deszendenten-Herrscher, Merkur als Herrscher des eingeschlossenen Zeichens Jungfrau, Venus im ersten Haus* des Kindes, aber vor allem die *Mond-Saturn-Pluto-Konjunktion am Aszendenten des Kindes.*

Der Mißbrauch begann 1970, kurz nachdem der Mann die Mutter des

Mädchens geheiratet hatte. Der laufende Saturn stand damals in Stier im Quadrat zu Saturn, Pluto und Mond. Das Mädchen vertraute sich bis zu ihrem achtzehnten Geburtstag niemandem an. Erst mit ihrer Volljährigkeit schien für sie der Stiefvater, der sie wie eine Gefangene zu Hause hielt, keine Macht mehr zu haben. Mitte 1976 zog sie aus und konnte aufgrund der räumlichen Distanz zum Stiefvater mit einer Freundin über die Geschehnisse sprechen. Diese ermunterte die junge Frau, den Stiefvater anzuzeigen.

Der transitierende Saturn stand inzwischen in Konjunktion zu Saturn, Pluto und Mond des Combins. Es kam zu einer Gerichtsverhandlung, der Mann wurde zu einer langjährigen Gefängnisstrafe verurteilt. Dem Gericht war es bis zum Schluß unbegreiflich, wie der Mißbrauch über all die Jahre selbst von der Mutter des Mädchens unentdeckt bleiben konnte. Erst der transitierende Pluto in Konjunktion zum Combin-Neptun brachte die furchtbare Wahrheit ans Licht.

Fallbeispiel 9 — *Kosmobiologen*

Ein Combin bietet einen sehr intimen Einblick in das Wesen und die Seele einer Partnerschaft. Mit den Erkenntnissen, die man einem Combin entlocken kann, sollte daher immer behutsam umgegangen werden. Wenn ich nachfolgend dennoch das Combin zweier Menschen namentlich vorstelle, die einer breiteren Leserschaft bekannt sind, dann nur, weil beide Personen nicht mehr leben und weil der Bekanntheitsgrad der Combin-Partner einen didaktischen Wert darstellt. Beim Thema »Eltern-Kind« drängt es sich in einem astrologischen Werk zudem beinahe auf, eine Familie ins Visier zu nehmen, aus der bis in die heutige Zeit, über drei Generationen hinweg, namhafte Astrologen hervorgingen.

Das Combin der Astrologin und Graphologin Elsbeth Ebertin (geb. 1880) und ihres Sohnes, des Kosmobiologen Reinhold Ebertin (geb. 1901), ist hochinteressant, zeigt es doch in aller Deutlichkeit den *Auftrag*, den Eltern an ihre Kinder weitergeben. Oftmals *benötigt* ein Elternteil regelrecht die Geburt eines bestimmten Kindes, um seinem Wirken und Schaffen Nachdruck zu verleihen.

Im Combin der beiden symbolisiert der *Schütze-Aszendent*, daß beide in dieser Verbindung nach Weisheit und Erkenntnis streben. Sie möchten sich gegenseitig dabei unterstützen, ihrem Leben einen Sinn zu geben. Alltagsfragen interessieren hierbei weniger. Vielmehr geht es um die

Combin

»Kosmobiologen«

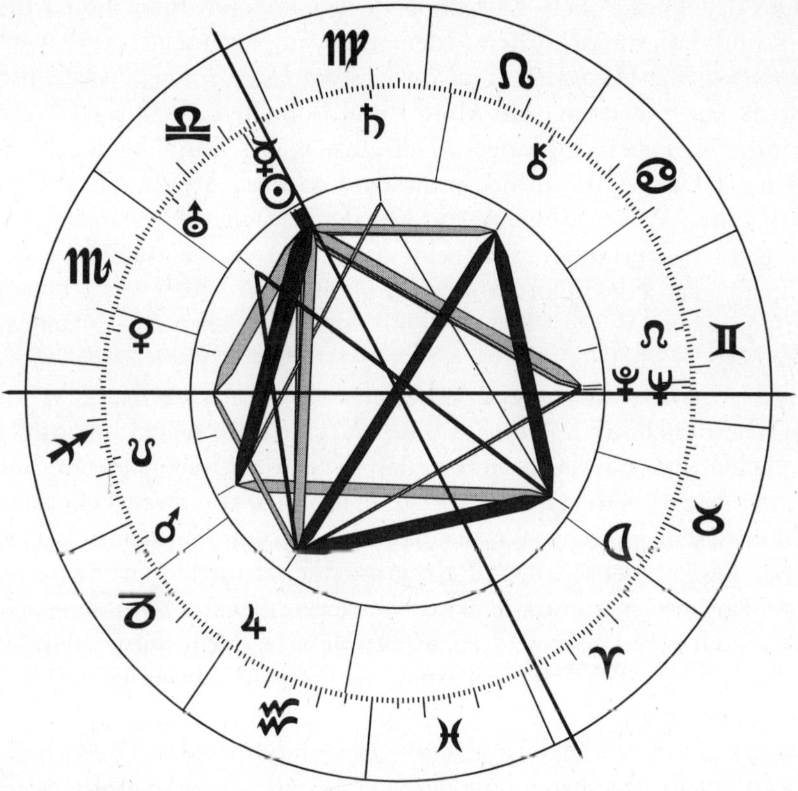

☉	7°12′ ♎
☽	2°41′ ♉
☿	5°51′ ♎
♀	23°32′ ♏
♂	4°18′ ♑
♃	2°20′ ♒
♄	11°04′ ♍
♅	25°49′ ♎
♆	6°42′ ♊
♇	7°47′ ♊
☊	18°06′ ♊
⚷	2°40′ ♌

A	5°59′ ♐
2	10°54′ ♑
3	25°10′ ♒
M	3°09′ ♎
11	0°15′ ♏
12	19°55′ ♏

Häuser nach Placidus

30. 9. 1890, 10:35 GMT, 15E00, 51N09

übergeordneten Themen des Lebens, um Glaubensfragen, um weltanschauliche oder philosophische Auseinandersetzungen. Ein Kind, das im Combin mit seiner Mutter einen Schütze-Aszendenten aufweist, profitiert von ihr vor allem in geistigen Bereichen. Umgekehrt, wird die Geburt des Kindes der Mutter viele Einsichten in den höheren Sinn ihrer Mutterschaft und dem menschlichen Miteinander im Allgemeinen verleihen.

Der absteigende Mondknoten in Schütze im ersten Haus könnte aus karmischer Sicht darauf hinweisen, daß Mutter und Sohn schon sehr viel Weisheit aus früheren Leben mitbringen. Der aufsteigende Mondknoten in Zwillinge im siebten Haus möchte in diesem Leben die Weisheit in Form von praktikablem Wissen weitergeben. Mit dieser Stellung des aufsteigenden Mondknoten verbindet sich ein ausgeprägtes Sendungsbewußtsein (Schütze), das jedes informationsvermittelnde Medium wie Unterricht, Zeitungswesen, Verlagswesen, Radio oder Fernsehen zu nutzen weiß (Zwillinge).

Jupiter, der Herrscher des Schütze-Aszendenten, steht in Wassermann im zweiten Haus. Diese Stellung zeigt an, daß die Partner nach neuen und außergewöhnlichen Erkenntnissen suchen, daß sie sich auf irgendeine Art außerhalb der Norm bewegen und auf ausgefallene Weise ihren Lebensunterhalt bestreiten. Jupiter in Wassermann im zweiten Haus setzt zwar eine gewisse Risikobereitschaft und Experimentierfreudigkeit im Sichern der Existenzgrundlage voraus, er wird aber stets für einen Hoffnungsschimmer am Horizont sorgen. Lebensnotwendiges dürfte ausreichend vorhanden sein, so daß sich die Partner vorwiegend mit geistigen Themen befassen können.

Im Wissen darum, daß es sich um ein Combin zwischen einer Astrologin und einem Astrologen handelt, liegt es nahe, daß das Außergewöhnliche der *geistigen Themen* im Bereich der Astrologie liegt. Die Stellung von Jupiter im zweiten Haus gibt Hinweise darauf, daß sie die Astrologie nicht lediglich als Hobby betreiben, sondern ihren Lebensunterhalt (zweites Haus) damit verdienen möchten. Jupiter im zweiten Haus erklärt seine Erkenntnisse gerne zum *geistigen Eigentum* und ist darauf bedacht, sich von anderen abzugrenzen. Hieraus erklärt sich vielleicht, daß vor allem Reinhold Ebertin der astrologischen Gemeinschaft eine ganz neue Methode (Wassermann) zur Deutung von Horoskopen nahebrachte (Halbsummentechnik, Neunzig-Grad-Kreis u. a.). Die Abgrenzungswünsche des zweiten Hauses und das betonte Anderssein-Wollen von Jupiter in Wassermann könnten dazu geführt haben, daß sich mit dem Namen

Ebertin nicht nur neue Methoden der Deutung verbinden, sondern auch neue Begrifflichkeiten. Astrologie wurde bei ihnen zur *Kosmobiologie*, und ein Geburtshoroskop bekam den Namen *Kosmogramm.*

Der Stier-Mond im Quadrat zu Jupiter zeigt an, daß zwar die geistige und emotionale Nahrungsaufnahme im Widerstreit zueinander stehen, die spielerische und kreative Seite des Mondes im fünften Haus dennoch eine Lösung finden läßt.

Chiron im achten Haus, in Opposition zu Jupiter und im Quadrat zum Mond, deutet allerdings auf eine tiefsitzende, alte Wunde hin. Den Partnern mag das Vertrauen fehlen, daß sie auf materielle Unterstützung von außen hoffen dürfen, sollte es ihnen einmal nicht so gutgehen.

Elsbeth Ebertin wird vom *Schütze-Aszendenten* und ihrem *Signifikator Jupiter* symbolisiert. Sie wird in der Beziehung zu ihrem Sohn als ein Mensch gekennzeichnet, der sich mit religiösen, philosophischen und weltanschaulichen Fragen auseinandersetzt. Ihre Erkenntnisse sollen nicht nur ihrer Sinnfindung, sondern auch ihrer Existenzsicherung dienen (Jupiter im zweiten Haus). In ihr wirkt ein fortschrittlicher Geist, der gegen Dogmatismus und überholte, traditionelle Strukturen rebelliert (Jupiter in Wassermann). Ihre Fähigkeit, die Dinge von einer übergeordneten Warte aus zu betrachten und stets auf ihren Vorteil bedacht zu sein (Jupiter), kommt ihr im Umgang mit Autoritäten und Machthabern (Jupiter Trigon Sonne im zehnten Haus und Jupiter Trigon Pluto im siebten Haus) entgegen.

Mond in Stier im fünften Haus und im Quadrat zu Jupiter symbolisiert einen ständig schwelenden Konflikt zwischen ihren geistigen Interessen und ihrer mütterlichen Seite.

Mars in Steinbock im ersten Haus ist Mit-Signifikator von Elsbeth Ebertin. Er beschreibt sie als unermüdliche Kämpferin, die sich ausdauernd und diszipliniert einer Sache widmet und sich auch durch Rückschläge nicht entmutigen läßt. Das Quadrat der Sonne zu Mars könnte anzeigen, daß sie sich gegen patriarchale Strukturen auflehnt und durch ihre Handeln (Mars) die Rolle des Mannes in der Gesellschaft (Sonne im zehnten Haus) in Frage stellt.

Merkur in Konjunktion zum MC zeigt an, daß diese Verbindung Ziele schafft, die mit dem Schreiben, dem Vermitteln und der Veröffentlichung ihres Wissens in Zusammenhang stehen.

Ihr Sohn Reinhold Ebertin wird durch das *Zeichen Zwillinge und seinen Herrscher Merkur* symbolisiert. *Neptun und Pluto am Deszendenten sind seine Mit-Signifikatoren.*

Innerhalb dieser Verbindung ist es demnach in erster Linie die Aufgabe des Sohnes, das Wissen und die Erkenntnisse der Partner ans Licht der Öffentlichkeit zu bringen (Merkur in Konjunktion zur Sonne und zum MC). Er wird hierbei in geistiger und spiritueller Hinsicht von seiner Mutter unterstützt (Jupiter Trigon Merkur), selbst wenn das Quadrat ihres Signifikators Mars zu Merkur auch auf Spannungen und Streitigkeiten zwischen den beiden schließen läßt.

Neptun und Pluto am Aszendenten von Reinhold Ebertin beschreiben ihn in der Beziehung zu seiner Mutter als Menschen mit ausgeprägten Suggestivkräften. Mit Hilfe seines Wissens und Verstandes (Zwillinge) möchte er den Dingen auf den Grund gehen (Pluto) und vor allem Bereiche erforschen, die sich jenseits des Sichtbaren (Neptun) befinden. Er nimmt dafür auch in Kauf, als Sonderling (Neptun/Pluto) angesehen zu werden.

Merkur in seinem vierten Haus und in Konjunktion zur Sonne gibt ihm innerhalb dieser Verbindung einen tief verwurzelten Familiensinn. Seine Familie und sein Zuhause stellen für ihn das Zentrum seiner Wesenskraft dar. Hier übernimmt er eine dominante väterliche Rolle (Sonne), die im Widerstreit zu seinem jugendlichen Tatendrang (Mars Quadrat Sonne) steht. Diese Gegenkräfte könnten aber auch auf einen Bruder oder Sohn (Mars) projiziert werden, so daß sich sein innerer Konflikt in Form von Auseinandersetzungen mit ihnen im Außen widerspiegelt. Da Mars auch der Signifikator seiner Mutter ist, liegt die Vermutung nahe, daß sie hierbei nicht unbeteiligt ist.

Als Elsbeth Ebertin bei einem Bombenangriff am 28. 11. 1944 ums Leben kam, stand die *transitierende Sonne* auf 6° 26′ Schütze, exakt am Combin-Aszendenten und *in Opposition zur Neptun-Pluto-Konjunktion.* Der *transitierende Neptun stand in exakter Konjunktion zu Merkur,* dem Signifikator von Reinhold Ebertin, und *der transitierende Saturn im Quadrat zur Sonne-Merkur-Konjunktion.*

Die genauen Transite zum Combin verdeutlichen, daß mit großen, auch kollektiv bedingten Veränderungen innerhalb der Partnerschaft zu rechnen war. Der Transit-Neptun am IC von Reinhold Ebertin und der Transit-Uranus im ersten Haus beschreiben einerseits die Unsicherheit und Auflösungstendenz im eigenen Heimatland, andererseits die Befreiung aus bisherigen Lebenszusammenhängen.

Transite

Bombenangriff (zu Combin »Kosmobiologen«)

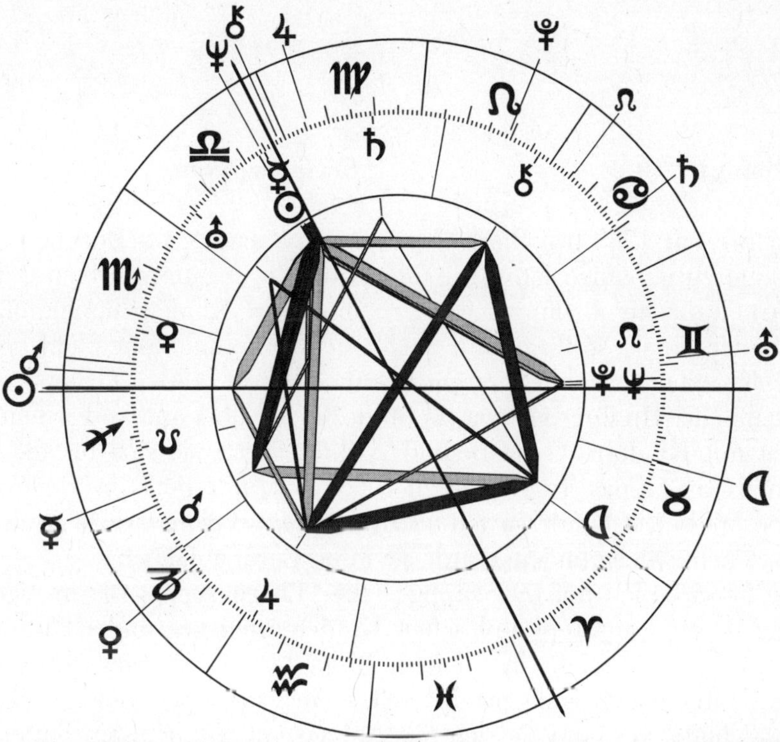

COMBIN

☉	6°25' ♐
☽	19°35' ♉
☿	26°22' ♐
♀	15°05' ♑
♂	2°12' ♐
♃	24°32' ♍
♄	9°35' ♋
♅	11°18' ♊
♆	5°59' ♎
♇	10°12' ♌
☊	20°33' ♋
⚷	1°03' ♎

A	27°27' ♋
2	13°08' ♌
3	2°47' ♍
M	0°06' ♈
11	9°03' ♉
12	23°23' ♊

Häuser nach Placidus

TRANSIT

☉	6°25' ♐
☽	19°35' ♉
☿	26°22' ♐
♀	15°05' ♑
♂	2°12' ♐
♃	24°32' ♍
♄	9°35' ♋
♅	11°18' ♊
♆	5°59' ♎
♇	10°12' ♌
☊	20°33' ♋
⚷	1°03' ♎

Arbeitskollegen

Fallbeispiel 10 ***Erzieherinnen***

Am 1.Februar 1989 trat Birgit ihre neue Arbeitsstelle als Erzieherin an. Sie hatte zuvor einige Jahre in einer Kindertagesstätte gearbeitet, doch die Arbeit machte ihr immer weniger Spaß. Ihre Kindergruppe umfaßte 26 Kinder, die sie, so Birgit, nur noch *verwahren* konnte. Eine pädagogisch sinnvolle Arbeit war aus ihrer Sicht mit einer so großen Gruppe nicht mehr möglich. In ihrer Freizeit las Birgit Bücher über andere Formen der Arbeit mit Kindern. Ganz besonders interessierte sie sich für die Anthroposophie. Eines Tages entschied sie sich, nur noch in einem anthroposophischen Kindergarten als Erzieherin arbeiten zu wollen. Sollte sie dort keine Stelle finden, würde sie ihren Beruf aufgeben.

Sie bewarb sich auf die Anzeige einer Elterngruppe, die in eigener Initiative einen anthroposophischen Kindergarten gegründet hatte und die eine zweite Erzieherin suchten. Birgit bekam die Stelle. Mit Marianne, ihrer neuen Kollegin, die selbst eine anthroposophische Schule besucht hatte, verstand sie sich auf Anhieb gut. Gemeinsam hatten sie nicht mehr als neun Kinder zu betreuen.

Das Composit-Horoskop von Birgit und Marianne weist einen Wassermann-Aszendenten auf, mit dem eingeschlossenen Zeichen Fische im ersten Haus. Vier Composit-Planeten, Sonne, Venus, Merkur und Mars, befinden sich in Fische. Der Composit-Mond steht dominant in Konjunktion zum Schütze-MC und ist zudem Herrscher des sechsten Hauses (Arbeitsplatz).

Die vier Planeten im ersten Haus einschließlich der Composit-Sonne kennzeichnen Birgit und Marianne als *starkes Paar.* Bei einem gemeinsamen öffentlichen Auftreten (erstes Haus) würden sie dank ihrer enormen Ausstrahlung kaum zu übersehen sein. Interessant ist hierbei jedoch

Composit
»Erzieherinnen«

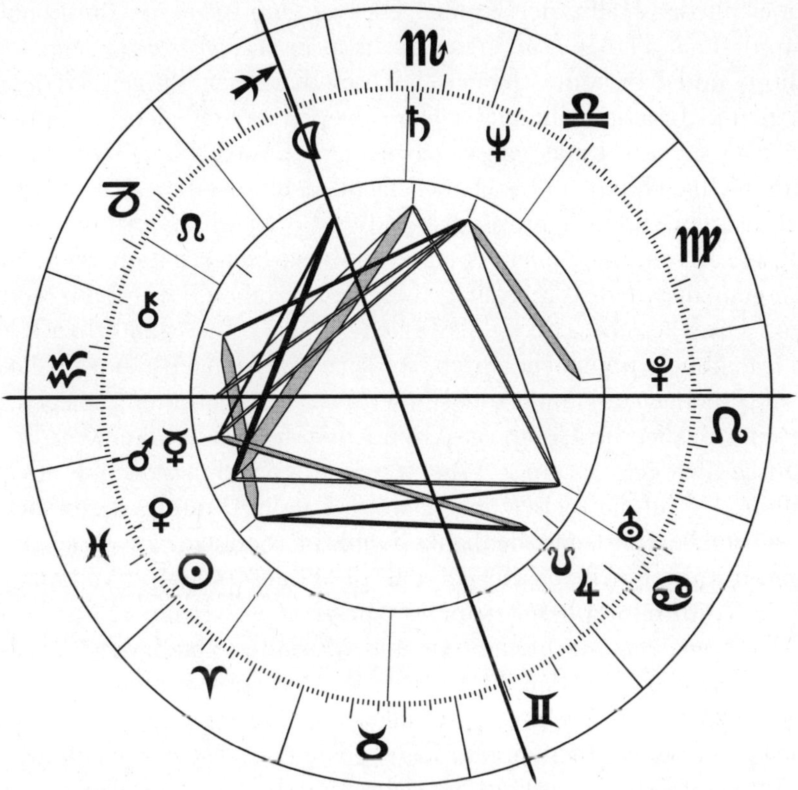

☉	28°51' ♓
☽	9°23' ♐
☿	1°28' ♓
♀	14°51' ♓
♂	1°06' ♓
♃	5°05' ♋
♄	14°30' ♏
♅	21°25' ♋
♆	26°28' ♎
♇	23°55' ♌
☊	10°56' ♑
⚷	0°33' ♒

A	19°44' ♒
2	12°30' ♈
3	16°57' ♉
M	9°27' ♐
11	28°00' ♐
12	18°02' ♑

Häuser nach Placidus

der Umstand, daß sie sich, bis auf gelegentliche Ausflüge mit den Kindern, gemeinsam fast ausschließlich in *geschlossenen Räumen* aufhielten. Sie trafen sich morgens zu Arbeitsbeginn im Kindergarten und verabschiedeten sich dort auch wieder. Unternehmungen machte meistens nur eine alleine mit der Hälfte der Kinder. Dies ist eine mögliche Entsprechung dafür, daß alle Planeten im ersten Haus in Fische *eingeschlossen* sind.

Birgit und Marianne spielten mit den Kindern, sangen Lieder, bastelten und brachten ihnen Gedichte in den verschiedensten Sprachen bei. Was sie am Ende eines Arbeitstages tatsächlich geleistet hatten, wurde nicht sichtbar und war auch nicht meßbar (Fische). Sie arbeiteten eben nicht in einem handwerklichen Beruf oder in einem Büro, in dem sie Briefe zu schreiben oder Aktenberge abzuarbeiten hatten. Sie konnten ihren gemeinsamen Arbeitsalltag völlig frei gestalten (Uranus im sechsten Haus). Die Tatsache, daß sie als Erzieherinnen keiner staatlichen Institution (Steinbock) unterstellt waren, sondern einem eigenständigen Projekt fortschrittlicher und andersdenkender Eltern angehörten, spiegelt sich sehr eindrücklich im Composit-Aszendenten in Wassermann.

Durch ihr gemeinsames Wirken wird der Schütze-Mond am MC sichtbar, der auf die Zielsetzung verweist, Kinder (Mond) im Hinblick auf ein spirituelles und ganzheitliches Konzept (Schütze) zu erziehen. Sie trugen mit ihrer Arbeit dazu bei, daß die Philosophie und Weltanschauung der Anthroposophen bekannter wurde.

Schwierigkeiten machten Birgit und Marianne zunehmend die Konflikte, die sich unter den Eltern der Kinder entwickelten. Es kam zu immer größeren Spannungen, so daß sich die Elternschaft, die auch ihre Arbeitgeber waren, bald in zwei Lager spaltete und sich in einen heftigen Machtkampf verstrickte (Pluto im siebten Haus).

Zum Zeitpunkt ihres gemeinsamen Tätigkeitsbeginns stand der transitierende Pluto in Konjunktion zum Composit-Saturn an der Spitze des neunten Hauses und der transitierende Saturn sowie Neptun in Konjunktion zum aufsteigenden Mondknoten im elften Haus. Tatsächlich ging es bei dem Streit unter den Eltern nicht um persönliche, sondern um ideologische Unvereinbarkeiten. Die eine Seite bestand bei der Erziehung der Kinder auf strikte Einhaltung der Lehren Rudolf Steiners, die andere Seite vertrat eine freiere Auslegung seiner Schriften. Weder Marianne noch Birgit gelang es, neutral zu bleiben. Als sich die Elternschaft schließlich trennte, wollte die eine Gruppe Marianne als Erzieherin behalten, die andere Birgit.

Combin

»Erzieherinnen«

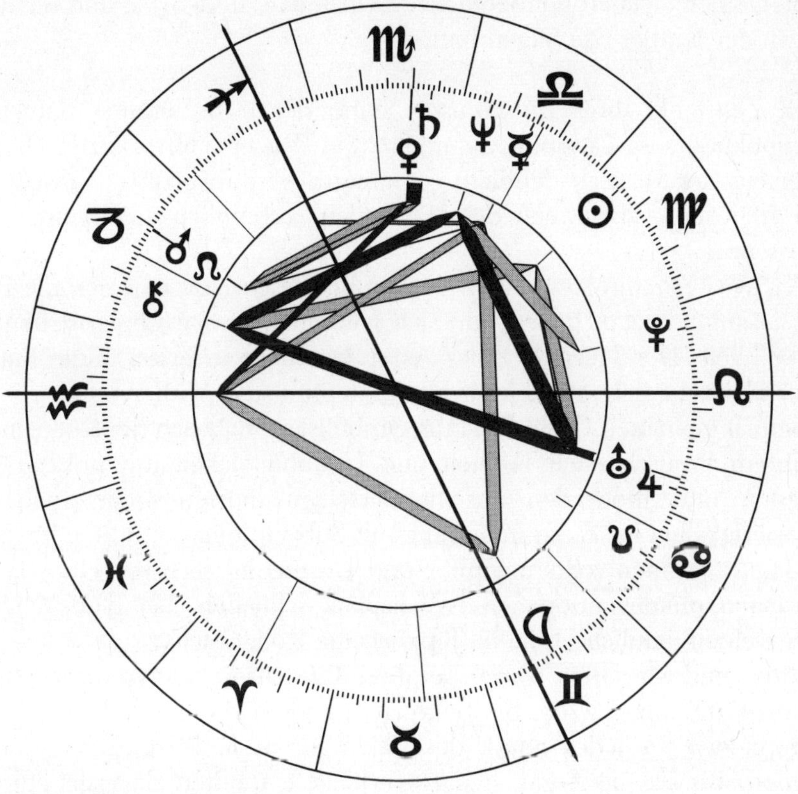

☉	25°12' ♍
☽	14°59' ♊
☿	15°56' ♎
♀	10°40' ♏
♂	10°42' ♑
♃	24°45' ♋
♄	6°42' ♏
♅	26°47' ♋
♆	24°40' ♎
♇	25°39' ♌
☊	10°56' ♑
⚷	23°15' ♑

18. 9. 1954, 16:13 GMT, 7E57, 51N16

A	13°53' ♒
2	14°00' ♈
3	18°20' ♉
M	9°54' ♐
11	27°35' ♐
12	16°12' ♑

Häuser nach Placidus

Die Kolleginnen hatten zum damaligen Zeitpunkt drei Jahre lang sehr gut zusammengearbeitet. Dies wollten sie beibehalten und beschlossen deshalb im März 1992, sich den Querelen der Elternschaft gemeinsam zu entziehen (Fische). Sie kündigten ihre Arbeitsverträge, mit dem Vorhaben, einen eigenen Kindergarten zu gründen, in dem sie und nicht die Eltern der Kinder das Sagen hatten.

Zum Zeitpunkt ihres Entschlusses stand der transitierende Saturn in Konjunktion zum Combin-Aszendenten in Wassermann. Hierdurch wird einerseits der Wunsch deutlich, gemeinsam Verantwortung (Saturn) tragen zu wollen, aber auch der Wille, sich verbindlich aufeinander einzulassen.

Ein Wassermann-Aszendent im Combin beschreibt, daß sich die Partner zusammengetan haben, um sich von einengenden Lebensstrukturen zu befreien. Der Herrscher des Aszendenten ist in erster Linie Saturn (alter Herrscher). Uranus, Jupiter und Neptun sind Mitherrscher.

Saturn im achten Combin-Haus symbolisiert, daß sich die Kolleginnen in ihrem Wunsch nach Freiheit und Unabhängigkeit mit unbewußten Ängsten und Blockaden auseinandersetzen müssen, aber auch mit Schwierigkeiten im Zusammenhang mit Subventionen und Steuern (achtes Haus) rechnen sollten. Jupiter und Uranus im sechsten Haus lassen auf einen unkonventionellen Arbeitsplatz schließen, bei dem religiöse oder weltanschauliche Inhalte (Jupiter) eine Rolle spielen.

Birgit und Marianne waren bei ihrer Existenzgründung auf staatliche Finanzmittel angewiesen. Sie benötigten zudem Zuschüsse in Form von Platzgeldern für jedes Kind, das sie in ihrem Kindergarten betreuen würden. Bis sie die Zusagen dafür erhielten, mußten sie viele Hürden überwinden. Es war vor allem Mariannes Aufgabe, sich um die behördlichen Angelegenheiten zu kümmern.

Marianne ist die Ältere und wird im Combin von Saturn im achten Haus symbolisiert. Ihr gelang es mittels Ausdauer und Hartnäckigkeit (Saturn), aber auch mit diplomatischem Geschick (Venus Konjunktion Saturn und Waage-Merkur im achten Haus), die benötigten Subventionen zu erhalten. Im November 1992 eröffneten Marianne und Birgit mit zehn Kindern ihren eigenen anthroposophischen Kindergarten. Ihre gemeinsame Arbeit gestaltete sich für beide sehr zufriedenstellend und erfolgreich. Dennoch konnten sie ein unterschwelliges Problem nie lösen, was letztendlich dazu führte, daß Birgit aus dem gemeinsamen Projekt ausstieg: Marianne fiel es schwer, in ihrer Selbständigenrolle die Verantwortung mit Birgit zu teilen. Sie (Saturn) übernahm ganz selbstverständlich alle, auch unangenehmen Aufgaben, warf Birgit (Sonne) aber häufig *Chefallüren* vor. Nach Mariannes Meinung brachte sich Birgit nicht voll und ganz ein. Birgit fiel es umgekehrt schwer, einen eigenen Verantwortungsbereich zu finden, weil Marianne ihrer Meinung nach *alles an sich riß*. Birgits Signifikator Sonne steht im eingeschlossenen Zeichen Jungfrau. Diese Konstellation symbolisiert deutlich den Umstand, daß sich Birgit nicht frei entfalten konnte und sich daraufhin mehr und mehr mit sich selbst anstatt mit den Kindern beschäftigte (Sonne in ihrem ersten Haus).

Als der transitierende Saturn im Februar 1996 in Opposition zur Sonne stand, wurde Birgit bewußt, daß sie sich nach einer neuen Aufgabe sehnte. Sie fand eine Nachfolgerin für sich und beschloß, in eine andere Stadt zu ziehen. Zu Beginn ihrer Zusammenarbeit mit Marianne stand der laufende Saturn in Konjunktion zum aufsteigenden Mondknoten. Nun, am Ende ihres gemeinsamen Weges, befand sich der transitierende Jupiter an dieser Stelle. Dieser Transit trug sicherlich dazu bei, daß sich die beiden Frauen in Freundschaft trennten und jede von ihnen das Gefühl hatte, innerlich einen runden Abschluß gefunden zu haben.

Zwei andere Arbeitskollegen lernten sich bei einem Astrologiekurs kennen . . .

Fallbeispiel 11 — *Gruppenleiter*

Hans und Jutta lernten sich 1980 beim ersten Wochenende einer Astrologie-Ausbildung kennen. Heute sind beide hauptberuflich Astrologen. Seit ihrer Ausbildungszeit verbindet sie eine tiefe Freundschaft, und obwohl sie in verschiedenen Städten weit entfernt voneinander leben, treffen sie sich häufig. Gemeinsam leiten sie Astrologiekurse in ganz Deutschland.

An dieser Stelle möchte ich das Combin der beiden kurz vorstellen. Die Themen ihrer Verbindung zeichnen sich darin sehr deutlich ab. Nicht nur die Tatsache, daß ihre gemeinsame Tätigkeit in der Leitung und Durchführung von astrologischen Ausbildungsgruppen besteht, sondern auch eine andere, weitere Gemeinsamkeit ist im Combin enthalten. Sie sind beide Schüler tibetisch-buddhistischer Meister.

Combin

»Gruppenleiter«

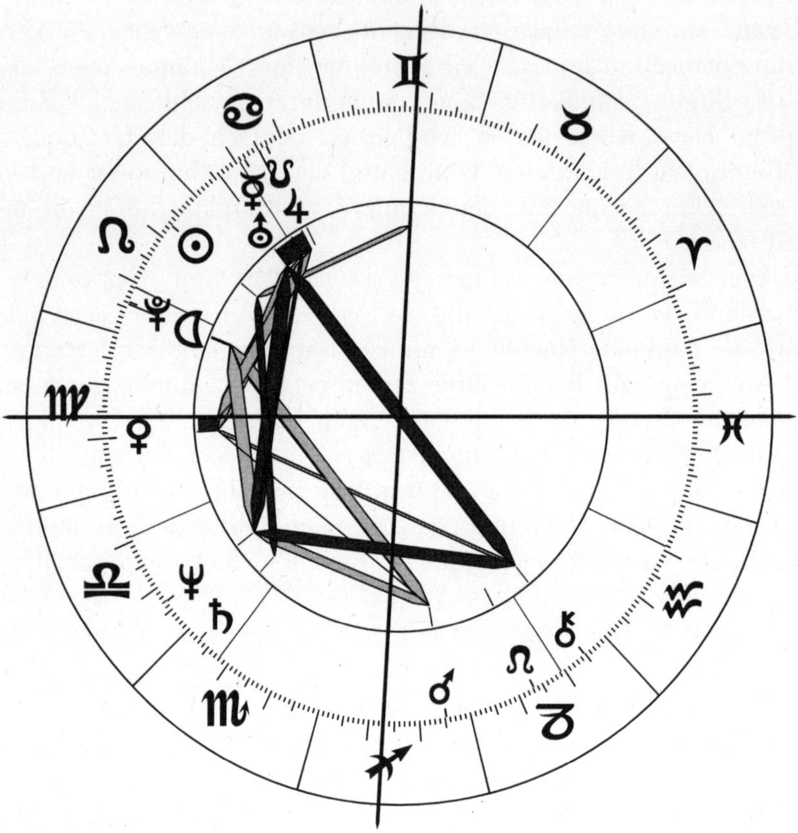

☉	7°33′ ♌
☽	24°32′ ♌
☿	18°31′ ♋
♀	20°22′ ♍
♂	25°36′ ♐
♃	15°13′ ♋
♄	3°08′ ♏
♅	24°15′ ♋
♆	23°27′ ♎
♇	24°06′ ♌
☊	13°33′ ♉
⚷	25°11′ ♉

31. 7. 1954, 7:41 GMT, 8E05, 49N51

A	16°49′ ♍
2	9°28′ ♎
3	8°12′ ♏
M	13°05′ ♊
11	19°36′ ♋
12	21°08′ ♌

Häuser nach Placidus

Mit diesem Hintergrundwissen läßt sich ohne viel Rätselraten vermuten, daß in ihrem Combin sowohl Merkur (Wissen, Wissensvermittlung) als auch Jupiter (Religion, Philosophie) eine herausragende Stellung einnehmen dürften. Auch das elfte Haus (Gruppen) und Uranus oder Neptun (Astrologie) *müßten* besonders vertreten sein ...

Kein Wunder also, daß das Combin einen Jungfrau-Aszendenten aufweist und damit die Signifikatoren Merkur und Jupiter *auf den Plan* ruft. Noch dazu stehen beide in Konjunktion an der Spitze des elften Hauses. Der absteigende Mondknoten befindet sich ebenfalls in Konjunktion zu den Signifikatoren, was darauf schließen läßt, daß Jutta und Hans bereits ein reiches spirituelles Potential (Merkur/Jupiter) in die Partnerschaft *mitbrachten.*

Merkur, der Herrscher des Combins, steht in Krebs im elften Haus und im Quadrat zu Neptun. Ihr Wunsch, ihre jeweiligen Fähigkeiten einem großen Ganzen zur Verfügung zu stellen (Jungfrau-Aszendent), will sich im Freundeskreis, unter Gleichgesinnten oder in Gruppenaktivitäten verwirklichen. Hierbei haben beide einen sehr fürsorglichen, gefühlsbetonten Arbeitsstil (Merkur in Krebs). Vorgefaßte Pläne eines Kursverlaufs dürften aber des öfteren *zerfließen* und eine ungeahnte Richtung einnehmen (Merkur Quadrat Neptun). Möglicherweise kommt es auch zu Unklarheiten oder Fehleinschätzungen im finanziellen Bereich (Neptun im zweiten Haus).

Die Löwe-Sonne im elften Haus symbolisiert, daß ihr gemeinsames *Wesen* in Gruppen und unter Freunden zur Geltung kommen möchte. Sie verweist aber auch auf die Tatsache, daß sie während ihrer eigenen Ausbildung lange Jahre von einem gemeinsamen Lehrer und Meister (Sonne) geprägt wurden.

Uranus, der ebenfalls im elften Haus steht, zeigt an, daß es sich bei ihrer Wissensvermittlung in Gruppen um einen *Sprachkurs* (Merkur/Jupiter) ganz besonderer Art handelt. Der Umgang mit Symbolen und Bildern (Uranus, Merkur/Neptun) ist dem Wesen ihrer Partnerschaft *auf den Leib geschrieben.* Die Mond-Pluto-Konjunktion im zwölften Haus läßt erahnen, daß ihre gemeinsame Arbeit auch therapeutische Inhalte hat und dazu beiträgt, unterdrückte und verdrängte Gefühle aus ihrer *Verbannung* zu befreien.

Venus ist durch ihre Stellung im ersten Haus Mitherrscher des Combins. Im Zeichen Jungfrau unterstreicht sie die Freude und Liebe, mit der

Jutta und Hans ihre gemeinsame Aufgabe erfüllen. Sie steht aber auch für die Sympathien und das Wohlwollen, das beiden entgegengebracht wird, und für die Anerkennung, die sie für ihre Arbeit erhalten.

Abschließende Bemerkungen

Die Fallbeispiele machen deutlich, wie wichtig es ist, aus der Vielzahl an Konstellationen in Combin- und Composit-Horoskopen die jeweils relevanten Planetenstellungen herauszufiltern. Natürlich sind *alle* Konstellationen sinnvoll deutbar und für eine umfassende Analyse von Bedeutung. Das Erkennen der Hauptthemen einer Beziehung erleichtert jedoch den Einstieg in die Deutung und ermöglicht, in der Beratung wichtige Akzente zu setzen und schnell zum Kern und Wesen einer Beziehung vorzudringen.

Ich hoffe, Ihnen mit diesen Fallbeispielen einen sinnvollen Einblick in die praktische Arbeit mit Partnerschaftshoroskopen ermöglicht und Mut zum eigenständigen Arbeiten mit diesen faszinierenden Methoden gemacht zu haben. Ich wünsche Ihnen viel Erfolg und neue Erkenntnisse für Ihre persönliche Arbeit mit Combin- und Composit-Horoskopen.

VII. Kapitel

Prognose-Techniken

Transite und Direktionen zu Partnerschaftshoroskopen beschreiben symbolisch den Weg, den die Partner gemeinsam gehen werden. Nur wenigen Paaren ist ein ruhiger, beschaulicher Spaziergang auf geebneten Lebenswegen bei strahlendem Sonnenschein vergönnt. Die meisten haben Berg-und-Tal-Wanderungen vor sich. Sie finden mitunter nur steinige Wege vor, müssen mit Eisglätte rechnen, sich durch Regen und Stürme kämpfen, dürfen dann auch wieder Sonnenschein genießen und auf grünen Wiesen ausruhen. Manche Paare verlieren sich im Nebel und wieder andere müssen ein Stück ihres Weges schwimmen, um Neuland zu entdecken.

Wie lang die Wegstrecke sein wird, wieviel Zeit die Partner haben, sie gemeinsam zu beschreiten, und was sie am Ziel erwartet, kann kein Mensch wissen. Auch ein Horoskop ist meiner Ansicht nach für die Beantwortung derartiger Fragen unbrauchbar. Sie überhaupt zu stellen ist in so manchen Lebens- und Beziehungsabschnitten nur zu verständlich. Vor allem dann, wenn die Partner gerade *im Nebel umherirren* oder ihnen *beim Schwimmen* nach und nach die Puste ausgeht, ohne daß Land in Sicht ist.

Was man anhand der Transite und Progressionen zu Combin und Composit ersehen kann, ist die Beschaffenheit einzelner Wegabschnitte sowie die emotionale *Wetterlage*, die mit hoher Wahrscheinlichkeit beim Beschreiten dieser Abschnitte herrschen wird.

Das Wissen um die Zeitqualität und ihre Beziehung zum Combin oder Composit kann zwar den Weg nicht verkürzen, aber möglicherweise die dafür nötige Zeit – wie bei einer Schnitzeljagd. Wer sich sicher ist, daß an jeder Wegkreuzung ein Hinweis zu finden ist, wo's langgeht, wer gezielt danach sucht und die Botschaft findet, läuft wesentlich seltener in die Irre. *Nebel, Erdrutsche und Überflutungen* wird es auch auf dem richtigen Weg geben. Wenn aber die Partner seit der letzten Wegkreuzung wissen, daß *Nebel* in Sicht und sein Erfahren von Wichtigkeit ist, werden sie nicht ziellos umhertapsen oder sich gar gegenseitig Vorwürfe machen, weil keiner von beiden sieht, wo sie sich gerade befinden.

Ich gehe davon aus, daß jeder Mensch und jede Partnerschaft stets das nötige Rüstzeug in sich trägt, um schwierige Zeiten und gefährliche Wege unbeschadet hinter sich zu bringen. Bildhaft ausgedrückt finden die Partner vielleicht an besagter Wegkreuzung unter einem Stein die Zettel-Botschaft: »*Jetzt links, doch Vorsicht, Nebel!*« Der eine freut sich über die Richtungsweisung, wirft den Zettel weg und rennt los. Dem anderen reicht die Auskunft nicht. Er möchte zudem wissen, wie er sich im Nebel verhalten soll. Deshalb sucht er auch auf der Rückseite des Zettels nach einer Botschaft. Und siehe da, er findet sie: »*Bei Nebel auf innere Stimme hören! Vertraue darauf, daß Du geführt wirst! Traue nicht dem, was Du schemenhaft siehst! Benutze Deine Intuition!*« Zweifelsohne wird der erste mit einigen Enttäuschungen und Verunsicherungen mehr fertig werden müssen als derjenige, der besser vorbereitet ist. Doch nach jeder Nebelwand wird auch er ein Stück mehr gelernt haben, auf was es ankommt, wenn man nichts sieht.

Planeten im Transit zum Combin oder Composit haben die Aufgabe, den Partnern nicht nur Botschaften zu übermitteln, sondern ihnen auch Erfahrungen zu ermöglichen, die ihrer Entwicklung und Entfaltung dienen. Neptun, der im himmlischen Reigen für den Nebel zuständig ist, sorgt nicht nur dafür, daß die richtige Handlungsanweisung unterm Stein liegt, er *ist* der Nebel. Ein Neptun-Transit über den Combin-Aszendenten oder die Composit-Sonne wird im Leben der Partner für Verwirrung sorgen und Desorientierung mit sich bringen. Für die Partner kann es äußerst hilfreich sein zu wissen, daß sie diesen Transit haben und daß es demzufolge eine denkbar ungünstige Zeit ist, weitreichende Entscheidungen zu treffen. Die Fakten auf ihrem Tisch könnten sich später als schlichtweg falsch und irreführend erweisen.

Die Zeitqualität eignet sich dagegen sehr gut, sich Bereichen zu öffnen, die Intuition, Phantasie und Einfühlungsvermögen verlangen. Das Wesen einer Partnerschaft ist unter Neptun-Transiten empfänglicher, labiler, durchlässiger und damit auch bedrohter. Die Realität kann erdrückend wirken. Die Partner haben weniger Stabilität und Durchhaltevermögen oder sehen eine Zeitlang gar keinen Sinn mehr in ihrer Verbindung.

Selbstverständlich sind die Botschaften des Himmels verschlüsselt, und mit banalen Übersetzungen wie Neptun = Nebel und Uranus = Erdrutsch werden wir ihnen nicht gerecht. Zudem lassen sich die Ereignisse, die Transite anzeigen, kaum verallgemeinern. Das eine Paar lernt sich gerade kennen, wenn der laufende Pluto in Konjunktion zu ihrer Combin-Sonne steht, das andere Paar trennt sich beim selben Transit. Kein Außenstehender kann wissen, wann die Uhr abgelaufen ist, und kein Transit *zwingt* zur Trennung oder *verordnet* dem Paar die Eheschließung. Die Botschaften von Transit- und Progressionsplaneten können immer nur im Kontext zur Beziehungsthematik gedeutet werden. Beim Übergang über wichtige Planeten, Aspektverbindungen oder Achsen lösen sie Themen aus und schaffen Bewußtheit für das Potential, das sich entfalten möchte.

Anhand der Partnerhoroskope von Ulrike und Stefan werden ich nachfolgend die einzelnen Schritte schildern, die Einblick in das zeitliche Geschehen einer Beziehung geben können.
Die wichtigsten Ereignisdaten innerhalb ihrer Verbindung sind:

14.12.1985	Erstes Kennenlernen und Verlieben
01.12.1986	Gemeinsame Wohnung
22.10.1987	Heirat
22.01.1988	Geburt ihres Kindes
12.05.1992	Trennung
25.08.1993	Scheidung

Transite zum Composit

Das Composit beschreibt meiner Ansicht nach die Anfangsenergien einer Partnerschaft. Daher betrachte ich, sofern das Datum des Kennenlernens bekannt ist, zuerst die Themen der Zeitqualität anhand der mundanen Konstellationen am Himmel und danach ihre Anbindung an die Themen des Composits, auch Transite genannt. Hierbei sind die Transite der Schnellläufer weniger von Bedeutung. Zwar steht die Venus recht häufig an markanter Stelle im Composit, wenn sich zwei Menschen verlieben. Eine Regel läßt sich hieraus, wie gesagt, jedoch nicht ableiten.

Wichtig sind auffällige Transite von Saturn, Uranus, Neptun und Pluto, aber auch von Chiron und der Mondknotenachse. Auch die

Composit mit Transiten vom 14. 12. 1985

Ulrike und Stefan

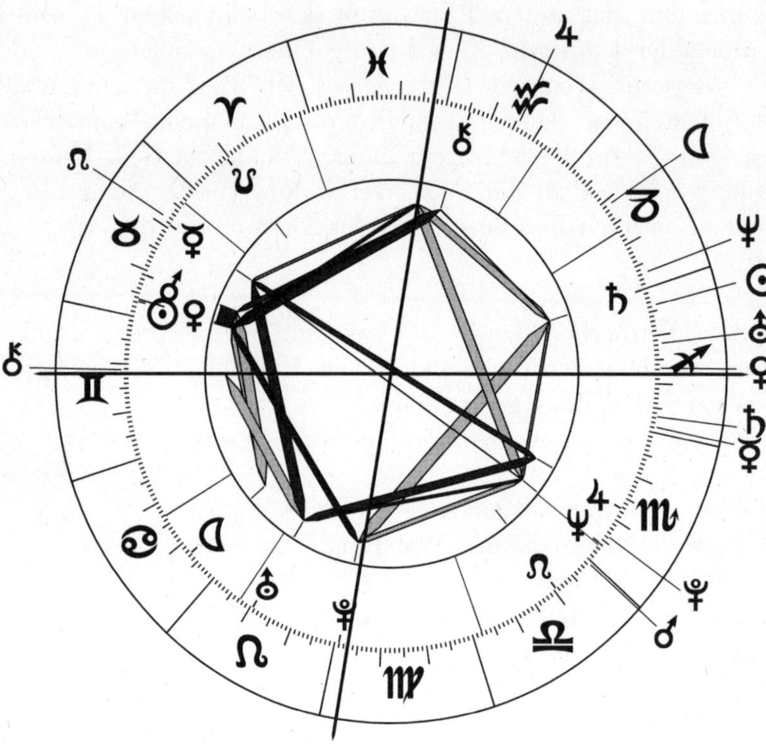

COMPOSIT

☉	26°39' ♉
☽	22°37' ♋
☿	9°08' ♉
♀	26°10' ♉
♂	20°51' ♉
♃	12°33' ♏
♄	29°51' ♐
♅	10°25' ♌
♆	3°55' ♏
♇	0°47' ♍
☊	20°27' ♎
⚷	24°37' ♒

A	12°24' ♊
2	13°05' ♋
3	7°11' ♌
M	2°44' ♓
11	1°59' ♈
12	3°31' ♉

Häuser nach Placidus

TRANSIT

☉	21°56' ♐
☽	19°04' ♑
☿	1°01' ♐
♀	13°09' ♐
♂	29°30' ♎
♃	14°37' ♒
♄	3°10' ♐
♅	18°25' ♐
♆	2°54' ♑
♇	6°25' ♏
☊	6°46' ♉
⚷	11°22' ♊

Häuser, die sie zum Zeitpunkt des Kennenlernens durchlaufen, können in Betracht gezogen werden.

Zum Zeitpunkt des Kennenlernens gab es am Himmel einige Besonderheiten, die Bezug nahmen zum Composit von Ulrike und Stefan:

1. Chiron und Venus standen in Opposition zueinander, diese Opposition befindet sich genau auf der AC-DC-Achse des Composits.
2. Merkur und Saturn bildeten am Himmel eine Konjunktion, die sich im Quadrat zur MC-IC-Achse und zum Composit-Pluto befand.
3. Pluto stand in Konjunktion zum absteigenden Mondknoten, der aufsteigende Mondknoten stand in Konjunktion zum Composit-Merkur.

Das fast gradgenaue *Zusammenfallen* der Chiron-Venus-Opposition am Himmel mit der AC-DC-Achse des Composits läßt vermuten, daß hier eine Liebesbeziehung beginnt, die auf die eine oder andere Art Heilung verspricht.

Merkur-Saturn im Transit zur MC-IC-Achse und zu Pluto am IC richtet das Augenmerk auf eine tiefgreifende Wandlung, die den Partnern im familiären, aber auch im beruflichen Bereich ins Haus stehen wird.

Pluto am absteigenden Mondknoten in Opposition zum Composit-Merkur deutet darauf hin, daß hier Kräfte am Werk sind, die das rationale Fassungsvermögen der Partner übersteigen.

Beim weiteren Verlauf der Transit-Planeten muß in diesem Composit besonders Saturn und Pluto Aufmerksamkeit geschenkt werden. Saturn wird während seines Durchgangs durch das sechste Haus die Partner dafür sensibilisieren, mehr Struktur und Ordnung in ihr Leben zu bringen. Daß sowohl in häuslicher Hinsicht als auch was die Zielsetzung der Partner betrifft einiges im argen liegt, zeigte schon zu Beginn der Beziehung das Saturn-Quadrat zur MC-IC-Achse an. Wenn Saturn das Haus verläßt, in dem er sich beim Kennenlernen der Partner befand, steht ihnen die erste größere Prüfung ins Haus. Besonders dann, wenn er wie im Fall von Ulrike und Stefan nicht nur das Haus wechselt, sondern dazu noch von der einen Horoskophälfte in die andere wandert. Saturn am Ende von Haus sechs prüft nicht nur, ob die bis dahin geschaffenen Alltags- und Arbeitsstrukturen tragfähig sind, sondern auch, ob die Bindung der Partner tief genug ist, um den Bereich des siebten Hauses gemeinsam betreten zu können. Wie die oben aufgelistete Vita des Paares zeigt, war sie tief genug, denn als der Transit-Saturn am Deszendenten stand, bezogen die Partner eine gemeinsame Wohnung.

Ganz sicher hatte hierbei auch Pluto seine Finger im Spiel. Er schien mit den Partnern noch mehr vorzuhaben, als *nur* ihrem Composit-Merkur einen Besuch abzustatten. Auch Mars, Venus und Sonne sollten noch *beglückt* werden.

Zusammenfassung

Bei der Arbeit mit Transiten zum Composit-Horoskop kann in folgender Reihenfolge vorgegangen werden:

1. Welche Zeitqualität herrschte zu Beginn einer Partnerschaft?
2. Auf welche Weise korrespondieren die Themen am Himmel mit den Themen im Composit?
3. Welche Langsamläufer (Jupiter, Saturn, Uranus, Neptun, Pluto, Chiron, Mondknoten) transitieren persönliche Planeten oder die Achsen im Composit?
4. Mit welchen Transiten ist in allernächster Zeit zu rechnen?
5. In welchem Composit-Haus steht Saturn?
6. In welchem Composit-Haus stehen die meisten Transit-Planeten?

Transite zum Combin

Spätestens ab dem Zeitpunkt, da sich Beziehungspartner entscheiden, zusammenzuziehen, benutze ich zur Deutung nur noch das Combin-Horoskop. Selbstverständlich spiegelt die Entscheidung der Partner lediglich im außen etwas wider, was sich innerlich längst vollzogen hat. Bei Paaren, die, rein äußerlich betrachtet, keine Verbindlichkeiten eingehen, kann dennoch eine tiefe seelische Bindung vorherrschen. Daher ist es dem Feingefühl des Betrachters überlassen, welches Partnerschaftshoroskop ihm bessere Deutungsergebnisse liefert.

Die Transite zum Combin von Ulrike und Stefan beschreiben ganz andere Schwerpunkte als die Transite zum Composit. Es ist beinahe so, als könne man die *Wenn-dann-Methode* bei der Auswahl der Horoskope anwenden. Wenn sich zwei Partner aufeinander eingelassen haben, ist eine auffällige und spektakuläre Achsenbezüglichkeit nicht mehr vor-

Combin mit Transiten vom 14. 12. 1985

Ulrike und Stefan

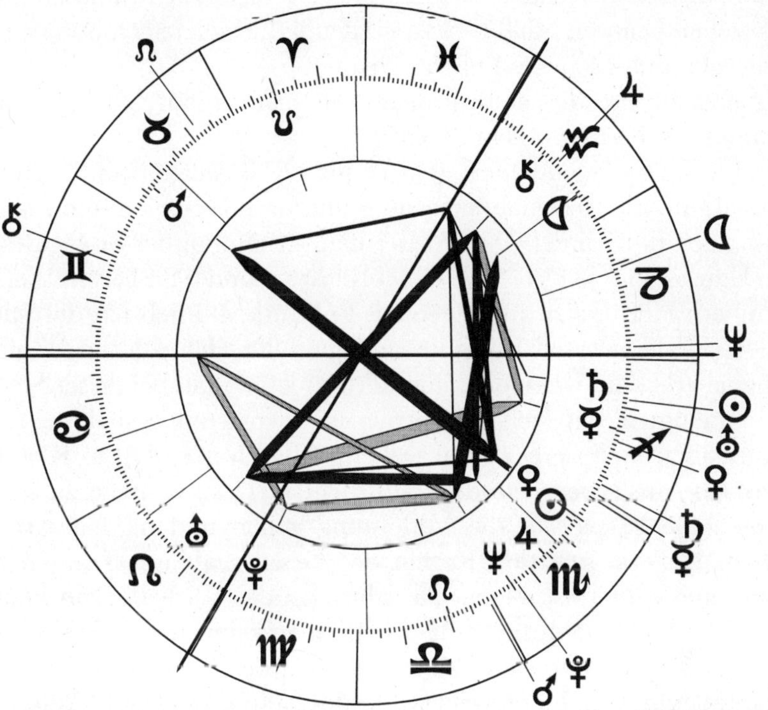

COMBIN

☉	23°52' ♏
☽	6°35' ♒
☿	15°31' ♐
♀	25°10' ♏
♂	23°41' ♉
♃	14°41' ♏
♄	24°15' ♐
♅	16°21' ♌
♆	5°13' ♏
♇	4°08' ♍
☊	20°27' ♎
⚷	17°52' ♒

16. 11. 1958
17:51 GMT
8E47, 49N13

A	1°47' ♋
2	18°57' ♋
3	7°01' ♌
M	29°42' ♒
11	2°22' ♈
12	18°22' ♉

Häuser nach Placidus

TRANSIT

☉	21°56' ♐
☽	19°04' ♑
☿	1°01' ♐
♀	13°09' ♐
♂	29°30' ♎
♃	14°37' ♒
♄	3°10' ♐
♅	18°25' ♐
♆	2°54' ♑
♇	6°25' ♏
☊	6°46' ♉
⚷	11°22' ♊

herrschendes Thema. Aus einer Venus-Chiron-Opposition auf der AC-DC-Achse, die Heilung im Bereich der Liebe und des Kontakts mit anderen thematisiert, wird im Combin ein Neptun-Transit über den Deszendenten. Im Grunde genommen symbolisiert Neptun am Deszendenten nichts anderes. Auch er möchte den Partnern vermitteln, daß Liebe zugleich Sehnsucht bedeutet, daß Verliebtheit Enttäuschung nach sich ziehen kann und daß besitzergreifende Liebe letztlich immer Desillusionierung und Liebesleid nach sich zieht.

Interessant ist die eindrückliche Themenvorgabe, die sich erst im Combin der Partner erkennen läßt.

Beim Krebs-Aszendenten geht es für die Beteiligten um Familie, um Heimat, um die Auseinandersetzung mit ihren Gefühlen und möglicherweise auch um Kinder. Der Wassermann-Mond an der Spitze des neunten Hauses hat jedoch mit Gefühlsduselei und familiären Bindungen wenig am Hut. Ganz im Gegenteil! Er würde am liebsten die Tatsache, daß es in dieser Welt bewußte und gewollte Heimatlosigkeit gibt, zur Religion erklären. Überspitzt ausgedrückt kann man bei dieser Konstellation annehmen, daß sich die Partner unbewußt nur deshalb zusammengetan haben, weil sie beweisen wollen, daß sich der Mythos Kleinfamilie längst im Aussterben befindet. Um stichhaltige Argumente zu sammeln, mußten die Partner in die Vorleistung gehen und in den *sauren Apfel* beißen. Daß sie sich den Regeln der Gesellschaft mit Trauschein und Kind unterwarfen, ist meiner Ansicht nach das Verdienst von Pluto. Der Krisen-Gott und Wahrheitsträger ließ ihnen keine andere Wahl.

Der laufende Pluto stand zum Zeitpunkt des Kennenlernens exakt im Quadrat zum Mond, dem Herrscher des Combins. Dieser Transit macht die Partner für intensive emotionale Erfahrungen empfänglich. Nicht selten gehen diese mit seelischen Abhängigkeiten einher. Nach dem Transit werden die Partner das wahre Gesicht ihres Combin-Mondes kennen und vielleicht in eine spirituelle Wohngemeinschaft ziehen (Wassermann-Mond im neunten Haus im Quadrat zu Neptun).

Da der Mond zudem der Signifikator für Ulrike (die Ältere) ist, wird der Pluto-Transit tiefe Wandlungen in ihrem Leben manifestieren. Mond in Verbindung mit Wassermann, neuntem Haus und Neptun beschreibt sie innerhalb dieser Beziehung als Freigeist, als spirituell Suchende und seelisch Ungebundene. Während des Pluto-Transits zu ihrem Signifikator wird sie sich eine Zeitlang gefangen und unfrei fühlen, aber danach ihrer Wahrheit ein Stück näher sein.

Nach dem Abklingen des Pluto-Transits zum Mond begann auch für Stefan eine Zeit der Befreiung. Kurz vor der Geburt des Kindes stand der laufende Uranus in Konjunktion zu seinem Signifikator Saturn. Wenig später erreichte Uranus den Combin-Deszendenten, der Stefans Aszendent symbolisiert. Zwar lief auch Neptun durch sein erstes Haus, was bei allem Freiheitsdrang auch Verunsicherungen mit sich bringt, aber ein Zurück in traditionelle Strukturen einer Kleinfamilie gab es auch für ihn nicht mehr.

Transite der Langsamläufer zum Aszendenten-Herrscher eines Combins sollten immer besondere Beachtung genießen. Auch wenn es sich hierbei um Sonne, Mond, Merkur, Venus oder Mars handelt und schwierige Transite zu diesen persönlichen Planeten immer spürbar sein werden, geht es beim Herrscher des Aszendenten entschieden um mehr. Er symbolisiert das Herzstück des Wesens »Partnerschaft« und Verletzungen am Herzen können mitunter zum Tod führen.

Im Falle von Ulrike und Stefan war 1991/92 mit einer schweren Belastungen ihrer Verbindung zu rechnen. Der laufende Saturn stand im April, Mai und Juni 1991 stationär rückläufig in Konjunktion zum Combin-Mond. In diesen Monaten vollzog sich tatsächlich die seelische Trennung voneinander. Der innere Abschied wurde, auch wegen ihrer gemeinsamen Tochter, erst ein Jahr später äußerlich sichtbar. Im Mai 1992 trennten sie sich räumlich. Zu diesem Zeitpunkt stand der Transit-Saturn in Konjunktion zum Combin-Chiron und der laufende Jupiter in Konjunktion zu Pluto am IC. Pluto im Transit stand kurz vor einer Konjunktion mit Sonne und Venus, die ihrerseits in Opposition zum Combin-Mars stehen. Pluto, wenn er gleichzeitig über wichtige Combin-Planeten wie Sonne, Venus und Mars transitiert, wird die Partner immer mit tiefen Verdrängungen konfrontieren. Ihr gemeinsamer Weg führt sie in sumpfig-modriges Gelände. Sollten sie an ihrer letzten Wegkreuzung die Warnung und Handlungsanweisung von Pluto nicht gesucht haben, fällt ihnen jetzt vielleicht nichts besseres ein, als sich gegenseitig mit Schlamm zu bewerfen. Die Zerstörungswut, der Haß und die Verzweiflung, die aufkommen können, wenn jeder bis zum Hals im eigenen Morast steckt, ist ein Teil von Plutos *Paartherapie-Angebot.* Jetzt, da es nichts mehr zu verlieren gibt, kann man seinen unfeinen Gefühlen freien Lauf lassen und das allzulang Verdrängte aus seiner Verbannung holen.

Zusammenfassung

Bei der Arbeit mit Transiten zum Combin-Horoskop kann in folgender Reihenfolge vorgegangen werden:

1. Welche Transite bilden die Langsamläufer zu Combin-Faktoren? (Zum Zeitpunkt des Kennenlernens)
2. Welches neue Transit-Thema kommt hinzu? (Im Vergleich zu den Transiten zum Composit)
3. Welche Transite empfängt der Herrscher des Aszendenten?
4. Welche Transite empfangen die Signifikatoren der Beziehungspartner?
5. Mit welchen Transiten ist in den nächsten Jahren zu rechnen?
6. In welchem Haus steht Saturn?
7. Wann wird Saturn ins nächste Haus wechseln?

Progressionen zum Combin

Es gibt eine Vielzahl astrologischer Prognosemethoden. Doch genau wie jeder Astrologe auf seine ureigene Weise den Wissensschatz eines Horoskops erschließt, so verwendet er für prognostische Zwecke die Methode, mit der er die besten Ergebnisse erzielt. Sowohl bei Radix- als auch bei Combin-Horoskopen verschaffen mir persönlich folgende Direktionsarten die aufschlußreichsten Einblicke in das progressive Geschehen eines Horoskops:

1. Sekundär-Direktion (beruht auf dem Schlüssel 1 Tag = 1 Jahr)
2. Sonnenbogen-Direktion (Planeten werden nach dem Sonnenbogen des Combins dirigiert)
3. Tertiär-II-Direktion (beruht auf dem Schlüssel 1 Monat = 1 Jahr)

Gute astrologische Computerprogramme bieten alle drei Progressionsarten an. Sie von Hand zu berechnen setzt gute astrologische Berechnungskenntnisse sowie das Verständnis dafür voraus, auf welcher Grundlage diese Methoden funktionieren.

Die Sekundär-Direktion

Der symbolische Schlüssel dieser Direktion beruht auf der Annahme, daß ein Tag nach der Geburt einem Lebensjahr nach der Geburt entspricht. Ist jemand am 16. 11. 1958 um 17 h 51 min geboren, steht seine Geburts-Sonne auf 23° 53′ in Skorpion. Am 17.11. steht die Sonne gegen 18 Uhr auf ca. 24° 53′, am 18.11. auf ca. 25° 53′ usw. Zehn Tage nach der Geburt steht die Sonne schon auf ca. 3° 30′ in Schütze. Zwanzig Tage später auf 13° 30′ Schütze usw.

Zwanzig Tage nach der Geburt entsprechen bei der Sekundär-Direktion dem zwanzigsten Lebensjahr des Betreffenden. Die Sonne auf ca. 13° 30′ in Schütze ist die progressive Sonne für sein zwanzigstes Lebensjahr. Sollte man ein Ereignis im zwanzigsten Lebensjahr untersuchen wollen, kann die progressive Sonne, auf 13° 30′ ins Horoskop eingetragen, wichtige Erkenntnisse liefern.

Im Gegensatz zum Composit, das keinen realen kosmischen Zustand widerspiegelt, bietet das Combin die Möglichkeit, alle Direktionsmethoden anzuwenden, die auch bei einem Radix-Horoskop angewendet werden können.

Die progressive Sonne

Um einen besseren Überblick über die Progression der Sonne zu bekommen, empfiehlt es sich, eine Liste der Ereignisse, des Combin-Alters, des Direktions-Datums und der progressiven Sonne zu erstellen:

		Wie viele Jahre sind seit dem 16.11.58 vergangen? **Combin-Alter**	Welchem Tag nach dem 16.11.58 entspricht dieses Jahr? **Direktions-Datum**	Sonnenstand an diesem Tag = **progr. Sonne**
Kennenlernen	14. 12. 1985	27, 07 Jahre	13. 12. 1958	21°18′Schü
Heirat	22. 10. 1987	28, 92 Jahre	15. 12. 1958	23°12′Schü
Kindsgeburt	22. 01. 1988	29, 18 Jahre	15. 12. 1958	23°27′Schü
Trennung	12. 05. 1992	33, 48 Jahre	20. 12. 1958	27°50′Schü
Scheidung	25. 08. 1993	34, 77 Jahre	21. 12. 1958	29°08′Schü

Zum jeweiligen Direktions-Datum gehört selbstverständlich auch eine Direktionszeit, die wie bei der Sonnenstandsberechnung eines Radix-Horoskops den Stand der Sonne von einem Tag zum nächsten bestimmt. Direktionsdatum, Direktionszeit und die Koordinaten des Combin-Ortes ermöglichen erst die Berechnung eines progressiven Horoskops.

Combin mit Progressionen zum 14.12.1985

Ulrike und Stefan

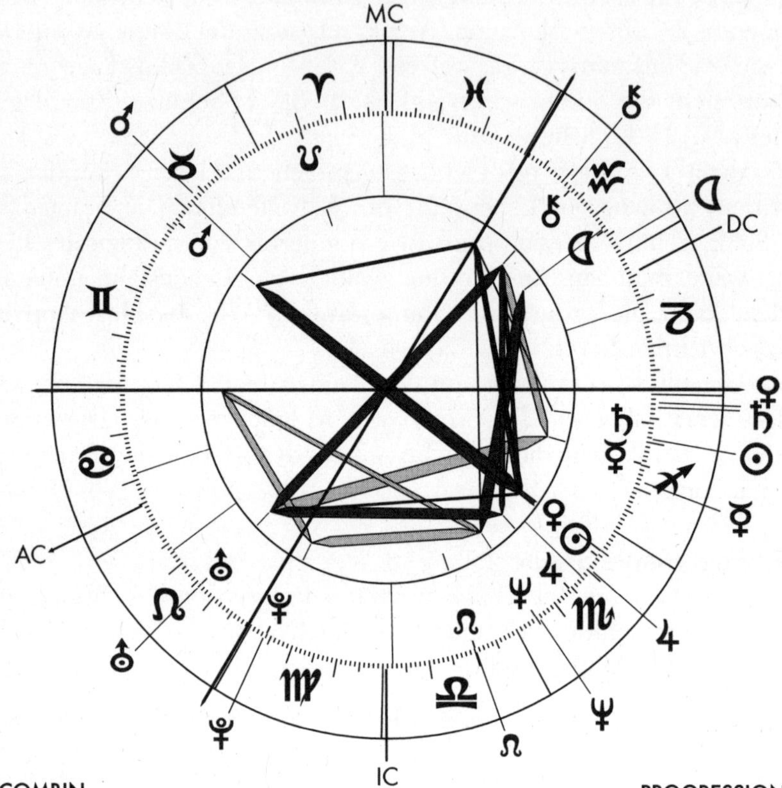

COMBIN

☉	23°52′ ♏
☽	6°35′ ♒
☿	15°31′ ♐
♀	25°10′ ♏
♂	23°41′ ♉
♃	14°41′ ♏
♄	24°15′ ♐
♅	16°21′ ♌
♆	5°13′ ♏
♇	4°08′ ♍
☊	20°27′ ♎
⚷	17°52′ ♒

A	1°47′ ♋
2	18°57′ ♋
3	7°01′ ♌
M	29°42′ ♒
11	2°22′ ♈
12	18°22′ ♉
Häuser nach Placidus	

A	25°15′ ♋
2	12°15′ ♌
3	2°59′ ♍
M	0°56′ ♈
11	9°02′ ♉
12	21°12′ ♊
Häuser nach Placidus	

PROGRESSION

☉	21°18′ ♐
☽	2°15′ ♒
☿	12°51′ ♐
♀	29°11′ ♐
♂	16°51′ ♉
♃	20°26′ ♏
♄	27°19′ ♐
♅	16°09′ ♌
♆	6°06′ ♏
♇	4°13′ ♍
☊	19°01′ ♎
⚷	18°47′ ♒

Die Horoskop-Abbildung auf S. 322 zeigt im Innenkreis das Combin-Horoskop von Ulrike und Stefan und im Außenkreis die progressiven Planeten- und Achsenstände zum Zeitpunkt des Kennenlernens. Da sich die Langsamläufer von einem Tag auf den anderen nur sehr wenig bewegen, sind sie nach dem Schlüssel 1 Tag = 1 Jahr auch nach 27 Tagen bzw. Jahren noch nicht sehr viel weiter vorgerückt. Sie können daher bei der Sekundär-Direktion vernachlässigt werden. Die Sonne wandert wie beschrieben ca. einen Grad pro Tag im Tierkreis weiter und kann, sollte sie Aspekte zu Combin-Planeten bilden, wichtige Hinweise liefern. Im vorliegenden Combin fällt z. B. auf, daß sich die progressive Sonne auf den Combin-Saturn zubewegt. Da dieser auch der Signifikator für Stefan ist, kann angenommen werden, daß ihn nach ca. drei Jahren (3° fehlen der Sonne noch bis zur Gradzahl des Combin-Saturns) die progressive Sonne mit *Licht und Leben* erfüllen wird. Tatsächlich wurde er in dieser Zeit Vater (Sonne-Saturn-Thema).

Selbstverständlich hat diese Konjunktion auch eine Bedeutung für die Partnerschaft als Ganzes. Die progressive Sonne wirft zusagen ihr Licht auf die Saturn-Themen innerhalb dieser Verbindung. Der Combin-Saturn im sechsten Haus darf nun ein Jahr lang, so lange bis die progressive Sonne weitergewandert ist, die Hauptrolle übernehmen. Er wird den Partnern täglich die Botschaft überbringen, daß jetzt nichts anderes für sie zählt, als Verantwortung zu tragen, den Alltag zu organisieren und ihre Pflichten zu erfüllen.

Der progressive Mond

Der progressive Mond ist bei der Arbeit mit Progressionen deshalb sehr wichtig, weil er sich in relativer Regelmäßigkeit jeden Monat ca. einen Grad weiterbewegt. Seine Stellung in Zeichen und Haus kann einerseits die Stimmunglage in einer Partnerschaft beschreiben, andererseits werden seine Aspekte zu Combin-Faktoren mithelfen, wichtige Themenkomplexe des Combins auszulösen. Eine Konjunktion des progressiven Mondes zum Combin-Uranus kann z. B. mit sich bringen, daß die Partner ca. vier Wochen lang nervöser und unruhiger sind als sonst. Er kann mit dieser Stellung aber auch anzeigen, daß die Partner unbewußt bereit sind, aus einem plötzlichen und unerwarteten Ereignis Nutzen zu ziehen, anstatt sich aus der Bahn werfen zu lassen.

Zu Beginn der Verbindung zwischen Ulrike und Stefan stand der progressive Mond auf 2° 18′ in Wassermann. Nach ca. drei Monaten stand er im Quadrat zum Combin-Neptun und nach weiteren eineinhalb Monaten in Konjunktion zum Mond. Danach folgte ein Quadrat zu Jupiter, ein Sextil zu Merkur, eine Opposition zu Uranus und eine Konjunktion zu Chiron.

Die Opposition zum Combin-Uranus fand 14 Monate (Mond 2°18′ + 14° = 16°18′) nach ihrem Kennenlernen statt. Ulrike wurde im Januar 1987 ungewollt schwanger und erkrankte in den ersten beiden Schwangerschaftwochen an Röteln. Im Februar, als der progressive Mond exakt in Opposition zu Uranus stand, wurde das Kind, mittels medizinischer Indikation, abgetrieben. Nach diesem traumatischen Erlebnis wünschte sich Ulrike sehnlichst ein Kind. Die Ärzte rieten ihr dringend, noch einige Monate mit einer weiteren Schwangerschaft zu warten, aber schon einen Monat später, als der progressive Mond auf dem Combin-Chiron stand, war sie wieder schwanger. Das Kind kam zur Welt, als der progressive Mond exakt am MC des Combins stand (= IC von Stefan), während die progressive Venus inzwischen exakt an den Deszendenten (= AC von Stefan) gerückt war.

Zum Zeitpunkt der Trennung stand der progressive Mond in Konjunktion zum absteigenden Mondknoten (Lösung alter, karmischer Bande), während zum gerichtlichen Scheidungsdatum sinnigerweise keine exakte Mondprogression festzustellen ist. Die offizielle Scheidung hatte für beide Partner scheinbar keine emotionale Bedeutung mehr.

Der progressive Aszendent und das progressive MC

Bei wichtigen Ereignissen im Leben der Partner wird sich meist eine Beziehung der progressiven Achsen zu Combin-Planeten oder der progressiven Planeten zu den Combin-Achsen feststellen lassen. Die Art der Aspektverbindung kann Hinweise auf das Ereignis geben. Im vorliegenden Combin stand der progressive Aszendent minutengenau im Trigon zu Combin-Venus und die progressive Venus exakt im Sextil zum Combin-MC, als sich die Partner das erste Mal begegneten. Daß dabei Liebe im Spiel war, steht außer Zweifel.

Die Sonnenbogen-Direktion

Unter einem Sonnenbogen versteht man die Anzahl der Grade, die sich zwischen dem Stand der Radix- oder Combin-Sonne und dem Stand ihrer progressiven Sonne befinden. Im vorliegenden Beispiel befindet sich die Combin-Sonne auf 23° 53′ in Skorpion. Zum Zeitpunkt des Kennenlernens der Partner stand die progressive Sonne auf 21° 18′ in Schütze. Zwischen beiden Sonnen beträgt der Bogen exakt 27° 25′. Dieser Wert entspricht demnach dem Sonnenbogen, bezogen auf das Ereignis des Kennenlernens.

Bei der Sonnenbogen-Direktion progrediert man die Planeten und Achsen nicht, wie bei der Sekundär-Progression, nach ihrem tatsächlichen Tageslauf, sondern immer nach dem Lauf der Sonne. Alle Planeten und Achsen werden um den Sonnenbogen weitergeschoben. Pluto, der sich im Laufe von 27 Tagen kaum weiterbewegt, wird demnach, wie alle anderen Planeten, ebenfalls um 27° 25′ vorgeschoben. Der *um* den Sonnenbogen dirigierte Pluto stünde dann zu Beginn der Partnerschaft auf 1° 26′ in Waage. So verfährt man mit allen anderen Combin-Planeten und den Achsen. Bei wichtigen Ereignissen haben die um den Sonnenbogen dirigierten Planeten sehr häufig Achsenbezüglichkeit. Zudem kann man durchaus schon im Vorfeld feststellen, zu welchen Zeiten mit Kontakten der dirigierten Planeten zu Combin-Planeten zu rechnen ist.

Das Vorschieben der Planeten um die Gradzahl des Sonnenbogens ist eine *progressive Sonnenbogen-Direktion.* Es besteht aber auch die Möglichkeit, die Planeten im Tierkreis rückwärts zu verschieben. Diese Vorgehensweise nennt man eine *regressive Sonnenbogen-Direktion.*

Tertiär II zum Combin

Die Direktionsmethoden Tertiär I und Tertiär II sind in unseren Zeiten, meiner Meinung nach zu Unrecht, etwas in Vergessenheit geraten. Möglicherweise liegt dies daran, daß ihre Berechnung ohne Computer höchst aufwendig ist.

Das Tertiär I basiert auf dem Schlüssel 1 Tag = 1 Monat. Ein Tag nach der Geburt entspricht einem Mondumlauf. Das Tertiär II hat den Schlüssel 1 Monat = 1 Jahr. Ein Mondumlauf nach der Geburt entspricht einem Lebensjahr.

Dank meines Computers konnte ich diese Methode ohne großen

Aufwand immer wieder bei wichtigen Ereignissen überprüfen. Anhand der Ereignisse in Partnerschaften hat mich ganz besonders die Direktion nach dem Tertiär II mehr als überzeugt. Bei dieser Direktionstechnik wandert der Tertiär-Mond täglich ein Grad weiter und steht in den allermeisten Fällen an genau den Stellen, die das Ereignis beschreiben. Mitunter ist auch nur der Tag, an dem der Tertiär-Mond auf dem Combin-Mars steht, ein Tag, an dem die Partner heftig miteinander streiten. Doch spurlos wird ein Übergang dieses Mondes über die Achsen oder Combin-Planeten nicht vorübergehen.

Zusammenfassung

Bei der Arbeit mit Progressionen hat sich folgende Vorgehensweise bewährt:

1. Einzeichnen der Sekundär-Progressionen der Planeten und Achsen in den Außenkreis des Combins.
2. Welche Aspekte bilden insbesondere die progressive Sonne, der progressive Mond, das progressive MC und der progressive Aszendent?
3. Einzeichnen der um den Sonnenbogen vorgeschobenen Combin-Faktoren.
4. Welche Planeten bewegen sich auf den Combin-Aszendenten oder das Combin-MC zu?
5. Einzeichnen der Tertiär-II-progressiven Planeten.
6. Welche Aspekte bildet insbesondere der Tertiär-Mond zu Combin-Faktoren?

Solare und Lunare zum Combin

Selbstverständlich können für ein Combin-Horoskop auch Solare und Lunare wichtiger Ereignisjahre oder -monate erstellt werden. Das Verfahren ist dasselbe wie bei Radix-Horoskopen. Ob man die Solare und Lunare auf die Combin-Koordinaten berechnet oder auf den Aufenthaltsort der Partner, ist Ermessenssache. Ich selbst habe die besten Ergebnisse erzielt, wenn ich den Solar- oder Lunar-Aszendenten auf den Aufenthaltsort berechnet habe.

Das Radix-/Ereignis-Combin

Ein Combin-Horoskop beruht auf der Mittelung der Geburtsdaten zweier Menschen. Die Geburtshoroskope der Betreffenden sind aber genaugenommen Ereignishorokope. Das eine symbolisiert die Zeitqualität des Ereignisses der Geburt von XY, am soundsovielten um soundsoviel Uhr, an dem und dem Ort, das andere die Geburt von YZ, am soundsovielten usw.

Für Ereignisse, denen nicht die Geburt eines Menschen zugrunde liegt, sondern ein Eheschluß, eine Geschäftsgründung oder ein Reisebeginn, kann gleichermaßen ein Horoskop erstellt werden. Wichtig ist hierbei nur, daß der genaue Zeitpunkt (Ja-Wort, Vertragsunterzeichnung, Verlassen der Wohnung bei Reisebeginn) festgehalten wird. Anhand des Combins zwischen einem Radix und einem Ereignis kann sehr treffend die Korrespondenz eines einzelnen mit der augenblicklichen Zeitqualität entschlüsselt werden. Dieses Combin-Horoskop beschreibt einerseits das Thema, um das es in diesem Augenblick für den Betreffenden geht, aber auch mit welchen Themen er sich z. B. im Falle einer Eheschließung im Laufe dieser Ehe auseinandersetzen muß.

Mit der Frage, wer bei einem Ereignis der Aszendent und wer der Deszendent ist habe ich mich lange Zeit schwergetan. Inzwischen bin ich zu folgender Erkenntnis gelangt: Bei einem Combin zwischen einer Person und einem Ereignis ist die Person der Aszendent, der neue Tag, an dem das Ereignis geschieht, der Deszendent.

Das heikle Thema »Prognose« wird bei der Beschäftigung mit Radix-/Ereignis-Combinen erst richtig heiß. Richtet man den Fokus weniger auf ein reales Ereignis als vielmehr auf die Einbettung eines Radix in die aktuelle Zeitqualität, liefert diese Methode ganz erstaunliche Erkenntnisse.

Ich werde hierzu ein markantes Beispiel aus meinem eigenen Erleben anführen:

Wer ein Combin erstellt, zwischen sich selbst und dem aktuellen Tag, sollte besonders auf die Spannungsaspekte achten, die sich zwischen Langsamläufern ergeben. Findet sich in diesem Combin z. B. ein Quadrat zwischen Saturn und Uranus, kann davon ausgegangen werden, daß der Betreffende unter heftigen Spannungen zwischen Rebellion und Pflichterfüllung leiden wird. Immer dann, wenn ein Schnelläufer, wie

Combin

Mona Riegger und Ereignis am 1. 2. 1995

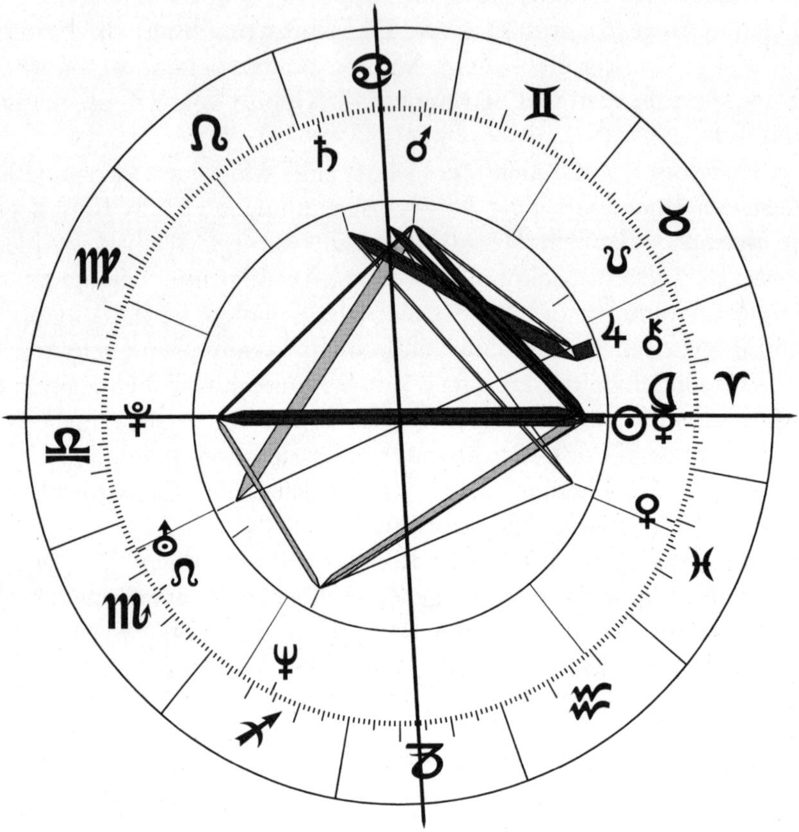

☉	10°08′ ♈
☽	10°23′ ♈
☿	8°02′ ♈
♀	19°21′ ♓
♂	5°34′ ♋
♃	0°59′ ♉
♄	26°01′ ♋
♅	6°09′ ♏
♆	13°54′ ♐
♇	10°21′ ♎
☊	14°30′ ♏
⚷	26°34′ ♈

A	10°22′ ♎
2	5°36′ ♏
3	6°50′ ♐
M	13°23′ ♋
11	18°35′ ♌
12	17°33′ ♍

Häuser nach Placidus

Sonne, Mond, Merkur, Venus oder Mars sich nach und nach auf eine Konjunktion, ein Quadrat oder eine Opposition zu Saturn und Uranus zubewegt, wird die beschriebene Spannung *mit Leben gefüllt.*

Was mich bei dieser Technik am meisten begeistert, ist die Exaktheit, mit der sich die Ereignisse auslösen. Was sich auslösen will, weiß man jedoch in den meisten Fällen erst hinterher. Daß allerdings etwas geschehen wird, was nicht spurlos an einem vorübergeht, ist sicher.

Die Abbildung auf S. 328 zeigt das Combin zwischen meinem eigenen Radix und einem Ereignis am 1.2.1995. Schon einige Tage zuvor sah ich, daß sich der Combin-Mars (Combin zwischen Radix und aktuellem Datum) nach und nach in ein Quadrat zu Pluto bewegt. Gleichzeitig schoben sich die Combin-Sonne, der Combin-Merkur und der Combin-Mond immer näher in eine Opposition zu Pluto, so daß sich einige Tage später ein T-Quadrat zwischen diesen Planeten bilden würde. Mir war völlig unklar, welches marsisch-plutonische Ereignis mir da ins Haus stünde. Da ich nicht Tag für Tag über meinem Combin mit der aktuellen Zeitqualität brüte, vergaß ich die unheilvolle *Formierung* dann auch schlichtweg.

An besagtem Datum klingelte um 11.03 Uhr der Postbote an meiner Tür und überreichte mir einen Brief mit Trauerrand. Er beinhaltete die für mich schockierende Nachricht vom Tod eines HIV-infizierten Freundes. Er wußte erst seit einen halben Jahr, daß er infiziert ist, und hatte sich, wie sich später herausstellte, das Leben genommen. Abgesehen von der Exaktheit der Aspekte und der Eindringlichkeit, mit der das Ereignis symbolisiert wird, fand ich die Tatsache bestürzend, daß sich im Geburtshoroskop meines Freundes dasselbe T-Quadrat findet. Eine Fische-Sonne in Opposition zu Pluto im Quadrat zu Mars in Zwillinge.

Angesichts des Combins zwischen der aktuellen Zeitqualität und meinem eigenen Radix lag nahe, daß das Thema Pluto in meinem Leben auf irgendeine Weise *anstehen* würde. Auf welche Weise jedoch Pluto in mein Leben treten würde, war bis zum Ereignis selbst nicht zu erkennen. Beachtenswert ist die Achsenbezüglichkeit und die Exaktheit der Aspekte, die ich immer wieder feststelle. Daß sich auch noch der schnellaufende Mond in den *Reigen* gesellte, ist meinen Recherchen zufolge nicht verwunderlich. Sonne und/oder Mond lösen Aspektverbindungen der Langsamläufer in den meisten Fällen aus.

Anhang

Die Berechnung des Composit-Horoskops

Die Berechnung eines Composit-Horoskops basiert auf der Bildung von Halbsummen zwischen den Planeten, den Aszendenten und den MCs der Geburtshoroskope der Partner. Als Halbsummen-Punkt wird der Schnittpunkt bezeichnet, der sich auf einer Kreislinie genau zwischen zwei Punkten befindet. Der Schnittpunkt beider Radix-Sonnen im Tierkreis ergibt den Stand der Composit-Sonne usw.

Bei der Composit-Berechnung sind einige Besonderheiten zu berücksichtigen, die ich nachfolgend anhand von Beispielen erläutern werde.

Grundsätzlich gibt es zwei unterschiedliche Berechnungsmethoden für den Composit-Aszendenten. Der eine Ansatz vertritt die These, daß zwischen den beiden Aszendenten genauso der Schnitt- oder Mittelpunkt errechnet wird wie bei den anderen Horoskopfaktoren auch. Die andere Herangehensweise besteht darin, nach der Berechnung des Composit-MC aus der Halbsumme der beiden Radix-MCs wie bei einer Radix-Berechnung zu verfahren. Anhand des neuentstandenden MC werden der Aszendent und demnach auch die Häuser durch die geographische Breite des Aufenthaltortes der Beziehungspartner bestimmt.

Am einfachsten lassen sich beide Herangehensweisen anhand eines Beispiels erklären. Hierfür nehme ich die Geburtsdaten zweier Beziehungspartner, nachfolgend Person A und Person B genannt.

Person A ist geboren am	Geburtsort-Länge 16° 52′00″ östl.
22.06.1944 um 23 Uhr 32, MESZ,	Geburtsort-Breite 50° 20′00″nördl.
Person B ist geboren am	Geburtsort-Länge 08° 01′13″ östl.
10.01.1950 um 06 Uhr 20, MEZ,	Geburtsort-Breite 48° 35′25″ nördl.

1. Schritt: Berechnung beider Radix-Horoskope

Um ein Composit-Horoskop berechnen zu können, müssen zuallererst beide Geburtshoroskope berechnet werden. Die Umwandlung der Horoskopfaktoren in ihre ekliptische Länge empfiehlt sich, weil so die Halbsummen rechnerisch leichter ermittelt werden können.

Horoskop-faktoren	Person A	Person B
MC	12° 17′ Schütze	18° 33′ Waage
AC	19° 51′ Wassermann	19° 33′ Schütze
Sonne	01° 17′ Krebs	19° 24′ Steinbock
Mond	26° 58′ Krebs	03° 36′ Waage
Merkur	20° 59′ Zwillinge	03° 54′ Wassermann
Venus	00° 07′ Krebs	18° 44′ Wassermann
Mars	18° 23′ Löwe	05° 21′ Waage
Jupiter	23° 45′ Löwe	08° 37′ Wassermann
Saturn	00° 20′ Krebs	19° 20′ Jungfrau
Uranus	10° 17′ Zwillinge	02° 18′ Krebs
Neptun	01° 30′ Waage	17° 20′ Waage
Pluto	07° 16′ Löwe	17° 37′ Löwe
Mondknoten	27° 46′ Krebs	11° 06′ Widder
Chiron	11° 17′ Jungfrau	16° 48′ Schütze

2. Schritt: Berechnung der Composit-Planeten und des MC

Das Composit-MC befindet sich exakt in der Mitte zwischen dem MC von Partner A und dem MC von Partner B. Sie könnten nun beide MCs in den Tierkreis eines Horoskop-Formulars einzeichnen und mit Hilfe eines Zirkels genau die Mitte zwischen beiden bestimmen. Wenn Sie eine Gerade von diesem neuen Punkt durch den Mittelpunkt des Tierkreises ziehen, ergibt sich auf der gegenüberliegenden Seite ein weiterer Schnittpunkt. Auch dieser ist eine Halbsumme beider MCs, da er zu beiden Seiten gleichweit entfernt von ihnen liegt. Bei der Berechnung der Composit-Faktoren bestimmt jedoch immer der kleinere Kreisbogen die Stellung des Composit-Faktors. Da die Bestimmung der Mittelpunkte mit einem Zirkel oder durch Auszählen der dazwischen liegenden Grade mühsam und zudem ungenau ist, gehen Sie zunächst rechnerisch vor:

Alle Planetenpaare sowie MC und Aszendent werden zunächst in ihre ekliptikale Länge verwandelt, anschließend addiert und dann durch zwei dividiert. Das Ergebnis ist die ekliptikale Länge des Composit-Faktors vom der wiederum die ekliptikale Länge des betreffenden Zeichen abgezogen werden muß.

Berechnung: Composit-MC

			ekliptikale Länge	
Person A	MC	12° 17′ Schütze	+ 240°	= 252° 17′
Person B	MC	18° 33′ Waage	+ 180°	= 198° 33′+
				= 450° 50′: 2 = 225° 25′
			Composit-MC	= **15° 25′ Skorpion**

Im Tierkreis fällt 225° 25′ in das Zeichen Skorpion (210°-240°). Wenn Sie 210° vom errechneten MC-Wert abziehen, erhalten Sie ein Composit-MC auf 15° 25′ Skorpion.

Berechnung: Composit-Sonne

			ekliptikale Länge	
Person A	SO	01° 17′ Krebs	+ 90°	= 091° 17′
Person B	SO	19° 24′ Steinbock	+ 270°	= 289° 24′+
				= 380° 41′: 2 = 190° 20′ ./. 180°
			Composit-SO	= 10° 20′ Waage
			kleinere Halbsumme	= **10° 20′ Widder**

Hier ist die erste Besonderheit zu beachten! Die Sonnen der Partner stehen in gegenüberliegenden Tierkreiszeichen. Die Schnittpunkte in Widder und Waage bilden daher fast gleichgroße Kreisbögen zu den jeweiligen Sonnen. In diesem Fall ist es schwer zu entscheiden, ob die Composit-Sonne auf 10° Widder oder 10° Waage eingezeichnet werden soll. Im Zweifelsfall verwende ich dennoch die rechnerisch kleinere Halbsumme (siehe oben), markiere aber den betreffenden Planeten. Bei der Deutung des Composits kann dann berücksichtigt werden, daß der Planet unter Umständen auch im gegenüberliegenden Zeichen und Haus seine Wirkung entfaltet.

Schwerer fällt die Entscheidung, wenn sich die beiden Radix-MCs genau gegenüberstehen. In diesem Fall ändert sich nicht nur die Hausbesetzung eines Planeten. Genaugenommen müßten zwei Composits angefertigt werden, da sich das komplette Häusersystem um 180° dreht. Wenn Sie die Beziehungspartner persönlich kennen, können Sie jedoch aufgrund Ihrer persönlichen Einschätzung eine Entscheidung über die beiden möglichen Aszendenten treffen.

Berechnung: Composit-Mond

			ekliptikale Länge	
Person A	MO	26° 58′ Krebs	+ 90°	= 116° 58′
Person B	MO	03° 36′ Waage	+ 180°	= 183° 36′+
				= 300° 34′: 2 = 150° 17′ ./. 150°
			Composit-MO	= **00° 17′ Jungfrau**

Berechnung: Composit-Merkur

			ekliptikale Länge	
Person A	ME	20° 59′ Zwillinge	+ 60°	= 080° 59′
Person B	ME	03° 54′ Wassermann	+ 300°	= 303° 54′+
				= 384° 53′: 2 = 192° 26′ ./. 180°
			Composit-ME	= 12° 26′ Waage
			kleinere Halbsumme	= **12° 26′ Widder**

Berechnung: Composit-Venus

			ekliptikale Länge	
Person A	VE	00° 07′ Krebs	+ 90°	= 090° 07′
Person B	VE	18° 44′ Wassermann	+ 300°	= 318° 44′+
				= 408° 51′: 2 = 204° 25′ ./. 180°
			Composit-VE	= 24° 25′ Waage
			kleinere Halbsumme	= **24° 25′ Widder**

Berechnung: Composit-Mars

			ekliptikale Länge	
Person A	MA	18° 23′ Löwe	+ 120°	= 138° 23′
Person B	MA	05° 21′ Waage	+ 180°	= 185° 21′+
				= 323° 44′: 2 = 161° 52′ ./. 150°
			Composit-MA	= **11° 52′ Jungfrau**

Berechnung: Composit-Jupiter

			ekliptikale Länge	
Person A	JU	23° 45′ Löwe	+ 120°	= 143° 45′
Person B	JU	08° 37′ Wassermann	+ 300°	= 308° 37′+
				= 452° 22′: 2 = 226° 11′ ./. 210°
			Composit-JU	= **16° 11′ Skorpion**

Berechnung: Composit-Saturn

			ekliptikale Länge	
Person A	SA	00° 20′ Krebs	+ 090°	= 090° 20′
Person B	SA	19° 20′ Jungfrau	+ 150°	= 169° 20′+
				= 259° 40′: 2 = 129° 50′ ./. 120°
			Composit-SA	= **09° 50′ Löwe**

Berechnung: Composit-Chiron

			ekliptikale Länge	
Person A	CH	11° 17′ Jungfrau	+ 150°	= 161° 17′
Person B	CH	16° 48′ Schütze	+ 240°	= 256° 48′+
				= 418° 05′: 2 = 209° 02′ ./. 180°
			Composit-CH	= **29° 02′ Waage**

Berechnung: Composit-Uranus

			ekliptikale Länge	
Person A	UR	10° 17′ Zwillinge	+ 060°	= 070° 17′
Person B	UR	02° 18′ Krebs	+ 090°	= 092° 18′+
				= 162° 35′: 2 = 081° 17′ ./. 060°
			Composit-UR	= **21° 17′ Zwillinge**

Berechnung: Composit-Neptun

Person A	NE	01° 30′ Waage		= 001° 30′
Person B	NE	17° 20′ Waage		= 017° 20′+
				= 018° 50′: 2 = 009° 25′
			Composit-NE	= **09° 25′ Waage**

Für den Fall, daß beide Radix-Planeten wie oben im gleichen Zeichen stehen, erübrigt sich die Umrechnung in die ekliptikale Länge.

Berechnung: Composit-Pluto

Person A	PL	07° 16′ Löwe		= 007° 16′
Person B	PL	17° 37′ Löwe		= 017° 37′+
				= 024° 53′: 2 = 012° 26′
			Composit-PL	= **12° 26′ Löwe**

Berechnung: Composit-Mondknoten

			ekliptikale Länge	
Person A	MK	27° 46′ Krebs	+ 090°	= 117° 46′
Person B	MK	11° 06′ Widder	+ 000°	= 011° 06′+
				= 128° 52′: 2 = 064° 26′ ./. 060°
			Composit-MK	= **04° 26′ Zwillinge**

3. Schritt: Berechnung des Composit-Aszendenten und der Häuser

Wie bereits erwähnt, gibt es zwei Methoden, den Composit-Aszendenten zu berechnen. Bei der ersten Methode wird der Composit-Aszendent ohne Berücksichtigung des MC aus der Halbsumme beider Radix-Aszendenten berechnet:

1. Methode: Berechnung des Schnittpunkt-Aszendenten

			ekliptikale Länge	
Person A	AC	19° 51′ Wasser-mann	+ 300°	= 319° 51′
Person B	AC	19° 33′ Schütze	+ 240°	= 259° 33′+
				= 578° 84′: 2 = 289° 42′ ./. 270°
			Composit-AC	= **19° 42′ Steinbock**

Die Zwischenhäuser werden wie bei der Berechnung eines Geburtshoroskops der Häusertabelle entnommen. Da sowohl das MC (15° 25′ Skorpion) als auch der Aszendent (19° 42′ Steinbock) feststehen, spielt der Breitengrad bei dieser Methode keine Rolle.

2. Methode: Berechnung des Composit-Aszendenten nach dem Aufenthaltsort

Diese Methode setzt einen gemeinsamen Wohnort der Partner voraus. Sollten sie in unterschiedlichen Orten wohnen, können Sie auch mit zwei Compositen arbeiten, deren Aszendenten auf den jeweiligen Wohnort berechnet werden.

Angenommen, der gemeinsame Wohnort der Beispiel-Partner wäre Berlin (52°30 nördl. Breite), dann ergäbe ein MC von 15° 25′ Skorpion einen Composit-Aszendenten auf 8° 33′ Steinbock.

Für den Fall, daß einer der Partner in Helsinki und der andere in München lebt, müßten zwei Composit-Horoskope erstellt werden.

München liegt auf 48° 08′ nördl. Breite. Ein MC auf 15° 25′ Skorpion würde dort einen Aszendenten von 14° 07′ Steinbock ergeben. In Helsinki mit 60° 10′ nördlicher Breite wäre der Composit-Aszendent auf 25° Schütze.

Es lohnt sich, mit beiden Methoden zu experimentieren. Meine bisherigen Erfahrungen haben gezeigt, daß sowohl die eine als auch die andere Vorgehensweise zu brauchbaren Deutungsergebnissen führt. Inzwischen arbeite ich selbst überwiegend mit dem Schnittpunkt-Aszendenten. Bei einem gemeinsamen Wohnort der Partner markiere ich aber den Grad des Wohnort-Aszendenten im Composit. Wichtige Transite über diesen *sensitiven Punkt* sind deutlich spürbar.

Abschließend sei bemerkt, daß auch so manches Computerprogramm bei der Composit-Berechnung an seine Grenzen stößt. Gerade dann, wenn viele Radix-Planeten der Partner, einschließlich der Radix-MCs, sich annähernd gegenüber stehen. In diesem Fall würde ich empfehlen, gleich mit dem Combin-Horoskop zu arbeiten.

Die Berechnung des Combin-Horoskops

Um ein Combin ohne Computer zu erstellen, benötigen Sie nicht viel mehr astrologische Kenntnisse als zur Berechnung eines Radix-Horoskops. Außer den möglichst exakten Geburtsdaten der Partner sollten ein leeres Horoskopformular, eine Ephemeride mit Angabe der Julianischen Tage und eine Häusertabelle vorliegen.

Im Gegensatz zum Composit, das sich aus den Halbsummen der zuvor errechneten Radix-Faktoren zusammensetzt (siehe »Die Berechnung des Composit-Horoskops«, S. 331), wird bei der Combin-Berechnung zuallererst der zeitliche und räumliche Schnittpunkt zwischen den Geburtsdaten ermittelt. Hieraus ergeben sich ein gemeinsames Combin-Datum, eine Combin-Weltzeit, eine Combin-Länge und eine Combin-Breite. Anhand dieser Daten kann das Combin wie jedes andere Geburtshoroskop berechnet werden.

Für die einzelnen Schritte der Beispiel-Berechnung verwende ich wieder dieselben Horoskop-Daten wie bei der Composit-Berechnung:

Person A, geb. am 22.06.1944 um 23 Uhr 32 MESZ,	Geburtsort-Länge 16° 52′00″ östl. Geburtsort-Breite 50° 20′00″ nördl.
Person B, geb. am 10.01.1950 um 06 Uhr 20 MEZ,	Geburtsort-Länge 08° 01′13″ östl. Geburtsort-Breite 48° 35′25″ nördl.

1. Schritt: Ermittlung des Combin-Datums

Als ersten Schritt gilt es, den Tag zu ermitteln, der sich exakt in der Mitte beider Geburtstage befindet. Wegen ihrer fortlaufenden Nummerierung empfiehlt es sich, die Geburtstage in Julianische Tage umzuwandeln. Dieser ist in *The New International Ephemerides* der Editions St. Michel für den Monat Juni 1944 unter der Überschrift »Data for 0 h« folgendermaßen bezeichnet: (Day = 16 223). In der gleichermaßen gebräuchlichen *Rosenkreuzer-Ephemeride* steht unter derselben Überschrift für den 1. Juni 1944: » Julian Day = 243 1242.5«. (Die 5 hinter dem Punkt kann unberücksichtigt bleiben). Daß die beiden Ephemeriden unterschiedliche Nummerierungen aufweisen, tut nichts zur Sache und wird gar nicht auffallen, wenn Sie immer nur mit einer von ihnen arbeiten. Für die nachfolgende Combin-Berechnung benutzte ich die Ephermeride der Edition St. Michel von 1900–2050.

Da immer nur der Julianische Tag des Monatsersten ausgewiesen ist, müssen die restlichen Tage bis zum Geburtsdatum addiert werden:

Person A, 22.06.1944	Jul. Tag für den 01.06.1944	= 16 223
	bis zum 22.06.1944	= 21 +
	Julianischer Tag Person A	= 16 244
Person B, 10.01.1950	Jul. Tag für den 01.01.1950	= 18 263
	bis zum 10.01.1950	= 9 +
	Julianischer Tag Person B	= 18 272

Als nächstes werden die Julianischen Tage beider Personen addiert und anschließend durch die Zahl 2 dividiert:

Julianischer Tag Person A	= 16 244
Julianischer Tag Person B	= 18 272 +
	= 34 516 : 2 = 17 258

Selbstverständlich kann auch der niedrigere Wert vom höheren abgezogen werden und dieses Ergebnis dann durch 2 dividiert werden. Bei dieser Vorgehensweise würden Sie sehen, daß zwischen beiden Geburten exakt 2 028 Tage liegen. Das Ergebnis der Division wäre 1 014. Dieser Wert müßte nun widerum zum Julianischen Tag der ersten Person hinzugezählt werden, und Sie kämen zum selben Ergebnis.

Das Ergebnis 17 258 ist der Julianische Tag des Combin-Datums. Um diesen Wert wieder einem Datum zuzuordnen, muß nun umgekehrt vorgegangen werden. Jetzt wird das Datum zu einem vorhandenden Julianischen Tag nachgeschlagen. Hierzu suchen Sie zwischen 1944 und 1950 die beiden Monatsersten, zwischen denen sich das Ergebnis be-

findet. Am 01.04.1947 ist der Julianische Tag 17 257. Hinzu muß nur noch 1 Tag gezählt werden, um auf den errechneten Julianischen Tag des Combins (17 258) zu kommen.
Das Combin-Datum ist demzufolge der 02.04.1947.

Eine Besonderheit muß beachtet werden. Nicht immer lassen sich die Julianischen Tage glatt durch zwei teilen. In diesem Fall muß der halbe Tag, der sich als » Komma 5« im Ergebnis der Division niederschlägt, in Zeit umgewandelt werden. Ein halber Tag = 12 Stunden. Diese 12 Stunden werden der ermittelten Combin-Weltzeit hinzugezählt.

2. Schritt: Ermittlung der Combin-Weltzeit (GMT)

Wie beim Datum erhalten Sie auch die Combin-Uhrzeit aus den Mittelwerten beider Geburtszeiten. Hierzu addieren Sie wiederum beide Zeiten und dividieren sie anschließend durch zwei. Vor der Berechnung müssen beide Geburtszeiten in Weltzeit verwandelt werden. Bei der Geburt von Person A herrschte z.B. Sommerzeit, was unbedingt berücksichtigt werden muß.

Person A, Geburtszeit = 23 h 32 MESZ	= 21 h 32 min Weltzeit	
Person B, Geburtszeit = 06 h 20 MEZ	= 05 h 20 min Weltzeit +	
	= 26 h 52 min	: 2 = 13 h 26 min

Die Weltzeit, auf die das Combin berechnet wird, ist demnach: 13 Uhr 26 min Weltzeit (GMT).

Hinweis: Wäre bei der Division der Julianischen Tage ein Rest von 12 Stunden übriggeblieben, müßten diese zur errechneten Combin-Weltzeit hinzugezählt werden. Im obigen Fall hätte dies eine Weltzeit von 25 h 26 min ergeben. Da ein Tag 24 Stunden lang ist, wäre das Combin-Datum dann der 03.04.1947, die Combin-Zeit 1 h 26 min.

3. Schritt: Ermittlung der geographischen Länge des Combin-Ortes

Dieser dritte und auch der vierte Schritt erübrigen sich, wenn beide Partner am selben Ort geboren wurden. Der gemeinsame Geburtsort ist dann natürlich auch der Combin-Ort.

Auch bei diesem Berechnungsabschnitt werden die geographischen Längen der beiden Geburtsorte zunächst addiert und anschließend durch 2 dividiert.

Person A, geograph. Länge des Geburtsortes: 16° 52′00″ östl.
Person B, geograph. Länge des Geburtsortes: 07° 57′00″ östl. +
24° 49′00″ östl. : 2
= 12° 24′30″ ö. L.

Die östliche Länge des Combin-Ortes beträgt 12° 24′30″.

Für den Fall, daß einer der Partner z. B. in den USA (westl. Länge) geboren ist und der andere Partner in Deutschland (östl. Länge), muß folgendermaßen vorgegangen werden:

Beispiel:
Partner A (USA), geograph. Länge: 122° 26′00″ westl. = – 122° 26′
Partner B (BRD), geograph. Länge: 008° 38′00″ östl. = +008° 38′+
= – 113° 48′ :2
= 56° 54′ westl. Länge

4. Schritt: Ermittlung der geographischen Breite des Combin-Ortes

Die geographische Breite des Combin-Ortes wird auf die gleiche Weise errechnet wie die Länge. Auch hier ist wieder zu beachten, ob sich die Geburtsorte der Partner auf der nördlichen oder auf südlichen Halbkugel der Erde befinden. Sollte einer der Partner in Brasilien (südl. Breite) und der andere in Kanada (nördl. Breite) geboren sein, wird wie oben mit + für nördlich und – für südlich addiert und dividiert.

Person A, geograph. Breite des Geburtsortes: 50° 20′00″ nördl.
Person B, geograph. Breite des Geburtsortes: 48° 28′00″ nördl. +
98° 48′00″ nördl. : 2
= 49° 24′00″ n. B.

Die nördliche Breite des Combin-Ortes beträgt 49° 24′00″.

5. Schritt: Berechnung des Combin-Horoskops

Das Combin-Horoskop kann nun wie ein Geburtshoroskop (Radix) mit folgenden Daten berechnet werden:

Combin-Datum:	02. April 1947
Combin-Zeit:	13 Uhr 26 min GMT
Combin-Länge:	12° 24′30″ östl.
Combin-Breite:	49° 24′00″ nördl.

Eine ausführliche Anleitung zur Radix-Berechnung finden Sie u. a. in Markus Jehle, *Wenn der Mond im siebten Hause steht . . .*, Ebertin-Verlag, 1996. Sie können zur Arbeitserleichterung natürlich auch einen Berechnungsservice in Anspruch nehmen (siehe S. 351).

Bedeutung der Planeten in Combin und Composit

Planet	**beschreibt in einer Partnerschaft:**
Sonne	den Wesenskern, die Lebensenergie, die Vitalität, das Bewußtsein, die Selbständigkeit, die Gestaltungskraft, die Anspruchshaltung, das schöpferische Potential der Partner Personifiziert: Vater, Vorbild, Chef, König
Mond	den Gefühlsaustausch, das sich gegenseitige emotionale und seelische Nähren, die Berührbarkeit, die Fruchtbarkeit, die Gefühle der Geborgenheit, die Heimatgefühle, die seelische Verbundenheit der Partner Personifiziert: Mutter, mütterlicher Mensch
Merkur	die Kommunikation, die Verständigung, die Ausdrucksweise, die Lernbereitschaft, den Informationsaustausch, die Auffassungsgabe, die Beweglichkeit und Flexibilität der Partner Personifiziert: Geschwister, Reisende, Wissende, Vermittler
Venus	die Zuneigung, das Wohlwollen, die Liebe, das Harmoniestreben, den Geschmack, die künstlerischen Ambitionen, die Kontakt- und Kompromißfähigkeit, das Geben und Nehmen der Partner Personifiziert: Tochter, Schwester, Geliebte

Mars	die Trieb- und Antriebskraft, das Sexualverhalten, die Handlungs- und Durchsetzungsfähigkeit, den Mut, das Konkurrenzverhalten, die Aggression und Kampfbereitschaft der Partner Personifiziert: Bruder, Sohn, Geliebter
Jupiter	die Zuversicht, den Erfolg, die Moral, den Glauben, die Lebensphilosophie, die Erkenntnisfähigkeit, die Sinnfindung, den (inneren) Reichtum, die Großzügigkeit der Partner Personifiziert: Gönner; gläubiger, gebildeter, reicher Mensch
Saturn	die Pflichten, die Hindernisse, die Schwierigkeiten, die Disziplin, die Verantwortungsbereitschaft, die Begrenzungen, die Struktur, das Durchhaltevermögen der Partner Personifiziert: Verantwortungsträger, Strukturgeber, Autoritäten
Chiron	alte seelische Verletzungen, die wunden Punkte, die heilsamen Erfahrungen, die Unvollkommenheiten, die Minderwertigkeitsgefühle der Partner
Uranus	den Freiheitsdrang, die Unabhängigkeit, die Distanz, das Außergewöhnliche, die Unberechenbarkeit, die Inspiration, die Visionen der Partner Personifiziert: Unruhestifter, Exzentriker, Mensch in einer Umbruchphase, Rebellen
Neptun	die Sehnsüchte, die Phantasien, die Geheimnisse, die Ideale, die Spiritualität, die Enttäuschungen, das Suchtverhalten, die Illusionen, die Opferbereitschaft, die Rückzugstendenzen der Partner Personifiziert: Anonyme, Künstler, Träumer, spirituell Suchende

Pluto	die Regenerationskraft, die Wandlungsfähigkeit, die Macht und Ohnmacht, die Leidenschaften, die Abhängigkeiten, die Verdrängungen, die Krisen, die kollektiven Bedingtheiten der Partner Personifiziert: Machthaber, Menschen in Krisen
aufsteigender Mondknoten	das nach Entwicklung strebende seelische Potential der Partner
absteigender Mondknoten	das unbewußt schon vorhandene seelische Potential der Partner

Charakteristik der Planeten in den Tierkreiszeichen

Zeichen	Ausrichtung der Planeten in den Zeichen:
Widder *Feuerzeichen*	spontan, lebhaft, direkt, kämpferisch, aktiv
Stier *Erdzeichen*	beständig, empfänglich, bewahrend, passiv
Zwillinge *Luftzeichen*	flexibel, beweglich, wechselhaft, neutral
Krebs *Wasserzeichen*	gefühlsvoll, sensibel, zaghaft, indirekt
Löwe *Feuerzeichen*	ausdrucksstark, würdevoll, selbstbewußt, dominant
Jungfrau *Erdzeichen*	zurückhaltend, sorgfältig, genau, pragmatisch
Waage *Luftzeichen*	ausgleichend, verfeinernd, partnerbetont, extravertiert
Skorpion *Wasserzeichen*	leidenschaftlich, tiefgründig, instinktsicher, intensiv
Schütze *Feuerzeichen*	impulsiv, enthusiastisch, großzügig, expansiv
Steinbock *Erdzeichen*	ausdauernd, verhalten, konzentriert, introvertiert
Wassermann *Luftzeichen*	außergewöhnlich, unberechenbar, unabhängig, exzentrisch
Fische *Wasserzeichen*	durchlässig, unklar, beeindruckbar, intuitiv

Combin- und Composit-Häuser – die Lebensbereiche der Partner

Haus	**betrifft die Lebensbereiche:**
1. Haus (AC)	Durchsetzungsfähigkeit, Vitalität, gemeinsames Auftreten in der Öffentlichkeit, Reaktionsvermögen
2. Haus	Sicherung der Lebensgrundlage, Wertvorstellungen, Einkünfte, Selbstwertgefühle, Zusammengehörigkeitsgefühle
3. Haus	Direkte Umwelt, Alltagskontakte, Kommunikations- und Lernfähigkeit, Vermittlung von Wissen und Information, kurze Reisen, Geschwister
4. Haus (IC)	Häusliches Umfeld, gemeinsame Wohnung, Prägungen durch die Kindheit und Familie, Heimatverbundenheit, Unbewußtes
5. Haus	Schöpferische Fähigkeiten, gemeinsame Ausdruckskraft, Kinder, Liebesleben, Freizeitgestaltung, Vergnügungen
6. Haus	Arbeits- und Alltagsbedingungen, Routineangelegenheiten, Organisation des Alltags, Krankheiten, Gesundheitsbewußtsein
7. Haus (DC)	Kontakt- und Begegnungsfähigkeit, Mitmenschen, berufliche Partner und Teilhaber, Reaktion von außen auf die Partner
8. Haus	Leidenschaften, Krisen, Tabus, Verstrickungen und Abhängigkeiten, Macht- und Ohnmachtserfahrungen, Erbschaften, das Vermögen anderer
9. Haus	Sinnfindung, Moral, Religion, Lebensphilosophie, Horizonterweiterung, weite Reisen, fremde Kulturen, höhere Bildung, Wissenschaft

10. Haus (**MC**)	Lebensziele, Öffentlichkeit, Beruf, Berufung, gesellschaftliches Ansehen
11. Haus	Freundeskreis, Gleichgesinnte, Bekannte, Gruppen, Vereine, Gemeinschaftssinn, Ideologie, Wünsche, Hoffnungen
12. Haus	Rückzugsmöglichkeiten, Symbiose, Verborgenes, Ängste, Intrigen, Spiritualität, Phantasien, Sehnsüchte, Grenzerfahrungen

Bibliographie

Adler Gral, Jessie, *Unser innerer Geliebter*, Edition Astrodata, 1995
Akron, *Jenseits der Schwelle*, Hugendubel, 1988
Arroyo, Stephen, *Astrologie, Karma und Transformantion*, Hugendubel, 1980
Arroyo, Stephen, *Astrologie und Partnerschaft*, Hugendubel, 1983
Banzhaf, Hajo/Häbler, Anna, *Schlüsselworte zur Astrologie*, Hugendubel, 1994
Cunningham, Donna, *Erkennen und Heilen von Pluto-Problemen*, Urania, 1987
Greene, Liz, *Kosmos und Seele*, Krüger, 1987
Greene, Liz, *Neptun – Die Sehnsucht nach Erlösung*, Astrodienst, 1996
Greene, Liz, *Saturn*, Hugendubel, 1981
Greene, Liz, *Schicksal und Astrologie*, Hugendubel, 1985
Greene, Liz/Sasportas, Howard, *Sonne und Mond*, Hugendubel, 1994
Greene, Liz/Sasportas, Howard, *Die inneren Planeten*, Hugendubel, 1995
von Franz, Marie-Louise, *Der ewige Jüngling*, Kösel, 1987
Hand, Robert, *Planeten im Composit*, Papyrus, 1982
Hand, Robert, *Das Buch der Transite*, Hugendubel, 1984
Hamaker-Zondag, Karen, *Deutung der Häuser*, Hier & Jetzt, 1996
Hamaker-Zondag, Karen, *Deutung der Planeten*, Hier & Jetzt, 1994
Hamaker-Zondag, Karen, *Stundenastrologie*, Hugendubel, 1986
Hamann, Brigitte, *Lebensmuster*, Edition Astrodata, 1994
Hjelmborg, Johann/Kirsebom, Louise, *Augenblicksastrologie*, Edition Astrodata, 1987
Jehle, Markus, *Wenn der Mond im siebten Hause steht ...*, Ebertin, 1996
Kast, Verena, *Der schöpferische Sprung*, Walter, 1987
Kirby, Babs/Stubbs, Janey, *Liebe und Sexualität im Horoskop*, Hier & Jetzt, 1994
Kirby, Babs/Stubbs, Janey, *Solare und Lunare*, Hier & Jetzt, 1993
Idemon, Richard/Sasportas, Howard, *Partnerschaft und Selbstfindung im Spiegel der Sterne*, Hugendubel, 1996

Livaldi-Laun, Lianella, *Liebesbeziehungen im Horoskop*, Ebertin, 1993
March, Marion/McEvers, Joan, *Lehrbuch der Partnerschaftsastrologie*, Ebertin, 1995
March, Marion/McEvers, Joan, *Lehrbuch der astrologischen Prognose*, Ebertin, 1993
Marks, Tracy, *Astrologie der Selbstentdeckung*, Hier & Jetzt, 1988
Marks, Tracy, *Dein verborgenes Selbst – Das zwölfte Haus*, Hier & Jetzt, 1991
Mathis, Maria Luise, *Das Combin-Partnerschaftshoroskop*, Heyne, 1994
Orban, Peter, *Astrologie als Therapie*, Hugendubel, 1986
Peck, M. Scott, *Der wunderbare Weg*, Bertelsmann, 1986
Riemann, Fritz, *Lebenshilfe Astrologie*, Pfeiffer, 1976
Ring, Thomas, *Astrologische Menschenkunde, Bände 1–4*, Bauer, 1969
Ring, Thomas, *Frühe astrologische Schriften*, Astrodienst, 1996
Reinhart, Melanie, *Chiron – Heiler und Botschafter des Kosmos*, Edition Astrodata, 1993
Rudhyar, Dane, *Das astrologische Häusersystem*, Hugendubel, 1983
Rudhyar, Dane, *Die astrologischen Zeichen*, Hugendubel, 1983
Rudhyar, Dane, *Astrologie der Persönlichkeit*, Hugendubel, 1983
Rudhyar, Dane, *Astrologie und Psyche*, Chiron, 1992
Sasportas, Howard, *Götter des Wandels*, Knaur, 1991
Sasportas, Howard, *Astrologische Häuser und Aszendenten*, Knaur, 1987
Schulman, Martin, *Karmische Astrologie, Band 1*, Urania 1981
van Slooten, Erik, *Lehrbuch der Stundenastrologie*, Ebertin, 1994
Star, Gloria, *Das Kind im Horoskop*, Ebertin, 1994
Sullivan, Erin, *Rückläufige Planeten*, Edition Astrodata, 1993
Sullivan, Erin, *Saturn im Transit*, Knaur, 1992
Troinski, E. H., *Lehrbuch der Tertiär-Direktionen*, Baumgartner, 1952

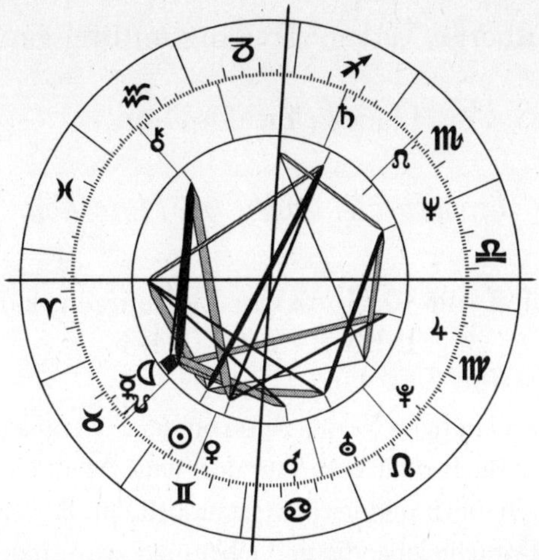

Mona Riegger, geboren am 28.5.1957 um 2.17 Uhr (MEZ) in Stuttgart, ist gepr. Astrologin des Deutschen Astrologen-Verbandes und Mitbegründerin des Astrologie-Zentrums Berlin. Seit 1980 ist sie beratend und unterrichtend tätig. Ihre Schwerpunkte liegen im Bereich der Partnerschaftsberatung und der Stundenastrologie.

Auf der Grundlage der Texte in diesem Buch ist ab Herbst 1997 eine Astro*Intelligence-Computeranalyse des Astrodienst Zürich erhältlich.
Bei Interesse an Horoskopanalysen, Horoskopberechungen und -zeichnungen, Astro-Computerprogrammen und astrologischen Beratungen wenden Sie sich bitte an:

Astrologiezentrum Berlin
Analysen*Berechnungsservice*Computerprogramme
Postfach 62 02 63, 10792 Berlin
Tel. 030–89 50 22 38, Fax 030–89 50 22 36
Email: Astrologie-Zentrum-Berlin@t-online.de

Bei Interesse an astrologischer Ausbildung und an Seminaren (auch zu Combin und Composit) wenden Sie sich bitte an:

Astrologiezentrum Berlin
Ausbildungszentrum des Deutschen Astrologen-Verbandes
Möckernstr. 68, 10965 Berlin, Tel. & Fax 030–785 84 59

Ebertin Verlag · Freiburg im Breisgau

Lianella Livaldi-Laun

Liebesbeziehungen im Horoskop

206 Seiten mit 40 Horoskopabbildungen, kartoniert
ISBN 3-87186-074-3

Die Astrologie hilft uns ein tiefes Verständnis von der Dynamik unserer Beziehungen zu entwickeln. Dieses Buch stellt bekannte und neue Methoden des astrologischen Partnervergleichs anschaulich und leicht verständlich dar. Es gelingt der Autorin, die astrologische Symbolsprache lebendig und lebensnah zu vermitteln. Ihr Buch ist aus der Praxis heraus entstanden und zur praktischen Anwendung bestimmt. Es bietet einen einzigartigen Einblick in die praktische Partnerschaftsastrologie. Zahlreiche Fallbeispiele erleichtern dem Anfänger den Einstieg in die Deutung und bieten dem fortgeschrittenen Astrologen ausgezeichnetes Anschauungsmaterial für die eigene Arbeit.

Marion D. March/Joan McEvers

Lehrbuch der Partnerschaftsastrologie

302 Seiten mit 103 Horoskopabbildungen, kartoniert
ISBN 3-87186-079-4

Dieses Buch erklärt die Methoden und Regeln der Partnerschaftsastrologie in lebendiger und anschaulicher Weise, die nicht nur beim Lesen, sondern auch in der Praxis großen Spaß macht. Die Autorinnen beschreiben, wie aus dem Geburtshoroskop verschiedene Beziehungsmuster ermittelt werden können. Desweiteren werden die Techniken des Horoskopvergleiches dargestellt (Synastrie).
Das Buch befaßt sich auch mit den sogenannten Composit-Horoskopen und bietet somit einen umfassenden Überblick über die Anwendung aller relevanten Methoden der Partnerschaftsastrologie.

Ebertin Verlag · Freiburg im Breisgau